Über das Buch:
Kein anderer deutscher Schriftsteller hat das Bild der deutschen Nachkriegsliteratur so geprägt wie Heinrich Böll, und kein Autor dieser Epoche der deutschen Literatur wird weltweit so rückhaltlos verstanden und geliebt wie er. Die Verleihung des Nobelpreises für Literatur an Böll im Jahre 1972 war auch eine Anerkennung für die Unbestechlichkeit und Integrität, mit der der Kölner aus seiner konsequenten Zeitgenossenschaft heraus die Beschädigungen und Hoffnungen der kleinen Leute in seinem Werk erkundete und gegen Macht, Anmaßung und verschleppte Schuld anschrieb.
Der Kritiker Heinrich Vormweg, in Bölls letztem Jahrzehnt auch enger Freund des Autors, beschreibt in seiner einfühlsamen Biographie den Weg des Schriftstellers und analysiert seine Prägungen und seine Haltung. Er richtet seinen Blick auf die Werke Bölls und seinen literarischen Werdegang und zeichnet ein scharfes und konturiertes Bild dieses Autors, der aus einer katholischen Handwerkerfamilie aus dem Rheinland stammte und zu Weltruhm gelangte. Eines steht nach der Lektüre dieser lebendigen und klugen Biographie außer Frage: warum Heinrich Böll ein großer Schriftsteller ist.

Über den Autor:
Heinrich Vormweg, 1928 geboren, lebt als Literaturkritiker in Köln. Er veröffentlichte u. a. »Briefwechsel über Literatur« mit Helmut Heissenbüttel, 1969. »Eine andere Lesart. Über neue Literatur«, 1972. »Das Elend der Aufklärung. Essays«, 1984, sowie Monographien über Peter Weiss und Günter Grass.

Heinrich Vormweg
Der andere Deutsche

Heinrich Böll. Eine Biographie

Kiepenheuer & Witsch

1. Auflage 2002

© 2000, 2002 by Verlag Kiepenheuer & Witsch, Köln
Alle Rechte vorbehalten. Kein Teil des Werkes
darf in irgendeiner Form (durch Fotografie, Mikrofilm
oder ein anderes Verfahren) ohne schriftliche
Genehmigung des Verlages reproduziert oder unter
Verwendung elektronischer Systeme verarbeitet,
vervielfältigt oder verbreitet werden.
Umschlaggestaltung: Barbara Thoben, Köln
Umschlagfoto © J. H. Darchinger
Satz: Kalle Giese, Overath
Druck und Bindearbeiten: Clausen & Bosse, Leck
ISBN 3-462-03171-6

Inhalt

Einführung
Gewicht der Zeitgenossenschaft 11

Erster Teil
Von Weltkrieg zu Weltkrieg 27

I. Herkunft, Kindheit 29
II. Hinein in die »Ewigkeit des Nazismus« 36
III. Gesellenstücke 53
IV. Soldat im zweiten Weltkrieg oder
Die Jahre der Knechtschaft 77
V. Das Abenteuer des Überlebens 102

Zweiter Teil
Ein junger Autor in Köln 107

I. Der Heimkehrer 109
II. Erste Schritte in die Öffentlichkeit 128
III. Die schwarzen Schafe 151

Dritter Teil
Die Abenteuer des Schriftstellers 173

I. Sein Leben selbst in die Hand nehmen 175
II. Mitten im katholischen Volk 186
III. Das Auge des Schriftstellers 210
IV. Vom Küchentisch zum Literaturbetrieb 229

VIERTER TEIL
ANNÄHERUNG AN DEN WELTRUHM 249

I. Zwischen den Generationen 251
II. Der unterschätzte Schriftsteller 264
III. Entfernung von der Truppe 277
IV. Ein deutsches Panorama der Jahrhundertmitte 295
V. Eine Bürgerpflicht 321

FÜNFTER TEIL
GLANZ UND NOT DER SPÄTEN JAHRE 333

I. Eindringen in die Zwischenräume 335
II. Verfolgte und Verfolger 343
III. »Ich bin ein Deutscher« 359
IV. Ein Tiefpunkt der Kritik 368
V. Erzählen bis zuletzt 380

KODA
GLAUBEN AN DIE LITERATUR 395

NACHBEMERKUNGEN 403

REGISTER 405

In memoriam
Helmut Heißenbüttel
Klaus Sauer
Edith Vormweg

Einführung

Gewicht der Zeitgenossenschaft

Heinrich Böll ist zu sich selbst gekommen in Jahrzehnten eines dramatischen Umbruchs in Deutschland, Europa, ja der Welt. Es war ein langer, von Millionen Opfern gesäumter Weg vom Kaiserreich, dessen spätfeudale Programmierungen noch lange tief in den Köpfen der Deutschen steckten, bis hin zur Teilung Deutschlands und dem widerspruchsvollen Erstarken der Bundesrepublik Deutschland, von dem ja auch lange niemand sagen konnte, wohin es die Menschen bringen würde. Es war vom ersten Weltkrieg über die Ungewißheiten und Umtriebe, die Massenarbeitslosigkeit in der Weimarer Republik, den gewalttätig inszenierten, doch von der Mehrheit der Deutschen in überkommener Untertänigkeit und aus nackter Not mitgetragenen Wahn des »Dritten Reiches« und über den mörderischen zweiten Weltkrieg ein Weg wahrhaftig im Dickicht. Dieser Weg ist längst Geschichte, in zahllosen Beschreibungen, Analysen und Diskussionen aufgeklärt und erläutert und doch kaum ganz begreiflich. Ohne zumindest Spuren persönlicher Erinnerung an diese Jahrzehnte ist um die Wende zum 21. Jahrhundert, zum dritten Jahrtausend, kaum noch vorstellbar, wie die Menschen, wie die Deutschen auf diesem Weg gelebt haben, was ihnen, obwohl es für die Mehrheit nur Unterdrückung, Anpassung und Angst war, »natürlich« zu sein schien, was ihnen als gut und als schlecht vorkam, welche Hoffnungen sie sich machten. Und doch ist auch unsere soviel spätere Gegenwart noch mitbestimmt von all den Zuständen und Umbrüchen, in denen Heinrich Böll zu dem geworden ist, was er dann war: ein Schriftsteller mit Weltruhm. Zum Ende der schlimmsten Jahre hin, als das Wirtschaftswunder schon aufging, wußte oder ahnte er es selbst noch nicht.

Wie Millionen andere Deutsche also ist Heinrich Böll Kind gewesen und herangewachsen in einem nur selten scheinbar durchlässigen Dickicht aus Unsicherheit, Zwängen und Angst. Auch das Erleben von Gewalt und Terror, das Gefühl, ausweglos im Elend gefangen zu sein, blieben ihm nicht erspart. Dabei hatte er noch Glück. Geboren in Köln 1917, im Hungerwinter des ersten Weltkriegs, als der Untergang des Kaiserreiches schon besiegelt war, wuchs Heinrich Böll in einer großen, stabilen und noch in der Not selbstbewußten katholischen Handwerkerfamilie auf, die dem wirtschaftlichen Niedergang in den bedrückenden Jahren der ersten Nachkriegszeit des 20. Jahrhunderts lange standhielt, so schwer die Inflation, die uferlose Entwertung des Geldes sie auch beutelte. Erst mit der Weltwirtschaftskrise 1929/30 schien der Ruin unabwendbar.

Als Hitler 1933 an die Macht kam, war Heinrich Böll fünfzehn Jahre alt. Dank einer katholischen, doch Diskussion und Kritik bejahenden, Spott und Witz fördernden Erziehung in der Familie war er klarsichtig genug, um nicht anfällig für die Verheißungen der Nazis zu sein, und widerstandsfähig genug, nicht einmal in die Jugendorganisation der Nazis, die »Hitlerjugend« (HJ), einzutreten. Doch Böll sah den Terror auf den Straßen auch seiner Heimatstadt, deren hinhaltende Indolenz gegenüber den Totalitätsansprüchen der Nazis er später nicht genug loben konnte. Und dem Arbeitsdienst, der Einberufung zur Wehrmacht entging er nicht. Es bedeutete an die sieben Jahre quälender Ödnis, ein Leben in stupider, gefahrvoller Sinnlosigkeit, doch er hat überlebt. Neben der Bindung an die Familie gab nur die Liebe zu Annemarie Cech und die Eheschließung mit ihr im Kriegsjahr 1942 Hoffnung auf eine andere Zukunft. Aus der Kriegsgefangenschaft bereits 1945 entlassen, erwarteten Heinrich Böll seine Frau und das erste Kind Christoph, das, wie damals so viele Kinder, noch im ersten Lebensjahr an Brechdurchfall starb. Ihn erwartete für Jahre ein mühseliger Überlebenskampf in den Trümmern des zerbombten Köln, gezeichnet von Entbehrungen und oft von der Sorge um die tägliche Nahrung. Die nahezu mythische Bedeutung, die Brot und Tabak für Böll bis an sein Lebensende hatten, kam vor allem aus der Erfahrung dieser Jahre, in denen er gegen allen gesunden Menschenverstand seine ganze, manchmal schwindende Kraft darangesetzt hat, als Schriftsteller zu leben. Er ernährte sich und seine Familie überwiegend durch Nachhilfeunterricht für Gymnasiasten und mußte, vor allem nach der Währungsreform, ständig Löcher im Familienhaushalt mit geliehenem Geld stopfen. Er schrieb Kurzgeschichten und Erzählungen, versuchte sich am Roman, doch lange interessierte sich kaum jemand für seine Arbeiten. Wenn Böll resigniert aufgeben wollte, hat seine Frau Annemarie, die für kurze Zeit noch mit ihrem Gehalt als Lehrerin zum Familienunterhalt beitrug, ihm immer wieder Mut gemacht. Und die Familie wurde rasch größer.

Mit seinen Erzählungen vom Leben der Soldaten im Krieg und vom Leben der Menschen in den Trümmern der Nachkriegszeit war der Schriftsteller Heinrich Böll Ende der vierziger Jahre in den Augen derer, die anfingen, ihn zu lesen, plötzlich einfach da. Woher er kam, wie er zum Schriftsteller geworden war, erschien als nicht so wichtig. Ungefähr wußte man, wer er war, und das genügte. Heinrich Böll lebte in Köln, er war Soldat, gewöhnlicher »Landser«, nicht Offizier gewesen, er war katholisch, er hatte Frau und Kinder. Viel später erst hat er in mehreren Berichten, Gesprächen und Interviews einiges auch aus seiner früheren Lebensgeschichte mitgeteilt, hat in seiner autobiographischen Erinnerung »Was soll aus dem Jungen bloß werden?« von seiner Schulzeit in den Jahren 1933 bis zum Abitur 1937 berichtet. Nach seinem Tod am 16. Juli 1985 sind aus Bölls Nachlaß nicht nur der bis dahin unveröffentlichte Roman »Der Engel schwieg« und unveröffentlichte frühe

Erzählungen, sondern zunächst in dem Band »Rom auf den ersten Blick« auch eine schmale Auswahl aus den Tausenden Seiten von Briefen herausgegeben worden, die er als Soldat vor allem an Annemarie Cech gerichtet hatte, sowie unter dem Titel »Die Hoffnung ist wie ein wildes Tier« der umfangreiche Briefwechsel zwischen Böll und seinem Freund Ernst-Adolf Kunz aus den Jahren 1945 bis 1953. Inzwischen ist es also möglich, sich ein etwas genaueres Bild von Heinrich Böll zu machen als unbekanntem jungen Mann auf einem unübersichtlichen Weg.

Das Bild ist immer noch bruchstückhaft. Es zeigt jedoch, daß es, um diesen Schriftsteller, seine außergewöhnliche Rolle in der Literaturgeschichte des 20. Jahrhunderts, seinen Rang in der Weltliteratur zu verstehen, unerläßlich ist, seine Lebensgeschichte detailliert in das Bild einzuholen. Das wirkt etwa so wie zu seinen Lebzeiten die Annäherung an seine Person, Nähe zu ihm – es erschloß dem Verständnis seines Werkes eine neue, überraschende Dimension. Zwar hat Heinrich Böll in allem, was er geschrieben hat, unverkennbar immer auch sich selbst mitgeteilt, es ist in seinem umfangreichen und vielgliedrigen Werk nachlesbar, und immer wieder sagt es mehr über seine Person, seine Haltung, seine Wahrnehmung der Realität, sein Denken, als biographische Auskunft es könnte. Doch je weiter die Geschichte über Bölls Leben hinaus voranschreitet, die Gegenwart von seiner Lebenszeit wegrückt, desto dringlicher wird es, sich auch dieses Lebens möglichst unmittelbar zu vergewissern. Das beugt Mißverständnissen vor, die sich aufdrängen, weil Heinrich Bölls Haltung und Position, auch wenn es manchen so scheinen mag, so wenig wie die meisten individuellen Lebensläufe ganz enträtselt sind, und weil nach seiner eigenen mehrfach formulierten Überzeugung jedes literarische Werk nur aus den Bedingungen seiner Entstehung begriffen werden kann.

Für mich ist »Dickicht« hier das Schlüsselwort. Aus dem geschichtlichen Dickicht der Zeit zwischen seinem Geburtsjahr 1917 und ungefähr dem Jahr 1950 ist Heinrich Böll in ein Leben als

Gewicht der Zeitgenossenschaft

deutscher Schriftsteller eingetreten, das für ihn immer noch Leben in einer widerspruchsvollen, veränderungsbedürftigen Welt war. Nicht nur die Trümmer in den Straßen, auch die Trümmer in den Köpfen waren eine Wirklichkeit, von der – wie es für die Bundesrepublik Deutschland schon bald die Devise in Politik und Ökonomie war – möglichst rasch wegzukommen, sie möglichst erfolgreich zu verdrängen und zu vergessen in Bölls Augen der falsche Weg war. Aus einer zertrümmerten Welt, von den Menschen in der Endphase ihrer Zerstörung und in den Trümmern hat er erzählt. Für ihn waren die Trümmer nicht nur realer, sondern auch der Wahrheit näher als der vorherrschende Trieb, sie abzuräumen und möglichst rasch zu vergessen. Das konnte für ihn nur in eine fragwürdige Restauration überkommener Untertänigkeit im Obrigkeitsstaat führen. Und alle seine ungezählten Kämpfe vom Widerstand gegen die Remilitarisierung, für den es erste Anzeichen schon in ganz frühen Briefen an Ernst-Adolf Kunz gibt, über sein Aufbegehren gegen die katholische Amtskirche bis zu seinen Einreden gegen die staatliche Hetzjagd auf Ulrike Meinhof und ihre Gesinnungsfreunde, für die er freies Geleit forderte, oder bis zu seinen Attacken auf die Springer-Presse, seinem Protest gegen Atomwirtschaft und Atombewaffnung – alle seine Kämpfe hat Heinrich Böll in einer sich immer reicher, immer selbstbewußter etablierenden Gesellschaft bestritten, die laut seiner Beobachtung voller Tücken für die Menschen war. Er war unfähig, einen nach mehrheitlicher Auffassung vorteilhaften Scheinfrieden zu wahren, wenn alle seine Wahrnehmungen Gefahr signalisierten. Erzählend vergewisserte er sich dessen, was wirklich war im Leben der Menschen. Er erkannte schon bald die Notwendigkeit, seine Schlußfolgerungen auch in politischem Klartext zu formulieren.

Die Bedeutung des Wortes Dickicht für die Umwelt, wie Heinrich Böll sie erfuhr, ist mir erstmals bewußt geworden, als ich 1968 in dem Aufsatz »Der Böll der frühen Jahre« von Hans Schwab-Felisch diese Bemerkung las: »Es ist kennzeichnend, wenn vielleicht auch der reine Zufall, daß er in der berühmten Anthologie ›Tausend Gramm‹ von Wolfgang Weyrauch nicht vertreten ist. Böll hat nie ›einen Kahlschlag in unserem Dickicht‹ unternommen, eher hat er das Dickicht mit einbezogen, es dann aber durchsichtig gemacht.« In seiner 1949 erschienenen Anthologie hatte Weyrauch Texte junger Autoren gesammelt, die in seiner Sicht aufräumten mit den durch die Ideologie der Nazis geprägten Vorurteilen, mit allen ihren das Schreiben und das Denken korrumpierenden Hinterlassenschaften. Daß solcher Kahlschlag möglich sei, war gewiß eine höchst ehrenwerte Vorstellung, und sie wurde bis hin zu Hans Werner Richter, dem Gastgeber der Gruppe 47, von zahlreichen Autoren und Kritikern aufgenommen. Sie wurde zu einem Kriterium, Schriftsteller zu unterscheiden. Sehr viel später noch, im »Almanach der Gruppe 47« für die Zeit bis 1962, bezeichnete Hans Werner Richter die »Kahlschlägler« von damals als jene Schriftsteller, die der Gruppe in Lyrik und Prosa die Richtung gewiesen hätten.

1951 hat Heinrich Böll mit seiner Erzählung »Die schwarzen Schafe« den Preis der Gruppe 47 gewonnen. Es war Bölls erster Literaturpreis, ein für ihn sehr wichtiges, folgenreiches Ereignis. Und es zeigt an, daß – wofür es noch weit auffälligere Belege gibt – das Wort vom Kahlschlag nicht allzu streng auszulegen war. Es hatte vor allem eine propagandistische Funktion, es sollte die Absicht signalisieren, durch Literatur den Menschen aus der Fesselung durch die Nazisprache herauszuhelfen. Jedenfalls hat Hans Schwab-Felisch ganz gewiß recht gehabt, als er schrieb: »Böll hat nie ›einen Kahlschlag in unserem Dickicht‹ unternommen.« So einfach war das ja auch nicht. Heinrich Bölls Erfahrung zeigte ihm, daß solcher Kahlschlag vielleicht wünschenswert war, aber nicht möglich. Das soziale und ideologische Dickicht, in dem die Menschen lebten, in dem sie fühlten, sprachen und dachten, ließ sich von ihnen selbst nicht abtrennen. Es hatte eine längere Vorgeschichte, es war auch gewiß nicht von den Nazis allein verhängt. Es

war eine Realität, auf die Böll unmöglich von außerhalb des Dik-
kichts herabsehen konnte, in der er mit all seiner Widerstandskraft
doch auch selbst lebte, statt derer er sich auch nicht ohne weiteres
etwas anderes vorstellen konnte. So überheblich war er bei all seinem Selbstbewußtsein nicht. In diesem Dickicht lebten und star-
ben die Menschen, und in Heinrich Bölls Augen hätte wohl ein
Kahlschlag nicht zuletzt auch Menschen umgebracht. Böll erzählte
gleichsam in diesem Dickicht und für die Menschen in ihm. Es
erzählend durchsichtiger zu machen, blieb die einzige fragwürdige
Hoffnung.

Daß er so, den unauflösbaren Widerspruch zwischen Zuständen
und Erwartung als Antrieb nehmend, zu denken, zu leben und zu
erzählen fähig war, kennzeichnet diesen Schriftsteller. Sein Werk
und auch die Geschichte seines Lebens bestätigen es immer wieder.
Er hatte ein Bewußtsein, ein Gefühl geschichtlicher Gegenwärtigkeit, das fest eingebunden war in seine unmittelbaren Erfahrungen,
für die er ein untrügliches Gedächtnis hatte. Als sie dann begannen,
seine Geschichten zu lesen, erkannten die Leute sich wieder in
ihnen. Er erzählte ja auch unmittelbar von den Leuten selbst, und
das war spannend, weil es sie durch die immer auch herausfordernde Nähe zu ihrem tagtäglichen Leben, ihren bedrängendsten
Erinnerungen dazu brachte, über sich selbst ein bißchen besser
Bescheid zu wissen. All die noch immer umlaufenden Verbrämun-
gen aufsprengend, erzählte Heinrich Böll vom trüben, tödlichen
Alltag der Landser, von dem undurchsichtigen Hin und Her, dem
sie als Objekte des Kriegs unterworfen waren, von sinnlosem Sterben. Er erzählte vom Überleben der kleinen Leute in den Trümmern, von ihrem Hunger und ihrer Armut, von Wohnungsnot,
vom Geschick der Kriegswitwen und Kriegswaisen und davon,
daß in all dem Elend ganz unvorhergesehen auch Vertrauen und
Liebe möglich waren. Die Tabus, die es dabei z. B. angesichts der
sexuellen Realitäten oder der Bereitwilligkeit sozialer Unterordnung für den Erzähler ganz offensichtlich gab, waren die Tabus

auch seiner unvollkommenen Helden, der Menschen selbst. Sie beschädigten das Erzählen nicht, veränderten es nur und gaben der Auflehnung, die Böll früh schon in sich fühlte, mächtigeren Rückhalt. Schon deshalb war es von vornherein schwer, Heinrich Böll als Person wie als Schriftsteller auf einen Begriff zu bringen. Worum es ihm ging, das wußte er, doch er war nicht fähig – und nicht bereit –, dies Wissen zu objektivieren, zu instrumentalisieren, so etwas wie Stil aus ihm abzuleiten. Worum es ging, das wußte er, aber er mußte sich dies Wissen erzählend auch immer neu erkämpfen, um es sich zu bestätigen. Was konkret für ihn war, dem stellte er sich direkt und spontan, und jedes Mittel, es faßlich zu machen, war ihm recht bis hin zur Satire, zu der er sich schon als Gymnasiast angestachelt sah. Wie Heinrich Böll zu dem geworden ist, was er dann war, läßt sich schon deshalb am Vergleich mit den bekannten Mustern, mit irgendwelchen Vorbildern nicht allein ablesen. Auch für den Bestand seines Werkes in der Zukunft, in Zeiten also, die immer weniger Erinnerungen haben an die entschwindende Gegenwart, aus der Heinrich Böll erzählt hat, trägt seine Lebensgeschichte nicht im gewohnten, üblichen Sinn bei. Sie hilft nicht, ihm einen festen Platz im Kanon anzuweisen. Weder seine Herkunft noch sein Verhältnis zu den literarischen Traditionen haben ihn eindeutig disponiert. War er Kleinbürger auf dem Weg in den gehobenen, sich auch durch Kreativität ausweisenden Mittelstand? Oder war er, wie Böll selbst es über Jahre hin empfunden hat und empfinden mußte, Kleinbürger auf der Kippe hin zum Proletariat? Gelegentlich hat er gesagt, er könne sich unter dem, was man »Realismus« nenne, nicht recht etwas vorstellen. Solchen Pauschalierungen traute er nicht; dabei war er, wenn das Wort überhaupt einen Sinn hat, sicherlich insofern ein realistischer Schriftsteller, als er die unscharfe, unbestimmte Gefühlswelt, die Ängste und Erwartungen, die meist nur unterschwellig die Gesellschaft prägten, in ihrer Komplexität faßbar machte. Doch auf keine Richtung, kein ästhetisches Konzept läßt er sich eindeutig festlegen.

Gewicht der Zeitgenossenschaft 19

Heinrich Böll hat herumprobiert, um sein eigenes Erzählen, sein eigenes Schreiben herauszuarbeiten. Er spürte, sah und wußte, was er mitzuteilen hatte. Das Wie aber steckte für ihn in der schwierigen, all sein jeweiliges Vorwissen fordernden Praxis der Mitteilung selbst, für die er eine Theorie, eine vorformulierbare Strategie nicht hatte und nicht suchte. Er hatte sehr früh begonnen zu lesen. Charles Dickens und Fjodor Dostojewskij, dann G. K. Chesterton und zahlreiche andere Schriftsteller waren für ihn Ereignisse gewesen. Er hat sich jedoch nach 1945 als junger Autor nirgendwo angelehnt. Der magische Realismus, der in den ganz frühen Nachkriegsjahren z. B. mit Elisabeth Langgässers schon 1946 erschienenem Roman »Das unauslöschliche Siegel« oder 1947 mit Hermann Kasacks Roman »Die Stadt hinter dem Strom« durch symbolische und mystische Überhöhungen der Kriegsschrecken viel von sich reden machte, blieb ihm fremd. Die damals fast modische Vorstellung von einer zutiefst katholischen Literatur, für die in Deutschland neben anderen Konvertiten vor allem Gertrud von Le Fort repräsentativ war, zog Heinrich Böll nicht an, obwohl ihn deren französische Variante von Léon Bloy über Georges Bernanos bis hin zu Paul Claudel mit ihren kritischen Einwänden gegen die erstarrte Institution Kirche und der englische Konvertit Graham Greene vor allem mit seinem Roman »Die Kraft und die Herrlichkeit« stark beeindruckten. In den frühen Nachkriegsjahren war es in Westdeutschland für Schriftsteller unmöglich, nicht von Ernest Hemingway fasziniert zu sein. Doch Heinrich Böll hatte da Vorbehalte. Er hat gewiß Dialogtechnik und gegenständliche Präzision des amerikanischen Autors bewundert, doch sein Männlichkeitswahn stieß ihn ab, der Einfluß auf ihn blieb gering. Böll war seit seinen Schuljahren ein gieriger, suchender Leser, doch die Anregungen, die er aufnahm, lassen sich nicht eindeutig kennzeichnen. Ohne ihn schon zu kennen, suchte er erzählend, schreibend seinen eigenen Weg, jederzeit bereit zu vielerlei Anpassungen, doch ohne abzurücken von jenem Wirklichen, das er mitzuteilen hatte. Hier ist auf den ersten Blick alles unbestimmt, und deutlicher zu machen, was dies besagt, wie Heinrich Böll von vornherein und gleichsam lernend von Beginn der Nachkriegszeit an doch immer schon als Schriftsteller er selbst war, niemals nach-ließ darin, die Wirklichkeit um ihn her mit den eigenen Augen anzuschauen, ist Zweck jeder biographischen Darstellung.

Herauszuschälen und zu beschreiben, woher Böll gekommen und wie er zu sich selbst gekommen ist, dafür gibt es vielerlei Ver-suche, auch unabhängig von literarischen Voraussetzungen und Bezügen eine Antwort zu finden. Hier sind häufig die Kirche, katholische Theologie und Dogmatik ins Spiel gebracht worden. Naheliegend ist auch der Gedanke, die Stadt Köln selbst mit ihren römischen Ursprüngen habe ihn gemacht. Und sicherlich hat Böll in den Straßen seiner Stadt unabsehbar viele Erfahrungen und Bil-der gesammelt, zeitweilig waren sie für den Jungen, den sehr jungen Mann, gewiß lehrreicher als die Schule, und Böll hat erzählend und schreibend immer wieder bezeugt, wie genau von vornherein sein Blick war. Er hatte ein sinnlich intensives Gespür für die spezielle Urbanität Kölns zwischen den romanischen Kirchen und dem Grielächer, jenem Wesen, dessen eine Hand ständig die andere wäscht, und umgekehrt, sowie dafür, wie sie die Leute prägte, die hier lebten. Doch so sicher wie dies ihm viel von dem Material ver-mittelt hat, mit dem er als Schriftsteller umging, so ist es doch kein hinreichender Grund für die Entstehung eines literarischen Werkes. Es kommt hinzu und ist zugleich schon eine erste Erklärung für die Sonderstellung Bölls, daß die Urbanität seiner Heimatstadt zutiefst aliterarisch war. Man konnte in Köln nicht so schreiben wie in Ber-lin oder München, hier war traditionell kein Ort für Schriftsteller, Dichter, Literatur, und falls sich dann schließlich eine immer noch sehr junge literarische Tradition in Köln herangebildet hat, wofür es einige Anzeichen gibt, so hat Böll von ihr keine Anregung, keinen Vorteil gehabt, er hat sie nur begründet.

Als belebenden Hintergrund für seine frühen Versuche zu erzäh-len, auf die er sich schon als Gymnasiast einließ, hat Böll wieder-

holt die Familie genannt, den Alltag mit seinen Eltern und Geschwistern, die offenen Diskussionen am Tisch. Die starke Schutz-
schicht, die schon den ganz jungen Böll gegen die Nazis immunisierte, war das erstaunliche Resultat eines Familienlebens, das in
aller Harmonie so widerspruchsvoll wie nur denkbar bestimmt war
von bedingungsloser katholischer Gläubigkeit und entschieden auf-
klärerischer Kritiklust, die auch vor der Kirche nicht haltmachte.
So etwas gab es zu jener Zeit, und nicht zuletzt im Territorium der
Kleinbürger, es war eine Hoffnung jener Zeit, die vom Nationalsozialismus niedergetrampelt worden ist. Auch in ihrem Glauben
war Heinrich Bölls Familie kritisch. Das war eine Folge wohl der
eher im Gefühl begründeten Unterscheidung von etablierter, an die
Bourgeoisie angepaßter, für alle materiellen Vorteile empfänglicher
Kirchlichkeit und den absoluten Forderungen des Glaubens selbst,
des Lebens mit den Sakramenten als einer letzten Wahrheit, die in
ihrer Radikalität etwas Befreiendes war und sogar ein Gefühl über-
heblicher Arroganz einflößte. Armut wurde so zu einem hohen
Wert. Böll hat das wiederholt erwähnt und umspielt. Eine so
begründete individuelle Religiosität, äußerst kritische Katholizität
war gefeit sogar gegen die Erschütterungen, die Hitlers erster großer internationaler Erfolg, das schon am 20. Juli 1933 zwischen dem
nationalsozialistischen Deutschland und dem Heiligen Stuhl in
Rom abgeschlossene Reichskonkordat, für nachdenkliche Katholiken bedeutete. Es öffnete den braunen Uniformen die Kirchentore.
Bölls Mutter, die in der Familie den Spitznamen Clara Zetkin hatte,
nach der damals berühmten Sozialistin und Kommunistin, war wie
die Kommunisten überzeugt, daß Hitler Krieg bedeutete. Die
Familie hatte ganz zuletzt in ihrem nächsten Umkreis hilflos noch
gegen den Sieg der Nazis zu agieren versucht. Aber, wie Heinrich
Böll in seinem Bericht »Was soll aus dem Jungen bloß werden?«
in nur wenig anderem Zusammenhang aufgeschrieben hat:
»... natürlich, natürlich, trotz allem katholisch, katholisch, katholisch.« Wieso, das blieb ihm selbst ein Rätsel.

In Heinrich Bölls Familie hatte die in stolzer Glaubensgewißheit so skeptische Sicht auf die Kirche und viele ihrer im Zölibat lebenden Diener auch mit den Erfahrungen zu tun, die der Vater Viktor Böll als kleiner mittelständischer Unternehmer mit ihnen gemacht hatte. Die Kirche war lange der wichtigste Auftraggeber des Bildhauers und Schreiners, der viel Kirchengestühl für sie hergestellt und Kirchenkunst für sie restauriert hatte. Er hatte Gelegenheiten in Menge gehabt, mitzubekommen, was das Zölibat praktisch bedeutete – es drängte eben auch zu sexuellem Mißbrauch. Noch einmal Bölls autobiographischer Bericht: »Mein Vater hatte viel für Kirchen und Klöster gearbeitet, und seine Milieukenntnisse, die er uns nicht vorenthielt, waren ausreichend genug; diese hatten ihn wohl veranlaßt, uns striktestens das Ministrieren zu verbieten (wozu ich übrigens nie die geringste Neigung verspürte).« Was Bölls Religiosität angeht, die noch weit drastischere Aufklärungen zu bestehen hatte, ist wohl selbst sein Austritt aus der Kirche, zu dem er sich schließlich gezwungen fühlte, nur als ein resignierter Akt des Glaubens erklärlich. Da war ihm die Welt, in der er lebte, als deren Teil er sich mitverantwortlich fühlte, zu einem menschlich inhaltslosen Arrangement von Schablonen geworden, in dem die Institution Kirche nur noch ihren gut ausgestatteten Anteil verwaltete.

Für den jungen Heinrich Böll war es allerdings im glaubensfesten und leichtlebigen Köln etwas leichter, als es anderswo gewesen wäre, jedes Ding von seinen verschiedenen Seiten anzusehen, ohne das Kind immer gleich mit dem Bade auszuschütten. Ohne die eigene Haltung, die eigene, ästhetisch begründete Moral dabei je in Frage zu stellen, ist Böll ein Meister in der Kunst des Einerseits und Andererseits geworden, die er nicht zum Zweck der Rechtfertigung fragwürdiger Haltungen und Zustände mißbrauchte, sondern die ihm ein Mittel der Kritik wurde, seinen Blick schärfte und seinen Argumenten stärkeren Rückhalt gab. Bölls Fähigkeit offener Wahrnehmung und auch der Einfühlung in Menschen hat sich mit dieser Kunst entfaltet. Seine frühe Prosa, die im Nachlaß überliefert ist und erstaunliche Beispiele bietet für bereits sehr hellsichtige Erkundungsgänge in die soziale wie individuelle Realität als Vorbereitung eines eigenen Erzählens, belegen es. Ganz unabhängig von der Schule, wo er nur mittelmäßig und oft unwillig war, hat Heinrich Böll sich da einem ganz persönlichen Bildungsgang verschrieben, der für seine Lebensgeschichte bestimmend wurde. Es war der Bildungsgang eines Schriftstellers. Er setzte sich für Böll fort mit zahllosen Briefen, die er als Soldat geschrieben hat und die immer auch Übungsstücke waren. Seine Fähigkeit offener Wahrnehmung, die Genauigkeit seiner Einfühlung in die Menschen hat sich in diesen Briefen weiter entfaltet, derart, daß er dann fähig war, scheinbar aus dem Nichts als ein Schriftsteller hervorzutreten, der sogleich unverwechselbar war. Frei jedoch war Heinrich Böll deshalb nicht. Armseligere Unsicherheit als in den frühen Nachkriegsjahren, in denen er zu publizieren begann, ist kaum auszudenken. Und obwohl er wie viele Deutsche das Ende des Krieges als eine beglückende Befreiung erlebte, wurde ihm doch sogleich auch klar, daß nun ganz neue Mühen begannen. Das Dickicht wurde mit solchen ersten Aufhellungen immer deutlicher erkennbar als das, was es war.

Heinrich Böll hat sein Leben in einer Zeitgenossenschaft verbracht, die ihm vielleicht in seiner Kindheit, doch zu keiner Zeit in seinem bewußten Leben über die Grenzen seiner Familie hinaus die Gewißheiten einer in sich gesicherten Lebenskultur vermittelt hat. Alles war auf Vorläufigkeit angelegt, auf Rückschritt oder die Gefahr von Rückschritten, auf die Notwendigkeit von Veränderungen. Oder auf Zerfall. Nicht einmal die katholische Kirche hielt da stand, wenn auch die Versenkung in den Glauben, in die frommen Bilder und Handlungen des Glaubenslebens lange Schutz und Trost boten. Böll hat zeitweilig seine Hoffnung darauf gesetzt, die Bundesrepublik Deutschland könne sich, angetrieben auch von ihm, von dem, was er schrieb, einer offenen demokratischen Kultur trotz allem annähern, einer Kultur, die weder großbürgerlich oder bürgerlich noch proletarisch, weder klerikal noch agnostisch, sondern mitmenschlich angelegt wäre. Dafür stand Böll ein. Wenn er sich vielleicht dieser Vorstellung immer auch nur für Momente und fragmentarisch angenähert hat, entsprach sie doch seiner Grundhaltung, vermittelte sie sich in seinem Werk als Antrieb. Der Zusammenbruch solcher Erwartung in der von Krankheit gezeichneten Not seiner späten Lebensjahre ist in seinem letzten Roman »Frauen vor Flußlandschaft« erzählt.

Auf dem Weg bis dahin hat Heinrich Bölls Erzählen ihm immer wieder fragwürdige Bewunderung und falsche Kritik eingetragen. Diese Kritik ging davon aus, auch eine Zeitgenossenschaft wie die seine schließe trotz all ihrer bitteren, zerstörerischen, inhumanen Bedingungen das ausgeglichen souveräne, idealhumane Meisterwerk nicht aus, und Böll mit seinen Talenten hätte es hervorbringen können. In Bölls Sicht allerdings setzte eine solche Erwartung auf erstklassiges Kunsthandwerk, das mit Literatur, wie er sie lebte, nichts mehr zu tun hatte, sondern der Beschönigung und dem Konsum dienlich war. Ganz ähnlich, obwohl es da auf den ersten Blick keine Verbindung gibt, funktionierte die fragwürdige Bewunderung. In den Tagen nach seinem Tod hat sie sich akkumuliert in der Häufung all der Epitheta, gegen die Böll sich schon zuvor kaum wehren konnte, ohne sich unglaubwürdig zu machen. Und doch hat der westdeutsche Nobelpreisträger für Literatur sich benutzt gefühlt, wenn er zur moralischen Instanz, zum Gewissen der Nation, zum Anwalt der Schwachen und Verfolgten, der kleinen Leute, der Dritten Welt oder des Friedens mit weltweiter Autorität ausgerufen wurde. Benutzt und in allzu ehrenvolle Fesseln gelegt. So konnten ihn auch Leute rühmen und in Anspruch nehmen, die nichts wußten von Heinrich Böll, dem Schriftsteller, nicht wußten, wer er war. Da wurde zum Klischee, was er mit seiner ganzen Existenz lebte und gelebt hatte, und mit dem Anschein, die Summe aus ihm zu besitzen, wurde verfehlt und begraben, was das Werk dieses Schriftstellers in seinem Jahrhundert bedeutet hat. Weit eher kennzeichnend für ihn ist, daß er Zeit seines Lebens heftig umstritten war, immer Feinde hatte, immer ein Herausforderer war, der zur Heldenfigur nicht taugte.

Noch immer haben fast alle Leute in Deutschland und viele Menschen jenseits der Landesgrenzen ein Bild von Heinrich Böll, das offensichtlich vor allem geprägt ist durch die Klischees, mit denen er in seinen späteren Jahren so üppig dekoriert worden ist. Sein Gesicht mit der Baskenmütze ist unvergessen. Kein anderer deutscher Schriftsteller der zweiten Hälfte des 20. Jahrhunderts war und ist so bekannt und keiner so bewundert, ja geliebt sogar von Leuten, die wenig oder nichts von ihm gelesen haben. Sein Name löst bis heute überall spontane Reaktionen aus. Je höher allerdings Bölls Berühmtheit stieg, desto weniger bezog sie sich auf seine Werke, die doch ihre Basis waren, auf sein Lebenswerk, dessen literarischer Wert absichtsvoll sogar mehr und mehr heruntergestuft wurde. Beides zusammen, den Ruhm als beispielhafter deutscher Vorkämpfer der Menschlichkeit und den Ruhm als ein großer, seine Epoche unvergleichlich verkörpernder Schriftsteller, wollte man ihm nicht lassen. Da war Absicht im Spiel, wenngleich eine konservative Literaturkritik, die ihn in Erwartung realistischer Meisterwerke lange hoch gelobt hatte, ihre guten Gründe zu haben glaubte, wenn sie ihm schließlich für schwierige, ungefällige, doch entdeckerische Romane und Erzählungen vor allem Verrisse bot. Böll aber war nicht bereit, ihren Erwartungen zu entsprechen. Es zog ihn immer wieder in das unwegsame Gelände noch unerforschter individueller und gesellschaftlicher Realität. Daß er davon nicht ablassen konnte, war aber gerade seine Größe als Schriftsteller.

Hier deutet sich ein Konflikt an, der dazu beigetragen hat, daß es bis heute zwar Ansätze zur Lebensbeschreibung, doch keine umfassende Biographie Bölls gibt. In einer solchen Biographie ist es unerläßlich, den Schriftsteller ins Zentrum zu stellen und viele geläufige Ansichten über Böll, die zu untauglichen Vorurteilen verhärtet sind, bewußt beiseite zu lassen. Das ist riskant. Sind erst die

Scheinwerfer neu eingestellt, wird z. B. erkennbar, daß im Werk Bölls eines der zentralen Themen über Liebe und Treue hinaus die Sexualität ist als eine elementare, in der menschlichen Natur gegebene Kraft. Keine Marienkinder mehr, keine zölibatäre Zwangsvorstellung von Reinheit, keine theologischen Feinheiten. Das alles fällt nach und nach ab. Böll hat sich nur wie so viele Menschen aus Fesseln befreien müssen, die den Katholiken wie ein Nessushemd lähmten und peinigten. Das, nicht irgendeine Verklärung war hier sein Thema.

Nachzuerzählen, und das heißt: zu erkunden ist die Lebensgeschichte eines Schriftstellers, eine Geschichte, als deren letzten Inhalt, deren Kern und Begrenzung Böll selbst seine Zeitgenossenschaft empfunden hat. Die Wirren seiner Lebenszeit, die vom Jahr 1917 bis ins Jahr 1985 währte, waren für ihn nicht nur Stoff, er nahm sie immer auch auf in seine Existenz als Schreibender. Weder als Erzähler noch als Leser, Kritiker, Essayist, Autor von Theater- und Hörspielen, Berichterstatter oder Redner entzog er sich der Realität, die undurchschaubar blieb und die er in all ihren Bezüglichkeiten doch durchsichtiger werden ließ, so daß die Menschen durch ihn ihrer selbst ein wenig gewisser sein konnten. Leser rund um die Welt haben sich da in ihren eigenen Grenzen und Abhängigkeiten, ihren Erwartungen und deren Vergeblichkeit erkannt, haben es erlebt als so etwas wie Wahrheit.

ERSTER TEIL

VON WELTKRIEG ZU WELTKRIEG

I. Herkunft, Kindheit

Der Vater Viktor Böll, 1870 als Sohn eines wohlhabenden Schreinermeisters, in dessen Werkstatt er gelernt und als Geselle gearbeitet hatte, geboren, kam 1896 von Essen nach Köln, wo er eine Familie gründete. Er war katholisch. Mit einem Kompagnon betrieb er die Firma »Böll & Polls, Atelier für kirchliche Kunst«, die ihre Werkstatt im Hinterhaus der Vondelstraße 28/30 in der südlichen Neustadt einrichtete. Sich selbst bezeichnete Viktor Böll als »Bildhauer«, was sich auf seine Tätigkeit als Holzschnitzer bezog, und als Tischler. Die Werkstatt stellte Möbel für Kirchen und Klöster her, Kirchengestühl vor allem, und restaurierte neugotische Kunst. Sie war erfolgreich, beschäftigte bis zu fünfzehn, sechzehn Gesellen, und bis zum ersten Weltkrieg ging es ständig aufwärts. Kurz nach der Jahrhundertwende starb Viktors erste Frau, und er heiratete Maria Hermanns aus Düren. Zu den Kindern aus erster Ehe kamen noch weitere hinzu. Heinrich Böll, der am 21. Dezember 1917 in der Teutoburger Straße 26 geboren wurde, war Viktors achtes und blieb sein jüngstes Kind. Die Bölls waren auch nach dem frühen Tod zweier Kinder eine kinderreiche Familie, die sich nur wenig oder gar nicht von anderen aufstrebenden katholischen Handwerkerfamilien ihrer Zeit unterschied. Zuversichtlich suchte Viktor Böll Sicherung in solider Bürgerlichkeit. Wie schon sein Vater baute er sich zu diesem Zweck Häuser.

Es gibt nur wenige Auskünfte zur Familie der Bölls damals in Köln. Sie sind nicht unbedingt widersprüchlich, doch unbestimmt, und es fällt schwer, die Familie über die allgemeinen Daten ihrer sozialen und gesellschaftlichen Stellung hinaus zu charakterisieren. Durch die Tätigkeit des Vaters war sie sehr eng an die katholische Kirche gebunden, die für lange Zeit seine wichtigste Auftraggeberin war. Wie seine Frau Maria hatte Viktor Böll eine äußerst strenge katholische Erziehung ganz im Stil des 19. Jahrhunderts hinter sich. Beide hatten nur die Volksschule besucht, wie es für Handwerker angemessen war. Das begrenzte den Horizont. Doch wie sich die strenge katholische Erziehung mit dem Zwang zu Beichte, Kommunion und Messebesuch nicht nur sonntags, Andachten, den Rosenkranz zu Hause, Wallfahrten und mit ihren Nüchternheitsgeboten nicht abschütteln ließ, obwohl sie Viktor und Maria Böll zugleich den Wunsch eingab, es den eigenen Kindern doch lieber etwas leichter zu machen, so bewirkte die Volksschule mit dem bescheidenen Wissen, in das sie die Menschen einübte, bei ihnen eine besondere Hochschätzung der Bildung, die gleichfalls die Begrenzungen nicht aufhob, doch den Kindern zugute kam.

Daß seine Eltern sehr religiös waren, das betont rückblickend wiederholt auch Heinrich Böll selbst, der einzig wichtige und verläßliche, doch sich dabei meist ziemlich unsicher fühlende Zeuge der Familiengeschichte. Auf welche Weise sie jedoch religiös waren, das habe er nie verstanden. »Natürlich«, heißt es in einem Interview, »sind wir klassisch-katholisch erzogen worden, Schule, Kirche, es wurde auch praktiziert, wie man das so kennt. Und trotzdem glaube ich, daß mein Vater und meine Mutter in einer bestimmten Weise antikirchlich waren. In welcher Weise, das kann ich nicht erklären.« Heinrich Böll betont, daß seine Mutter einen »rebellischen Zug hatte, politische und auch kirchliche Dinge betreffend«. Der sei spürbar gewesen, aber nicht so genau artikuliert worden. Und Böll fährt fort: »Sicher hängt das wieder mit der Bildung zusammen, meine Eltern waren nicht im bürgerlichen Sinne gebildet, aber gebildet schon als Menschen ...« Auf die Frage, ob die Beziehung zu seiner Mutter intensiver gewesen sei als

Herkunft, Kindheit

zu seinem Vater, antwortete Böll: »Nein, die zum Vater war intensiver ...«, um zwei Sätze später zu korrigieren: »Wahrscheinlich war meine Beziehung zum Vater stark, aber zu meiner Mutter nicht geringer.«

Der Vater Viktor Böll hat offenbar gespürt, daß an dem Wort, Stadtluft mache frei, viel Wahres war. Er ging zwar allmorgendlich zur Messe, doch vielleicht nur, weil die Kirche seiner Werkstatt Arbeit gab und er sich gut mit ihr stellen wollte. Er kniff jedenfalls nicht die Augen zu angesichts der Fragwürdigkeiten und Schattenseiten des kirchlichen Milieus. Er bemerkte, wozu manchmal Ministranten benutzt wurden, und die Zahlungsmoral der geistlichen Auftraggeber war, wie Annemarie Böll berichtet hat, auch nicht unbedingt immer gut. Viktor Böll fühlte sich als Künstler, weil er Kunstgegenstände und Teile von ihnen vor allem aus Holz völlig originalgetreu nachbilden konnte. Er besuchte gern die Kölner Museen und nahm dabei auch seine Kinder mit. Die Kinder sollten sich möglichst frei entfalten und an der Bildung allen erreichbaren Anteil haben. Sie unter Opfern aufs Gymnasium zu schicken, war damals keine Ausnahme in jenen Schichten der Bevölkerung, die auf eine gute bürgerliche Zukunft hofften, doch zugleich in Bildung vor allem einen Wert an sich sahen. Heinrich Böll besuchte nach der katholischen Volksschule in der Brühler Straße ab 1928 das nach seiner eigenen Einschätzung »extrem katholische« Kaiser-Wilhelm-Gymnasium in der Heinrichstraße.

In dem kurzen Prosastück »Über mich selbst« von 1958 und vor allem in seinem 1965 verfaßten autobiographischen Essay »Raderberg, Raderthal« hat Heinrich Böll bildkräftig und anschaulich über seine Kinderjahre berichtet, seine »sehr freie und verspielte Kindheit«. Die Erinnerungen reichen weit zurück, doch Böll selbst ist nicht immer ganz sicher, wie die Bilder sich aus den Jahren heraus zusammensetzen, wieviel z. B. spätere Eindrücke, wieviel Erzählungen und Gespräche der Älteren in der Familie zu ihnen beigetragen haben. Und gewiß wirkt da, im Interesse der Verdeutlichung, auch ein spielerischer Umgang mit alten Materialien hinein, auf den der Schriftsteller ein Recht hat. Noch für die Zeit bevor er, Mitte Dezember 1917 geboren, ein Jahr alt war, setzt Böll seine »erste Erinnerung« an, wenn er schreibt: »Hindenburgs heimkehrende Armee, grau, ordentlich, trostlos zog sie mit Pferden und Kanonen an unserem Fenster vorüber; vom Arm meiner Mutter aus blickte ich auf die Straße, wo die endlosen Kolonnen auf die Rheinbrücken zumarschierten ...« Wobei ganz abgesehen von der allzu früh angesetzten Kindheitserinnerung nur noch anzumerken ist, daß Hindenburgs Armee damals gar nicht unter den Böllschen Fenstern vorbeigezogen ist, ihr Weg zum Rhein war ein anderer.

Einen frühen Umbruch bringt dem Kind der erste Umzug der Familie, den er miterlebte. Böll nennt als Datum das Frühjahr 1922. Die Familie zog aus der Teutoburger Straße nach Raderberg in die Kreuznacher Straße, wo Viktor Böll ein stattliches Haus errichtet hatte. Die Bölls hatten sich offenbar vom Weltkrieg trotz Inflation schon gut erholt. Heinrich Böll: »In der Teutoburger Straße hatten wir schön gespielt: im Römerpark, im Hindenburgpark, meistens auf der Straße, auf dem Bordstein sitzend, mit den Füßen in der Gosse, noch zu klein, um Hüpfen zu spielen, doch groß genug, um Ball zu spielen ...« Und nun ging's ins Unbekannte. Ein Gehilfe des Vaters, ein dunkelhaariger junger Schlesier namens Köhler, zieht die Umzugsfuhre, einen hochbeladenen Handwagen, auf dem auch das Kind sitzt. »Ich war nicht untröstlich; die Neugierde siegte.« Und es sollte dann in Raderberg auch lebendig und spannend werden. »Acht Jahre wohnten wir in dieser Straße, die von zwei ›Lagern‹ bestimmt war, dem bürgerlichen und dem sozialistischen (das waren damals noch wirkliche Gegensätze!), oder von den ›Roten‹ und den ›besseren Leuten‹. Ich habe nie, bis heute nicht begriffen, was an den besseren Leuten besser gewesen wäre oder hätte sein können. Mich zog's immer in die Siedlung, die wie unsere neu erbaut war, in der Arbeiter, Partei- und Gewerkschaftssekretäre wohnten; dort gab es die meisten Kinder und die besten Spielgenos-

Herkunft, Kindheit

sen, immer genug Kinder, um Fußball, Räuber und Gendarm, später Schlagball zu spielen. Meine Eltern störte es nicht, daß ich die meiste Zeit bei den ›Roten‹ verbrachte, sie wären nie auf den Gedanken gekommen, zu tun, was die Professoren, Prokuristen, Architekten, Bankdirektoren taten: Die verboten ihren Kindern, mit den ›Roten‹ zu spielen.« Die »besseren« Kinder erschienen dem Jungen als ziemlich langweilig. Von ihnen hätte er nie lernen können, was ihm die »roten« Kinder ganz leicht beibrachten: »Reifenschlagen als Wettlauf, rund um den Park, rund um den Block, barfuß, mit einem Stock die kahle, rostige, aus dem Abfallhaufen herausgesuchte Fahrradfelge vor mir herzutreiben, sie, ohne viel Tempo zu verlieren, in die Kurve zu lenken, ihr vorne links, vorne rechts eins zu versetzen, dann mit dem Stock schleifend zu bremsen, rund um den Park, rund um den Block. Oder Reifenweitwurf oder -weiterrollen: den Reifen im Vorgebirgspark den Wiesenhang hinunterschleudern ...« Und es gab da noch viele unvergeßliche Spiele mehr.

Heinrich Böll hat sich in den acht Kinderjahren in Raderberg offensichtlich glücklich und zu Hause gefühlt, hat die Spiele im Park und auf der Straße genossen und vielleicht ganz unbewußt auch erste Erfahrungen mit der Klassengesellschaft gemacht und erlebt, wo er sich besser aufgehoben fühlte. Eine schmerzliche Trennung von den »roten« Kindern, die ihm lieber waren, brachte schon die Volksschule: »... ich kam, als ich sechs war, in die katholische, die meisten von ihnen in die ›freie‹ Schule; wir hatten nicht einmal den Schulweg gemeinsam, und gemeinsam zu spielen war nicht mehr die Regel, sondern die Ausnahme ...« Dann erkrankte ein älterer Bruder an Scharlach, und Heinrich mußte für zwei Monate in strenge und langweilige Quarantäne, aus der er gar nicht mehr in die Volksschule zurück, sondern gleich aufs Gymnasium ging. »Ich ging gern hin, sah aber nicht ein, warum die anderen, die ›Roten‹ und die ›nicht besseren katholischen‹ nicht mit dorthin gingen.« Und dann, ganz plötzlich, zog die Familie Viktor Bölls aus dem Vorort wieder in die Stadt zurück.

Von der »klassisch-katholischen« Erziehung abgesehen, bleibt das Bild des Kindes Heinrich Böll unbestimmt, und das kann auch gar nicht anders sein. Bölls Eltern haben nach Kräften für Schutz, Sicherheit, Freiräume gesorgt, sie haben das Leben ihrer Kinder nicht bewußt vorgeprägt, und das läßt sich nur als ihre besondere Leistung im Interesse ihrer Kinder bezeichnen. Wenn es gewiß auch kein Einzel- und Sonderfall war, denn der Wunsch, daß die Kinder sich freier entwickeln sollten, als es einem selbst möglich gewesen war, hatte in den ersten Jahrzehnten des Jahrhunderts vermutlich mehr Anhänger als heute. Zugleich jedoch hatten die gegebenen familiären Voraussetzungen, hatte der Alltag einer kinderreichen katholischen Handwerkerfamilie Bestand. Jenen bürgerlichen Status, in dem eine Familie begann, ihre Geschichte, den Lebensgang der Kinder aufzuzeichnen, hatten die Bölls noch nicht erreicht. Obwohl sie zu den »besseren« katholischen Familien in Raderberg zählten und sich auch so fühlten, ging die familiäre Dokumentation der Kindheit Heinrich Bölls über ein paar Fotos des fein herausgeputzten Kindes allein und mit anderen, einen hübschen Scherenschnitt mit seinem Profil, über eher beliebige Erinnerungsfragmente nicht hinaus. Aufstrebend ins gediegen Bürgerliche, blieben die Bölls doch Volk. Und so scheint ganz außer Zweifel nur eines zu stehen: daß Heinrich Böll in einer für sein Gefühl sicheren Welt »eine freie und verspielte Kindheit« verbrachte. Damit sollte es dann bald vorbei sein.

Einen erneuten Umzug, der die Bölls aus der Kreuznacher Straße in eine Wohnung Ubierring 27 brachte, hat Heinrich Böll nicht direkt miterlebt. Es sei, hat er sich erinnert, ganz plötzlich gekommen, über Nacht. Diesmal habe er noch nicht, »wie bei so manchem noch bevorstehenden Umzug«, den Handwagen beladen und ziehen müssen, und er wurde auch nicht mehr auf einem Handwagen transportiert: »Mein Bruder und ich bekamen nur gesagt, wir sollten nach der Schule nicht in die ›Straße am Park‹ zurück, sondern zu Fuß über Severin- und Silvanstraße in die neue

Herkunft, Kindheit   35

Wohnung am Ubierring kommen. Das war 1930, im Frühjahr,
glaube ich, und die zwanziger Jahre waren damit zu Ende; die dreißiger fingen an.«

Der wohl zum Teil auch betrügerische Zusammenbruch einer
Handwerkerbank hatte Viktor Böll um sein Geld gebracht, er
mußte das schöne Haus in Raderberg verkaufen, um den Verlust
einigermaßen abzudecken. Es war die Weltwirtschaftskrise, die
ihren Schatten über Köln warf. Der junge Heinrich Böll erfuhr am
eigenen Leib, was völlige Unsicherheit bedeutete. Die kinderreiche
Familie mußte sich durchschlagen, machte Bekanntschaft mit dem
Gerichtsvollzieher und erfuhr, was ein »Kuckuck« war. »... es kam
vor, daß es an manchen Möbelstücken (etwa am Klavier) regel-
rechte ›Kuckucksnester‹ gab.« Und noch einmal Heinrich Böll:
»Es ging bescheiden zu. Und doch wurde Bescheidenheit nicht zur
Parole. Sorgen und Schulden hatten wir genug. Die Miete, das
Essen, die Kleidung, Bücher, Heizung, Strom. Dagegen half nur
temporäre Sorglosigkeit, die eben nur temporär gelang. Irgendwie
mußte ja auch Geld fürs Kino, für Zigaretten, für den unumgäng-
lichen Kaffee aufgetrieben werden, was nicht immer, aber gelegentlich gelang. Die Pfandhäuser wurden entdeckt. Es war nicht alles
so lustig, wie es klingen könnte.«

Das Leben der Kinder hatte von 1930 an ein neues Umfeld: die
Wohnungen und die Straßen der Stadt. In dem Zusammenbruch
der Familie gab es zeitweilig Milderungen, wenn die Werkstatt des
Vaters den einen und anderen Auftrag erhielt – sie machte nun auch
Schreinerarbeiten am Bau und Lohnschreinerei –, doch es gab kei-
nen Ausweg. An der Ausbildung der Kinder wurde nicht gespart.
Heinrich Böll besuchte weiter das Gymnasium. Doch seine Schule
war jetzt mehr und mehr vor allem das aus den Fugen geratene
Leben selbst. Er lernte von der Not seiner Familie, den immer neu
beunruhigenden Erscheinungen, die sie hervorbrachte, und auf der
Straße. Er war in die Vorschule des Schriftstellers eingetreten.

II. Hinein in die »Ewigkeit des Nazismus«

Die Turbulenzen, in die Viktor Böll und seine Familie geraten waren, zerstörten alle bürgerlichen Erwartungen, Sicherheiten und Aufstiegshoffnungen, und die politischen Aussichten waren noch düsterer als die wirtschaftlichen. Es war nicht mehr weit bis zum 30. Januar 1933. Die Lage der Bölls war aussichtslos, doch sie verzweifelten nicht, entwickelten sogar ein trotziges Selbstbewußtsein, das Schutz gab, nur schwer begreiflich ist und doch in den deutschen Wirren Anfang der dreißiger Jahre nicht so ganz ungewöhnlich war. Es kam aus dem Temperament der Familie, in dem eine Art grundlos-spontaner Optimismus zusammenging mit dem Gefühl, daß sie alle sich aufeinander verlassen konnten. Und es hatte offenbar auch religiöse Gründe. Heinrich Böll: »Gesamtstimmung: Leichtsinn und Angst. Sie schlossen einander nicht aus.«

Auch lange nach dem Tod Heinrich Bölls war für seine Frau Annemarie die damalige Stimmung in der Familie und ihre Haltung noch ganz nahe. Die Studentin Annemarie Cech hatte sich bereits um 1930 an der Universität mit Bölls älterer Schwester Mechthild angefreundet, und bald geriet sie hinein in den ziemlich großen und offenen Troß der aus der katholischen Jugendbewegung kommenden jungen Leute, für die jederzeit die Wohnungstür der Bölls offenstand. Sie formuliert die Gesamtstimmung kaum anders als Heinrich Böll, erinnert sich, daß die Familie ohne ersichtlichen Grund, ohne besonderen Anspruch über ein hohes Selbstwertgefühl verfügte, das für sie völlig außer Zweifel stand. Die Bölls waren in ihren eigenen Augen etwas Besonderes. Heinrich Böll hat sich an »eine mit Hysterie gemischte Arroganz gegenüber der Umwelt« erinnert. Und weiter: » ...wir waren weder rechte Kleinbürger noch bewußte Proleten, hatten einen starken Einschlag von Bohème; das Wort ›bürgerlich‹ war eines unserer klassischen Schimpfworte.« Und dies, obwohl Heinrich Böll an anderer Stelle zu berichten wußte: »Mühsamste Beschäftigung

Hinein in die »Ewigkeit des Nazismus«　　37

blieb: neue Lebensmittelkredite aufzutun oder alte zu bezahlen, um neu auf Pump zu gehen, und die ständig drückende Dauerlast: die Miete. Ich weiß bis heute nicht, wovon wir lebten.«

Diese merkwürdige Melange hat der jungen Annemarie Cech und den anderen jungen Leuten, die sich bei den Bölls trafen, offenbar gefallen. Und es spielten daneben auch religiöse und ideologische Gründe mit sowie eine unbezähmbare Diskussionslust. Wenn auch das Korsett strikter katholischer Erziehung bei den Jüngeren nicht mehr so stramm saß wie trotz ihrer Aufmüpfigkeit noch bei Viktor und Maria Böll, so waren doch auch sie »katholisch, katholisch, katholisch«. Nur sahen sie mit Zustimmung vor allem Maria Bölls die katholische Kirche zugleich mit grundsätzlichen Vorbehalten. Das ermöglichte ihnen eine Dialektik, die sie z. B. trotz des Schocks, den ihnen das Reichskonkordat 1933 versetzte, trotz höhnischer Bemerkungen für das anpasserische Traktieren der Institution Kirche befähigte, sich als katholische Avantgarde zu fühlen. Schon der sechzehn-, siebzehnjährige Heinrich Böll sah zumindest vage jene Widersprüche, deren Thematisierung seinem Erzählen und seinen Argumenten später so große Aufmerksamkeit bei vielen katholischen Lesern sicherte durch die Unerbittlichkeit, in der er sich an den Restriktionen und dem Traktieren rieb, mit denen die Organisation Kirche ihre Herde zusammenhielt. Das war nicht nur im Rheinland, es war in Deutschland, war und ist in der Welt eine ziemlich große Herde. Enthusiastisch reagierte Heinrich Böll, sobald er ihr begegnete, auf die antibürgerliche und antiklerikale Literatur des französischen Renouveau catholique mit seiner radikalen These, die Kirche sei verknöchert, erstarrt, sie brauche Erneuerung aus dem Glauben, aus dem Herzen und dem Handeln derer, die ohne Kalkül ganz ursprünglich glaubten. »... katholisch, das sollten und wollten wir doch bleiben, trotz allen Lästerns und Fluchens, und so schlug denn kurz vor dem Ende des Jahres 1936 Léon Bloys ›Blut der Armen‹ wie eine Bombe ein, weit entfernt von der Bombe Dostojewskij und doch in ihrer Wirkung dieser gleich ...« Um noch weiter vorauszugreifen: Annemarie Böll hat die broschierten Léon-Bloy-Ausgaben verwahrt, die Heinrich Böll als Soldat aus Frankreich mit nach Hause gebracht hat, obwohl nationalistisch-deutschfeindliche Äußerungen Bloys zur Zeit des ersten Weltkriegs, wie sie sich erinnert, Heinrich Böll stark verärgert haben, als er von ihnen erfuhr.

Für den tagtäglichen Kampf ums Überleben in den Jahren vor und nach der »Machtergreifung« Hitlers, in den Jahren bis Kriegsbeginn, einem Kampf, der sich im Weltkrieg selbst in eine dramatische Dimension steigerte und den Heinrich Böll zur frühen Nachkriegszeit in den Trümmern seiner Stadt erneut aufnahm, gibt es außer den von außen, von den Machthabern gesetzten Daten für Heinrich Böll keine haltbare persönliche Chronologie. Zwölf bis zwanzig Jahre alt, erlebte Böll, was geschah, mit offenem Bewußtsein. Er selbst wollte seine und seiner Eltern und Geschwister Haltung nicht Widerstand nennen, nur habe ihm der Nazismus ganz einfach widerstanden. Die Naziaufmärsche, der Straßenterror, die Errichtung erster Konzentrationslager, der Reichstagsbrand, das Reichskonkordat, die Niederschlagung der Röhmrevolte, die Remilitarisierung des Rheinlandes – das waren die Signale, die das öffentliche Leben auf Kurs brachten und das individuelle brutal dominierten. Für Köln kam hinzu ein Prozeß gegen siebzehn Mitglieder des Rotfrontkämpferbundes wegen Mordes an zwei zu den Nazis übergelaufenen Mitgliedern der KPD schon im Juli 1933. Sieben der Angeklagten wurden zum Tode verurteilt und – ein Schreckenstag für die Stadt – Anfang November im Klingelpütz mit dem Handbeil hingerichtet. Heinrich Böll: »... die Wörter ›Schutzhaft‹ und ›auf der Flucht erschossen‹ waren geläufig, es traf auch Freunde von uns, die später *stumm* und *steinern* wiederkamen; Bekannte meines Vaters; Lähmung breitete sich aus, Angst ringsum, und die Nazihorden, brutal und blutrünstig, sorgten dafür, daß der Terror nicht nur Gerücht blieb. Die Straßen links und rechts der Severinstraße, über die mein Schulweg führte (Alte-

Hinein in die »Ewigkeit des Nazismus«

burger-, Silvan-, Severinstraße, Perlengraben) – das war durchaus kein ›national zuverlässiges‹ Gelände. Es gab Tage, nach dem Reichstagsbrand, vor den Märzwahlen, in denen das Viertel ganz oder teilweise abgesperrt war; die am wenigsten zuverlässigen Straßen lagen rechts von der Severinstraße; welche Frau schrie da im Achtergäßchen, welcher Mann in der Landsberger, wer in der Rosenstraße? Vielleicht lernen wir nicht für die Schule, aber auf dem Schulweg fürs Leben? *Da* wurde offenbar geprügelt, aus Hausfluren gezerrt.« Die »Ewigkeit des Nazismus«, so ebenfalls Heinrich Böll, war angebrochen. Auch in einer solchen Ewigkeit existiert für den einzelnen keine verbindliche zeitliche Ordnung. Der Alltag bewegt sich orientierungslos im Kreis. Das Leben gar nicht so weniger Deutscher strandete in einem tristen, von Angst durchsäuerten Wartesaal, der Erwartung oder Zuversicht nicht mehr zuließ, wenn es in ihm auch Ausbrüche von Leichtsinn gab.

Auch die Bölls mußten sich einrichten, um nicht in unmittelbare Gefahr zu geraten. Bei allem Familienhochmut waren sie doch gezwungen, sich durch den Erweis guten Willens zumindest auf einer äußerlichen Ebene zu arrangieren. Auf dringliche Mahnung und Empfehlung des sogenannten »Blockwarts« kauften sie eine Hakenkreuzfahne, um der häufigen Pflicht zu flaggen Genüge tun zu können; doch um ihre Gesinnung anzudeuten, nahmen sie eine möglichst kleine Hakenkreuzfahne. Wenn sie überhaupt Aufträge erhielt, arbeitete die Werkstatt Viktor Bölls, die sich weiterhin im Hinterhaus der Vondelstraße 28/30 befand, nur selten noch für Kirchen und Klöster, sondern meist für Behörden. Auch hier kam ein deutlicherer Ratschlag: Zumindest einer aus der Familie müsse Mitglied einer Naziorganisation werden. Der Familienrat, der bei allen wichtigeren Anlässen zusammenkam, beschloß, der älteste Bruder Alois solle in die SA eintreten. Er hat laut Heinrich Bölls Auskunft in seinem autobiographischen Bericht »Was soll aus dem Jungen bloß werden?« schwer unter diesem Familiendienst gelitten, für den die Verantwortlichen sich durch Aufnahme der Fürbitte »Der du für uns in die SA eingetreten bist« in »unsere verschiedenen frivolen Rosenkranzvariationen« bedankten.

Ironie und Spott, ja Galgenhumor waren in ihrer trüben Lage Refugium der Familie Böll, gekoppelt an eine unersättliche, durch das Lesen von Büchern und Zeitungen geförderte Diskussionslust. Annemarie Cech, die immer öfter zu Besuch kam, erinnert sich, wie hitzig die Auseinandersetzungen waren über die politischen Zustände, über Literatur und Religion, doch auch daran, daß »viel einfach nur Blödsinn« gemacht wurde. Zwar nicht Viktor Böll, doch die Mutter war, meist ohne sich einzumischen, als aufmerksame Zuhörerin stets dabei. Sie war, so Annemarie Böll, auf eine schwer erklärliche Art Mittelpunkt, auch für die Freunde der Kinder. Sie war enttäuscht von ihrem Leben. Sie habe darunter gelitten, daß Viktor Böll dazu neigte, ein etwas flotteres Leben zu führen, als die Verhältnisse erlaubten. Seit Heinrich Bölls Geburt schon habe sie gekränkelt und sei nur noch selten aus dem Haus und zur Kirche gegangen. So habe sie die Möglichkeit gehabt, sich zu entziehen. Heute würde man Maria Böll möglicherweise depressiv nennen, aber das Wort treffe es nicht. Was in der Welt draußen vorging, dafür habe sie nur Ablehnung gehabt, einen merkwürdigen Sarkasmus, rückhaltlose Skepsis, und habe davon die Kirche nicht ausgenommen. Jederzeit sei sie bereit gewesen, so als sei ja auch das völlig bedeutungslos, Heinrich Böll Entschuldigungen fürs Gymnasium zu schreiben, wenn er, was häufig der Fall war, schwänzen wollte; er habe einmal ausgerechnet, daß er in den Jahren vor dem Abitur nur ein Drittel der Zeit in der Schule gewesen sei. Maria Böll habe für die jungen Leute, die in die Wohnung kamen, Kaffee gekocht und gelegentlich auch für Zigaretten gesorgt, die wegen des Geldmangels immer rar gewesen seien.

Maria Böll, geborene Hermanns, war eine schwermütige Frau, der niemand mehr etwas vormachen konnte, die aber versuchte, zu begreifen, was ihr dennoch wichtig war, für sie wichtig hätte sein können. Sie hörte interessiert, wenn auch schweigsam, den Diskus-

Hinein in die »Ewigkeit des Nazismus«

sionen über die politische Situation, über Religion und Literatur zu. Annemarie Böll erinnert sich auch, wie deutlich sie über die Strenge ihrer katholischen Erziehung geklagt hat, durch die sie sich für ihr ganzes Leben eingeschränkt, behindert gefühlt habe. Von den Nazis erwartete sie nur Unheil. Sie war fähig, deren Versprechungen an ihren Handlungen zu messen und illusionslos zu folgern. Daß Hitler Krieg bedeutete, habe niemand anders als sie der Familie klargemacht, und auf diese finstere Zukunft lebte sie offenen Auges hin, das war ihre Erwartung. Sie hatte einen illusionslosen Wirklichkeitssinn, das war die Grundlage ihrer Ironie. Ihren Kindern und deren Freunden blieb Maria Böll offenbar stets etwas rätselhaft. Die Rolle, die sie durch ihre wache Niedergeschlagenheit in den dreißiger Jahren für Heinrich Bölls intellektuelle Entwicklung gespielt hat, läßt sich wohl gar nicht überschätzen.

Mit einem deutlichen Ausrufezeichen hat Heinrich Böll es in einem Interview so gesagt: »Welch eine intelligente, sensible und leidenschaftliche Frau meine Mutter war, was sozusagen aus ihr hätte werden können, wenn sie nicht dieser sklavischen religiösen Erziehung, die wieder durch ihre Mutter kam, ausgeliefert gewesen wäre. Was sich in ihr hätte artikulieren können, egal ob politisch oder literarisch ...« Hier sei für ihn der Ansatzpunkt gewesen für den Einstieg in die Problematik der Kirche als eines schnöde gehandhabten Mediums der Beherrschung. »Die Erinnerung an meine Mutter und auch der Rückblick auf die Kindheit meiner Eltern ist es, der mich sehr bewegt, sehr schmerzlich bewegt. Ich möchte meine Mutter oder die Frau befreit sehen.« Bölls Aufmerksamkeit für die »Sensibilität der Frau, und zwar die Genialität, die in der Sensibilität liegt«, eine Aufmerksamkeit, die für sein Erzählen so kennzeichnend werden sollte, die sich von Käte Bogner bis Leni Pfeiffer, geb. Gruyten, in so vielen Frauengestalten dokumentiert, hat sich ihm laut seiner eigenen Einsicht von seiner Mutter übertragen.

Unter dem Diktat der »Ewigkeit des Nazismus«, ohne die Erwartung von etwas anderem als dem bevorstehenden, nicht auszudenkenden Krieg, der zum zweiten Weltkrieg wurde, ohne eine Perspektive für das eigene Leben hat Heinrich Böll die frühe Phase seiner Vorschule des Schriftstellers absolviert. Aber es gab ja auch in dieser öden Ewigkeit noch Literatur, es gab, wenn auch nur begrenzt zugänglich, die Bücher. Und Heinrich Böll war ein entdeckerischer, gieriger Leser. Nicht nur Fjodor Dostojewskij und G. K. Chesterton, nicht nur Charles Dickens und die Autoren des Renouveau catholique – in seinen autobiographischen Äußerungen nennt Böll auch Honoré de Balzac und Jeremias Gotthelf, die »Buddenbrooks« von Thomas Mann, Stefan George, Reinhold Schneider und noch andere mehr. Heinrich Böll hielt ständig Ausschau nach Büchern, las Georg Trakl und Jack London, Henri Barbusse, dessen vom Leben der Soldaten an der Front erzählender Roman »Le Feu« damals weltberühmt war, und Erich Maria Remarque. Nach dem Abitur kam es auch zu ersten, allerdings flüchtigen Kontakten mit den Werken von Marcel Proust, Sigmund Freud und Karl Marx. Bedauernd hat Böll später einmal angemerkt, daß er von Franz Kafka und James Joyce erst nach dem zweiten Weltkrieg gehört habe. Was auch für manche andere Werke gilt, die zur Nazizeit schwer oder gar nicht zugänglich waren, ganz abgesehen davon, daß die Handwerkerfamilie Böll hier ja von sich aus neben ihrer Offenheit und dem Gewährenlassen kaum etwas beizutragen hatte; die Eltern wußten es und hielten sich da raus.

Mit den Schwerpunkten Fjodor Dostojewskij und Léon Bloy, auch Charles Dickens waren Heinrich Bölls Leseerfahrungen unter den ihm gesetzten Bedingungen ganz erstaunlich vielfältig, doch auch zufällig. Einen Kanon, den wertenden Überblick über die Geschichte der neueren Literatur gab es für ihn ja nicht. Doch das hätten ja auch Hindernisse sein können. Heinrich Böll war überzeugt, daß am entscheidenden Punkt jeder, der Schriftsteller sein will, Autodidakt ist und ganz unabhängig und für sich allein herausfinden muß, wie er zu schreiben hat. Er las schon bald auch mit dem Vorsatz, ein Schriftsteller zu werden, und da sind Zufälle

Hinein in die »Ewigkeit des Nazismus«

und Obsessionen meist produktiver als das Wissen von Richtungen, Stilen und Standards. Erlaubt ist übrigens auch der Schluß, daß der Gymnasiast die Schule nicht unbedingt so oft geschwänzt hat, um herumzubummeln. Lesen kostet Zeit. Menge und Anspruch der Werke, auf die all die erwähnten Namen hinweisen, lassen nur darauf schließen, daß der Leser, bald auch der angehende Schriftsteller alle Zeit brauchte.

Und Böll las auch Zeitungen, sogar, als es dann nicht mehr anders ging, den »Völkischen Beobachter«. Er las Adolf Hitlers »Mein Kampf«, und dafür sorgte, allerdings unter einer bestimmten Voraussetzung, das Gymnasium, »wo nicht nur Sophokles oder Gotthelf, sondern auch Hitler Pflichtlektüre war«. Sein »extrem katholisches« Gymnasium in der Heinrichstraße, für das Böll trotz seiner Neigung, den Unterricht zu schwänzen, später immer wieder ein aufrichtig gutes Wort fand, hat ihm speziell für die Lektüre dieses Schandbuchs die richtigen Anregungen gegeben, hat ihm an seinem Beispiel gezeigt, was es bedeutet, richtig und das heißt kritisch zu lesen. Heinrich Böll berichtet davon so: »Unser Deutschlehrer Schmitz, ein Mensch von scharfer, witziger, ironischer Trockenheit (für manche Autoren eben zu trocken!), nahm die geheiligten Texte dieses Autors Adolf Hitler zum Anlaß, uns Ausdruckskonzentration, Kürze genannt, nahezubringen. Das bedeutete: Wir mußten etwa vier Seiten von ›Mein Kampf‹ auf zwei, möglichst auf anderthalb Seiten kürzen, dieses unsägliche, schlecht verschachtelte Deutsch – es gibt auch sehr gut verschachteltes Deutsch! – ›zusammenziehen‹. Man stelle sich vor: Texte des Führers ›zusammenziehen‹. Mir machte das Spaß, dieses Deutsch auseinanderzunehmen und neu zusammenzupacken. Ich las also ›Mein Kampf‹ genau – und auch diese Lektüre erhöhte meinen Respekt vor den Nazis nicht um den Bruchteil eines Millimeters. Immerhin verdanke ich dem Autor Adolf Hitler ein paar Zweien in Deutsch, die ich gut gebrauchen konnte, verdanke ihm auch – und hätte damit in der Schule *auch* fürs Leben gelernt – möglicherweise eine gewisse Eignung zum Lektor und Neigung zur Kürze. Bis heute überrascht mich die Tatsache, daß niemand die Frivolität dieses Vorgangs – Führertexte ›zusammenzuziehen‹ – bemerkte, auch mir wurde sie erst viele Jahre später klar, wurde auch das *Vielsagende* dieser Schulaufgabe klar.«

Diese Lektion, deren Wert er erst nach und nach ganz begriffen hat, war für den Kritiker, der Böll ja auch werden sollte, grundlegend. Sie läßt ahnen, welche Bedeutung seine Schule trotz all den jeweils seinem Alter entsprechenden Lustlosigkeiten und Vorbehalten hatte, mit denen er dem Schulzwang begegnete. Hierin unterschied er sich nicht von den Gleichaltrigen um ihn her. Doch er spürte früh, daß die Schule ihm Anregungen und Schutz bot. Die Lehrer am »extrem katholischen« Kaiser-Wilhelm-Gymnasium waren zwar strikt national gesinnt, doch sie waren, obwohl auch sie sich anpassen mußten, anders als viele Schüler keine Nazis. Eher ließen sie sich schon einmal auf so riskante Manöver ein wie der Deutschlehrer Schmitz im Umgang mit der Pflichtlektüre »Mein Kampf«.

Wenn es in der ganzen zeitlosen »Ewigkeit des Nazismus« für einen jungen Mann wie Heinrich Böll mit der Gewißheit, daß auch er vorbestimmt war für den Krieg, überhaupt ein Gefühl für den Fortgang der Zeit gab, für die Tage, Monate und Jahre, die dahingingen, so wurde es vermittelt durch die Schule, die Schuljahre. In Bölls Erinnerungen klingt manchmal an, daß er immer deutlicher die Spannung empfand zwischen dem Gefühl der Sicherheit in dem begrenzten Freiraum Schule, in dem er lernte, sich entwickelte, den Lehrern und auch den Mitschülern traute, und dem Bewußtsein, daß es dennoch zu nichts anderem führen werde als zum Krieg, und daß es bei dieser Aussicht eine unsinnige Vorstellung war, man lerne in der Schule für das Leben. Dennoch vermittelte die Schule ihm offensichtlich ein Restgefühl bürgerlicher Zuversicht. Trotz einzelner vager Ähnlichkeiten mit den in den zwanziger Jahren beliebten Erzählungen von Zwang, Unterdrückung,

Hinein in die »Ewigkeit des Nazismus« 45

Unglück in der Schule paßt Heinrich Bölls Schulgeschichte ganz und gar nicht in deren Muster. Böll ging gern ins Gymnasium, hat dies gelegentlich deutlich betont und entzog sich ihm zugleich doch häufig mit Hilfe der von seiner Mutter freigiebig ausgestellten Entschuldigungen. Zur Abschlußfeier nach dem Abitur, das zu bestehen die Zeitumstände auch ihm sehr erleichtert hatten, ging er nicht, der Bruder Alfred holte das Zeugnis der Reife für ihn ab. Datiert ist es auf den 6. Februar 1937.

Zurück noch einmal bis zur Zeit von Hitlers Machtergreifung, als die aus all ihren bürgerlichen Sicherheiten gerissene Familie Böll übrigens nach einem weiteren Umzug schon in der Maternusstraße 32 wohnte, um 1936 in eine Wohnung Karolingerring 17 zu ziehen, die erheblich über ihren Verhältnissen lag, aus der sie aber erst durch die Bomben vertrieben worden ist. Im gewaltsamen Umbruch von der Republik zur Diktatur, während die Massen den Nazis zuströmten und viele, um dem Führer besser dienen zu können, trotz des Reichskonkordats aus der Kirche austraten, drängte es Heinrich Böll, sich allen Zweifeln zum Trotz demonstrativ als Katholik darzustellen. Er empfand es offenbar als eine Art Widerstand, »mit stolzgeschwellter Brust mitten in der Krisenzeit, eine große Fahne tragend (weiß mit einem blauen PX)« in einer Prozession mitzugehen und den Spott der Zuschauer wie eine Ehrung entgegenzunehmen. »… ich weiß nicht einmal, welche Prozession und in welcher Formation ich da ›auftrat‹, sicher ist nur der Stolz, die Fahne – und ich erinnere mich einer besonderen Massierung von Spöttischen in der St. Apernstraße. Möglich auch, daß ich doch noch in dieser Marianischen Kongregation war, der ich mit einigem Eifer angehört hatte (Wochenendfahrten, ›aus grauer Städte Mauern‹, Theaterspielen, Bergisches Land, oh Immekeppel, und der Geruch der noch friedlichen Wahner Heide, Singen und Wandern mit Wimpel, Lagerfeuer!) – ich trat aus dieser Kongregation aus, als man dort anfing, Exerzierübungen einzuführen, bis hin zu erheblichen ›Schwenkungen‹ fast in Kompaniebreite.«

46 *Von Weltkrieg zu Weltkrieg*

Diese Erinnerungen Bölls deuten das Durcheinander in jener Zeit an, in dem gerade junge Katholiken nicht wußten und oft nicht wissen konnten, wo sie standen. Die Hitlerjugend gewann ihre Anhänger auch aus der katholischen Jugendbewegung so rasch, weil sie deren Selbstinszenierung, ihre Riten, das Fahnenschwenken, die »Fahrten« genannten Gruppenausflüge übernahm. Das brauchte nur etwas umfunktioniert zu werden. Einerseits war die Kirche schon bald durch das Reichskonkordat prinzipiell gleichgeschaltet, man ging in brauner Uniform zur Messe, und viele erlebten das als Normalisierung und Erleichterung. Andererseits wurde mit der Gleichschaltung die katholische Jugendbewegung zerschlagen, und indem man sich ausdrücklich als Katholik bekannte, etwa das PX-Abzeichen als Bekenntnis zu Christus weiter trug, das die Zugehörigkeit zur katholischen Jugendbewegung anzeigte, konnte man jedenfalls fürs Selbstgefühl Widerstand signalisieren. »Und mitten in dieser Krisenzeit«, so Böll, »übernahm ich für die Pfarre St. Maternus die Verteilungsstelle der ›Jungen Front‹, der letzten, tapfer untergegangenen Wochenzeitung der katholischen Jugend ...« Auch eine HJ-Zeitung hätte damals »Junge Front« betitelt sein können. Einerseits die Exerzierübungen und die unmißverständlichen Schwenks hin zur übergroßen Mehrheit des deutschen Volkes. Andererseits gab es für eine Weile fast überall im Reich noch Gruppen Jugendlicher, die versuchten, ihre alten »Ideale« hochzuhalten, obwohl gerade sie sich so leicht mißbrauchen ließen. Von »Nestern« hat Annemarie Böll gesprochen, wenigen Freunden jeweils, die treu zu bleiben versuchten.

Gerade wer feste religiöse Grundsätze hatte, fand in diesem Umbruch keinen sicheren Ort. Alles war unbestimmt, alles veränderte sich ständig, wobei über die allgemeine Richtung Zweifel kaum noch möglich waren. Auch wer sich längst Gedanken gemacht hatte über das Mißverhältnis zwischen der bürgerlich etablierten, verknöcherten und vor allem dem eigenen Erhalt und Wohlergehen fest verpflichteten Organisation Kirche und den Wahrheiten

Hinein in die »Ewigkeit des Nazismus«

des Glaubens, erlebte seine Treue zur Kirche, obwohl sie ihren Pakt mit Hitler geschlossen hatte, als Verweigerung gegenüber den Nazis. Nicht allein Heinrich Böll ging das so. Oft war es eine Treue gegenüber der sich nun rasch auflösenden katholischen Jugendbewegung, deren junge »Führer« durchaus mit Verfolgung und handgreiflicher Belehrung rechnen mußten, war es die Treue zu diesem und jenem jungen Priester, der als Kaplan oder Vikar seinen Glauben noch nicht im Dienst der opportunistischen kirchlichen Hierarchie aufgebraucht hatte. Diese Gegensätze spielten auch für Heinrich Böll eine wichtige Rolle. Oft wurden sie überbrückt durch persönliche Zuwendung. »Nebenbei wurde ich ›Sekretär‹ des Kaplans Paul Heinen von St. Maternus, legte Karteien für ihn an, erledigte Teile seiner Korrespondenz – und er gab mir hin und wieder einen Obolus von seinem kärglichen Gehalt. Viel mehr als ein ›Spiel‹ und auch eine Flucht war das nicht: Die Sintflut lag nicht hinter, sie lag vor uns.« Im Sog dieser erwarteten Sintflut erfuhr Bölls Verhältnis zur Kirche nach und nach immer mehr Brüche. Zeitweilig ist er nicht mehr zur Beichte und nicht mehr zur Messe gegangen. Das allerdings hatte nach seiner eigenen Erinnerung ganz einfach viel damit zu tun, daß er eines Tages die Mädchen mit ganz anderen Augen ansah. Er kam in die Pubertät, und er wollte sich in seine Gefühle, Wünsche, Vorstellungen nicht nach Art des Katechismus, der repressiven kirchlichen Sexuallehre, die dem gläubigen jungen Mann immer deutlicher als unwahrhaftig, unnatürlich, falsch erschien, hineinreden lassen. Doch so ganz eindeutig war auch dies nicht.

Zu dieser Zeit etwa fand Heinrich Böll einen Freund, mit dem er bis an sein Lebensende eng verbunden blieb. Unter dem Verdacht, Kommunist zu sein oder jedenfalls mit dem Kommunismus zu sympathisieren, war der Schüler Caspar Markard aus seinem Gymnasium in Brühl hinausgeflogen. Er war für die Überzeugung eingetreten und hatte sie offen zu propagieren versucht, Hitler bedeute Krieg. Nicht nur die Bölls waren sich dessen sicher, vor allem Maria

Böll, aber das war auch der Standpunkt der KPD. Das Kaiser-Wilhelm-Gymnasium nahm Caspar Markard auf. Eines Morgens saß er auf einem Platz in seiner neuen Klasse, und sein Nachbar war der Schüler Heinrich Böll. Von da an hielten sie zusammen. Caspar Markard erinnert sich, daß sein neuer Freund in einer eigenen Welt lebte, in die er niemanden hineinschauen ließ. Das ist offenbar nicht nur in dessen Familie erkannt und respektiert worden, aus der Annemarie Böll berichtet, daß der jüngste Sohn bei Eltern und Geschwistern sehr beliebt gewesen sei und daß alle von ihm schon damals etwas Besonderes erwartet, in ihm etwas Besonderes gesehen hätten. Doch sein Sonderstatus hatte auch eine Schattenseite, setzte den Jungen der Gefahr zunehmender Isolation aus. Von einem Schulungslager für zwei Oberstufenklassen verschiedener Schulen in Lindweiler bei Völklingen an der Saar hat Böll mit einer beunruhigenden Schlußfolgerung berichtet. »Und so grölte abends«, erinnerte sich Böll, »in der Jugendherberge die siegreiche Hitlerjugend und drohte uns – mir und meinem Freund Caspar Markard –, weil wir gegen das Horst-Wessel-Lied anstimmten: ›Wenn alle untreu werden, so bleiben wir doch treu.‹ Ich verlor die Nerven (wie später noch oft), man nennt das wohl ›übertriebene Sensibilität‹ – oder war ich nicht nur ein Außenseiter, sondern schon ein Sonderling?«

Mit der Pubertät traten – Religion, Literatur und Nazis, die längst kraftlose katholische Jugendbewegung und die siegreiche HJ hin und her – auch bei diesem jungen Mann jedenfalls die Mädchen in sein Blickfeld. Wie für die meisten jungen Männer, insbesondere junge Katholiken, die in jenen vor allem hinsichtlich Sexualität noch notorisch unaufgeklärten Zeiten unter ihrem Informationsmangel litten, war das ebenso wichtig für Heinrich Böll wie verwirrend. Über die wichtigen persönlichen Dinge, erinnert sich Annemarie Böll, habe man damals nicht gesprochen, das sei nicht üblich gewesen. In seinem Bericht »Was soll aus dem Jungen bloß werden?« gibt Böll mehrfach, doch ziemlich allgemein, Auskunft, teilt

Hinein in die »Ewigkeit des Nazismus«

er mit, daß er sich mit Mädchen getroffen und per Fahrrad einen Wochenendausflug mit einem Mädchen gemacht habe. Er registriert, daß man es in Köln gar nicht habe vermeiden können, Huren zu begegnen. Doch diese schematische Bezeichnung für Frauen, die sich meist aus Armut und Not verkauften, ändert ihre deklassierende Bedeutung, sobald Böll etwas genauer hinschaut. Einfühlend schildert Böll die armseligen Wesen vor den rechtsrheinischen Kasematten, denen er begegnete, wenn er seinen Bruder Alfred besuchte, der da seinen sogenannten freiwilligen Arbeitsdienst ableistete, die Vorbedingung für die Studienerlaubnis: »... am Lagertor zwei – immer dieselben – junge und doch schon verbrauchte Huren, mitleiderregende Geschöpfe, die sich mit jedem, dem es gelang, den Posten zu bestechen oder zu überreden, um ein geringes Honorar ins Gebüsch legten. Dieses unterirdische düster-feuchte wilhelminische (Wilhelm I.!) Kasemattengebilde, der Geruch, die Gedrücktheit, die beiden Huren, die nicht einmal andeutungsweise aufgedonnert waren (sie waren das einzige Angebot weit und breit) – erhebend war das nicht. Wir brachten ein paar Zigaretten mit, plauderten gedrückt miteinander, spürten die Grausamkeit der Besuche in oder an Kasernen ...« Und dies traurige Erlebnis, Heinrich Böll resümiert es mit einem hoffnungslosen Blick in die damals vor ihm liegende Zukunft so: »Bedrückt zogen wir heimwärts, am Bahndamm entlang, sommerlichen Staub auf den Lippen, der Geruch der Kornfelder, im Herzen, im Hirn, im Bewußtsein hatte ich ihn: den *Vorgeschmack*, der sich nicht viele Jahre später als zutreffend herausstellte. Ich wußte, daß ich hineingeraten würde, nicht die Kraft und den Mut hatte, mich den beiden fälligen Uniformen zu entziehen.«

Die beiden »fälligen« Uniformen waren die des Arbeitsdienstes und der Wehrmacht. Wenn Heinrich Böll auch mit dem Schutz der Familie und der Lehrer seines Gymnasiums im Rücken der HJ entgangen war, hier gab es keine Hoffnung mehr, unbeschadet zu entkommen. Aber noch waren die Vorkriegsjahre nicht vorbei, und der junge Mann war auf dem besten Weg, von einem Außenseiter zum Sonderling zu werden. Wie lange kann sich ein Sechzehn-, Siebzehnjähriger seiner Umwelt verweigern, ohne Schaden zu nehmen? Weil er kein Geld hatte, begann Böll Nachhilfestunden zu geben, Latein und Mathematik für fünfzig Pfennige die Stunde. Sein Freund Caspar Markard führte ihn bei den Treffen ein, die der hochgebildete, bürgerlich souveräne Pfarrer Robert Grosche wie Seminare in Vochem bei Brühl veranstaltete. Das faszinierte Heinrich Böll, doch es stimmte ihn rasch auch skeptisch. »Schon damals, wenn ich aus der herrlichen, gemütlichen Vochemer Studierstube voller Bücher und Tabaksrauch mit der Vorgebirgsbahn oder dem Fahrrad nach Köln zurückfuhr, wurde mir ein wenig bange vor soviel gebildeter Gelassenheit, vor diesem Hauch von Nationalismus, und dem unverkennbaren, wenn auch leichten Hautgout der Bourgeoisie. Es war großartig bei ihm, mit ihm, und doch war es nicht das, was ich suchte.« Um diese Zeit war es, daß mit seiner Mutter und der Schwester Mechthild auch Heinrich Böll, wie er sich in »Was soll aus dem Jungen bloß werden?« erinnert hat, »ohne es zu wissen« pervitinsüchtig wurde. Pervitin war ein beliebter Muntermacher der dreißiger Jahre, ein gefährliches, stark euphorisierendes, die natürliche Ermüdung ausschaltendes, auf längere Sicht sogar potentiell tödliches Aufputschmittel, das damals ohne Rezept ganz billig zu haben war – »30 Pillen zu 1,86 M ohne alle Umstände in jeder Apotheke«. Böll ist davon erst losgekommen, als ihm während des Krieges der Nachschub ausging. Oder vielleicht auch nicht so ganz. Es gibt im Briefwechsel mit Ernst-Adolf Kunz einige Hinweise, daß er Pervitin auch in den frühen Nachkriegsjahren gelegentlich noch benutzt hat, wenn er erschöpft war und es bekommen konnte.

Weil die Nazis in den Straßen Kölns triumphierten, hatten diese für Böll alle ihre Anziehungskraft verloren, und so fuhr er mit seinem Fahrrad immer öfter über die Grenzen der Stadt hinaus. Das hat ihm manchmal aus seiner Bedrücktheit herausgeholfen. Und

Hinein in die »Ewigkeit des Nazismus«

»auch ein paar Mädchen«. Der Hinweis auf die Mädchen bleibt wie stets in Bölls autobiographischen Aufzeichnungen und Äußerungen vage und pauschal. Aufschlußreicher vielleicht die Beobachtung, daß Heinrich Böll in seinen frühen Erzählungen viel Sympathie für den Typus der edlen Hure, des leichten Mädchens mit dem guten, menschenfreundlichen Herzen, gezeigt hat. Etwas ganz anderes war hier jedoch wichtiger. Seit Jahren schon war damals die Studentin Annemarie Cech bei der Familie Böll gleichsam fest akkreditiert, bis ihr schließlich auffiel, daß Heinrich Böll sie als weibliches Wesen bemerkte. 1937 sei ihre Großmutter gestorben, bei der sie gewohnt habe. Hein – so hieß Böll in der Familie und bei engeren Freunden – habe diese gar nicht gekannt, doch er sei zu der Beerdigung gekommen. Das habe sie verwundert. Er sei immer aufmerksam und freundlich gewesen, doch jetzt war da etwas mehr. Heinrich Böll war noch nicht ganz zwanzig Jahre alt. Zusammengefunden, so Annemarie Böll, hätten sie einige Zeit später, im Kriegsjahr 1940, als Hein langwierig an der Ruhr erkrankt gewesen sei. Die Familie habe zunächst Einwände gegen sie gehabt, sie sei ja sieben Jahre älter als Hein gewesen. Ein so großer Altersunterschied hatte damals noch sehr viel mehr Gewicht als heute. Doch bald war das Hindernis vergessen.

1937/38 ging mit abschreckenden großen Scheinerfolgen Hitlers die erste Etappe uneingeschränkter Naziherrschaft ihrem Höhepunkt zu – dem Beginn des Krieges. Der »Anschluß« Österreichs wurde im März 1938 vollzogen, und im November dieses Jahres wurde mit der sogenannten »Reichskristallnacht« und ihren Pogromen eine aggressivere Phase der Judenverfolgung eingeleitet. Im Mai 1939 besetzte Hitler das Sudetenland, einen Teil der Tschechoslowakei. In zermürbender Erwartung des Kriegs und zunehmender Orientierungslosigkeit lebten die Bölls durch die Tage, Wochen, Monate. Schon als er die »mittlere Reife« erreicht hatte, also in die Oberstufe seines Gymnasiums versetzt wurde, dachte man im Familienrat darüber nach, ob Heinrich Böll nicht besser vom

Gymnasium abgehen solle. Eine Stelle als kaufmännischer Lehrling in einer Kaffeegroßhandlung war zu haben, und es gab für ihn die Möglichkeit, sich als Landvermesser ausbilden zu lassen. Heinrich Böll schreckte zurück, schon weil jede Berufsausübung dazu zwang, sich »organisieren« zu lassen, sich den Nazis und ihren Verbänden einzuordnen. Ihm selbst war sein Fall im übrigen längst klar. Er war schon zu dieser Zeit entschlossen, »Schriftsteller zu sein, vielleicht zu werden«, was, wenn nicht materielle Sicherheit, also ein Vermögen den Wunsch absicherte, zu allen Zeiten ein heikles, ja gefahrvolles, nur Unsicherheit und Entbehrungen garantierendes Vorhaben war. Im Vorkrieg Mitte der dreißiger Jahre war der Vorsatz für den Sohn einer kinderreichen, sich mühsam durchschlagenden Handwerkerfamilie geradezu absurd. Für Heinrich Böll war seine Entschlossenheit Teil dessen, was Freund Caspar Markard als die »eigene Welt« bezeichnet hat, in der er lebte und in die er lange niemandem Einblick gab. Für den Abiturienten schließlich stellte sich die Frage »Was soll aus dem Jungen bloß werden?« immer dringlicher, und die Bölls, auch Heinrich Böll, suchten eine Antwort, obwohl es – wie gerade sie wußten – eine längst entschiedene Frage war. Adolf Hitler hatte das festgelegt. Böll fand eine Stelle als Buchhandelslehrling bei Matthias Lempertz in Bonn, doch sie wurde ihm schon bald zur Last, und er gab sie nach kurzer Zeit wieder auf. Eine Zeitlang verrichtete er Hilfsarbeiten in der väterlichen Schreinerei. Er versuchte, hier und dort ein paar Mark zu verdienen, weiter vor allem mit Nachhilfeunterricht für vom Sitzenbleiben bedrohte Gymnasiasten. »Erst heute«, bekannte Heinrich Böll Jahrzehnte später, »ermesse, begreife ich den tödlichen Schrecken, der meine Eltern und Geschwister ergriffen haben muß, als ich dann zwischen abgebrochener Buchhandelslehre und Arbeitsdienst, zwischen Februar und November 1938, noch nicht einundzwanzigjährig – und mitten im etablierten Nazischrecken! – mich tatsächlich als *freier* Schriftsteller versuchte.«

III. Gesellenstücke

So phantastisch in jener Zeit das Unterfangen eines Neunzehn-, Zwanzigjährigen war, sich eigenmächtig und ohne Aussicht auf Zukunft zum Schriftsteller zu erklären, so ganz und gar illusionistisch: – es war sicher besser, ja vernünftiger, dem eigenen geheimen Wunsch und Plan zu folgen, als die verbleibende Wartezeit mit quälenden Notlösungen hinzubringen, die ebensowenig Aussicht auf Erfolg boten. Heinrich Böll wußte ja, was ihm bevorstand. Und als »freier Schriftsteller« ohne Einkommen setzte er fort, was er bereits als Schüler der Oberstufe begonnen hatte. Hier sind die Daten wichtig, und zu erinnern ist zunächst das Datum auf seinem Reifezeugnis: 6. Februar 1937. In Heinrich Bölls Nachlaß findet sich außer einem kurzen Roman ein ganzes Konvolut unveröffentlichter Erzählungen, die Böll mit Entstehungsdaten versehen hat. Lange vor dem Abitur, ungefähr Mitte 1936 hat Böll, der nach eigener Aussage immer schon zu schreiben versucht hatte, begonnen, Erzählungen und dem anspruchsvollen Feuilleton ähnliche Prosa zu verfassen, ganz offensichtlich im Hinblick auf eine vielleicht trotz allem mögliche Veröffentlichung. Was auch hätte er, da für ihn fast ohne Aussicht auf Verwirklichung doch sein Wunsch feststand, sonst tun sollen? Aller Aussichtslosigkeit zum Trotz konnte und wollte er sich selbst nicht aufgeben, zumal da eventuelle Kompromißlösungen ihm auch nicht gebracht hätten, was er selbst und seine Eltern und Geschwister so dringend brauchten: Geld zum Überleben.

Ein Studium konnte noch am ehesten Bölls Lebensentwurf förderlich sein. Um sich immatrikulieren zu können, hatte er erst noch eine trübe Pflicht abzuleisten. Er mußte den Arbeitsdienst über sich ergehen lassen, und er absolvierte ihn von Herbst 1938 bis zum Frühjahr 1939. Der »Reichsarbeitsdienst« war für ihn nach Auskunft Annemarie Bölls noch schwerer erträglich als später die Wehrmacht, wo immerhin eine überkommene Ordnung teilweise

noch fortbestand und vor mancher Willkür schützte; im Reichsarbeitsdienst aber hätten lauter verkrachte Existenzen das Sagen
gehabt. Zum Sommersemester 1939 dann schrieb Heinrich Böll
sich für Germanistik und klassische Philologie an der Kölner Universität ein. Schon im Juli des Jahres, wenige Wochen vor dem Einfall Hitlers in Polen, kam die Einberufung zur Wehrmacht.

In der Zeit von Mitte 1936 bis Mai 1939 sind laut Heinrich Bölls
Datierungen die Erzählungen und Prosastücke verfaßt worden, die
unveröffentlicht in Bölls Nachlaß vorliegen. Es sind, von zahlreichen Gedichten und Kurztexten verschiedener Art abgesehen, etwa zwanzig teils umfangreiche, teils nur wenige Seiten umfassende
Texte. Ob sie vollständig sind, ob einige verbrannt sind, als Bomben
die Familie aus ihrer Wohnung Karolingerring 17 vertrieben haben,
ist unklar. Soviel Sorgfalt Heinrich Böll auch aufgewendet hat, als
er sie verfaßte und auf der Schreibmaschine in der väterlichen
Schreinerei abschrieb, hat er diese seine Anfänge doch später als
eine Art Geheimsache auf sich beruhen lassen, etwa so wie zur Zeit
ihrer Entstehung, als er sie offenbar auch niemandem gezeigt hat.

Die Typoskripte haben unterschiedliches Format, und sie sind so
eng beschrieben, daß sie oft nur mit Mühe gerade eben noch lesbar
sind. Heinrich Böll hat am Papier gespart, das ja auch knapp war,
und oft hat er große Bögen aus dem Büro seines Vaters für die
Typoskripte verwendet. Um den Umfang festzustellen, müßten die
Anschläge gezählt, besser noch die Manuskripte im heute üblichen
Format abgeschrieben werden. Grob geschätzt, würden das wohl
600 bis 1000 Seiten und mehr ergeben. Ich habe die Manuskripte
gelesen. Funde, die dem Werk Bölls neue Aspekte abgewännen, gar
die Sicht auf die neuere Literaturgeschichte veränderten, sind da
nicht zu machen. Diese Arbeiten sind Teil der Vorgeschichte des
Schriftstellers. Vielleicht ist der Abdruck der schon Ende 1936,
Anfang 1937 verfaßten Erzählung »Die Brennenden« in dem Band
»Der blasse Hund«, der vor allem früh nach Kriegsende niederge-
schriebene, zuvor unveröffentlichte Erzählungen Bölls enthält,

Gesellenstücke

gerade angemessen. »Die Brennenden« zeigt, wie nahe Böll schon einem seiner zentralen Themen war, der Autonomie des Katholiken, wo es um Liebe und Ehe geht, darum, daß sie sich hier das Sakrament in der Vereinigung selbst spenden, ein Sakrament, zu dem die Kirche nur ihren Segen gibt. Die Erzählung zeigt, daß und wie Böll die für den Katholiken so wichtigen Vorstellungen von Reinheit und Treue schon differenziert, so daß der Schein von Reinheit Täuschung sein kann und im scheinbar Unreinen manchmal das Reine gerade verborgen liegt. Bloße Gewohnheit und konventioneller Augenschein sind hier keine Garantie. Manchmal kommt, wie er von Léon Bloy wußte, die wahrhaft reine Braut aus dem Bordell. Und trotz solcher Differenzierung gibt die Erzählung »Die Brennenden« zugleich zu erkennen, daß da der Unmittelbarkeit noch einiges im Weg steht, daß Böll noch nicht angekommen war bei sich selbst.

Wenn auch nicht literarisch, literaturgeschichtlich, so sind doch biographisch, für die Vorstellung von diesem Schriftsteller als noch sehr jungem Mann, die ganz frühen Erzählungen Bölls ungemein aufschlußreich, wie nichts anderes teilen sie etwas über ihn mit. Der junge Mann hat sich mit einer Vehemenz und Ausdauer in das Vorhaben gestürzt, sich als Schriftsteller zu finden, die belegen, daß dies für ihn nichts Leichtfertiges hatte, daß es da keine Alternative gab. Es ging ihm hier um das Leben selbst, um Einblick in das, was für ihn wahr und real war. Er wollte schreibend festhalten und bestätigen. Erzählend suchte Böll ganz altmodisch Klarheit und Gewißheit, um sie in all den Widersprüchen um ihn her so vielseitig wie möglich erfahrbar zu machen. Er suchte den Zugriff. Mit Blindstellen, mit dem begrenzten, durchaus fragwürdigen, wenn auch schon durch Kritik aufgehellten Vorwissen aus seiner streng katholischen Erziehung, seinem samt allen Zweifeln festgefügten Glauben, mit seiner noch rudimentären Erzählpraxis, die ihn einmal so und einmal anders ansetzen ließ, sind alle die Erzählungen, immerhin mindestens 600 Seiten, eine Art Spiegel, in dem die Vorstellungen und das Denken, ja die komplexe Existenz dieses Schriftstellers als noch sehr jungem Mann sich abbilden. Gekonnt, einfallsreich oder schön zu erzählen, war ihm dabei nicht unwichtig, in mehreren Stücken ist das deutlich zu spüren. Doch soviel sich da auch andeutet, ohne schon eindeutige erzählerische Konsequenz zu zeigen, insgesamt bleibt dies wohl zweitrangig. Im Vordergrund stehen die Thematik und der Stoff, sein Lebensstoff. Auch da schon das Dickicht, gerade auch in Böll selbst. Und das heftige Bedürfnis, es durchsichtiger zu machen. Die Begabung, das Talent des jungen Mannes dokumentieren sich in seiner Entschiedenheit, bei seinen eigenen Themen und seinem eigenen Stoff zu bleiben und nicht in Kunstfertigkeiten, derer er sich durchaus fähig zeigt, auszuweichen.

Ebenso erstaunlich wie auch verständlich ist, daß die Nazis in diesen Erzählungen nicht vorkommen. Ganz selten, eingesetzt mit spürbarer Sympathie, wenn auch ohne deutlichen Inhalt tauchen die Wörter Sozialismus und Kommunismus auf. Der Nationalsozialismus jedoch und die Angst vor dem nahen Krieg, jene beiden Faktoren, die Bölls Leben und das seiner Eltern und Geschwister damals nach seinen eigenen Auskünften so stark belastet haben, kommen nicht vor. Verhielt es sich so, daß unter der Dunstglocke des Nazismus das Leben doch auch weiterging, daß all die erzwungenen Anpassungen schließlich doch eine Art Normalität suggerierten, deren alltäglichem Sog sich auch der Außenseiter, ja Sonderling Heinrich Böll nicht entziehen konnte? Hier läßt sich nur spekulieren. Hauptgrund für diese schwerwiegende Zurückhaltung, die nach allen Anzeichen keine Selbstschutzmaßnahme war, nicht auf Angst beruhte, könnte gewesen sein, daß dem sehr jungen Erzähler für die Realität des Nazismus keines der literarischen Muster, an die er sich hielt, Orientierung gab. Später hat Böll betont, daß er damals Kurzgeschichten nach den Vorbildern Dostojewskij und Léon Bloy geschrieben habe. Sie waren übrigens keineswegs die einzigen Vorbilder. Böll hat ja unermüdlich gelesen, und zweifellos sind, als er dann selbst schrieb, über die Werke sei-

Gesellenstücke

ner erklärten Favoriten hinaus viele Anregungen aus seinen Lektüren unbewußt eingeflossen. Für germanistische Spurensuche wären Bölls von 1936 bis 1939 verfaßte Erzählungen ein ergiebiges Feld, doch nur, weil der Schriftsteller noch nicht bei sich selbst angekommen war. Da ist es eine brotlose Mühe, herauszusuchen, was alles ihn angeregt hat. Und nicht einmal jene Schriftsteller, die Böll mit Gewinn für sich selbst als ganz junger Autor hoch bewunderte, nicht einmal Fjodor Dostojewkij und Léon Bloy konnten ihm Erzählweisen, Erzählhaltungen vermitteln, mit denen er sich der so abnormen Realität des Nazismus hätte annähern können. Um diese von der übergroßen Mehrheit der Deutschen gewählte Gewaltherrschaft zumindest indirekt faßlich werden zu lassen, dazu brauchte selbst Heinrich Böll noch längere Zeit.

Aber es blieben ihm auch so Themen und Stoff genug. Für ihn waren Religion und Kirche, die bürgerliche Ordnung, die Armut, die er ja nicht nur durch Léon Bloy, sondern durch eigenes Erleben kannte, waren Liebe und Sexualität die drängenden Herausforderungen. Das waren und sind ungeheure Themen und Stoffe, neben denen die Nazis und ihre Barbarei ja vielleicht ganz zu Recht und bei allen Opfern, die sie forderten, in ihrer quälenden Inkommensurabilität ausgeschlossen bleiben durften; ausgeschlossen jedenfalls bis zu Kriegsbeginn und zum Beginn der massenhaften Judenermordung mit industriellen Mitteln, und beides stand zwar unmittelbar bevor, war aber selbst mit düsterster Phantasie noch kaum auch nur annähernd vorstellbar. Religion und Kirche, die bürgerliche Ordnung, die Armut und die Liebe brannten dem zwanzigjährigen Heinrich Böll mit all ihren Widersprüchen unmittelbar auf den Nägeln. Die Nazis und ihr Drittes Reich haben ihn damals nur zur Satire stimuliert. Eine Spur davon ist überliefert, ein äußerst frivoler und sarkastischer Text mit dem Titel »NS-Credo«, der sich mit den frühen Erzählungen im Nachlaß gefunden hat. Ihn als Satire zu bezeichnen, ist fast zu harmlos. Dieser Text ist eine wütende und wüste Attacke auf die Großen des Dritten Reiches, und es sagt einiges, daß der rabiate, böse Text ein allen Katholiken aus jeder Messe vertrautes liturgisches Gebet als Transportmittel benutzt, was in bitterster Weise die Masse der Betenden und Bekennenden in die Aggression einbezieht. Übrigens war Böll vielleicht nicht der alleinige Autor des »nationalsozialistischen Glaubensbekenntnisses«. Ausbrüche dieser Art waren unter den letzten Anhängern der katholischen Jugendbewegung damals manchmal in Umlauf. Andererseits zeigen zwei oder drei Passagen auch in den Erzählungen an, daß der junge Böll zu Anfällen nackter Wut durchaus fähig war.

Religion und Kirche, die bürgerliche Ordnung, die Armut, die Liebe also. Der Neunzehn-, Zwanzig-, Einundzwanzigjährige erzählte, und so wichtig es ihm war, daß er schrieb, daß er ein Schriftsteller werden wollte, so unmißverständlich ging es ihm um seine spezifischen Themen und Inhalte. Er wußte, daß er etwas zu klären und etwas mitzuteilen hatte, daß es für ihn nun darauf ankam, es in Geschichten zu beglaubigen und anschaulich werden zu lassen. Abzubilden, das genügte da nicht. Erinnerungen, Beobachtungen und Erlebnisse waren ein Stoff, der sich mit Vorstellungen, Einfällen, Stimmungen, Ideen, auch mit dem Vorwissen aus all den Lektüren des jungen Mannes, auch mit seinen Hoffnungen und Wünschen zu einer Art imaginärem individuellen Kosmos verband, der seine erzählerische Phantasie in Bewegung setzte. Naturalist, Dokumentarist wollte Böll nicht sein, nicht einmal Realist. Für ihn kam von vornherein das Erzählen aus einer eigenen Dimension und konstituierte seine eigene Realität. Es hatte seine eigene Wahrheit. Böll war ein Außenseiter, ein Sonderling, ein Träumer, ein Phantast. Allerdings war er dies alles mit weit offenen und unbestechlichen Augen und Ohren. Er nahm mit all seinen Denk- und Vorstellungskräften die Umwelt detailliert auf, um erzählend mit ihr frei und sich befreiend zu agieren. Vielleicht war dies für ihn das einzig mögliche Äquivalent seiner »freien und verspielten Kindheit«. Jedenfalls spricht alles dafür, daß er, um ohne Selbstverstüm-

Gesellenstücke

melung zu leben, gar nicht die Wahl hatte. Das Risiko war unermeßlich.

Heinrich Böll war ein junger Mann aus einer Handwerkerfamilie, der mit seinem offensichtlich extremen und speziellen Befreiungsbedürfnis stabile Fesseln sprengen mußte. Wie die Mehrzahl der Menschen, die dieses Bedürfnis nur sehr schwach oder gar nicht spüren, vielleicht weil es ihnen schon als Kindern ausgetrieben worden ist, lebte er in engen sozialen, ökonomischen und religiösen Abhängigkeiten, die durch seine Herkunft bedingt und durch Gewaltherrschaft zementiert waren. Er stand nicht auf der Höhe dessen, was philosophisch, wissenschaftlich, ästhetisch aus den Befreiungen der neueren Geschichte der Menschheit möglich war – oder doch hätte möglich sein sollen. Wie hätte das anders auch sein können. Doch der Rang insbesondere der literarischen Werke wird gern laut einem engen und sehr hoch angesetzten Kanon von Spitzenleistungen aus umfassender Bildung beurteilt, wobei deren historische Bedingtheiten meist irreführend vertuscht und die Entstehungsbedingungen neuer großer Werke ignoriert werden. Wer aber heute z. B. wie Alessandro Manzoni in seinem großartigen, doch 1827 erschienenen Roman »Die Verlobten« (I promessi sposi) oder auch nur wie Robert Musil in »Mann ohne Eigenschaften« erzählte, wäre bloß ein verspäteter Epigone. Den Realitäten seiner Gegenwart käme er nicht einmal nahe. Es gibt noch andere Maßstäbe als Fiktionen von höchster, zeitloser Bildung. Auch Bildung ist immer geschichtlich.

Böll kam aus dem Volk. Festhalten läßt sich, daß nicht nur seine Eltern ihre Bildungsmängel und Lebensschäden hatten, Böll selbst hatte sie, wenn auch mit mehr Schulbildung und einer damals für ihn selbst völlig unkalkulierbaren Begabung. Er fand sich damit jedoch nicht ab. Unermüdlich, aus sich selbst heraus gedrängt, lernte er – lesend und schreibend. Alle Privilegien, die er gehabt hätte, wenn er mit seiner speziellen Begabung in einer kultivierten großbürgerlichen oder auch adligen Familie herangewachsen wäre, deren es ja etliche in Deutschland gab, fehlten ihm. Dafür bemerkte er schon früh, was auch am Bildungsbürgertum fragwürdig, unecht, falsch war; allein schon seine respektvolle, doch klarsichtige Distanzierung von der seriös verlockenden, angenehm geistigen Atmosphäre, die der hochgebildete Pfarrer Robert Grosche in Vochem um sich geschaffen hatte, zeigt das unmißverständlich. Es zeigt sich z. B. auch in einer deutlichen Animosität des jungen Böll angesichts der überlegenen Erzählkünste des Literaturnobelpreisträgers Thomas Mann und der Empfindsamkeiten des Dichters Rainer Maria Rilke, von denen es in einer frühen Erzählung heißt: »Man fühlt: Hier spielt sich das ›Leben‹ in unsichtbaren Parks ab, die dem Volk nicht zugänglich sind.«

Nach so etwas war der junge Heinrich Böll gewiß nicht auf der Suche, seine Lebenswirklichkeit lag jedermann zugänglich auf der Straße. Bei der Zurückweisung solch höherer Feinheiten war sicherlich der familiäre Böllsche Hochmut mit im Spiel. Böll hielt sich lieber an den von ihm mitempfundenen und bewunderten Kampf, den Léon Bloy mit der Armut geführt hatte, einen Kampf, in den er selbst verwickelt war. Jedenfalls: Ohne seine Defizite, ohne die Notwendigkeit, sich aus den ihm auferlegten Fesseln zu befreien – und das wurde eine lebenslange Mühe –, hätte Heinrich Böll nicht seine ganze komplexe individuelle Autonomie gewinnen und der außerordentliche Schriftsteller werden können, der er war. Was defizitär war in der Sozialisation, dann auch in der von Krieg und Nachkrieg gebeutelten Existenz dieses Schriftstellers aus einer Kölner Handwerkerfamilie, das war in Bölls außergewöhnlichem Fall für sein Werk und dessen Rang konstitutiv. Es ließ ihm als Person eine Souveränität zuwachsen, die singulär war, zumal da ein bestimmendes Moment dieser Selbstbefreiung blieb, die von seiner Familie und durch seinen Glauben vermittelte, allen dem Leben wehrlos Ausgelieferten zugewandte mitmenschliche Solidarität nicht zu verletzen oder gar zu brechen. Dazu konnte Böll dann auch der Auftritt auf glanzvollem internationalem Parkett nicht verleiten.

Gesellenstücke 61

Der Zustand mit seinem für Böll so produktiven, sich in den dreißiger Jahren bereits abzeichnenden Widerspruch läßt sich auf verschiedene Art beschreiben, und dabei werden immer wieder andere Facetten sichtbar. Es sind ihm, von Sigmund Freud, dem Begründer der Psychoanalyse und Erforscher des Unbewußten zu schweigen, nicht einmal jene frühen Befreiungen auch nur indirekt mitgegeben worden, für die Immanuel Kant, der die Philosophie radikal von der Theologie trennte, die Menschen aus ihrer Unmündigkeit herausrief, und die erste literarische Aufklärung im 18. Jahrhundert stehen. Auch sie mußte er sich erkämpfen. Das zeigt sich besonders eindringlich in Bölls lebenslanger Auseinandersetzung mit Katholizismus und Kirche, deren Machtanspruch grundsätzlich, wenn auch nicht für die Masse katholischer Menschen, ja schon die Aufklärung gebrochen hatte. Böll, der aus dieser Masse der nach wie vor katholisch Abhängigen kam, mußte das für sich allein austragen. Schon wegen der Intensität und Dauer der Indoktrinierung mit ihrem bis in die Kinderstuben hineinwirkenden, durchaus fundamentalistischen Anspruch auf Unfehlbarkeit und die alleinige Macht, selig zu machen, blieb da auch für ihn immer ein Rest, zumindest als sehnsüchtiges Bild einverständigen Glücks. In seiner Satire »Nicht nur zur Weihnachtszeit« hat Böll dies Bild 1952 parodiert, so mitleidlos, daß der Schluß, er habe da auch gegen eigene Gefühlsanfälligkeiten anspotten wollen, nicht ganz aus der Luft gegriffen ist.

Böll hat die von der Kirche okkupierten Ansprüche, für deren dauernden Besitz sie sogar den massenwirksamen Kitsch in Dienst nimmt, sozusagen wieder auf die Füße gestellt. Und wie er die Abhängigkeit von den Forderungen der Kirche transponiert hat in Mitmenschlichkeit, das hat ihn in seinem von so vielen fundamentalistisch-totalitären Ansprüchen gebeutelten Jahrhundert bei Millionen von Menschen in West und Ost zu einem Wegweiser werden lassen. Von ähnlicher Bedeutung ist, wie er die folgenreiche, im Leben so vieler fest verankerte Verwechslung von entstellender

Sexualmoral und Moral aufgehoben hat. Beides bot sich ihm nicht von selbst an, es mußte Schritt um Schritt vorbereitet und – auch gegen ihn selbst – erstritten werden. Schon als junger Mann hat Heinrich Böll die beunruhigende Herausforderung, die hier für ihn lag, empfunden und versucht, sie erzählend faßlich zu machen. Darin hatte sogar seine vor allem den Frauen und ihrer Befreiung zugewandte Utopie einen wenn auch schwankenden Grund, ganz so, wie Heinrich Böll es am Beispiel seiner Mutter angedeutet hat: »Welch eine intelligente, sensible und leidenschaftliche Frau meine Mutter war, was sozusagen aus ihr hätte werden können, wenn sie nicht dieser sklavischen religiösen Erziehung, die wieder durch ihre Mutter kam, ausgeliefert gewesen wäre. Was sich in ihr hätte artikulieren können, egal ob politisch oder literarisch ...«

Mit all ihren Schwächen und Zufälligkeiten dokumentieren Bölls unveröffentlichte erste Erzählungen die ganz frühe und doch schon tendenziell autonome Phase einer Selbstbefreiung, die seine gesamte Existenz als Schriftsteller geprägt hat. Noch sind die Fesseln überdeutlich erkennbar. Die Auseinandersetzung mit den Überzeugungen und Ängsten, den Leiden und Verirrungen, für die seine frühen Heldinnen und Helden einstehen, die Annette, Beatrix oder Susanne heißen, Severin, Paul, Johannes, Christoph oder auch Heinrich, beginnt schleppend und unsicher. Anfänglich überlagern die allzu fraglos beschworenen Insignien katholischen Kirchenlebens Bölls Erzählungen fast wie Kolportagemomente. Vikare und Pfarrer, Gebet, Beichte und Messe, die Sakramente, Rosenkranz, Sünde und Buße, Unreinheit und Reinheit überall, und daß sie besonders dicht gerade auch jene Lebensrealität umstellen, die den jungen Heinrich Böll so elementar in Ungewißheit hält: die Unteilbarkeit von Liebe, Begierde und Gier, ist ebenso verständlich wie irritierend. Um die Unteilbarkeit dieser Kräfte, die für ihn das Größte und Schönste und das Niedrigste so nahe beieinander hält, kreisen Bölls Vorstellungen immer wieder, und so dringlich er in seinen Geschichten versucht, Wege zu finden, die hier zu einer

Gesellenstücke 63

Lösung führen, so auffällig ist auch, daß dies immer nur Auswege sind. Es geht so weit, daß Böll die Gier den feisten alten Fratzenge-sichtern zuordnet, die Liebe den Jungen und Frommen, den Idea-listen, die dafür meist leidvoll über ihre Begierde stolpern, ohne die ihre Liebe gar nicht möglich ist. Zugleich ist in diesen Erzählungen auch deutlich spürbar, daß der junge Heinrich Böll sich der Realität, die ihn bedrängt, ohne Beschönigung oder So-tun-als-ob stellt. Er möchte seine verwirrenden Erfahrungen begreifen. Und seine sehr allgemeinen, vagen späteren autobiographischen Äußerungen dar-über, wie er sich zu den Mädchen hingezogen fühlte, gewinnen vielseitig Inhalt. Die Erzählungen zeigen, welche Freuden und Lei-den er jedenfalls in seiner Vorstellung durchlebt und zumindest auf diese Weise erlebt hat angesichts einer Wirklichkeit, über die man, wie Annemarie Böll angemerkt hat, in seiner Welt damals nicht sprach.

Noch vor dem Abitur hat Heinrich Böll die als Roman bezeich-nete lange Erzählung »Die Inkonsequenzen des Christoff Sankt-jörg« verfaßt. Sie wurde laut den Daten auf dem Typoskript vom 11.9.36 bis zum 8.10.36 niedergeschrieben. Nach seinem Zusam-menbruch in einsamer Dachstube in einer fremden Stadt übergibt der zwanzigjährige Christoff dem Priester, der ihm seine geliebte Anette wieder zugeführt hat, all die Blätter, die er während langer selbstgewählter Einsamkeit beschrieben hat, eine Art Tagebuch. »Anette«, heißt es darin, »war es, die mir beim Erwachen die Kraft gab, mich zu erheben, zu waschen. Ihr Bild lag vor meinen Augen, als ich aufblickte, es war aus meinem Gebetbuch herausgeweht und – ich danke es Gott – vor meinen Augen liegengeblieben.« Einst hat er mit Anette über Gott gesprochen. »Dann sprach ich leise ein Gebet zum Herrn, daß er uns schütze vor unseren Sin-nen.« Dennoch hat er Anette »mit Begierde angeschaut«, und des-halb hat er sich für achtzehn Monate von der Welt, in der er lebte, getrennt und ist hinausgezogen, »um zu büßen«. Auch Hunger nimmt Christoff in Kauf, verdient dann jedoch mit einer nicht näher bezeichneten, offenbar schriftstellerischen Tätigkeit viel Geld. Er kann sich nicht frei machen von Begierde und Gier, nicht von der ständigen Furcht, Gott und Anette zu verraten. Nach Erklärung suchend, schreibt Christoff einmal: »Man könnte vielleicht sagen, daß zwischen einem Kuß von Liebenden und der heiligen Ehe ein ähnlicher Unterschied besteht wie etwa zwischen Weihwasser und der heiligen Kommunion. Und wie die Mutter ihren Säugling, der noch nicht den Leib des Herrn empfängt, andachtsvoll mit dem geweihten Wasser besprengt, wie jeder Gläubige sich beim Eintritt in das Haus Gottes mit dem geweihten Wasser bekreuzigt, so sollen die Liebenden sich mit dem Kusse einander weihen, sie sollen ihn nicht wie eine sinnliche Begegnung verstehen. Ich weiß wie mir bei jedem Kuß an diesem Abend das Herz auszufließen schien vor Wonne und Begreifen. Hier in meiner Verbannung sehne ich mich immer nach Anette ...« Die quälende Ambivalenz im Gefühl der Liebe deutet sich besonders klischeehaft und dabei doch aufschlußreich an, wenn es einmal von Anette heißt: »Anette war tausendmal schöner als eine Blume. Sie hatte in ihren Augen den unheimlichen Glanz, den man oft bei großen Sünderinnen findet, und die heilige Klugheit einer großen Büßerin.« Das Erleben der Armut um ihn her bringt Christoff auch auf ganz andere Gedanken: »O Gott, ich kann auch begreifen, wenn solch ein Elendssprößling auf den Gedanken kommt, alle Satten, auch die ›Pfaffen‹, müßten aufgeknüpft werden.«

Die Inkonsequenzen des Christoff Sanktjörg laufen auf Heirat hinaus, die Geschichte endet in einer Wiederannäherung an die Eltern. Erheblich anders stellt die Liebe sich dar in einer späteren und kürzeren, auf den 7. und 8. 10. 38 datierten Erzählung, die »Annette« betitelt ist; dieser Name, nun allerdings mit zwei N geschrieben, hatte für den jungen Heinrich Böll offenbar seine Bedeutung. Ein junger Lehrer, der Thomas und mit zweitem Vornamen More heißt, seinen Namen also nach Thomas Morus hat, dem englischen Autor des Staatsromans »Utopia«, Opfer des

Königs Heinrich VIII., 1935 heiliggesprochen als ein Märtyrer der katholischen Kirche – dieser junge Mann ist in Gesellschaft einiger alter Frauen, pensionierter Studienrätinnen, von denen eine aus purem Versorgungsdenken heraus zu heiraten gedenkt. Das Dienstmädchen, ein »schönes, junges Weibergesicht« hört zu, und um ihren Mund ist ein »schrecklich verächtliches Lachen«. Thomas hat »diesen Zug wilder Verachtung« schon einmal gesehen. Inzwischen Hilfslehrer in der Stadt, erinnert er sich an seine Zeit als Dorfschullehrer, als er und die Nichte eines Bauern einander »spontan« verfallen waren. Bei der Beichte verweigert ihm dann ein junger Dominikanermönch die Absolution. Thomas fragt Annette, wann sie heiraten würden. Doch sie glaubt, ja schon sein »Weib« zu sein, sie will zu ihm ziehen und bei ihm bleiben und dazu Staat und Kirche nicht weiter »bemühen«. Für Thomas jedoch ist die Ehe ein Sakrament. Annette empört sich, in wilder Verzweiflung verläßt sie Thomas, und dieser flieht vom Dorf zurück in die Stadt, aus der er gekommen war. Er kann Annette nicht vergessen. Erst »nachdem er drei Jahre die schwärende Wunde hilflos getragen hatte, hatte er zum ersten Mal wieder die Sakramente empfangen«. Er will Annette wiederfinden. Ohne viel Hoffnung sucht er an den Orten, »wo die armen Huren wohnen«. Und dann findet er sie bei einem Liebhaber, schreit nach ihr, und nackt unter ihrem Mantel eilt Annette zu ihm. Er erfährt, daß sie ein Kind haben, das sich im Waisenhaus befindet. Sie gehören zusammen.

In der kurzen Erzählung »Beatrix« (14.7.–1.8.38) versuchen der Vater, der gebrannte Mandeln verhökert, ein »lasterhafter Heuchler«, und die Mutter, eine heruntergekommene Arbeiterin in der Schokoladenfabrik, ihre schöne siebzehnjährige Tochter Beatrix mit all ihren schäbigen Überredungskünsten in die Prostitution zu drängen. Da könne sie reich werden. Doch Beatrix hat einen Geliebten, Melchior, zu dem sie sich flüchtet. Der junge Mann läßt sich von seiner Ausweglosigkeit, die ihm durch die Liebe zu Beatrix kraß bewußt wird, in den Wahnsinn treiben. Voller Angst verläßt

Beatrix sein Zimmer. In einem Hauseingang träumt sie von der »unbekannten Glut«, die sie bei Melchior erlebt hat. Da plötzlich spürt sie einen »keuchenden Bieratem«. Sie öffnet die Augen und blickt »in das fette, rote Gesicht des Herrn Barningthal, ihres Hausbesitzers, der zugleich Rendant der Pfarre St. Michel ist«. Sie lacht ihn aus, und »statt des bürgerlichen Biermißmuts zeigt die abscheuliche Fratze vor ihr nun eine unverkennbare Lüsternheit«. Beatrix wehrt sich, doch dann gibt sie scheinbar nach, zieht den »geifernden Dickwanst« ins Haus und in sein Schlafzimmer. Dort ersticht sie ihn mit einem Küchenmesser, um sich gleich nachher selbst die Pulsadern aufzuschneiden.

Als er diese Erzählung schrieb, die Liebe, Gier und Tod wie in eine Glaskugel zusammenrafft, hat der junge Heinrich Böll sich vermutlich von der Wucht eines Erzählens inspiriert gefühlt, wie Dostojewskij es beherrschte. Doch das bleibt ganz äußerlich. In der massierten Hatz auf das unschuldige junge Mädchen rutscht alle Lebensnähe nur weg. Soviel Verkommenheit und Elend fast symbolisch gerafft, nimmt der Geschichte nur alles Geheimnis. Wieviel und wie Böll jedoch bei all seinen literarischen Probeläufen lernte, ohne daß er eine bestimmte Richtung, einen Stil im Blick gehabt hätte, zeigt die Erzählung »Das Mädchen mit den gediegenen Ansichten« (15. 5. 1939). Was er deutlich machen, was er zeigen will, nämlich daß Freundlichkeit, Mitmenschlichkeit, Achtung vor anderen nichts zu tun haben mit der Anpassung an Konventionen, und gerade nicht an jene, die Liebe und Ehe regeln, das ist in dieser Erzählung ganz indirekt mit im Spiel, vermittelt über einen Jungen, Peter, ein Kind noch. Szenischer Hintergrund ist ein schöner Park zum Rhein hin, offenbar der Park aus Bölls Kindheit. Ganz ohne den Nachdruck, den Böll damals meist auf die beabsichtigte Aussage legte, wird gezeigt, daß die ledige Mutter von Peters bestem Freund Harry zwar laut allgemeiner Anschauung in Sünde lebt, doch eine viel menschlichere, kultiviertere Person ist als all die Leute, die sich das Maul über sie zerreißen. Sie ist eine schöne, lie-

Gesellenstücke 67

bevolle Frau, Tänzerin und oft auf Reisen. Dann hütet und versorgt ihre Mutter den Sohn Harry. Eben zurückgekehrt von einer ihrer Tourneen, hat sie ein zweites Kind mitgebracht, ein Baby, ein kleines Mädchen. Peter begreift nicht, weshalb die Leute und auch seine Eltern sich darüber aufregen und Verachtung zeigen. Er empfindet schmerzlich, daß er die Mutter seines Freundes liebt und bewundert, daran können alle »gediegenen Ansichten« für ihn nichts ändern. Er ist erschrocken, weil auch seine Mutter einem Mädchen, das bei ihnen zu Besuch ist und sich besonders heftig über die Tänzerin erregt, ohne weiteres zustimmt. Er liebt seine Mutter, aber das kann er nicht begreifen.

Wie auch in mehreren anderen Erzählungen aus jener Zeit spielen in »Das Mädchen mit den gediegenen Ansichten« Erinnerungen Bölls aus seiner familiären Umgebung eine Rolle. Meist geht es da um Mangel und Not, aber auch um das Gefühl der Zusammengehörigkeit. In dieser Erzählung jedoch formuliert der junge Autor ein ziemlich distanziertes Urteil über die Familie, das ganz aus der Reihe fällt. Die Tänzerin mit den unehelichen Kindern merkt, daß irgend etwas den Jungen heftig bewegt und ihn sogar zum Weinen bringt. Sie spürt, daß es um Peters Mutter geht, die der Junge über alles liebt, spürt, daß es wohl auch mit ihr selbst zu tun hat. Sie möchte Peter helfen, und der Autor läßt sie folgendermaßen reagieren: »Sie kannte diese Familie, die etwas verwahrlost, verarmt, aber immer noch ein wenig starr und unerbittlich bürgerlich war, und sie wußte, was die ganze Nachbarschaft von ihr dachte. Sie erriet gleich, was in dem armen Jungen vorging, und sie trat auf ihn zu, streichelte sein Haar und sagte: ›Deine Mutter ist die beste Frau von der Welt.‹« In dieser Erzählung hat Heinrich Böll sich schon erstaunlich weit von seinen meist recht grob gestrickten frühen Ansätzen entfernt. Nicht die vielleicht sündige Liebe ist Mittelpunkt, sondern – wenn auch mit Hilfe einer gewissen Aussparung – mitmenschliches Empfinden und liebevolle Einfühlung in andere. Die Kirche kommt nicht vor, doch sie ist wohl mitgemeint, wenn die Tänzerin Peters Familie als verarmt, aber »immer noch ein wenig starr und unerbittlich bürgerlich« charakterisiert.

Alles spricht dafür, daß »Das Mädchen mit den gediegenen Ansichten« Bölls letzte Erzählung aus der Zeit seiner frühesten Anfänge ist. Unmittelbar nach der Niederschrift kam der Gestellungsbefehl. Aber die Erzählung repräsentiert deshalb doch nicht ein erreichtes Ziel. Die Freundlichkeit, die sie apostrophiert, ist, wenn auch nicht so eindeutig, ein Wert auch in etlichen der anderen Texte, allerdings zusammen mit manchmal geradezu schrillen Attacken auf eine bürgerliche Ordnung, die ganz eindeutig nur unterscheidet zwischen Reich und Arm, die so viele Menschen in Abhängigkeit hält und der Verwahrlosung aussetzt, die eine Kultur der Unwahrhaftigkeit fördert. »Kunst und Käse« hat der junge Böll das in einer seiner Erzählungen genannt. Und schonungslos schließt er die katholische Kirche, das katholische Vereinsleben, ja die katholische, allzu scheinhafte Sorge für die Armen bei diesen Attacken als Auswüchse einer Institution im Dienst des ausbeuterischen Bürgertums ein.

»Der Klerus ist des Teufels«, läßt Böll in einer längeren Erzählung, die datiert ist auf den 3.9.38 und ohne Titel mit dem Satz beginnt »Vater Georgi trat finster in die Küche«, einen als »Fremder« bezeichneten jungen Mann sagen, der dem jungen Paul Georgi in einem schäbigen Lokal allerlei Schmuck zum Kauf anbietet. Offenbar ein Hehler. Paul Georgi war eben noch »Primaner des Kronprinzen-Gymnasiums« und ist jetzt, weil seine Familie wirtschaftlich am Ende ist, ein »vorläufig noch arbeitsloser, ungelernter Arbeiter«. Er reagiert ablehnend auf das Angebot. Der Fremde erkundigt sich, ob finanzielle oder moralische Gründe ihn hinderten, ob Paul nur keine gestohlenen Sachen kaufen wolle. Das möchte dieser nicht. Der Fremde setzt an zu einer ausführlichen Erklärung seiner ganz anderen Ansicht. Ob er denn ein Fordauto oder ein Musikinstrument kaufen würde? Die bestünden zum größten Teil doch auch aus gestohlenem Gut. Dies sei »unter dem

Schutz des Gesetzes« den Arbeitern gestohlen, denn die Arbeiter erhielten nur den Bruchteil des Wertes, den ihre Arbeit habe.

Der Fremde schwingt sich auf und erklärt, daß auch der Klerus an diesem Komplott der Besitzenden beteiligt sei. Er klagt die »Pfaffen« an, »bei der Versteigerung des Blutes, bei der grandiosen menschenmörderischen Auktion der Neuzeit grinsend und zweideutig« zuzuschauen. Paul verteidigt die »römische, apostolische Kirche«. Der Fremde stößt hervor, er glaube ja ebenfalls an Christus. »Aber sage mir, warum treibt Rom sich wie eine zahme alte Tante in sämtlichen Hauptstädten der Welt herum, im Kreis von Mördern und Schweinehunden, von Diplomaten, Blutsaugern ..., warum treibt Rom sich da herum, ohne die Tintenfässer an die Köpfe zu werfen.« Als Paul einwendet, Rom vertrete die Ordnung, den Ordo, und das könne es nur mit der Macht, antwortet der Fremde erregt, Paul meine mit Ordnung wohl, was man heute landläufig einen Staat nenne. »Rom stützt also die Ordnung, wenn es diese Lumpenhaufen mit Nuntiaturen beehrt.« Der Fremde steigert sich weiter in seinen Aggressionen. Ein ehrlicher Räuber und Dieb sei immer noch einem Aktionär und Heuchler vorzuziehen. Diese Ansicht ernsthaft zu erwägen, hat Paul schon bald neue persönliche Gründe. Er denkt über Revolution nach angesichts der in seinen Augen insbesondere durch England repräsentierten »Kolonialgeschichte der großen Aktiengesellschaften«. Revolution jedoch sei gegen Gottes Willen.

Der junge Heinrich Böll war offensichtlich, es sei erneut betont, weit weniger von Dostojewskij als von Léon Bloy und seiner Apotheose der Armut und ihrer Nähe zu Gott, von Bloys »Blut der Armen« angeregt, als er, von den Nöten seiner eigenen Familie angetrieben, in dieser Erzählung ohne Titel am Beispiel des jungen Paul Georgi und von dessen Freundin, der Geigerin Susanne, das große Ganze der Welt in den Griff zu bekommen versuchte. An einer Stelle, bei dem schon zitierten Satz »Rom stützt also die Ordnung, wenn es diese Lumpenhaufen mit Nuntiaturen beehrt«, ließe

Von Weltkrieg zu Weltkrieg

sich möglicherweise spekulieren, ob hier nicht mit dem Heiligen Stuhl in Rom auch Großdeutschland getroffen werden sollte. Doch wenn das der Fall gewesen wäre, verliert der Seitenhieb sich doch völlig in der sozusagen globalen Perspektive der Auseinandersetzung zwischen Paul und dem Fremden. Als sie selbst werden die Nazis wohl doch nicht erkennbar, wenn gleichzeitig sämtliche großen Aktiengesellschaften der Welt angeklagt werden.

Zumindest indirekt ist die Armut bestimmender Hintergrund aller unveröffentlichten frühen Erzählungen Heinrich Bölls. Sie war für den jungen Mann eine elementare Lebenserfahrung, von der abzusehen er nicht fähig war und die ihm nicht nur den Reichtum, sondern auch schon wirtschaftliche Sicherheit verdächtig machte. Armut gewann für Böll den Rang eines Kriteriums. Die Liebe, der Glaube und die Armut waren in seiner Vorstellung gemeinsam der Grund wahrhaftiger Menschlichkeit. Die Ordnung und die Macht, wie die katholische Kirche sie repräsentierte, war daneben fast ein Popanz im Dienst der Unterdrückung. Immer wieder hat Böll auch die wahren kulturellen Bedürfnisse und Wünsche der Menschen zwar keineswegs der Kirche, doch der Religiosität und der Armut zugeordnet, anders sind sie in seinen Augen fast schon mißbraucht. Zu schreiben, zu malen, ein Instrument zu spielen, zu komponieren, Konzerte zu lieben, Pianistin, Geigerin, Tänzerin zu sein, das zeichnet in den frühen Erzählungen die Menschen aus, macht sie liebenswürdig, hebt sie in eine besondere Menschlichkeit. Das geht aus den Erzählungen selbst nicht notwendig hervor, ist nicht ihr Thema; es kommt in sie herein als die Überzeugung des Autors, die er nie in Frage stellt.

In der Erzählung »Am Rande der Stadt« (6. 11. 37–2. 6. 38) sind es zwei schon in Lumpen gehende, meist hungrige junge Männer, die da mit ihren Talenten durchzukommen versuchen, doch von den Bürgern nur ausgenutzt und schäbig um ihren Lohn betrogen werden. Die umfangreichste, in Teilen fast spätromantisch angehauchte und einem Romanfragment ähnliche Erzählung des jungen Böll

Gesellenstücke 71

heißt »Sommerliche Episode« und ist datiert 14.7.–1.8.38. Der achtzehnjährige Großstädter Severin, der dem damaligen Selbstbild Heinrich Bölls besonders ähnliche junge Held, reist für zwei Monate aufs Land zu seinem Onkel, dem wohlhabenden Pfarrer Diebold, um über seine Berufswahl nachzudenken. Severin ist ein freundlicher, höchst selbstbewußter junger Mann, gläubig und fromm, aber wahrheitsliebend und nicht so leicht zu täuschen. Das behagliche, satte Leben fernab der Großstadt wird ausgemalt, und Severin genießt es. Wieder klingt die bittere Familiengeschichte der Bölls an, doch mit einer hoffnungsvollen Tendenz. Wieder werden der wahre reine Glaube und die unterdrückerisch verlogenen Verhaltensweisen des Klerus und damit der Kirche gegenüber den Armen Thema. Severin hat Gelegenheit, einen angeblich sozial engagierten, doch in seinen Augen nur unverschämten Theologiestudenten zu beschimpfen, der meint, die Armen seien allzu anspruchsvoll und empfindlich. »Wiederholen Sie«, ruft er ihm zu, »daß die Armen empfindsamer, nicht empfindlicher, klüger und Gott näher sind als die Reichen!« Nicht recht begründet im Ablauf der Geschichte und nicht schlüssig ausgearbeitet ist die unerwartete Entdeckung, daß Severins Onkel, der wohlhabende Pfarrer, sich aus Geldgier schuldig gemacht hat. Severin rät ihm während des dramatischen Höhepunkts seiner Auseinandersetzung mit dem Geistlichen in der Sakristei, nichts zu verdrängen und die Schuld nicht wegzuschieben, sondern zu beichten. Erneut werden auch die sexuelle Gier in der Figur eines verkommenen Musikprofessors und die auf dem Aktiengeschäft beruhende ausbeuterische Wirtschaftsordnung Thema.

Höhepunkt gegen Ende des Typoskripts ist eine gewaltige Philippika, die ein Freund Severins aus sich herausstößt, ein »düsteres Wrack des Hungers und der Entbehrung«, ein Künstler, dessen lange schwarze Haare um seinen Kopf hängen »wie die Kapuze eines mittelalterlichen Mönches, der aus dem Grab gestiegen ist und mit flammenden Augen gegen die Dummheit predigt, die im

Zeitalter der Technik geometrisch wächst«. Dieser Freund Severins heißt Caspar wie Heinrich Bölls Schulfreund, und seine lange Rede läßt an Savonarola, Abraham a Santa Clara, auch an Martin Luther und sogar zugleich ein wenig an Jean Pauls »Rede des todten Christus vom Weltgebäude herab daß kein Gott sei« denken. Sie ist die große Absichtserklärung eines zutiefst gläubigen, doch realitätsbewußten jungen Christen. »Wir wollen …«, so beginnen die Sätze, und einige von ihnen seien zitiert: »Wir wollen die blutigen Schlachtbänke des Elends besuchen und unsere Augen in Feuer tauchen an den riesigen grauen Hürden, die das Feld der Erniedrigung einzäunen … Wir wollen die ekelerregende, grausig-fröhliche Heimstätte jener lügnerischen Schweine suchen, die die Armut und das Elend leugnen … Wir wollen eintreten in die unterirdische Höhle des wahnsinnig fetten Molches Anständigkeit und die Skelette der von Bürgerinnen aufgespießten Mädchen betrachten … Wir wollen die ungeheuerliche Hurerei mit dem Wort Gottes anhören, die in den armen Pfarreien getrieben wird, die dem Generalvikariat beliebte Strafversetzungsorte sind … Wir wollen den klerikalen Wänsten klarzumachen versuchen, wie metaphysisch lächerlich die äußerliche Stellung der Kirche ist mit ihren wirtschaftlich und organisatorisch tadellosen Gebäuden im Vergleich zu ihrer Stellung, die sie real in den Gehirnen der Gegenwart einnimmt … Wir wollen die Kassenschränke der christlichen Bankinstitute öffnen und mit Eifer wollen wir studieren die Kassenbücher christlicher Versicherungsanstalten, und unsere Augen sollen tränen und unsere Ohren sollen dröhnen, wenn wir die geheimen Gänge des christlichen Wuchers finden. Und niemals, keine Sekunde, wollen wir vergessen, daß es eine una sancta catholica et apostolica gibt, die freilich einer reformatio in corpore et membris bedarf.«

Auch hier ist es die Leidenschaft des Glaubens, die aufbegehrt gegen die Macht einer Kirche als Organisation in der Bürgerwelt, ganz so wie Liebe aufbegehrt gegen die fragwürdigen kirchlich-bürgerlichen Moralregeln. Nur in der Armut gewinnen Glaube und Liebe die Kraft des Widerstands gegen die Welt, wie sie ist. Doch Armut ist ein bitteres Los. In der Schlußrede, die Bölls Caspar in der Erzählung »Sommerliche Episode« vorträgt wie ein mittelalterlicher Mönch, zeichnet sich eine Glaubenshaltung ab, die dem Credo quia absurdum ganz nahe ist. Damit läßt sich freilich gegen jeglichen Augenschein, gegen Erfahrung und Wissen jede Art Glaubensinhalt rechtfertigen. Anders aber ist die massive Kritik an fast allem, was die katholische Kirche in der Welt darstellt, mit dem gleichzeitigem Beharren auf dem festen Glauben an die »una sancta catholica et apostolica« nicht zu vereinbaren. Daß es in der Kirche auch mitmenschlich solidarische, redliche, immer hilfsbereite Gläubige, Priester, Kleriker gibt, lindert gewiß den Bruch, hebt ihn jedoch nicht auf.

Um ganz direkt zu fragen: Waren nicht gerade damals, das Reichskonkordat im Hintergrund, alle Auswüchse und Irreleitungen, die Böll angeprangert hat, simple alltägliche Wirklichkeit und Wahrheit, während die Vorstellung von der rettenden, wenn auch reformbedürftigen una sancta catholica et apostolica nichts anderes war als eine Phantasmagorie, mit der Menschen wie der junge Heinrich Böll, gläubig trotz allem, den eigenen Realitätssinn niederhielten? Entsprachen nicht gerade die Millionen katholischer deutscher Nazis durchaus dem, was ihre una sancta als richtig ansah, und der junge Böll war auf dem Holzweg? Das ist ein Teufelskreis, den Böll schon damals ausgeleuchtet hat, ohne ihm zu entkommen. Katholisch erzogen, mit seiner Familie »katholisch, katholisch, katholisch«, hat er sich ihm immer wieder ausgeliefert. Wenn er sich stark fühlte, bestand er auf seinen Wahrnehmungen, um zurückzuflüchten in die Kirche, wenn er schwach und hilfsbedürftig war, wozu die Zeit ihm viele Anlässe gab. Das war eine Last, und schon der ganz junge Böll, ein Glaubender, hat sie mit sich herumgeschleppt. Doch aus ihr gewann er auch seine Fähigkeit, für die Menschen, die Leute, für so viele aus dem Volk in all ihrer Ausweglosigkeit zu sprechen, und nicht nur für die Katholiken unter ihnen.

In der Not bauen die Menschen noch am ehesten auf einen Glauben, und sie haben es nicht nur unter dem Faschismus und Nationalsozialismus, nicht nur im 20. Jahrhundert mit Kirchen zu tun gehabt, die das benutzen. Seinen Glauben zu verlieren, galt im Volk, jedenfalls im katholischen Volk zur Jugendzeit Bölls als schlimmstes aller Übel.

Nicht immer jedoch, ja nur in wenigen, allerdings herausgehobenen Passagen spiegeln Bölls frühe Erzählungen jenen unauflösbaren, absurden Disput um das Wirkliche und das Wahre, um die Lebenswirklichkeit und den Glauben, der sich hier abzeichnet. Böll hat sich von ihm nie ganz befreit, die Grundfragen, Metaphysik und Theologie haben in seinem gesamten Werk ihre Spuren hinterlassen. Vage zeichnet sich jedoch auch in seinem frühen Werk die Brücke ab, die von diesem Konflikt wegführt ins ursprünglich und human Religiöse, ins erfahrbar Menschliche und die Spannung löst. Diese Brücke führt in einfache, überschaubare Verhältnisse. Immer wieder gibt es in den Erzählungen die aufleuchtenden Momente, in denen eine sättigende Mahlzeit, der unerwartete und um so beglückendere Duft von frischem Brot und Kaffee, von Tabak alle Spannung löst, die Menschen zueinanderbringt. Es scheint so, als habe Böll hier nicht bewußt von der sakralen Bedeutung der Kommunion, des Brotes als Leib des Herrn überleiten wollen in das Kommunizieren beim gemeinsamen Mahl von Menschen ganz in dieser Welt. Das unterläuft ihm eher und ist deshalb nur um so eindringlicher. Sehr einfach und völlig plausibel auch die geselligen Glückszustände, die immer zu tun haben mit den Künsten, Musik, der Literatur, der Möglichkeit, einander Geschichten zu erzählen. Hier waren in den Augen Bölls Sammlung, Gemeinsamkeit, Freundlichkeit, Genuß wirklicher Schönheit möglich, und gerade die Armut, dieser erbärmliche Ausfluß einer korrupten Gesellschaft, stand dem nicht im Wege, sondern brachte dem Schönen näher. Wie auch der Liebe.

Wenn es in den unveröffentlichten Erzählungen des Zwanzigjährigen so etwas wie einen Vorschein von Utopie gibt, dann nicht in

Gesellenstücke

den extremen Kontroversen, sondern in solchen Glücksmomenten. Und kennzeichnend, wichtig ist, daß sie von keinerlei Absicht belastet sind, daß sie Böll eben nur unterlaufen. Intention seines Erzählens war, sich mit den großen Herausforderungen von Religion und Kirche, bürgerlicher Ordnung, Armut, Liebe und Sexualität auseinanderzusetzen. Und seine Absicht war, zu erzählen, sich als Schriftsteller zu erweisen, schreibend Schriftsteller zu werden; und oft hat Böll damals auch Gedichte zu schreiben versucht.

Im Nachlaß befindet sich eine erstaunliche Menge kurzer Texte, die sich oft dem Gedicht nähern und sich mehrfach mit Versmaß und Reimen auch als Gedichte darstellen. Obwohl jedoch manchmal deutlich wird, daß der junge Böll z. B. Georg Trakl gelesen hatte und bewunderte, war es wohl nicht ein originaler lyrischer Antrieb, der ihn da beflügelte. Er hat sich nicht, wie immer wieder viele junge Poeten, in die lyrischen Sprechweisen versenkt, um suchend und dabei auch manchmal nachahmend den eigenen Tonfall zu finden. Es ging Böll vielmehr um eine Auseinandersetzung mit oft widersprüchlichen Wahrnehmungen und Erfahrungen, um das probierende Erkunden von Wirklichkeit, für das es nun einmal kein eindeutiges Verfahren gibt. Die Kurztexte waren ebenfalls Vorbereitung für den Erzähler auf der Suche nach der eigenen Sicht, und nicht Einübungen eines jungen Lyrikers. Das allerdings vermittelt ihnen gerade eine höchst eigenwillige, vorausgreifend modernistische Originalität.

Es ist wohl kaum verwunderlich, daß angesichts der gewaltigen Themen, mit denen Heinrich Böll sich mit dem notwendigen Mut des Anfängers konfrontierte, insgesamt nur Vorläufiges, literarisch noch Unzulängliches herauskommen konnte. Aber es sei doch festgehalten, daß das Erzählen Böll damals zweifellos weitergebracht hat. Schreibpraxis, die unermüdliche Ausdauer beim Weitererzählen »bildet« den jungen Schriftsteller, und Böll war unermüdlich. Isoliert, ohne Anleitung, ohne ein stimulierendes Ambiente im gänzlich aliterarischen Köln, ohne erkennbare Zukunft hat der junge Heinrich Böll unnachgiebig auf sein außerordentliches Vorhaben gesetzt. Schon das ist erstaunlich, ja ungeheuerlich. Es gibt ein oder zwei Prosastücke, die Feuilletons ähneln, in denen Böll seine Obsessionen ganz beiseite gelassen hat, die man damals ohne besondere Korrekturen zum Druck gegeben hätte, wenn es eine andere Zeit gewesen wäre und Böll die nötigen Verbindungen gehabt hätte. Bei den ausgreifenden Entwürfen zu seinen großen Themen ist das nicht der Fall. Doch jeder, der zu lesen verstand, hätte diesem jungen Autor gerade von ihnen her zugeredet, nicht nachzulassen, weiter zu experimentieren, weiter zu schreiben und sich dabei vielleicht etwas mehr Zeit zu lassen. Aber Zeit hatte er ja nicht.

Unter dem Titel »Was kann Literatur?« hat der von Böll nicht besonders geschätzte Jean-Paul Sartre etwas festgehalten, was Heinrich Böll selbst gar nicht betrifft, doch anhand dessen sich gerade sein Fall deutlicher machen läßt. Sartres Überlegung sei deshalb auch hier zitiert: »Ich verachte all diese Betrüger, die einem weismachen wollen, daß es eine magische Welt des Geschriebenen gebe. Sie täuschen die Neuen, sie bringen sie dazu, Zauberkünstler zu werden wie sie selbst. Die Schriftsteller sollen zunächst auf die Zauberkunst verzichten. Das ist wirklich zuviel Eitelkeit und zuviel Demut, sich als Taschenspieler ausgeben zu wollen. Sie sollen sagen, was sie wollen und was sie tun. Die Kritiker ermutigen sie, niemals – vor allem nicht sich selbst gegenüber – ihre Begierden und ihre Mittel zuzugeben. Sie wollen die alte romantische Idee bewahren: Der Beste muß schreiben, wie der Vogel singt; aber der Schriftsteller ist kein Vogel.«

Ein Zauberkünstler zu sein oder wie ein Vogel zu singen, hat Heinrich Böll nie beansprucht. Er ist auch nicht aus jener Art Urzeugung als der von vornherein in sich vollendete Autor hervorgegangen, mit der zu jonglieren in der Tat immer noch beliebt ist und die Sartre hier zu Recht als Täuschung und Betrug denunziert. Böll war voller Ungewißheit und Zweifel, doch er war bereit zu lernen, und er hat gelernt, allerdings ohne weitere Hilfsmittel als den eigenen Wunsch und Willen. Das erwies sich als stark genug. Die Erzählungen des neunzehn-, zwanzig-, einundzwanzigjährigen Heinrich Böll sind ein gewichtiger Teil seiner Lebensgeschichte. Daß er diesen erstaunlichen Anlauf abbrechen mußte, daß die Erzählungen unbekannt geblieben sind, ist ebenfalls Teil seiner Lebensgeschichte. Er wurde gewaltsam dazu gezwungen, alle Hoffnungen und Pläne aufzugeben. Die letzte und schwerste Etappe der Vorgeschichte des Schriftstellers stand ihm bevor.

IV. Soldat im zweiten Weltkrieg oder Die Jahre der Knechtschaft

Als Heinrich Böll diese düstere, gefährliche Lebensspanne hinter sich gelassen hatte, in der Zeit unmittelbar nach dem zweiten Weltkrieg, hat ihn die Erinnerung daran, wie sie begann, noch lange bedrängt. Im Nachlaß befinden sich einige ungedruckte Fragmente von Erzählungen aus den frühen Nachkriegsjahren, in denen Böll versucht hat, sich dieser Erinnerung rückblickend zu vergewissern, vielleicht vor allem seiner Mutter wegen, die 1944 in Ahrweiler unerwartet gestorben war. Nicht nur von Böll, auch von anderen Berichterstattern und von den Historikern ist immer wieder festgehalten worden, daß der Sommer 1939, die Erwartung des Kriegsbeginns sich ganz anders dargestellt hat als der Sommer 1914. Damals der Rausch, Begeisterung, laute Vaterlandsliebe bei der Mehrheit, 1939 aber Bedrückung, Resignation, ja Trübsinn im Volk. Noch war nicht vergessen, daß die Begeisterung nur in massenhaftes Sterben, Zerstörung, Hunger und in die Niederlage geführt hatte. Trotz aller »Heil«-Rufe bei den Reden Hitlers, Görings, Goebbels', trotz all der gewaltigen Aufmärsche der Nazis, trotz der funktionierenden Kontrollen bis in die letzten Winkel des Landes blieb das Volk still, in all seinem Glauben an Hitler unruhig, wie in Vorahnung des unabwendbar Kommenden.

Heinrich Böll stellte sich nicht als Außenseiter vor, was er in dem Fragment »Die Postkarte« so erzählt hat: »Ich habe meine Mutter selten so erfreut gesehen, wie über die Tatsache, daß ich einen Herzfehler hatte. Sie weinte, beglückwünschte mich, und wir gingen an diesem Nachmittag, der der Musterung folgte, ins Café, dann ins Kino und hatten einen sehr erfreulichen Sonntag.« Was zu anderen Zeiten jede Mutter zutiefst schockiert und erschreckt hätte, die Feststellung eines keineswegs geringfügigen körperlichen Schadens bei dem geliebten Kind, lockt Freudentränen hervor, weil eine weit größere Gefahr gebannt zu sein scheint. Doch die Wehrersatzämter gingen schon 1939 weit großzügiger mit einem Herzfehler um, als eine Mutter annehmen konnte. Auch in dem Fragment »Folgen einer Postkarte«, das mit der Hoffnung, es werde schon alles gutgehen, die unterdrückte trübe Erwartung des Unabänderlichen minuziös ausmalt, glaubt eine Mutter gegen all ihre Angst, ihr Sohn sei sicher, denn bei der Musterung sei er ja für untauglich erklärt worden. Tatsächlich aber ist er, was er seiner Mutter verschwiegen hat, zwar nicht voll tauglich, aber doch bedingt verwendungsfähig. Im Juli 1939 kommt die eingeschriebene Postkarte mit der Einberufung zu einer achtwöchigen Übung. Das seien, so tröstet der junge Mann, ja nur acht Wochen. Doch seine Mutter kann die Tränen nicht zurückhalten, sie spürt, was bevorsteht, sie hat keine Illusionen mehr. Auch der Sohn weiß Bescheid. Die Angst vor dem Kommiß wird überlagert vom Haß. »Die Mutter umklammerte ihn heftig, weinte laut und preßte ihr Gesicht an seine Brust, und er fühlte, daß er ganz steif war. Jede einzelne dieser Tränen wurde in dieses unbewußte Gefühl des Hasses hineingeschüttet wie ein großer Stein.« Dann reißt der junge Mann sich los und stürzt davon. »Der Schmerz war so groß, daß er ihn nicht spürte. Er spürte ihn nie, nie lange, manchmal nur für Sekunden, aber er war so groß, daß er ihn länger nicht hätte ertragen können.«

Den Arbeitsdienst hatte Heinrich Böll hinter sich, er hatte sich an der Kölner Universität immatrikuliert, er hatte wieder zu schrei-

Soldat im zweiten Weltkrieg oder Die Jahre der Knechtschaft 79

ben begonnen. In dem unveröffentlichten Fragment »Die Postkarte«, deren Motiv übrigens wie auch das der »Folgen einer Postkarte« Böll etwas später wieder aufgenommen hat, in diesem Fragment, in dem das Eigengewicht der Erzählung das Erleben, auf das sie sich bezieht, noch nicht objektiviert oder distanziert hat, heißt es auch: »In der Erinnerung erscheint mir das Köln von 39 als eine von Menschen wimmelnde Stadt. Auf dem Altermarkt herrschte ein stetiges Gedränge, die Straßenbahn schob sich fast mühsam die Severinstraße hinauf und hinunter, den Malzbüchel, die Malzmühle entlang, über den Neumarkt, und ich weiß nicht, wie weit mich mein Gedächtnis täuscht, wenn ich annehme, daß mir die Stadt von Leben erfüllt schien, während sie mir heute tot erscheint. Und der Sommer 39 erscheint mir der schönste meines Lebens.« Dem machte die Einberufung zur Wehrmacht ein Ende. Vermutlich nicht im Juli 1939, wie Böll mit dem Hinweis, er wisse es nicht mehr genau, in dem sehr ausführlichen Interview mit René Wintzen meint, sondern erst in der zweiten Augusthälfte 1939 rückte er als Rekrut ein. Eine Postkarte vom 30. August 1939 teilt mit: »Liebe Eltern und Geschwister! Wir sind zu 20 Kölnern einer aus älteren Leuten und aus Jahrgang 1910 zusammengesetzten M.G.-Kompanie zugeteilt. Eingekleidet sind wir noch nicht.« Und in einem der vielen Briefe, die Heinrich Böll, als er Soldat war, seiner Familie und seiner Frau Annemarie geschrieben hat, heißt es mit dem Datum 20. August 1943: »Noch wenige Tage, dann vollende ich mein volles viertes Jahr beim Militär, ungerechnet die Monate der Qual beim Arbeitsdienst.«

Erste Station des Rekruten war eine Kaserne in Osnabrück. »... das war nicht so schlimm, wie ich es erwartet hatte.« Schwierigkeiten mit den anderen Soldaten hatte Böll offenbar nicht. Schon im Arbeitsdienst, wo er die Bedingungen als unkalkulierbarer und sehr viel unangenehmer empfunden hatte als dann in der Wehrmacht, hatte er erlebt, daß er mit Arbeitern, mit Analphabeten, auch mit vorbestraften Kriminellen erträglich auskam. Obwohl

»zwischen Arbeitern und Abiturienten traditionell eine sehr starke Spannung herrschte«, wurde jedenfalls Böll, so hat er René Wintzen berichtet, nicht terrorisiert, was sonst häufig der Fall gewesen sei. Für manche Kameraden hatte er Briefe geschrieben, war er »Briefsteller«. Grund für diese Entspanntheit, deren intellektuelle und psychische Last Böll all die Jahre als Soldat ganz allein zu tragen hatte, war wohl vor allem, daß er ganz ohne den Ehrgeiz war, sich hinaufzudienen. Er wollte kein Vorgesetzter, nicht Unteroffizier oder Offizier werden. Er zog es vor, unten, bei den Leuten auszuharren. Im Juli 1942 hat der Infanterist Heinrich Böll in einem langen Brief an seine Mutter, die offenbar nachgefragt hatte, ob er sich das Leben als Soldat nicht etwas leichter machen könne, seinen Standpunkt so erläutert: »Ich bin es maßlos leid, so jahrelang als einfacher Soldat herumzulaufen, ohne die geringste Bequemlichkeit und Vergünstigung; vor allem aber ist es so beschissen, immer, immer mitten in der Masse drinzustecken; ich habe es mir oft und lange, lange überlegt, ob ich nicht Offizier werden soll; es wäre so einfach; in wenigen Monaten schon könnte ich als Leutnant herumlaufen, da ich ja die nötige Dienstzeit auf dem Buckel habe; ... Aber ich will es nicht; nein, ich werde niemals mehr Gedanken mir darüber machen, ich will es nicht; ich könnte es einfach nicht über mich bringen, auf dem Roß zu sitzen, stolz und sauber, und zu meinen Füßen die dreckige erschöpfte Masse nach einem langen Marsch; irgendwie gehöre ich viel mehr und viel inniger in die Masse, die leiden muß, mehr, mehr, tausendmal mehr als alle die, die zu Roß sitzen; sie sind nicht etwa schlecht; menschlich sind sie mir sogar zum größten Teil lieber, aber sie wissen es nicht besser, und von mir aus dürfen sie stolz sein und sauber; ich meine fast, es wäre ein Verrat an allem, was wir haben mitmachen und erleiden müssen, wenn ich jetzt Offizier werden wollte, weil mir der Dreck da unten nicht mehr gut genug ist.

Es ist ja unheimlich verlockend, die Aussicht, die Möglichkeit, dem ganzen blöden Gesindel überlegen zu sein; einen Putzer zu

Soldat im zweiten Weltkrieg oder Die Jahre der Knechtschaft 81

haben, der alles erledigt, alle die Dinge, die für mich eine Qual sind; wie Waschen und Stiefelputzen; und ein Bett haben und Ruhe; und vorne zu sein, vorne weg, das ist das Verlockendste; nicht mehr hinten weit drin in der Masse wie ein Stück Scheiße; ach, es hat vieles für sich, fast alles; aber es wäre ein Verrat, und deshalb will ich es nicht; Du wirst mich schon verstehen.«

Lieber wollte Heinrich Böll sein Geschick ertragen. 1939 war er angelangt in jenem Erfahrungskontinuum, das ihn Tag für Tag mit jener Wirklichkeit, jenem Stoff konfrontierte, der ihn als Schriftsteller zu sich selbst gebracht und weltberühmt gemacht hat. Es ist ein gewaltiger Stoff, und er nahm ihn wahr aus der Enge der Kasernen und Truppentransporte und Lazarette heraus, als Objekt in bedingungsloser Subordination und schließlich als Soldat an der Front, als Namenloser in einer zerfallenden, sich auflösenden Armee, der mit Finten und Tricks um sein Überleben kämpfte, zuletzt nur eines noch vor Augen: zurückzufinden zu seiner Frau und seinem Kind. Auch in diesen trostlosen Jahren hat Böll unablässig geschrieben, doch er hat – außer im ganz persönlichen, privaten Sinn dieses Wortes – nicht mehr erzählt. Er hat fast täglich Briefe geschrieben, zunächst um seinen Eltern und Geschwistern Nachricht von sich zu geben, und bald auch an seine Freundin Annemarie Cech, die 1942 seine Frau wurde. In seinen Briefen an Annemarie teilte er differenzierter und ganz ungeschützt mit, was er sah und erlebte, was er empfand, was mit ihm vorging. Trotz der Zensur, der die sogenannte Feldpost unterlag, hat er ganz nahe an den Inhalten berichtet. Böll war jedoch seinem Erleben, der unmittelbaren Erfahrung viel zu nahe, um sie in die autonome Dimension der Erzählung heben zu können. Es gibt keine Hinweise darauf, daß er hier bewußt eine Entscheidung getroffen hätte, das besorgten die Umstände, die ständige Abhängigkeit vom Wort anderer, von den Befehlen, von Tagesläufen, in denen alles Eigene zerfaserte. In den Briefen an Annemarie Cech, an Annemarie Böll ist immer wieder einmal ein Versuch erwähnt, eine Möglichkeit zu finden, sich eine

82 *Von Weltkrieg zu Weltkrieg*

Erzählung zumindest im Kopf auszumalen, eine Erzählung zu beginnen. Oft aber war es schon schwierig genug, sich den Spielraum fürs Briefeschreiben zu verschaffen. Und daß Heinrich Böll ein Schriftsteller war und werden wollte, daß er dies Ziel vor Augen ausdauernd das Erzählen gewagt hatte, war ja in den letzten Vorkriegsjahren trotz Bekanntgabe der Absicht in der Familie so sehr Geheimsache des Außenseiters, des Sonderlings Böll gewesen, daß der Krieg dies Vorhaben gleichsam wegschwemmte und vergessen sein ließ. Er selbst und auch Annemarie Cech vergaßen es nicht.

Heinrich Böll lebte also von August 1939 an mitten in jener Realität, aus der er, nachdem er Ende 1945 aus ihr schwer beschädigt, krank, doch lebend wieder herausgefallen war, als einer der glaubwürdigsten Gewährsleute und unverwechselbar erzählen sollte, mit einer Perspektive, die den Blick ungezählter Leser von Grund auf verändert hat. Es hat ihn zu einem der unvergleichlichen deutschen Schriftsteller des Jahrhunderts werden lassen, der sich überdies als fähig erwies, von seinem ersten großen Stoff aus über Jahrzehnte hin sich mit der trotz sprunghafter Veränderungen doch in ihren Grundhaltungen und Grundstrukturen noch lange äußerst unbeweglichen gesellschaftlichen Realität in der Bundesrepublik erzählend zu konfrontieren. Doch zunächst die Kriegsjahre. Ausführliche Auskunft über seine Geschicke in dieser Zeit hat Böll 1976 rückblickend und auch verallgemeinernd in seinem schon mehrfach genannten umfangreichen Interview mit dem Franzosen René Wintzen gegeben, der lange in Köln gelebt hatte und vertraut war mit der Nachkriegsliteratur in der Bundesrepublik Deutschland. Das Bild differenziert und vertieft sich mit den Kriegsbriefen und aus den in Gesprächen mitgeteilten Erinnerungen Annemarie Bölls. Das sind die Quellen für diese Zusammenfassung.

Den Kriegsbeginn hat Böll in der Osnabrücker Kaserne erlebt, in die er einberufen worden war. Die Garnison rückte aus in den Krieg gegen Polen. Doch Heinrich Böll war Rekrut, gehörte zu den Soldaten noch ohne Ausbildung und blieb zurück. Er beobachtete,

Soldat im zweiten Weltkrieg oder Die Jahre der Knechtschaft 83

wie bedrückt die mit Geschützen, Maschinengewehren, Pferden und ihrem Gepäck ausrückenden Soldaten waren. Er war erstaunt darüber, wie improvisiert das ablief, wie mangelhaft die Ausrüstung war. So hatte er sich den Ausmarsch einer preußischen Armee nicht vorgestellt. Und zu dem Mangel an Begeisterung bei den Soldaten paßte die Stimmung der Bevölkerung, die geradezu deprimiert zuschaute. Vor dem Hintergrund der vielen Berichte von der Begeisterung, die 1914 ganz Deutschland überschwemmt hatte, waren das Bölls stärkste Eindrücke vom Kriegsbeginn 1939. Aus Osnabrück hat er übrigens am 13. Februar 1940 einen Brief an Annemarie Cech geschrieben. »Liebes Fräulein Cech« war seine Anrede. Er bedankte sich für ein Paket mit Büchern.

Der Polenfeldzug war beendet, und der Krieg gegen Frankreich hatte schon begonnen, da wurde Heinrich Böll nach Bromberg in Polen verlegt, in eine der »schrecklichen, uralten preußischen Kasernen«. Er gewann erste vage Eindrücke vom Terror der SS in Polen mit plötzlichen Verhaftungen und Razzien. »Und ich glaube, daß das Material zu ›Der Zug war pünktlich‹ aus dieser Zeit stammt.« Böll vermerkt dies im Rückblick; in den Kriegsbriefen ist davon nichts erwähnt. Nach dem deutschen Sieg über Frankreich, der verspätet für eine spürbare Kriegseuphorie in Deutschland gesorgt hatte, wurde Böll im Sommer 1940 in das besetzte Land verlegt. Auf dem Transport durch Deutschland, Holland, Belgien kann er mit Erfolg erstmals sein Schulfranzösisch ausprobieren. Standort wurde ein Dorf in der Picardie, und hier erkrankte Böll an einer schweren Ruhr, einer durch Infektion ausgelösten, in Bölls Fall dann chronischen Krankheit, die mit schleimigem und blutigem, auch eitrigem Durchfall und bösen Leibschmerzen einhergeht und tödlich verlaufen kann. In einem Brief an die Eltern und Geschwister vom 24. August 1940 notiert Böll, er liege wegen eines Durchfalls im Bett. Zwei Tage später befindet er sich im Kriegslazarett von Amiens, und zwar auf der Isolierstation. Nach einigen Wochen glaubt Böll die quälende Krankheit überstanden, doch schon zehn Tage später, er ist noch im Lazarett, hat er einen Rückfall. Annemarie Böll erinnert sich, daß Böll ihr erzählt habe, in den Fluren des Lazaretts seien Bottiche und Eimer mit Rotwein aufgestellt gewesen, dessen stopfende Wirkung den Kranken Erleichterung verschaffen sollte; auch in einem Brief aus Amiens ist das erwähnt. Bei Ruhr und Ruhrverdacht seien die Ärzte sehr vorsichtig gewesen. Dann wurde Heinrich Böll als auf Diät gesetzter, nicht kriegsverwendungsfähiger Soldat nach Deutschland zurückgeschickt, zunächst nach Mülheim. Meist fühlte er sich gesund, so schreibt er jedenfalls den Eltern und Geschwistern, aber er blieb anfällig. Annemarie Böll meint, daß er sich von seiner schweren Ruhr nicht wieder völlig habe erholen können. Schon als Kind und Junge sei er ja auch gesundheitlich immer sehr anfällig gewesen, im Gymnasium habe er nicht etwa nur der Faulheit oder anderer Interessen wegen gefehlt, sondern oft, weil er tatsächlich krank war. Die Zeit der großen deutschen Erfolge, der raschen Siege in der Sowjetunion jedenfalls hat der Soldat Böll in verschiedenen Garnisonen von Bielefeld bis Köln zugebracht, bei Wachdiensten, deren öde, unendliche Langeweile ihn immer stärker gequält hat. Auch bei Stationierung in und nahe Köln waren Briefe unentbehrlich, denn Böll saß ja auch dann fest in einer Garnison, abhängig von den oft sehr engen Zeitplänen für die Wachen.

Früh schon in dieser Zeit haben Heinrich Böll und Annemarie Cech zusammengefunden. Am 29. Oktober 1940 hat ein Brief die Anrede »Liebe Annemarie«, und wenige Tage später schon schreibt Böll völlig vertraut. Bis zu diesem Zeitpunkt hatte er offenbar fast ausschließlich Briefe gemeinsam an seine Eltern und Geschwister geschrieben, Briefe, in denen es um sein Befinden, um alltägliche, doch in jenen Zeiten höchst wichtige Angelegenheiten geht, darum, ob Briefe und Päckchen richtig angekommen waren, um kleine Geldsendungen, um Zigaretten und Tabak, und mehrfach bittet Böll um neues Pervitin, das ihm den Dienst leichter machte. Er berichtet auch darüber, wie trübe die Tage vergehen. In sich hin-

Soldat im zweiten Weltkrieg oder Die Jahre der Knechtschaft 85

einschauen aber läßt er die Familie nicht. Ganz anders die Briefe an Annemarie Cech, die ab November 1940 auch ihrer Zahl und Länge nach in den Vordergrund rücken. Böll schreibt von seinen Gedanken, Hoffnungen, Zukunftsvorstellungen und Plänen, er schreibt von den Qualen, denen er ausgesetzt ist, und auch von seinem festen Glauben und von Christus. Manches ist hier zwar durchaus katholisch-konventionell. Doch die Theologie, die Böll für Annemarie Cech imaginiert, zeigt zugleich ein dem gewohnten eher widersprechendes, sehr menschliches Bild von Christus. In einem Brief vom 22. November 1940 heißt es: »Hast Du auch manchmal die Gegenwart Christi ganz nahe gespürt? Weißt Du, einmal in Bromberg, in der Kaserne, da hatten wir jemand unter uns, einen Sudetendeutschen, von irgendwoher versetzt, weil er kein Deutsch sprechen konnte und auch körperlich zu nichts taugte. Alle weideten sich an seiner Hilflosigkeit, an seiner scheinbaren Häßlichkeit, und er lief tagelang unter uns umher, und manchmal lächelte sein graues Gesicht und seine stillen Augen wurden weit, immer hatte ich den heftigen Wunsch, ihm zu Füßen zu fallen, – und Gott weiß es – heute schäme ich mich meiner lächerlichen Scham – das war Christus, ich weiß es. [...]

Eben war jemand hier bei uns, ein Hinkender mit einem unbeschreiblich edlen und jammervollen Gesicht; der stotterte, sobald man ihn ansah, hielt hilflos und völlig unsinnig seinen Wehrpaß in der Hand und stotterte dauernd nur das eine Wort: abmelden, abmelden. Sie lachten alle und fraßen sich satt an seiner völligen Verlassenheit; der Mann wäre fast gestorben vor Qual und Not, und er schwitzte vor Leid; oh, Gott, er hing oben am Kreuz; ich konnte zum Glück den Mann verstehen und ihn aufklären und ihm sagen, an wen er sich zu wenden habe; glaubst Du, daß er einfach überströmte vor Dankbarkeit, weil ich nur ganz konventionell höflich zu ihm war... es ist unglaublich traurig, daß immer und überall Christus gekreuzigt wird. Ist es nicht unsagbar erschütternd, daß man ihm, der wirklich unser Bruder ist, so begegnen kann und daß man seiner Kreuzigung beiwohnen kann; ich bin ganz außer mir ... Wir wollen nie an seiner Kreuzigung teilnehmen, [...]« Das sind geradezu urchristliche Gedanken. Wieviel haben sie zu tun mit der katholischen Kirche als einer geschichtlichen Realität? Muß man katholischer Christ sein, um ihnen zuzustimmen?

Auch die Ängste, manchmal Todesängste, in die seine schwere Ruhr Heinrich Böll wiederholt versetzt, gesteht er in den Briefen an Annemarie Cech ein. Und die Bedrückung, sobald er in einer Menschenmasse steht. Er bekennt, er klagt sich an, ja er beichtet, er wäre wohl nie ein katholischer Christ geworden, wäre er nicht in die una sancta hineingeboren worden. Er sei dem Abfall ganz nahe gewesen – »sieben Jahre nicht gebeichtet, nicht kommuniziert, nicht gebetet. Nur manchmal – scheinbar grundlos – geweint.« Doch selbst in dieser Zeit habe er den Glauben nie verloren. Léon Bloy, den er »am meisten liebe von allen, die je in Europa Bücher geschrieben haben«, habe ihn gerettet. Die Briefe an Annemarie Cech zeigen mit ihren phantasiegetriebenen Zuspitzungen unmißverständlich, daß der Infanterist Böll noch immer tief in die emphatischen und widersprüchlichen, in Bölls frühen Erzählungen ausgelebten Gedanken verstrickt war, aus denen der zweite Weltkrieg diesen jungen Mann scheinbar herausgezerrt hatte. Er schwört sich ein auf »die große Arbeit, das Christentum nicht verschwinden zu lassen in jener Weltanschauung, wie sie üblicherweise von den Kanzeln gepredigt wird«.

Heinrich Böll zeigt sich in seinen Briefen an Annemarie Cech geradezu gierig, sich ihr mit all seinen Nöten, Hoffnungen und Selbstquälereien ganz und gar mitzuteilen. Er setzt etwas fort, das er mit seinen frühen Erzählungen längst begonnen hatte, jetzt aber hat er eine Vertraute, zu der er spricht, das ergibt eine ganz andere, leidenschaftliche und persönliche Mitteilung. »Hoffentlich haben wir«, heißt es zur Verlegung an einen anderen Standort, »auch ein einigermaßen anständiges Quartier, so daß ich Dir schreiben, schreiben, schreiben kann ...« Es ist zu dieser Zeit die einzige wirksame Medizin gegen sein Gefühl völliger Unfreiheit, seine undurchsichtige Krankheit, sein Ausgeliefertsein. Übrigens wird der Sarkasmus, den Böll zurückhaltend nur hier und da hervorbrechen läßt, durch sie nicht entschärft. Bei gegebenem Anlaß läßt er ihn los: »Am meisten jedoch hasse ich den mehr oder weniger promovierten, akademisch verseuchten Pöbel, der sich in den Konzerten herumtreibt.«

Vor Annemarie Cech hat er keine Geheimnisse. Er schreibt von den Demütigungen, die er erleidet, seiner Tendenz »aufzufallen«, der Wut, wenn er wieder einmal angebrüllt wird, von seiner »unsagbar schwarzen Schwermut«, fragt sie wie sich selbst, ob er »nicht wirklich vielleicht ein Narr oder mindestens ein Psychopath« sei. Er läßt sich trösten von dem Gedanken: »Gott hat mir nicht umsonst eine so tiefe Empfindsamkeit gegeben und hat mich nicht umsonst so leiden lassen, ich habe gewiß eine Aufgabe zu erfüllen ...« Aus Köln-Müngersdorf schreibt Heinrich Böll am 17. Februar 1941 in einem Brief: »Dann kam der General, ziemlich gravitätisch, hat alles beguckt, und dann hat er so allerlei gefragt, so en passant, und weißt Du, was er mich gefragt hat, der General mich: ›Bist Du nicht gerne Soldat, mein Sohn?‹ Ich habe, angesichts von einem halben Dutzend höherer Offiziere, tapfer geschwiegen, obwohl ein knechtisches und automatisches Jawohl mir unbedingt entschlüpfen wollte. Stell Dir nur vor, ich habe lediglich einen kleinen einzigen Stern auf dem linken Arm und Er, Er hatte funkelnde, rote Mantelaufschläge und viel, viel Gold an seinem Gewande; aber ich habe geschwiegen ... und der General hat sich abgewendet ...«

Das Militärleben, schreibt Böll ein anderes Mal, quäle ihn so entsetzlich, weil jeder Tag, der so dahingehe in diesem ewigen Einerlei, auch verloren sei »für mein Werk«. Böll beklagt – »alles fällt von mir weg, ich verliere mein Gehirn stückweise« –, daß er nicht mehr die flachste Geschichte schreiben könne, und dabei sei »die Sehnsucht, etwas wirklich Schreibenswertes zu schreiben, noch nie so stark«

in ihm gewesen. Doch er wolle nicht klagen, er sei nur unglücklich. Und: »... ich habe nicht die Hoffnung verloren, daß mein Gedächtnis und meine Kraft einmal wiederkehren werden.« Einige Zeit später heißt es: »Nun will ich nicht mehr verzagt sein; ich werde die Sprache wiederfinden und die Freude an meiner Arbeit und auch die Muße, die unentbehrlich dazu ist ... Wenn ich wieder einmal müßig sein könnte, dann würde mein Geist wieder wach werden und mein Herz wieder sicher, und ich könnte einmal wieder ich selbst sein und Zeit haben, unendlich viel Zeit, und ganz langsam, langsam wieder ›zu mir kommen‹, wieder wach werden aus dieser tiefen und unglückseligen Erstarrung.«

Anfang 1942 wurde Heinrich Böll zu einer Einheit abkommandiert, die in Köln neu zusammengestellt wurde, und zwar »unter sehr düsteren obskuren Bedingungen«. Inzwischen war die Zeit der großen Siege in der Sowjetunion vorbei, die deutsche Winteroffensive 1941/42 war im Schnee steckengeblieben, Stalingrad war nicht mehr weit. »Die Angst war immer: wo kommen wir hin, kommen wir nach Rußland, nach Frankreich oder Italien ...« Nach Rußland wollte keiner der Soldaten mehr. »... wir hatten sozusagen Glück«, heißt es im Interview mit René Wintzen. »Wir kamen nach Frankreich. Ich kam nach Frankreich zurück mit dieser neuen Einheit, und ich bin hier mindestens ein Jahr gewesen, ich weiß es wirklich nicht genau, wahrscheinlich länger, eineinviertel, eineinhalb Jahre als Besatzungssoldat an der Kanalküste zwischen Abbeville, nein, zwischen Saint-Valéry sur Somme und Le Treport. Immer hin und her bewegt in Bunker, wieder in rückwärtige Quartiere usw. Wir erwarteten natürlich die Invasion, der Gedanke war auch nicht sehr erfreulich.«

Bis Ende 1943 war Heinrich Böll stationiert in wechselnden Dörfern und Städten nahe der französischen Kanalküste. Wiederum war es eine seiner Hauptbeschäftigungen, Wache zu stehen, vor allem Küstenwache. Doch er hatte auch den regulären Dienst mitzumachen und lange Übungsmärsche zu absolvieren. Er war Dol-

Soldat im zweiten Weltkrieg oder Die Jahre der Knechtschaft 89

metscher, hatte bei den Bauern um Schlachtvieh zu handeln, die verschiedensten Gegenstände zu requirieren, Hilfskräfte auszusuchen. Inzwischen ausgebildet am Flammenwerfer, galt er – und das brachte ihm manchmal Erleichterungen – als Spezialist. Zum Gefreiten befördert, war er zeitweilig Gruppenführer, mußte unterrichten und selbst Befehle hinausschreien, hatte zu fungieren als Unteroffizier vom Dienst. Bald schon der Stoßseufzer: »Ach wäre ich doch nie Gefreiter geworden!« Böll fühlt sich, »als ob ich mich selbst verlassen hätte, ein ganz anderer geworden wäre«, und »möchte wieder Schütze Arsch sein«. Oft stottere er, wenn er befehlen müsse. Als Unterführer hat er neben dem regulären Dienst auch noch eine Unterführerausbildung zu überstehen. Er spürte Erleichterung, wenn neue Unteroffiziere zu seiner Einheit abkommandiert worden waren und er, der Gefreite, nicht mehr als Unterführer gebraucht wurde.

Heinrich Böll fühlte sich in allem behindert, das ihm wichtig war. Die Möglichkeiten zu lesen, Briefe zu schreiben, für sich allein nachzudenken waren extrem eingeschränkt. Manchmal gab es ein Radio in den Unterkünften, doch sie machten für seine Ohren nur betäubenden Lärm, und wenn einmal Musik übertragen wurde, die für ihn »menschlich« klang, Beethoven vor allem, Mozart, dann mußte er darum kämpfen, sie hören zu dürfen. Nachts allein mit Blick auf Küste und Meer Wache zu stehen, war manchmal die einzige Gelegenheit, das Ich überhaupt noch zu fühlen. »... allein der Umstand, jedermann in jeder Minute gehorchen zu müssen, ist eine maßlose Qual, vielleicht die schlimmste ...« Böll fühlt sich zutiefst unfrei, macht aber sich, den Eltern und Geschwistern und seiner Frau ein paarmal auch klar, daß er in diesem sich dehnenden Krieg doch auch keineswegs das schlimmste Los gezogen hat. So schlecht er sich fühlt, es geht ihm doch besser als den meisten Soldaten. Er hungert nicht, er ist nicht ständig in Lebensgefahr, und in dem schönen Frankreich gibt es noch immer Wein, Bier und Schnäpse. Meist hat er ausreichend Zigaretten oder Tabak für die Pfeife.

Luftkämpfe nahe den Stellungen beunruhigen die Soldaten wenig. Doch die zunehmenden Luftangriffe auf Köln, die bald unmittelbar auch seine Familie in Mitleidenschaft ziehen und in die Evakuierung zwingen, bringen Böll immer neue Ängste. Wenn nach einem Angriff auf Köln die Post für einige Zeit ausbleibt, spürt er überdeutlich, daß für alle Soldaten, doch besonders für ihn selbst die Briefe und Päckchen von zu Hause die wichtigste, ja einzige Lebensader sind. Wiederholt kämpft er um Urlaub, doch meist ohne Erfolg. Dennoch sieht er in manchen Stunden, wie schön die Landschaft ist, wie schön das Leben, die Welt. Und Heinrich Böll ist trotz all seinen Leiden und Klagen, bei all seiner Hellsichtigkeit angesichts der Zustände in der Wehrmacht, des Mißbrauchs der Menschen in ihr überzeugt, daß Deutschland den Krieg gewinnen werde. An allerdings sehr wenigen Briefstellen spricht er es deutlich aus, und sie klingen keineswegs wie Zugeständnisse an die Zensur, obwohl das andererseits auch nicht ganz auszuschließen ist. Einmal heißt es: »Im allgemeinen gönnen die Leute« – das heißt: die Franzosen –, »glaube ich, uns eher den Sieg als den Engländern, aber es erscheint ihnen unmöglich, daß wir ihn gewinnen; ich aber glaube wirklich daran, daß wir siegen, wirklich, obwohl wir so unendlich arm sind und hilflos in manchem, wir werden den Krieg gewinnen.«

Nicht Hitler und die Nazis, sondern die Deutschen sind mit dem »wir« dieser Briefstelle gemeint. Von Hitler ist in den Kriegsbriefen Heinrich Bölls nur ein- oder zweimal und nur ganz beiläufig die Rede; das Leben in der Wehrmacht hat ihn offenbar von dem, was im »Reich« und in den eroberten Ländern des Ostens tatsächlich vorging, weitgehend abgeschirmt. Dennoch ist der so deutlich herausgestellte Glaube an den deutschen Sieg im Kontext der Kriegsbriefe Bölls, die eine einzige Klage über die Sinnlosigkeit seines Lebens als Soldat sind, absurd. Heute liegt das klar auf der Hand. Doch im Kriegsjahr 1942 war eine solche Äußerung und die in ihr enthaltene Verwechslung der nationalen mit den nazistischen Interessen vielen Deutschen, den meisten Deutschen noch fast

Soldat im zweiten Weltkrieg oder Die Jahre der Knechtschaft   91

selbstverständlich. Sie klingt hohl, ist ein Klischee, Resultat einge-
dumpften Unterscheidungsvermögens. Doch solch objektiv gewiß
zutreffende Feststellung ist etwas anderes, als mitten in der kollektiven Befindlichkeit der Deutschen in den Kriegsjahren zu leben,
auch noch, als die Niederlage sich abzuzeichnen begann, eine
Befindlichkeit, die nahezu fraglos in sich selbst kreiste und Widerspruch ausschloß. Es scheint nur in wenigen Ausnahmefällen
möglich gewesen zu sein, sich ihr zu entziehen. Die übergroße
Mehrheit war im – sei es angsterfüllten – Glauben an den Führer
fest vereint, und jene, denen die Nazis »widerstanden«, die sich
nicht auf sie eingelassen hatten, fühlten durchweg in der Not doch
ihr Deutschsein so stark, daß sie einen Sieg wünschten, obwohl er
Hitlers Sieg gewesen wäre.

Diese Überlegungen deuten auch an, wie es um das Glauben
stand in Zeiten, in denen sogar der christliche, ob katholische oder
evangelische Glaube vor allem dem Glauben an den Führer und
sein großdeutsches Reich zugute kam. Heinrich Böll hat sich, sein
»NS-Credo« belegt es, hiergegen gesträubt, doch auch er, der emp-
findsame, leidende Sonderling und Außenseiter, konnte sich offenbar dem herrschenden Sog nicht gänzlich entziehen, seine Neigung
zum Glauben an den deutschen Sieg deutet es an. Er brachte
zudem aus der Zeit vor 1933 zwar eine feste Glaubenshaltung mit,
die allerdings von der Kirche selbst her in Bölls eigenen Augen dis-
kreditiert war, doch keinen politischen Standpunkt, keine politische Perspektive. Von aktivem Widerstand wußte er nichts.
Schon die Entschiedenheit und Ausdauer, mit denen Böll sich dem
System auch in seiner militärisch gemilderten Form entzog, und
nichts anderes bedeutete es für einen Abiturienten, nur zum Gefreiten aufzusteigen, zeigen eine außerordentliche Konsequenz. Böll
tat alles und verweigerte viel, um seinen Glauben nicht infizieren
und mißbrauchen zu lassen. Dennoch klingen seine Bekenntnisse
zu Gott, Christus, dem Christentum und seinen Werten, die häufig
sind in den Briefen an Annemarie Böll, manchmal eigenartig leer.

Nicht zweifelhaft sind gewiß die Briefstellen, in denen Böll vom Trost schreibt, den er gefunden habe, wenn er einer Messe hatte beiwohnen, die Kommunion empfangen können. Er suchte und fand Hoffnung in seinem Glauben, der ihn in dem Gefühl bestärkte, Gott werde ihn nicht untergehen lassen. Von der Spannung, die sich in den unveröffentlichten frühen Erzählungen mit der Auseinandersetzung um die Kirche und ihre Art, den Glauben zu verwalten, so intensiv spiegelt, ist jetzt nichts mehr spürbar. Statt dessen – noch im Westen – so fragwürdige, damals gängige Gedanken wie diese: »Oft wünsche ich mir, daß Gott mich hineinstellen soll in den wirklichen Kampf, wo doch die eigentliche Stätte des Soldaten ist; ich glaube, das würde eine Läuterung sein; [...]« Statt dessen: »... wie kann man dieses absolute Elend ertragen, ohne an Gott zu glauben ...« Böll schien nicht zu spüren, daß ein solcher Gedanke zumindest eine Überlegung hätte auslösen müssen, ob es nicht plausibler hieße: »... wie kann man dieses absolute Elend ertragen und noch an Gott glauben.« Ist Gott nicht allmächtig und deshalb bei aller Freiheit der Menschen verantwortlich, zumindest mitverantwortlich? Von der Kirchengeschichte alter und neuer Zeit ganz zu schweigen. Mehr und mehr, auch weil er bald tatsächlich »in den wirklichen Kampf« hineingestellt wurde, sind Gott und der Glaube auch für diesen Soldaten vor allem eine Versicherung, daß er gerettet werden soll.

Gelegentlich hat Böll in einem Brief an seine Frau beklagt, daß er von der Philosophie und den Wissenschaften so wenig wisse. Wer könnte es einem jungen Mann, der die Jahre, in denen er sie hätte studieren sollen, wehrlos als Soldat erleiden mußte, verübeln. Statt sich weiter zu entfalten, weiter zu lernen, sich mit allen Widersprüchen in der Welt vertraut zu machen, ist er zurückgestoßen in die anonyme Masse, in das Volk. Er bekannte sich zum Volk, zu den Geringen, den Armen auch im Geiste, doch dies bedeutete für Böll nicht, er habe seine eigenen Ziele und Wünsche aufzugeben. Den Versuch einer permanenten Quadratur des Kreises, nämlich sich

Soldat im zweiten Weltkrieg oder Die Jahre der Knechtschaft 93

dem Volk einzureihen, doch seine intellektuellen und kulturellen Vorstellungen nicht aufzugeben, hat er dann sein Leben lang fortgesetzt. Als Soldat war er dabei in besonders schlechter Position. Selbst zum Lesen blieb für ihn meist kaum Zeit. Und seine eigene Stimme fand Böll all diese Jahre lang nur in seinen Briefen. Sie kam aus dem Elend, aus dem Abgrund. Durch sie jedoch lebte er trotz allem weiter, ohne sich gänzlich zu verlieren, wenn auch mit der ständigen Sorge, gerade dies könne geschehen. »Dieses Leben hier ist irgendwie maßlos verlogen; man redet so viel, muß viel reden, man lügt unendlich viel, stiehlt gelegentlich; es ist ein sonderbares Gemisch aus phantastischem Verbrechertum und phantastischer Unschuld, dieses ›Landser‹-Leben; ich bin wirklich in allem ein richtiger ›Landser‹ geworden; [...]« Es ist vor allem die Bindung an seine Frau, die ihm Halt gibt: »... ach, man wird durchgedreht, raffiniert wie ein Zigeuner, leichtsinnig wie ein Wiener Baron, aber im Grunde genommen kann man doch sein Wesen rein erhalten; es ist meine einzige große und einzig wahre Freude, daß ich ›unser Leben‹ immer ganz nah und unversehrt im Herzen und in meinem Geist habe, daß ich niemandem etwas verrate oder abgebe, niemand daran teilnehmen lasse, das ist mein großer und einziger Stolz ...« Schon wenige Tage später dieser Stoßseufzer: »Ob ich mein proletarisches und ›armes‹ Herz behalte oder ob ich ein Blödmann werde, ach, es ist tatsächlich eine große Gefahr, für einen Schwächling wie mich ist alles gefährlich, das Gute wie das Schlechte, und am gefährlichsten ist die Mitte – also alles; [...]« Unablässig umkreist Böll während seiner vielen Monate »im Westen« in den Briefen an seine Frau den Zustand, in dem er die Tage hinbringt: »Mein Haß auf diesen Krieg und auf das Soldatenleben wird immer wilder und größer! Im Radio schwätzt eben ein außergewöhnlich hassenswerter Ansager, so ein seichter Hund, der wirklich für seine Worte geohrfeigt und getreten gehörte. Gott halte mein Herz in seiner Hand, daß ich nicht schwach werde in dieser Zeit, die so unsagbar blöde ist.«

Ein Jahr und zehn Monate, so belegen es die Kriegsbriefe, war Heinrich Böll als Besatzungs- und Wachsoldat stationiert »im Westen«, in Frankreich nahe der Atlantikküste. Obwohl nicht unmittelbar in Lebensgefahr, obwohl als Angehöriger der Wehrmacht dem deutschen Alltag bis zu einem gewissen Grade entrückt, hat er auch diese Zeit als eine Art bedrückender Ewigkeit empfunden, in der er völlig wehrlos und abhängig dahindümpelte. Er konnte sich daraus nicht lösen, konnte sich höchstens ein bißchen unsichtbar machen. Unbewußt speicherte er seine Wahrnehmungen. Und die vielen Monate an der französischen Kanalküste waren für den Gefreiten Heinrich Böll in seiner Rolle als »Briefsteller«, die er seit dem Arbeitsdienst kannte, wohl die wichtigste Zeit. Das Wort änderte seine Bedeutung. Böll schrieb jetzt Briefe nicht mehr für andere, er schrieb Briefe an seine Frau Annemarie, und alle Produktivität, die ihm die Zustände des Soldatseins noch ließen, ging ein in diese Briefe. Ganz bezogen auf Tag und Stunde, ohne objektivierende Absicht näherte Böll sich dabei manchmal sogar wieder dem Erzählen, z. B. wenn er von einem spontan aus einer zufälligen Situation hervorgegangenen, wortlosen, doch ihn beschwingenden Fahrradrennen mit einem Jungen berichtet. Oder von einer dem Dienst abgestohlenen Stunde mit einem Glas Wein in einer kleinen Kneipe, gar mit einer hübschen jungen Wirtin, der er den Liebesbrief eines deutschen Soldaten übersetzt. Oder wenn er minuziös einen Ausschnitt der Landschaft am Meer, eine Beobachtung schildert, die sich ihm während der vielen Stunden auf Wache eingeprägt haben. Oder die Wahrnehmungen während einer zufälligen Autofahrt über Land. Das läßt manchmal schon an den Böll der Berichte und Reportagen denken, mit denen er später so viele Leser fast ebenso beeindruckt hat wie mit seinen Erzählungen.

Laut seiner eigenen Erinnerung hat der Gefreite Böll selbst dazu beigetragen, daß um den 1. November 1943 der Krieg auch für ihn zu einer bitterernsten, unmittelbar lebensbedrohenden Sache wurde. Wenn er alle seine Leiden, seine Atteste richtig ins Spiel

Soldat im zweiten Weltkrieg oder Die Jahre der Knechtschaft 95

gebracht hätte, so erinnerte er sich rückblickend, hätte er sich einem Marschbefehl in Richtung Front entziehen, hätte er zurückbleiben können. So hat Böll es René Wintzen mitgeteilt. Doch er war leichtsinnig. Schon fast vier Jahre sei er Soldat gewesen, doch die Front habe er noch nicht gesehen. Er wußte immer noch nichts von jenem »Fronterlebnis«, das die Generation der Väter und seiner Lehrer so tief beeindruckt habe und Gegenstand der gesamten Kriegsliteratur von Ernst Jünger bis Erich Maria Remarque gewesen sei. Jetzt wollte er sich ihm stellen. Schon bald habe er es bitter bereut. Die lange Reise im Viehwagen mit zunächst unbekanntem Ziel, vierzig Soldaten in einem Waggon, hatte ihren ersten Höhepunkt noch in Frankreich. Böll schreibt nach Köln: »Nachdem wir gestern abend verladen waren, haben wir gerade eine halbe Stunde der Reise nach Rußland hinter uns, als ein ganz schreckliches Attentat auf unseren Zug verübt wurde; wie durch ein Wunder – ein Wunder allein – bin ich zwischen drei völlig zerquetschten Waggons, zwischen Toten und Verwundeten herausgezogen worden, nur eine kleine Prellung an der Schulter und an einer Hand eine Schramme, das ist alles. Ich werde Dir noch schreiben, wie grauenhaft das war.« Böll hatte Glück, er verlor zwar alles bis auf seine Fotos, wurde jedoch nur leicht an der Hand verwundet. Dann geht die Fahrt weiter, durch Deutschland nach Rußland. Eingepfercht in ihre Viehwagen, ist die Einheit ungefähr zwei Wochen unterwegs, und sie kommt an auf der Krim, wo sie der Stellungskrieg erwartet.

»... wir kauern wie Tiere in unseren Erdhöhlen und lauern, lauern auf das Feuer, das uns oft mit schweren Kalibern fast zudeckt.« Entsetzlich sei der Krieg, grausam und bestialisch, schreibt Böll, und bald ist er bis zur Unkenntlichkeit verdreckt, dazu die Läuseplage. Ein paar Tage später schreibt er seiner Frau von »Tagen der absoluten Gefahr, des absoluten Schreckens«. Böll erlebt seine reale »Feuertaufe«. »Dir werde ich es erzählen können, was es bedeutet, eine Kette russischer Panzer auf sich zurollen zu sehen und im Loch zu bleiben, was es bedeutet, mit Feuer und Stahl buchstäblich zugedeckt zu werden.« Ein Leutnant, mit dem Böll im Schützenloch gelegen und sich angefreundet hat, ist der erste Gefallene. »Ich denke jetzt, wo ich mitten hinein in das Entsetzen des Ostens geworfen bin, oft daran, wie unendlich dankbar ich sein muß, daß ich so lange an der ruhigen Kanalfront habe liegen dürfen. Manche Kameraden sind bei uns hier, die vom ersten Tag an im Osten sind ...«

Dann schreibt Heinrich Böll aus Odessa, mit dem Datum 6. Dezember 1943: »Am 2.12. bin ich nachmittags um 3 Uhr verwundet worden. Es war ein kleiner Splitter in der Kopfschwarte.« Böll spielt die Verwundung in seinen Briefen herunter. Doch gewiß nicht ohne handfesten Anlaß ist er dann vier Tage von Sammelstelle zu Sammelstelle geschleppt und nach Odessa ausgeflogen worden mit der Aussicht, aus einem der Lazarette, in denen er lag, in einen Lazarettzug nach Deutschland verlegt zu werden. Die Wunde am Kopf schmerzt und eitert. »Auf jeden Fall habe ich unheimliches Glück gehabt, es hätte viel, viel schlimmer kommen können.« Auch jetzt noch schreibt er: »Jedenfalls gewinnen wir den Krieg ...«, doch vor dem Hintergrund der Berichte über sein eigenes Fronterlebnis und seine Verwundung klingt das nunmehr eher wie Hohn. Er ist erleichtert, als er Anfang Januar »wieder einmal glücklicher Besitzer einiger Fieberkurven« geworden ist. Er erwartet, in eine Genesenden-Kompanie abkommandiert zu werden, mit Genesungsurlaub rechnet er nicht. Schon blickt er sich wieder aufmerksam um, beobachtet das Treiben, den schwarzen Markt in Odessa und beschreibt ihn für seine Frau: »Auf dem Bazar kannst Du alles kaufen, was Du willst, und kannst auch alles verkaufen. Es ist ein irrsinniges Feilschen zwischen Landsern und schmierigen ›örtlichen Existenzen‹, die alle Zehntausende Mark in der Tasche haben. Du kannst ›gebratene Würste‹ essen, soviel Du willst, Du kannst Schokolade, Zigaretten, Speck, Butter, Schinken kaufen, wunderbares Sonnenblumenöl, lebendige, schöne Russinnen und Französinnen, Wodka und Radios, ›Thüringer Leberwurst‹ und

Soldat im zweiten Weltkrieg oder Die Jahre der Knechtschaft 97

›Eckstein Nr. 5‹. Du kannst ein Wiener Schnitzel mit sämtlichen Schikanen essen, ach, alles, was überhaupt käuflich und verkäuflich ist, gibt es auf diesem ›Basar‹, der wie der Himmel und die Hölle ist, ein großer schmutziger Platz mit Holz- und Skibuden – und in dem dunkelgrauen Himmel ringsum siehst Du die phantastischen Silhouetten schöner Zwiebeltürme; [...]« Bölls langer Brief endet dann so: »... ich hätte Dir gern noch von der Krim geschrieben, von diesen vier Wochen ununterbrochenen Kampfes, die so sehr entscheidend waren für mein Leben, aber ich kann es nicht.«

Zur Krim wird Heinrich Böll nicht mehr zurückgeschickt. Sein Zug nimmt die Richtung Deutschland. Nach einer viertägigen quälenden Fahrt kommt er an in Stanislau bei Lemberg, in Polen, und in dem Bewußtsein, seiner Frau doch viele Kilometer näher gekommen zu sein, hofft er wieder auf Urlaub. Die Angst um seine Familie im von Luftangriffen ständig schwer gefährdeten Köln und seiner Umgebung drängt sich erneut in den Vordergrund. Die Briefe werden länger. Böll erfährt, daß er zu einem Ersatztruppenteil in Mörchingen in Elsaß-Lothringen kommen soll. Ende Februar trifft er auf der Durchreise seine Frau in Köln und bleibt offenbar einige Tage. Am 2. März 1944 schreibt er seinen ersten Brief aus St. Avold, in dem er wieder von der Hoffnung auf Genesungsurlaub spricht. Für René Wintzen hat Böll das dreimonatige Fronterlebnis in Rußland dahin zusammengefaßt, daß er danach versucht habe, jede weitere Erfahrung dieser Art zu vermeiden. »Es gelang mir bis Juni 44, mich zu drücken mit irgendwelchen Tricks.« In diesen Monaten hat Annemarie Böll ihren Mann zu den Wochenenden an seinen nahen, wechselnden Standorten regelmäßig besucht, und wann immer es möglich war, telefonierte Böll mit der Familie in Ahrweiler, wohin sie längst evakuiert worden war. Anfang Mai wird Böll von St. Avold in ein großes Lager in Bitsch bei Saargemünd verlegt, von wo es wieder an die Front gehen soll; an welche, bleibt unbekannt. »Das Leben ist grausam, und der Krieg, jeder Krieg ist ein Verbrechen; für immer bin ich absoluter Anti-Militarist geworden

[...]« Am 16. Mai schreibt Böll: »Eben haben wir den letzten großen Appell gehabt, ich hoffe wenigstens, daß es der letzte war. Morgen wird es wohl losgehen. [...] Die Stimmung ist gräßlich, [...]« Die Fahrt bringt die Soldaten über Wien nach Ungarn. Sie dauert mit Unterbrechungen zehn Tage. Am 25. Mai schreibt Böll, während eines ganztägigen Halts am Tag zuvor auf einer kleinen ungarischen Station hätten sie Zigaretten erhandeln können. »Dann sind wir ziemlich kühn einige Kilometer landeinwärts gegangen und haben das sehr, sehr friedliche Leben der ungarischen Landbewohner studiert, haben uns ihre netten kleinen Häuser von innen und außen besehen und sind schließlich den Zigeunern in die Hände gefallen. Wir haben lange mit den Zigeunern zusammen in einer alten Bude gehockt und haben uns von einer tollen Schönheit aus den Händen wahrsagen lassen. Das war wirklich ein tolles Weib, eine tolle Atmosphäre, so umringt von zerlumpten, grinsenden, frechen Kindern und Frauen; übrigens hat die Frau mir baldige Erlösung von der ›Knechtschaft‹ geweissagt und ein glückliches Leben ›mit meiner schönen Frau‹.«

Am 29. Mai 44 sind Böll und seine Kameraden bei der Kompanie, zu der sie abkommandiert sind, nahe der rumänischen Stadt Jassy. Schon in der folgenden Nacht marschieren sie an die Front und halten in einem Wald, hocken in ihren Löchern, während die Artillerie die russischen Linien beschießt und die deutschen Panzer schließlich in großer Zahl vorrücken. Auch Böll wartet auf den Befehl zum Angriff. »Gott ist bei mir [...] ich gehe ohne Angst in den Kampf ... Grüße Mutter und alle anderen.« Bölls nächster Brief, »Rumänien, den 2. Juni 44«, ist geschrieben in einem Lazarettzug, der Verwundete nach Südostungarn bringen soll. Böll hält fest: »Vorgestern schon morgens um 6 Uhr am Mittwoch nach Pfingsten bin ich beim letzten Angriff 20 Meter vor den russischen Linien verwundet worden. Diesmal habe ich buchstäblich ›Eisen ins Kreuz‹ bekommen, in die linke Schulter drei veritable Splitter, [...]« Es sei sehr heiß und staubig gewesen die ganzen Tage, es habe nichts zu trinken und nichts zu essen gegeben, und sie seien, immer in schwerem Feuer, von einer kahlen Höhe zur anderen vorgegangen.« »Als es dann Abend wurde, zum zweiten Mal Abend, mußten wir wieder schanzen, anstatt zu ruhen, morgens ging dann gleich der entscheidende Angriff vor, den ich bis zuletzt mitmachte. Als ich eben verwundet und notdürftig verbunden war, brachen russische Panzer ein, und wir mußten laufen gehen; gleichzeitig wurde es 50 Meter vor uns schwarz vor russischer Infanterie! Das war dann das Schlimmste, diese Flucht [...]«

Zwei Tage später hat Böll noch einmal von seiner Verwundung und der Flucht berichtet. »Zehn Minuten nach meiner Verwundung«, schreibt er hier, »griffen uns nämlich russische Panzer an, und gleichzeitig wurde es 30 Meter vor uns schwarz von russischer Infanterie in bester Ausrüstung; da wir gegen die Panzer völlig schutzlos waren, blieb uns nichts anderes als die Flucht, und so ging es dann in irrsinnigem Kugelregen, beschossen von Panzern und Infanterie, in wilder Flucht zurück; ich war durch mein Eisen im Kreuz natürlich sehr behindert, konnte nur noch meine Feldbluse greifen und mit allen Kräften um mein Leben laufen!« Unmittelbar nach der Verwundung hat Böll auch festgehalten: »Ich bin so glücklich, daß ich Dir schreiben kann, Hände und Füße sind unverletzt, ich konnte sogar laufen, sonst wäre ich bestimmt verloren gewesen. Die Wunden an der Schulter schmerzen wohl sehr, aber es läßt sich ertragen, und ich bin zunächst froh, daß ich aus der Hölle von Jassy heraus bin.« Und Böll schreibt: »Ich hasse den Krieg, ich hasse ihn aus tiefster Seele, den Krieg und jedes Lied, jedes Wort, jede Geste, jeden, der irgendwie etwas anderes kennt für den Krieg als Haß.«

Inzwischen ist Böll angekommen im ungarischen Sepsiszentgyörgy, liegt auf engstem Raum in einer Krankensammelstelle und fühlt sich »für die nächsten vier Wochen« außer Gefahr. Die Invasion im Westen erregt die Soldaten. Böll flickt die Einschußlöcher im Rücken seiner Uniform, ein neues sauberes Hemd hat er nicht, und

der Rücken schmerzt bei jeder Berührung der Feldbluse. Die Soldaten bekommen einen Vorschuß auf ihre Löhnung, und Böll benutzt
sie, sich ein »vorzügliches Mittagessen« zu leisten und sich bei einem
»Verschönerungskünstler« die Haare schneiden und den »fürchter-
lichen Staub der Angriffstage bei Jassy« vom Kopf waschen zu lassen. »Die schreckliche Erinnerung an die Tage bei Jassy«, schreibt
Böll, »hat auch an unmittelbarem Schrecken verloren und belastet
mich nicht mehr so sehr; es ist erst 10 Tage her, daß ich verwundet
worden bin, und doch dünkt mich das eine lange, lange, lange Zeit,
seit ich dort war. Diese unsagbare Grausamkeit des Krieges ist so
unerbittlich, ich vergesse nicht eine Sekunde von allen Tagen, und
ich möchte sie auch nicht vergessen; doch ich möchte, daß ihnen die
drückende, furchtbare Gewalt genommen wird, die schwer und
dunkel ist wie ein Alp. Weißt Du, sehr, sehr kostbar sind mir alle
diese Erinnerungen auch an den Krieg, aber ich möchte, daß ich
Gewalt über sie habe, und nicht sie Gewalt über mich.«

Böll wird verlegt nach Debrecen, das Lazarett befindet sich in
einer Mädchenschule, und er liegt im »Zimmer der Nichtentlau-
sten«, denn er ist zwar ohne Ungeziefer von der Front gekommen,
doch durch die Aufenthalte in vielerlei Sanitätseinrichtungen »hoffnungslos verlaust«. Seine Wäsche sieht grausig aus. »Sie ist noch
dieselbe, die ich in Bitsch anhatte [...] Das Hemd war natürlich
infolge des Splitters zerfetzt und sehr blutig; da das Blut bei dieser
Hitze nach mehreren Tagen schon sehr unangenehm roch, habe ich
einfach mit dem Messer ein großes Loch hineingeschnitten, genau
den Blutfleck ausgespart, der ungefähr mit der Größe des Verbandes übereinstimmt; meine Feldbluse ist natürlich auch von den
Splittern zerrissen und innen blutig und voll Eiter, aber es geht
noch, nur die Hose ist recht löchrig, aber das Schlimmste sind die
Strümpfe, mein einziges Paar Strümpfe. Das soll nun alles bei der
Entlausung anders werden, ich warte sehnsüchtig darauf!«

Allem Schrecken an der Front zum Trotz empfindet Böll gerade
jetzt in vorläufiger Sicherheit bald wieder die quälende Sinnlosig-

Soldat im zweiten Weltkrieg oder Die Jahre der Knechtschaft 101

keit, die Öde und Langeweile des Soldatenlebens als schwerste Last. Die Wunde heilt rasch, vier Wochen nach der Verwundung ist »das tiefe Loch wieder mit jungem Fleisch ausgewachsen, es fehlt nur noch die Haut über diesem ›Siegfriedsmal‹«. Doch holt er sich das »sogenannte wolhynische Fieber«, eine »harmlose Art Malaria«, »eine quälende, aber vollkommen ungefährliche Krankheit«. Sie hindert ihn nicht, die schönen ungarischen Sommertage und -nächte zu bewundern und bei sich festzuhalten nicht nur, »wie schön das Leben sein könnte, sondern wie schön es trotz allem Elend noch ist«. Sein Fieber hält Böll im Lazarett. Er denkt darüber nach, wie lange nach der Invasion an der Atlantikküste der Krieg noch dauern könne, und er wünscht sich, selbst endlich wieder im Westen zu sein. Weil er bis zur völligen Genesung noch mindestens drei Wochen im Lazarett bleiben muß, wird er von Debrecen nach Szentes verlegt. »Es geht doch wirklich sonderbar zu im Soldatenleben«, schreibt er Mitte Juli, »solange ich wirklich schwer krank war, meine Verwundung noch groß war und ich auch noch hohes Fieber hatte, habe ich auf schmutzigen Strohsäcken gelegen und in dreckigen Betten mich abgeschwitzt, und nun, wo ich beginne, gesund zu werden, liege ich im Lazarett in einem weißen Bett, es ist wirklich alles schön und sauber hier, eine wahre Wohltat; gleich nebenan ist ein prachtvoller Waschraum mit sauberen Becken und Spiegeln, ach, und ein weißes Bett hat ein jeder.« Die Nachricht vom »Revolutionsversuch der Offiziere und dem Anschlag auf Hitlers Leben« läßt die verwundeten Soldaten heftig miteinander diskutieren, doch Böll hat dazu nichts weiter mitzuteilen. Anderes geht ihm durch den Kopf. Noch in Debrecen hatte Böll in einem Brief an seine Frau geschrieben: »...wenn mein Herz dann ein wenig ruhiger geworden ist und mein Geist etwas frischer, dann werde ich versuchen, dem Schicksal durch eigene Tatkraft etwas auf die Sprünge zu helfen.«

V. Das Abenteuer des Überlebens

Nach mehr als acht Wochen Lazarettaufenthalt wurde Heinrich Böll entlassen und fuhr zur Frontleitstelle Szolnoz zwischen Debrecen und Budapest. Würde er erneut nach Jassy an die Front geschickt werden oder nach Deutschland? Es ist Ende Juli 1944. »Wenn es mir jetzt gelingt, nach Deutschland zu rutschen, dann werde ich bestimmt auch das Ende des Krieges in Metz erleben, es kann nicht mehr lange dauern – Gott möge uns in den folgenden Monaten großer Verwirrung behüten und beschützen ...« Metz ist Bölls Ziel, und es ist ihm geglückt, an der Frontleitstelle vorbeizurutschen. Schon am 6. August 1944 hat er seinen Eltern und Geschwistern aus einer Kaserne in Metz geschrieben. Doch schon wieder begann eine erneute »Reise ins Ungewisse«. Sie führt nach Dresden. Nach erneutem Fieberanfall war Böll bald wieder im Lazarett. Die Auflösung des Reiches hatte begonnen. An allen Fronten rückten die Alliierten vor. Immer mehr Terror war nötig, die zunehmend orientierungslosen Menschen in Schach zu halten. Rette sich wer kann, war bald auch für immer mehr Soldaten die Devise.

Von nun an gibt es nur noch wenige Kriegsbriefe von Heinrich Böll, und nicht nur, weil die Feldpost immer schlechter funktionierte. Böll tat alles, um in der Nähe seiner Frau, seiner Familie, Kölns zu bleiben. Nunmehr läßt sich nicht mehr wie zuvor zahlreichen Kriegsbriefen ablesen, was mit Heinrich Böll geschah. Und was der längst wie automatisch zum Obergefreiten beförderte Infanterist vorhatte, als er schrieb, er werde jetzt »dem Schicksal durch eigene Tatkraft etwas auf die Sprünge« helfen, darüber hätte er im übrigen zwar mit seiner Frau sprechen können, doch auch ihr konnte er davon nicht schreiben, zumal da er es selbst nicht genauer wissen, sich im einzelnen nicht vorstellen konnte. Vorsichtig riskierte Böll die Illegalität. So lebensgefährlich das im zerfallenden, die letzten Rücksichten auf Leib und Leben der Deutschen selbst

Das Abenteuer des Überlebens 103

annullierenden, sich gänzlich dem Terror ausliefernden großdeutschen Reich Adolf Hitlers auch war – es nicht zu riskieren, erschien Böll als lebensgefährlicher. Diese langwierige abschließende Kriegserfahrung, daß die lange ganz undenkbare, als verräterisch geltende Aufkündigung allen Gehorsams gegenüber dem Staat und seinen Gewalten lebensnotwendig und damit rechtens sein kann, hat Bölls Denken für die Zeit seines Lebens geprägt.

Auf den Spuren seiner Lebensgeschichte im zweiten Weltkrieg bleibt jetzt, von den Spiegelungen in seinem erzählerischen Werk abgesehen, vor allem der Bericht, den Böll im Interview mit René Wintzen erstattet hat. Böll nahm sein Schicksal dadurch in die Hand, daß er sich mit gefälschten Papieren versorgte. Er stahl Formulare für Urlaubsscheine, Ausweise für Dienstfahrten und einen Stempel. Als er in Ungarn aus dem Lazarett entlassen war, überredete er ein Mädchen auf der Schreibstube, das nicht so genau über alle Vorschriften informiert war, auf seinem Entlassungsschein das Reiseziel offen zu lassen. In der Toilette seines Zuges trug er dann Metz als Reiseziel ein, die äußerste westliche Stadt, in der noch die Deutschen standen. Er mußte mit den Folgen rechnen, die das Attentat vom 20. Juli besonders für die Wehrmacht hatte. »Man mußte ungeheuer aufpassen, man konnte an der nächsten Straßenecke erschossen werden, es war reiner Terror. Es gab das, was wir Heldenklau nannten: Irgendwo standen Kommandos, die Soldaten abfingen und sie sofort an die Front transportierten.« Wenn der »Heldenklau« auftauchte, ging Böll aufs Gleis hinter dem Zug oder auf die Toilette. Und er hatte Glück. Er ist mit dem gefälschten Marschbefehl quer durch Europa zunächst zu seiner Frau und dann weiter nach Metz gefahren, wo er sich zum Dienst meldete. »Von da an habe ich nur noch mit gefälschten Papieren, manchmal auch ohne Papiere, illegal, sagen wir mal, als Soldat existiert. Es ist zu kompliziert, das alles zu erzählen, es ist auch fast Kolportage. Mal wieder ins Lazarett, mir künstlich Fieber verschafft, mal wieder legale, mal wieder illegale Papiere.«

Am 3. November 1944 starb während eines Tieffliegerangriffs in Ahrweiler Bölls Mutter, und weil die Familie in dem kleinen Hotel, in dem sie seit der Evakuierung aus Köln sehr beengt lebte, hiernach nicht bleiben wollte, zog sie in ein Dorf auf der rechten Rheinseite. Mit einem älteren Bruder versuchte Böll, die Zeit bis zum Kriegsende als Deserteur zu überstehen, ständig in Angst vor Feldgendarmerie und Gestapo. Doch der Krieg zog sich hin. Ende April 1945, so hat Böll sich erinnert, ging er mit gefälschten Papieren zurück in die Armee. Am kleinen Fluß Sieg, einem Nebenfluß des Rheins, hatte er noch einmal ein »Fronterlebnis«, »die Amerikaner drüben, wir da usw.« Dann endlich war er in amerikanischer Gefangenschaft. Er kam in ein Lager bei Reims in Frankreich. Dann wurde er als gänzlich arbeitsunfähig den Engländern überstellt und im November entlassen. So jedenfalls hat Böll es René Wintzen gesagt. Tatsächlich war aber wohl schon Mitte September 1945 die Gefangenschaft für ihn beendet. Sein erster Brief an Ernst-Adolf Kunz, den Freund aus der Zeit der Kriegsgefangenschaft, ist datiert auf den 19. September und abgeschickt aus Neßhoven, einem Dorf bei Much im Rhein-Sieg-Kreis. Böll schreibt, er habe am »15. September 1945 nachmittags 16.15« in Bonn den letzten Stacheldraht hinter sich gelassen. »... es erfaßte mich ein Schwindel, das Bewußtsein, frei zu sein nach fast 7 Jahren.« Abends spät kam er unerwartet an bei seiner Frau, die in Neßhoven bei einem Bauern ein einfaches Zimmer als Quartier hatte.

Böll hat René Wintzen auch erzählt, wie er, um seine Entlassung zu beschleunigen, erneut taktiert hat. Es gab im amerikanischen Gefangenenlager, in dem er zunächst festgehalten wurde, fast nichts zu essen, dann aber plötzlich genug für Gefangene, die bereit waren zu arbeiten. Um überhaupt jedenfalls fiktiv Arbeit zu ermöglichen, ließen die Amerikaner die Gefangenen Kalkgestein von einer Ecke des großen Lagers in die andere und wieder zurück transportieren – eine absurde Geschichte fast wie jene, die Hermann Kasack in dem 1947 erschienenen, damals berühmten

Das Abenteuer des Überlebens 105

Roman »Die Stadt hinter dem Strom« erzählt hat, um die Sinnlosigkeit des Krieges zu veranschaulichen. Böll vermutete, daß die Schlepperei im Lager dazu gedacht war, Arbeitskräfte zu organisieren. Europa war ja schwer zerstört, billige Arbeitskräfte überall gesucht. Tatsächlich habe sich dann für viele die Gefangenschaft in französischen Bergwerken fortgesetzt. Durch unerbittliches Hungern gelang es Böll, sich als total arbeitsunfähig darzustellen. Er wollte so rasch wie eben möglich nach Hause, zu seiner Frau und seinem ersten Kind, das sie für den Sommer erwartete. Und auch diese Taktik ging auf. In der Erzählung »Als der Krieg zu Ende war«, einer Erzählung mit offensichtlich autobiographischem Stoff, hat Böll 1962 die allerletzte kurze Phase seines Soldatenlebens noch einmal imaginiert. Im ersten Brief an Ernst-Adolf Kunz heißt es: »Wir wollen abschwören allem Irrsinn vergangener Jahre, wirklich mit Gottes Hilfe ein neues Leben beginnen ...«

Zweiter Teil

Ein junger Autor in Köln

I. Der Heimkehrer

Das Freiheitsgefühl war atemberaubend. Als er heimkehrte, war Heinrich Böll 27, fast schon 28 Jahre alt. Fast sieben, das Leben prägende frühe Jahre hatte er in Knechtschaft verbracht, wie er es in den Kriegsbriefen mehrfach nennt. Er war ja unter Zwang, nicht aus freiem Willen Soldat gewesen. Er hatte sich als Soldat gequält, weil er unfrei war, fremdbestimmt, unterworfen in sinnlosem Gehorsam, von Angst bedroht und ohne die Möglichkeit, zu einem eigenen Leben zu finden. Er war ein Sonderling, ein Außenseiter geblieben. Er war ein Niemand. Eine Ausbildung, einen Beruf hatte er nicht, aber Frau und Kind. Gründe, sich schuldig zu fühlen und zu bereuen, sah er ebenfalls nicht. Die Nazis hatte er verabscheut, sie hatten ihm zutiefst »widerstanden«. Zugleich allerdings hatte er unter Hitler als Soldat für Deutschland seine Pflicht getan; wenn auch ohne Alternative, hatte er seinen Kriegsdienst dennoch offenbar vage als eine Pflicht empfunden. Als dieser für seine Generation bis heute unaufgelöste Widerspruch, dieser Konflikt im langwierigen Zusammenbruch des großdeutschen Reichs und seiner Ordnung unerträglich wurde, hatte er sich für die Illegalität und das Überleben entschieden.

Es gab im zerstörten Europa Millionen großenteils schuldlose Menschen – Entwurzelte, Vertriebene, KZ-Insassen, die überlebt hatten, befreite Kriegsgefangene, flüchtige Soldaten –, von denen in Deutschland viele noch über Jahre abgerissen und orientierungslos umherirren sollten. Displaced Persons hieß das damals. Für sie gab

es das große Freiheitsgefühl nur selten. Denn es hatte von vornherein auch mit Heimkehr zu tun, mit einem nicht mehr unmittelbar
gefährdeten Zuhausesein. Deshalb überkam das Gefühl auch viele,
die einmal Ja zu Hitler gesagt, doch sich in der Erwartung der sich
abzeichnenden Niederlage Deutschlands insgeheim schon von
ihm abgewendet hatten und sich jetzt als Irregeführte oder Betrogene und ebenfalls ohne Schuld fühlten; während die kleinen und
mittleren Nazis schon darangingen, sich sogenannte »Persilscheine« zu verschaffen, Bestätigungen dafür, daß sie zwar Nazis,
doch hier und da immer auch hilfsbereite und ordentliche Menschen gewesen waren. Nur notorische Verbrecher wurden verfolgt,
gefangengesetzt und vor Gerichte gestellt. Das Chaos, ein gänzlich
unübersichtlicher Wirrwarr schloß alle Überlebenden ein. Das bittere Mißglücken der sogenannten Entnazifizierung, das dann so
empfindliche Folgen für den Ausbau der 1949 etablierten beiden
deutschen Staaten Bundesrepublik Deutschland und Deutsche
Demokratische Republik haben sollte, war vor allem eine Bestätigung, daß sie unmöglich war. Zu tief und vielseitig waren die Deutschen verstrickt, über zu viele Generationen waren sie im Obrigkeitsstaat zur Untertanengesinnung abgerichtet worden, so daß sie
schließlich auch im Verbrechen der »Pflicht« zum Gehorsam
gefolgt waren, und oft verschaffte es ihnen Befriedigung. Nicht nur
Militaristen, nicht nur die Ungezählten mit chronischer Nazigesin-
nung, auch Mörder lebten unauffällig weiter »unter uns«.

Heinrich Böll war resistent geblieben, schon als Gymnasiast und
auch als Soldat. Der Krieg hatte ihn zu einem vorbehaltlosen Gegner aller Kriege werden lassen. Doch auch sein Bewußtsein war
getrübt, und er hat das schon in seinen Kriegsbriefen immer wieder
beklagt. Er lebte mit all den Deutschen weiter im Dickicht, und
wenn er sich auch als einer der ersten erzählend aus diesem löste, so
lag das bei Kriegsende noch als ein langer, unübersichtlicher Weg
vor ihm. Auch er brauchte Zeit, um zu erkennen, wo die Schuld
lag, wer die wahren Opfer waren, schon weil er als Schriftsteller

Der Heimkehrer

von seinem eigenen Erleben ausgehen mußte. Dennoch unterschied ihn etwas. »Ich wußte«, hat er, allerdings viele Jahre später geschrieben, »was passiert war, ich wußte, was die Amerikaner, Franzosen, Engländer ungefähr von uns hielten.« Trotz des Gefühls, befreit zu sein, hat er sich da keine Illusionen gemacht. Doch auch er wußte, »was passiert war«, zwangsläufig nicht schon, als er heimkehrte, selbst wenn seine Vorstellung ihm nach den elenden Monaten im Kriegsgefangenenlager zeigte, wie sich das wahrscheinlich verhielt. Auch für ihn gab es nun zunächst Wichtigeres, als nachzudenken über Deutschland und die Welt. Nach der Entlassung aus der Gefangenschaft in Bonn traf Böll unerwartet auf der Fähre zur rechten Rheinseite seine Schwester Gertrud, die ihm erzählte, daß seine Frau das erwartete Kind am 20. Juli 1945 entbunden hatte. Sie sei gesund, das Kind sei ein Junge und heiße Christoph, liege aber im Augenblick mit Brechdurchfall im Krankenhaus in Siegburg. Böll fuhr zuerst nach Siegburg, um noch abends spät seinen Sohn zu sehen, dem es scheinbar schon wieder besser ging. Dann erst fuhr er mit einem Fahrrad zu seiner Frau ins Dorf Neßhoven, in das sie evakuiert worden war. Obwohl er sich, wie es in einem Brief an Ernst-Adolf Kunz heißt, »schwach und krank wie ein alter Mann« fühlte, sei für ihn nun »alles, alles kostbar«, das neue Leben erscheine ihm oft als »zu schön«.

Der Heimkehrer Heinrich Böll war völlig heruntergekommen. Zurückblickend hat Böll gern seine Fähigkeit, Krankheiten zu simulieren, betont, und er hat dies Mittel als Soldat zwecks Selbstschutz gewiß auch angewendet oder anzuwenden versucht. Doch Annemarie Bölls Hinweis, daß schon der Gymnasiast nicht nur seiner Trägheit oder anderer Interessen wegen so häufig Entschuldigungen von seiner Mutter für sein Fehlen in der Schule brauchte, sondern weil er krank war, Kopfschmerzen oder Infektionen hatte, sagt auch etwas über seinen Zustand als Soldat. Böll war anfällig, so anfällig, daß auch in seinem Fall das seit dem 19. Jahrhundert häufig reflektierte Verhältnis von Talent und Krankheit und ebenso von

Talent und Sucht ins Spiel gebracht werden könnte. Seine schwere Erkrankung an der Ruhr, von der Annemarie Böll gesagt hat, er sei nach ihrer Auffassung nie ganz darüber hinweggekommen, hat er gegenüber der Familie eher heruntergespielt. Er war Infanterist, mußte viel marschieren, doch oft war er fußkrank, er mußte sich immer wieder Einlagen für seine Stiefel besorgen. An seinen schweren Verwundungen auf der Krim und in Rumänien ist nicht zu deuteln, so wenig wie an den Fiebererkrankungen vor allem im letzten Jahr des Krieges, selbst wenn er bei ihrem Abklingen ein wenig gegenzusteuern versucht hat. Bei seiner Entlassung wurde ein Herzfehler festgestellt, was Böll aber offensichtlich ganz rasch wieder verdrängt, im frühen Fragment »Die Postkarte« in die Zeit zu Kriegsbeginn zurückdatiert hat. Und bis zu Schwächeanfällen hungern mußte er auch nach der Heimkehr noch oft.

Heinrich und Annemarie Böll blieben nicht mehr lange in Neßhoven, es zog sie wie die ganze Familie aus dem Rechtsrheinischen zurück nach Köln, obwohl die Stadt völlig in Trümmern lag. Davor aber stand eine ganz persönliche, grausame Begegnung mit dem Tod, der doch mit der Befreiung seine Übermacht verloren zu haben schien. Wie zahlreiche Kleinkinder damals starb am 14. Oktober '45 der Sohn Christoph, er hatte den Brechdurchfall nicht überstanden. »... dieser kleine Knabe von drei Monaten war so reizend und vielversprechend!« schrieb Heinrich Böll seinem Freund Kunz. »Uns bleibt nichts als sein kleines Grab da oben in Marienfeld ...« In einem Brief von Ende November '45, in dem Böll dem Freund für seine Teilnahme dankt und beklagt, daß alles so »dunkel und schwer« sei, berichtet er auch, daß seine Frau und er sich in ein »tolles Arbeitsgewühl« gestürzt hätten, die Familie baue ein Haus für die ganze Familie. »... es ist eben nur das Eine, sehr Schwere, daß unser Kleiner gestorben ist.«

Heinrich Böll, seine Frau, die Familie trauerten, und sicherlich half ihnen das »tolle Arbeitsgewühl«, sich mit dem Verlust abzufinden. Sie hatten überlebt, sie staunten darüber, und nun dies bittere

Der Heimkehrer 113

Opfer. Aber sie mußten wohnen, trinken, essen. Der schöne Plan, den Böll und Kunz sich in der Kriegsgefangenschaft ausgedacht hatten, nämlich gemeinsam eine Buchhandlung zu gründen, war angesichts der Nachkriegsrealitäten bald vergessen. Böll brauchte Zigaretten, Tabak, öfter einen Schnaps. Das Haus für die ganze Familie, ein nicht völlig zerstörtes Haus Schillerstraße 99 in Köln-Bayenthal, wurde ziemlich bald jedenfalls beziehbar. Zwei Zimmer und sogar Badbenutzung für das junge Ehepaar. Noch kaum erholt von den Schrecken und Entbehrungen der letzten Kriegsmonate und der Gefangenschaft, mußte Heinrich Böll Kartoffeln hamstern, Brot heranschaffen, und das blieb noch lange so. Die Erfahrungen und Beobachtungen auf den Schwarzmärkten in Rußland wurden ihm nun nützlich, er hatte eine Vorstellung von der Mentalität, die der harte Schwarzmarkt hervorbrachte. Böll richtete sich darauf ein, noch lange für seinen Bruder Alois, der die Werkstatt des Vaters weiterführte, Hilfsarbeiten auszuführen, womit er bald nach seiner Rückkehr nach Köln begonnen hatte, meldete sich jedoch im Frühjahr '46 auch wieder bei der Universität an, um sich für jeden Fall die Lebensmittelmarken zu sichern, für die ein Arbeitsnachweis oder eben der Nachweis eines Studiums nötig war. Noch lange hat er jeweils zu Semesterende seine Testate, die Bestätigungen dafür, daß er Vorlesungen gehört hatte, eingeholt, ohne jedoch an den Vorlesungen teilzunehmen. Seine Abneigung gegen alles Akademische blieb groß, er hatte zu viele aufstrebende Akademiker als Nazis kennengelernt, er sah für sich keinen Sinn darin zu studieren, doch er brauchte die Studiennachweise fürs Überleben. Auch jetzt, im Nachkrieg, der noch Jahre dauerte und der Mehrheit der Deutschen Lebensbedingungen diktierte, die längst ganz ohne eigene Erinnerungen an diese Zeit nicht mehr vorstellbar sind, ging es ums völlig ungesicherte, ums nackte Überleben. Ohne irgendwelche Privilegien war Böll, was man damals »Otto Normalverbraucher« nannte.

In den Briefen an Ernst-Adolf Kunz, dem Freund aus der Zeit im amerikanischen Kriegsgefangenenlager, brechen die Nöte immer wieder hervor, und Böll beklagt, daß sie ihm nicht erlaubten, etwas »Vernünftiges« zustande zu bringen. »Ach, ist es nicht traurig, daß unsere Brotträume, die Träume von riesigen Mengen frisch duftender Brote, nun immer noch lebendig und ungestillt sind?« Und dazu der ständige »Mangel an Nikotin und Alkohol«, an die sie als Soldaten gewöhnt worden seien. Diese Entbehrungen lassen immer wieder alles Erreichte verblassen, dessen sich Böll jedoch durchaus bewußt ist. »Sicher«, schreibt er Ende April 1946, »ich habe eine wirklich reizende Wohnung als Erfolg meiner wilden Wühlerei; ich bin mit meiner Frau sehr glücklich, ich habe meine Bücher; das ist doch ungeheuer viel im Vergleich zu vielen, vielen Millionen anderen ...« Doch ohne Geld, mit leerem Magen, ohne Zigaretten und Alkohol ist es schrecklich wenig. Der Gedanke, es sei vielleicht ganz gut, »daß wir des Hungers nicht so ganz entwöhnt werden, das hält wach«, und es sei auch gut zu leiden, ist ein sehr notdürftiger Trost, er hebt den Zwang nicht auf, sich Geld zu pumpen, Hilfe auf dem Schwarzmarkt zu suchen, den finanziellen Ruin zu riskieren. »Es ist wirklich fürchterlich, daß der Hunger nun unser ständiger Begleiter zu sein scheint.« Immer wieder ist in den Briefen an Kunz, der Böll übrigens mit Hilfe seines Vaters das von dem Freund noch immer gern benutzte Aufputschmittel Pervitin verschaffte, die Rede von Brot, Kartoffeln, Briketts. Auch wenn Heinrich und Annemarie Böll einmal genügend davon hatten, auch genügend Zigaretten und Tabak, ist gerade das als Ausnahme erwähnenswert. Sie lebten wie Millionen andere mühsam und beschädigt von Tag zu Tag.

Sein »Berufsleben« hat Böll am 15. Oktober 1946 in einem Brief an Kunz so zusammengefaßt: »Die Universität besuche ich alle halbe Jahr einmal – was soll mir das wesenlose Gerede da nützen; meinen Lebensunterhalt verdiene ich im Moment noch bei meinem Bruder als Hilfsarbeiter ... Und meine eigentliche Arbeit, meine große Freude und meine große Not ist, daß ich abends schreibe; ja, ich habe das Wagnis begonnen und schreibe ... Im

Der Heimkehrer 115

nächsten Jahr hoffe ich, Dir einige Ergebnisse vorlegen zu können. Es ist ein großes Auf und Ab des Überzeugtseins von mir selbst und des Bewußtseins meiner vollkommenen Unfähigkeit ... So übe ich also drei Berufe nebeneinander aus; das kann ja nichts Rechtes werden ...« Dies ist wohl der erste eindeutige Beleg dafür, daß Böll die Pläne und Hoffnungen, die er all die Kriegsjahre hindurch mit sich herumgetragen hat, nun, da es unter Opfern möglich war, zu verwirklichen versucht. Die erst postum 1991 veröffentlichte Erzählung »Der General stand auf einem Hügel« ist auf dem Manuskript Mai 1946 datiert und vielleicht Bölls erste Nachkriegserzählung. Ganz sicher ist das jedoch nicht. Vermutlich ebenfalls einer der frühen, offenbar schon 1945 begonnenen Texte ist der umfangreiche, bislang unveröffentlicht im Nachlaß vorliegende Roman »Kreuz ohne Liebe«, mit dem Böll an seine Vorkriegserzählungen anschloß, doch auch schon sein Erleben des Kriegs einholte. Gefühlsstark, noch suchend und breit ausholend sind Konflikte im Leben einer Familie, vor allem zwischen ungleichen Brüdern unter der Belastung von Naziherrschaft und Krieg aus der Vorkriegszeit heraus bis zum Kriegsende dargestellt. Vielleicht hat Böll an diesen für seine eigene Entwicklung sicherlich wichtigen Roman gedacht, als er in den sechziger Jahren Urs Widmer für seine Dissertation über die Sprache der frühen Gruppe 47 die Auskunft gab, es sei unendlich schwer gewesen, sich zu befreien aus den zwölf Jahre lang ertragenen sprachlichen Zwängen. Wobei er vielleicht auch an den frühen Romanentwurf »Am Rande der Kirche« gedacht hat, der ebenfalls unveröffentlicht geblieben ist, jedenfalls bis zum Jahrhundertwechsel.

Zurückblickend hat Heinrich Böll später sowohl geäußert, zunächst einmal sei er nach der Heimkehr zwei Jahre lang krank und unfähig gewesen, sich zusammenzuraffen, als auch, er habe nach der Heimkehr sofort zu schreiben begonnen. Solche Aussagen sind einerseits sowohl insgesamt zutreffend als auch im einzelnen nicht immer ganz wörtlich zu nehmen; was übrigens bei

Aussagen über ihn selbst auch noch für etliche der ungezählten Interviews gilt, die Böll später noch geben sollte. Nicht Genauigkeit in Details schien ihm da wichtig, er hatte einen anderen Begriff von Inhalt und Sinn, der ihm allzu große, eher äußerliche Korrektheit fragwürdig erscheinen ließ. In Annäherungen fühlte er sich der Wahrheit näher. Einerseits hat er sich von präzisen Datierungen durchaus faszinieren lassen, die Notizbücher im Nachlaß zeigen es, doch zugleich oder unmittelbar nachher hat er ihrer Aussagefähigkeit auch mißtraut und sie, wie es scheint, gelegentlich sogar bewußt wieder umgeworfen. Sie waren nicht das, worum es ihm ging, eher schon sah er in einer gewissen Unbestimmtheit ein produktives Element. Und auch eine Absicherung. Lange nach dieser Zeit hat Böll die Tatsache, daß seine Schrift oft nahezu unlesbar war, nur seine Frau sie entziffern konnte, einmal auf notwendige Vorsicht in gefahrvollen Zeiten zurückgeführt. Zur Nazizeit und im Krieg ließ sich ja aus Geschriebenem jedermann ein Strick drehen. Böll hatte allen Grund, vorbeugend mißtrauisch zu sein.

Tief in den Mangel, die Armut verstrickt, von der Böll annahm, daß sie sich nie daraus würden befreien können, erwarteten die Bölls ihr zweites Kind, das nun ihr ältestes sein würde. Am 19. Februar 1947, im schlimmsten Nachkriegswinter, teilte Heinrich Böll seinem Freund Kunz »die glückliche Geburt eines sehr gesunden Burschen« mit, »der in der hl. Taufe den Namen Raimund Johannes Maria erhalten wird«. In der Nacht zuvor war das Kind geboren, eine »große Freude« für die Eltern. Böll mußte bei seinem kleinen Sohn, nachdem Annemarie Böll zum Herbst 1947 als beamtete Lehrerin wieder ihre Arbeit aufgenommen hatte, häufig das »Kindermädchen spielen«. Schon am 31. Juli 1948 wurde der Sohn René geboren, am 11. März 1950 Sohn Vincent. Die Wohnung wurde immer enger, obwohl sich Böll unterm Dach ein Zimmer hatte ausbauen können, einen Arbeitsraum ganz für ihn allein. Immer wieder fehlte das Geld. Nach der Währungsreform gab Böll wieder Nachhilfestunden, um sich und die Familie über Wasser zu halten.

Der Heimkehrer

Ab Sommer 1950 war er beim Statistischen Amt der Stadt Köln zur Zählung der Gebäude und Wohnungen als Aushilfe angestellt, und diese Ganztagsarbeit wird mehrfach verlängert.

Während das Leben mühsam weitergeht, und es hat trotz der Nachkriegsmisere in einer zerstörten Stadt, trotz der Last, sich gerade so eben durchschlagen zu können, auch seine hellen Momente, setzt Böll immer auch seine Hauptarbeit fort: schreiben, schreiben, schreiben. Atemlos, hektisch, ohne viel Hoffnung, daß ihm ein Leben als Schriftsteller möglich sein könnte, wie unter Zwang schreibt er Erzählung um Erzählung, die Romane »Kreuz ohne Liebe« und »Der Engel schwieg«, die damals beide keine Verleger gefunden haben, und wieder Erzählungen. »Die Schreibmaschine war fast heiß«, schreibt Böll in einem Brief vom 24. Mai 1948 an Kunz. »Seit Sonntag habe ich eine neue Novelle angefangen, die mindestens wieder 80 Seiten haben wird. In zwei Tagen habe ich fünfzig Seiten hingewichst, und meine Frau findet, daß es das Beste und auch Interessanteste ist, was ich bisher geschrieben habe. Ich bin fast blind vom Tippen, aber gleichzeitig ist diese Wühlerei natürlich ein Genuß ...« Es war die Erzählung »Das Vermächtnis«, die ebenfalls in der Nachkriegszeit nicht veröffentlicht werden konnte. Sie ist 1982 erschienen, immerhin noch vor dem Roman »Der Engel schwieg«, der erst 1992 postum herausgekommen ist.

Böll denkt über seine Arbeitsweise nach und nennt als seine Hauptfehler, was wohl nur sein Antrieb war und sein Nachholbedürfnis, nämlich die Intensität und Direktheit seiner endlich möglichen Auseinandersetzung mit dem, was jetzt immer eindeutiger sein Stoff war: »... ich arbeite zu schnell, zu ungeduldig, irgendwie verschwenderisch, ich nehme alles persönlich zu ›ernst‹, habe keinen Abstand, und das verdirbt jene ruhige Gelassenheit, die man von einem Erzähler erwartet.« Ein Konflikt deutet sich an. Was er zu erzählen, zu schreiben hat, das weiß Böll, doch er denkt auch daran, was »man« von einem Schriftsteller erwartet. Er schreibt auch Gedichte, versucht sich, angeregt durch Ernst-Adolf

Kunz, der in den frühen Nachkriegsjahren im Ruhrgebiet als Schauspieler tätig ist, an einem Theaterstück. Eines jedoch kann er nicht: den Redakteuren, dem Publikum mit leichten, glatten, unterhaltsamen Sachen gefällig sein, die gerade damals erwünscht waren, weil sie Ablenkung versprachen von lastenden Erinnerungen und von der trüben, entbehrungsreichen Alltagswirklichkeit. »Ich weiß zwar«, schreibt er Anfang 1949, »daß das Thema Krieg nicht gesucht und nicht beliebt ist, aber ich kann nichts daran ändern, und leider bin ich wirklich nicht – so glaube ich – dazu ausersehen, mich der allgemeinen Pralinenproduktion anzugliedern.« Schon im Juli '48 hat Böll seinem Freund Kunz mitgeteilt, er werde einem »Bund von Kriegsdienstverweigerern« beitreten.

Böll fühlte sich chancenlos, doch jedenfalls ist Annemarie Böll von seiner Begabung überzeugt, und auch Freund Kunz stimmt ein. Er schreibt im August '48: »Lieber Hein, ich vertraue Dir voll und ganz, doch kann mir dieses Vertrauen eine geheime Angst nicht nehmen. Ich lebe ähnlich wie Du und empfinde auch so, nur ein Unterschied ist, wie ich glaube, zwischen uns. Deine Handlungen, wie sie auch immer sein mögen, haben mehr Kraft und Linie als die meinen. Sicher. Du balancierst auf des Messers Schneide zwischen dem Himmel und einem Abgrund, aber Du hast wenigstens den Halt der Schneide. Ich dagegen habe das Gefühl, daß über mir weder ein Himmel noch unter mir ein Abgrund ist. Du hast recht: Du bist vom anderen Stern – ich nicht. Du hast die Kräfte des Glaubens vom anderen Stern mitgebracht. Ich habe die Kräfte der armen Erde.«

Gemeint ist hier offenbar vor allem der trotz aller Zweifel starke Glaube Bölls an sich selbst als Schriftsteller, doch wohl nicht dieser allein. In der frühen Nachkriegszeit war der religiöse Glaube des Heimkehrers Böll, sein katholisches Selbstgefühl von inneren Konflikten weitgehend frei. Die Kirche war jetzt für ihn offenbar ein Teil des Zuhauses, der Heimat, in die er aus Gewalt und Gefahr zurückgefunden hatte. Jedenfalls hat er die Kämpfe, die der Zwanzigjäh-

Der Heimkehrer 119

rige in seinen Erzählungen ausgefochten hat, das Aufbegehren gegen die bürgerlich etablierte Institution Kirche, nahezu ausgeklammert, sie drängten sich zu dieser Zeit auch nicht auf. Das war jetzt nicht mehr sein Thema. Böll näherte sich einem Stoff, der ihm heißer auf den Nägeln brannte, ihn unmittelbarer anging: der Erfahrung des Krieges, des Lebens in den Trümmern, der Armut im Nachkrieg. Sein Begriff von einer Existenz als Schriftsteller, sein Anspruch als Schriftsteller hatten sich dabei schon gelöst aus seiner Bindung an die Kirche. Daß er sich ohne erkennbare Mühe bei den Katholiken wieder eingliedern konnte, hatte vermutlich auch damit zu tun, daß er glücklich verheiratet war und sich nicht mehr ständig von der katholischen Sexuallehre provoziert und gequält fühlen mußte wie einst als Abiturient. Er hatte Kontakt mit Klerikern, und er wußte zugleich, was er tat, wenn er sich dagegen sträubte, in einem katholischen Verlag zu publizieren. Was da als Literatur galt, war nicht seine Literatur. Doch jedenfalls war für ihn in jenen frühen Jahren der Nachkriegszeit sein Verhältnis zur Kirche, auch sein Heimatgefühl so, daß er Köln und die Kölner, die Deutschen insgesamt nicht mit einem so mitleidlosen Blick hätte ansehen wollen wie z. B. Irmgard Keun in den Briefen, die sie 1946 und 47 an Hermann Kesten in New York schickte, Briefen, die einen elementaren Kontrast sichtbar werden lassen.

Mit Glück hatte sich Irmgard Keun aus dem Exil in den dann rasch von den Deutschen besetzten westlichen Ländern Holland und Frankreich, wo sie eine Zeitlang mit Joseph Roth zusammengelebt hatte, gleichsam zurückgeschlichen, und sie hatte in Köln überlebt. Es ist nahezu sicher, daß der Heimkehrer Böll von ihr nichts wußte. Sie war älter als er, Anfang 1910 in Berlin geboren, doch ab 1918 in Köln aufgewachsen. Sie hatte einen ganz anderen sozialen Hintergrund als Böll, kam aus einem großbürgerlichen, liberalen Elternhaus und war zunächst Schauspielerin gewesen. Vor 1933 war sie mit den Romanen »Gilgi, eine von uns« und »Das kunstseidene Mädchen« in Deutschland berühmt. Kurt Tucholsky schrieb über sie. Die Fragen, mit denen sich der Abiturient Böll schreibend herumgeschlagen hat, waren ihr da schon fremd und gleichgültig, ja wohl sogar unverständlich. 1933 wurden Irmgard Keuns Bücher beschlagnahmt, sie versuchte, sich zu wehren, und bekam mit der Gestapo zu tun. Sie verließ Deutschland, schrieb weiter und veröffentlichte jetzt ihre Romane, mit denen sich z. B. Klaus Mann auseinandersetzte, in den Exilverlagen Allert de Lange und Querido. Irmgard Keun kannte den Literaturbetrieb der späten Weimarer Republik, sie hatte literarisch und intellektuell ihre Position, aber sie selbst und ihr Werk waren nach der langen Nazizeit nicht zuletzt in Köln völlig vergessen. Sie war in der zerstörten Stadt ein Niemand, und sie wollte weg aus Köln. Ihr mitleidloser Blick auf die Verhältnisse wurde durch Hoffnungslosigkeit verschärft. Sie stand nicht mehr, wie Heinrich Böll, am Anfang. Über viele Jahre hat Irmgard Keun dann im Literaturbetrieb der Bundesrepublik nicht die geringste Rolle mehr gespielt, bis sie spät, Ende der siebziger Jahre, wiederentdeckt wurde.

Aus ihrer Verachtung für die übergroße Mehrheit der Kölner, der Deutschen hat Irmgard Keun in ihren Briefen an Hermann Kesten kein Hehl gemacht. Sie hatte nur Hohn für den sich bald in Berlin und in den westlichen Besatzungszonen zunächst aus der sogenannten Inneren Emigration heraus wiederbelebenden Literaturbetrieb. Sie kannte die Akteure aus den Jahren vor und nach 1933. »Leider haben alle so glücklich funktionierende Gedächtnisse«, schrieb sie, und das bedeutete: Sie erinnerten sich nur an das, was ihnen nützlich zu sein schien. Bei Irmgard Keun funktionierte das anders. Der Einmarsch der Amerikaner erleichterte zunächst auch sie, aber nur für den Augenblick. »... die amerikanischen Kampftruppen waren so nett und hilfsbereit, und ich konnte auch noch genug Englisch, um mich mühelos zu verständigen. Ich hatte nur keine Lust, von meiner guten politischen Vergangenheit zu sprechen, weil nämlich sämtliche Leute in Deutschland plötzlich anfingen zu erzählen, wie sehr sie unter den Nazis gelitten hätten und

Der Heimkehrer 121

was für großartige Gegner sie selbst von Anfang an gewesen wären.« Im selben Brief heißt es: »Hier fühle ich mich so fremd und verloren – so wie damals, als ich aus Deutschland ging. Oder noch schlimmer. Ich hasse es, hier zu sein, und ich habe nur den einen Wunsch, wieder fort zu können.« Alles Leben in Deutschland sei »hoffnungslos vergiftet und verschlammt«. Ihre übelste Erfahrung formuliert Irmgard Keun so: »Der ganze Boden in Deutschland stinkt noch nach Mord und Leichen, und nun zieht sich ein Schleim von Frömmigkeit darüber hin.«

So hat das der Heimkehrer Böll ganz gewiß nicht erlebt, obwohl in seinen Erzählungen der Vorkriegszeit der geheuchelte Glaube, all der eigensüchtige und verlogene Katholizismus so vieler, fast aller Bürger für ihn ein Hauptthema war. Böll war dankbar, allem Elend zum Trotz, er hat offensichtlich in der Befreiung aus langjähriger Knechtschaft Frömmigkeit für sich erfahren als eine ganz natürliche und wünschenswerte Reaktion auf all das Leiden und Sterben im Krieg. Und wenn seine Geschichte in der Nazizeit und als Soldat sich auch keinesfalls vergleichen läßt mit den Geschichten all der Mitläufer, der kleinen und großen Nazis, die jetzt Rettung suchten, so konnte er doch in all der überstürzten Frömmigkeit nicht zuerst und vor allem Betrug sehen. Die Befunde Irmgard Keuns waren gewiß objektiv zutreffend. Bölls Blick auf das Leben in der frühen Nachkriegszeit war sicherlich vergleichsweise naiv. Aber er war ja auch unermüdlich und hektisch mit etwas anderem als gesellschaftskritischer Einsicht beschäftigt: damit, den Zugriff auf seinen eigenen Stoff zu erringen, auf sein Erleben des Kriegs, auf sein Erzählen gegen den Krieg. Der gab sich auch und gerade ihm, der anderes zu erzählen hatte als die bald wieder in Kurs kommenden, den Heldenklischees, den schlechten Konventionen der Verniedlichung und verlogener Verherrlichung angepaßten Kriegsgeschichten, nicht ohne Widerstand. Mit all der Anspannung, Intensität und auch Naivität, die da notwendig waren, suchte er sein eigenes Erzählen.

Böll hatte nicht die Erfahrungen und die Distanz der Schriftstellerin Irmgard Keun, und sie wären ihm in dieser Phase seines Lebens, dieser zeitversetzten, späten Phase seiner Selbstfindung als Schriftsteller auch nur hinderlich gewesen. Er hatte sein eigenes, lastendes Erleben, seine außerordentliche Genauigkeit der Wahrnehmung, sein untrügliches Gedächtnis, das ihm einen ungeheuerlichen Vorrat an realistischen Bildern bereithielt. Doch vom Literaturbetrieb und seinen Matadoren in der Spätphase der Weimarer Republik wußte er wenig. Zu jener Zeit war er bereits ein unermüdlicher Leser gewesen, doch am literarischen Leben selbst hatte er nicht teilgenommen. Er wäre nach Kriegsende wohl auch nicht mißtrauisch geworden angesichts einer Beobachtung, wie Irmgard Keun sie nach einem Aufenthalt in Frankfurt Hermann Kesten in New York mitgeteilt hat. »In Frankfurt«, schrieb sie, »habe ich einen Haufen früherer Bekannten wiedergesehen. Manche fand ich ganz nett, aber es dauert doch eine Weile, ehe ich hier in Deutschland zu jemandem richtig Vertrauen habe. Auffallend war, daß ich ununterbrochen auf Leute stieß, die entweder gerade Katholiken geworden waren oder im Begriff waren, es zu werden – und zwar alle Arten von Leuten – Nazis, Anti-Nazis, halbe Nazis, ehemaligen Konzentrationäre, Kommunisten, Deutsche, Amerikaner, Juden, Protestanten – alle Arten. Ob sie glücklicher oder besser dadurch geworden sind, konnte ich nicht feststellen. Es fehlt mir auch an Fähigkeiten zu begreifen, warum jemand auf einmal katholisch werden will. Ob's die Reaktion auf Geschehenes ist oder die Ahnung kommender Katastrophen?«

Irmgard Keun hat das vielleicht gar nicht so erstaunliche, heute längst verdrängte, in der Nachkriegszeit noch lange nachwirkende Phänomen solch »katholischer Überschwemmung« sehr scharfsinnig analysiert. Ihr erschienen die »katholisch Bestrebten« häufig »recht erträglich«. Jedoch: »Ihre Toleranz entspricht ihrer Entfernung von absoluter Macht. Der eingebildeten, erkannten oder tatsächlichen Entfernung. Die Macht wünschen sie, um seelischen

Der Heimkehrer 123

und körperlichen Schutz zu haben. Anschließend glauben sie selbst, religiöse Bedürfnisse zu empfinden, und freuen sich dessen. Und zuerst gehen sie ein bißchen stolz und steif und verlegen daher wie Kinderchen, die ein schönes neues Kleid anhaben. Gut können sie nicht sein, da sie Macht haben wollen. Je mehr sie bekommen, um so weniger harmlos und tolerant werden sie sein. Wenn sie genügend Macht haben, werden sie wieder Hexen und Zauberer verbrennen. Und hinterher werden sie dann wieder sagen – ›das sind Auswüchse, die haben wir nicht gewollt, und die haben wir auch nie mitgemacht‹.« In solchem Kreislauf, in dessen Mittelpunkt die Macht bleibt, waren für Irmgard Keun die Motive sekundär, ob da nun religiöse Erleuchtung, Gnade oder nur schlichte Berechnung im Spiel waren. Mit »Gutsein« oder »Gutseinwollen« habe das jedenfalls nichts zu tun. »... und das Ganze heißt dann Weltanschauung oder Idealismus oder idealistische Weltanschauung.«

Für den Heimkehrer Heinrich Böll haben Erwägungen solcher Art offensichtlich keine Rolle gespielt. Im katholischen Köln sind ihm Phänomene solcher Art vermutlich gar nicht aufgefallen. Er war ja im übrigen kein Konvertit, sondern katholisch von Kindheit an. Nach seinen inneren Aufständen in der Vorkriegszeit gliederte er sich nun erschöpft, mit dem Gefühl, viel nachholen zu müssen, und trotz aller Misere doch auch sozusagen »glücklich« als Katholik wieder ein. Erst viel später, als die in den frühen Nachkriegsjahren vor allem von den Neokatholiken gehegte Vorstellung, es gebe dank umfassender katholischer Geistigkeit auch eine »katholische Literatur«, und sie sei die wahre Literatur, für seine öffentliche Wirkung als Schriftsteller durchaus Bedeutung gewonnen hatte, wies er das zurück – er sei zwar Katholik, doch er verfasse keine katholische Literatur. Es war noch lange hin bis zu seinem Austritt aus der Kirche. Wenn er in den frühen Nachkriegsjahren offenbar auch unbeteiligt war an den eher kuriosen religiösen Euphorien im Land, die dann nicht annähernd so rasch wieder verwelkten wie die ebenfalls Rettung versprechenden Euphorien in Sachen Theater,

Literatur, Kunst und deren sozialpsychologische Untergründe unerörtert geblieben sind, so hatten sie eben doch bald Konsequenzen für die Rezeption seines Werkes. Böll selbst hielt in den auch ihm dann zuströmenden neuen Informationen, Texten, Werken, all dem, was zuvor von den Nazis abgeblockt worden war, an einem jedenfalls fest: an seiner Option für Léon Bloy als dem literarisch-religiösen Lehrer, der ihn nach seiner Überzeugung zehn Jahre zuvor für den Glauben gerettet hatte. Armut, das Gefühl für die Armen blieben für ihn ein höchster Wert. Dieser begründete den Glauben und gab aller Menschlichkeit Sinn.

Die Ärmsten der Armen aber waren für ihn in den Kriegsjahren die Soldaten gewesen, die gewöhnlichen Soldaten wie er selbst einer gewesen war, die Opfer an allen Fronten. So hat er es erlebt. Von ihrem Elend, ihrer Erniedrigung, ihrem Sterben zu erzählen, das zunächst empfand er als seinen Auftrag. Hier war sein »Fachgebiet«, wie er es im Briefwechsel mit Ernst-Adolf Kunz genannt hat. Nur in der Auseinandersetzung mit diesem Stoff, daran glaubte er, werde er als Schriftsteller zu sich selbst kommen, werde er sich selbst und die Wirklichkeit um sich her begreifen und über die hinausblicken können. Erzählen war für ihn der Weg in die Realität, daran konnte und wollte er nicht rütteln, und das hing für ihn unmittelbar zusammen mit seinen eigenen Erlebnissen und Erfahrungen, seinen Wahrnehmungen und Gefühlen in den eben überstandenen Jahren und in den Trümmern der zerstörten Städte. Ob in der Rangfolge der Opfer nicht die Soldaten und ihre Leiden hätten zurückstehen müssen hinter den vielen zivilen Toten in den bombardierten Städten, all den Verfolgten, den Zwangsarbeitern und vor allem den Millionen ermordeter Juden, war für ihn eine abstrakte Frage. Heinrich Böll machte vor ihr seine Augen nicht zu, doch erzählen konnte er nur aus seiner eigenen Erfahrung. Um so erstaunlicher, wie früh, schon in den vierziger Jahren die Ermordung der Juden teils ganz direkt, teils leise, zögernd, gleichsam schamerfüllt ihm Gegenstand wurde. Heinrich Böll war der erste

Der Heimkehrer 125

deutsche Autor der Nachkriegszeit, der auch Vorgänge reflektierte, die dann um die Wende zum neuen Jahrtausend durch die sogenannte Wehrmachtsausstellung noch ungläubige Erregung verursachten.

Für den Heimkehrer Böll, der bitterarm war wie die Masse der Deutschen, spielten jedenfalls religiöse Herausforderungen der damals im sogenannten geistigen Leben kultivierten Art offenbar keine Rolle. Er war Katholik, er mußte sich nicht eigens bekehren. Er hatte glücklich überlebt, er war glücklich mit seiner Frau, seiner Familie, nicht immer war er hungrig, meist hatte er jedenfalls das Minimum an Tabak, Kaffee, Tee, Wein oder Schnaps, und manchmal überkam ihn dann sogar wieder ein Hauch des traditionellen Böllschen Familienleichtsinns. »Weißt Du«, schrieb er kurz nach der Währungsreform 1948 in einem Brief an Freund Kunz, »unsere Sparpläne spielen sich etwa so ab: Wir ratschlagen aufs raffinierteste, wie wir unseren Haushalt einschränken können, wirklich genial – wie wir das tun und das tun und das nicht tun und so weiter und wenn wir den ganzen Plan fertig haben, gehen wir, um uns zu erholen von der Strapaze in die Stadt, setzen uns ins Café und finden das Leben herrlich bei sanftem Geplauder und Beobachtung anderer Nichtstuer, von denen wir auch nicht wissen, woher sie Zeit und Geld nehmen, ins Café zu gehen. Ist es nicht wirklich erstaunlich, wieviel Leute morgens in den Cafés herumsitzen? Es können doch nicht alles arbeitslose Schriftsteller sein.«

Wie Millionen andere Deutsche brachte der Heimkehrer Böll sich ganz langsam ins Leben zurück. Eines allerdings unterschied ihn: unerkannt, lange noch fernab der Öffentlichkeit, in der dank der nicht nur von den Amerikanern angestrebten Re-education vor der Währungsreform der schon erwähnte hektische Kultur- und Literaturbetrieb seine Wellen schlug, war Heinrich Böll ein Schriftsteller. Spätestens von Mitte 1946 an, als er sich erstmals in einem Brief an Ernst-Adolf Kunz zu dem »Wagnis« bekannt hatte zu schreiben, »meiner großen Freude und meiner großen Not«, näherte sich Böll ebenso unsicher und mühevoll wie konsequent, dabei fast völlig isoliert, dem Zentrum seiner Existenz. Keine Umwege jetzt mehr. Die Vorgeschichte des Schriftstellers ging zu Ende. Nunmehr war Heinrich Böll ein zwar noch unbekannter, doch rasch über sich hinauswachsender junger Autor. Während sich dehnender langer Nachkriegsjahre wußten dies allerdings nur seine Frau und wenige andere Menschen. Die ersten Veröffentlichungen änderten daran noch kaum etwas. Doch Böll hatte seinen Stoff, sein Thema gefunden. Es war das große, von den Deutschen nur langsam und widerwillig angenommene Thema der Epoche: die noch immer unerkannte, schon wieder verdrängte, übertünchte, beschönigte Realität des Krieges, deren Erleben Böll einen fundamentalen Haß auf den Krieg eingegeben hatte, sowie die düsteren Schatten, die der Krieg mit Entbehrungen, Not und Armut noch lange über die Menschen in ihren Trümmern warf.

Noch etwas anderes, etwas für den Schriftsteller Elementares hatte sich Böll unbewußt, wie selbstverständlich, wie ein Geschenk in die Hände gegeben. Erinnerung, Wahrnehmung und Mitteilung waren für ihn jetzt nicht mehr eingeschränkt durch Vorgaben, die sich kurz vor dem Krieg bei den vergeblichen Versuchen aufgedrängt hatten, schreibend einen Platz für sich im Verhältnis von Glauben und katholischer Kirche zu finden. Die Zwänge von damals waren verblaßt, waren in den Wirren von Krieg und Nachkrieg fast gegenstandslos geworden. Böll war Katholik, er nahm die damit gesetzten Widersprüche, die er keineswegs verdrängt oder vergessen hatte, vorerst hin. Er hatte erfahren, daß eben auch Katholiken zunächst einmal Menschen waren, und die guten Menschen nicht unbedingt Katholiken. Von seinen einstigen fundamentalistischen Reaktionen auf herausfordernde Ungereimtheiten im Verhältnis der Kirche zur Gesellschaft, zu den Armen, zu Liebe und Sexualität, die ihn so heftig bedrängt hatten, waren die obsessiven Absolutheitsansprüche abgefallen, und der Zwang, die Lücken zwischen scheinhaften Idealen und dem Menschenleben selbst

Der Heimkehrer 127

schließen zu wollen, hatte sich aufgelöst. Der Krieg und seine Schrecken, alles, was sie den Menschen angetan hatten, waren etwas Konkretes, und es hatte Vorrang, diese hassenswerte Wirklichkeit zu packen und mit den Menschen in ihr als sie selber anzuschauen und anschaulich werden zu lassen. Der Schriftsteller war kein Religionslehrer, er hatte es nicht mit dem Allgemeinen, mit Prinzipien und Lehrsätzen zu tun, sondern mit der Realität. Der Schriftsteller war mit dem Alltag konfrontiert, den Menschen selbst und den Zuständen, in denen sie lebten. Der Soldat Böll hatte erlebt, daß Religionszugehörigkeit über Menschen selbst noch wenig sagte und daß wirklicher Glaube einschlägt, wo er will. Auch Katholiken sind zunächst einmal – schwache – Menschen, und was sie in der Kirche suchen, ist vor allem Rettung durch Gott, ist vor allem Trost. Auf die – schwachen – Menschen kam es an, auf ihr kleines Leben, auf ihre trübe Welt, ihre Abhängigkeiten, auf ihre Leiden und Hoffnungen. Im Nachkrieg waren die nach Stand und Vermögen gefügten Unterschiede verblaßt, die Menschen waren alle arm. Nach dem Lärm des Krieges war die Stille in den Trümmern fast ein Luxus. Das Brot war wieder eingesetzt in seine uralte Würde als das Medium der Kommunion. Die Folgerung liegt nahe, und gewiß ist sie keine Übertreibung, daß Heinrich Böll sich bei aller Armut in dieser Lage doch auch wohl fühlte.

Das Kaleidoskop der zahllosen Fragmente aus Erlebnissen, Erfahrungen und Wahrnehmungen, aus Empfindungen, Ängsten, Schrecken und Ungewißheiten, denen der Soldat Böll abhängig und hilflos ausgeliefert gewesen war, drehte sich für den Heimkehrer langsamer, es kam zur Ruhe. Es zeigte nun festere Bilder. Erzählen bedeutete, sich zu sammeln, Einblick und Überblick zu suchen, all den Fragmenten in Bildern faßliche Kontur zu geben, die Pegelstände der veränderten Realität zu ermitteln. Böll hatte, vielleicht ohne daß es ihm eindeutig bewußt war, seinen Stoff, jetzt kam es darauf an, mit ihm umzugehen. Noch ganz unübersichtlich, behaftet mit allen Risiken des Anfangs galt damals für den jungen Autor bereits, was Böll viele Jahre später, schon im Alter einmal mit dem Hinweis, daß hier das Unbewußte am Werk sei, das Unbewußte im Sinn eines »unbehauenen Steins«, so formuliert hat: »Du holst dir aus dem Steinbruch einen Stein, dann kommt der bewußte Vorgang der Bearbeitung dieses Brockens Stoff, nennen wir es: Stoff. Da wissen wir noch zu wenig drüber, da weiß ich auch selber zu wenig drüber, ich kenne nur diesen Vorgang, der sich bei mir immer wiederholt, daß ich nicht mit meisterlicher Sicherheit an eine Sache herangehen kann. Selbst wenn ich drei Schreibmaschinenseiten einer Rezension schreiben soll oder will, dann fange ich immer wieder von vorne an, hole mir erst den Brocken oder sagen wir in dem Fall, den kleinen Stein und dann fange ich an, den zu bearbeiten. Ich weiß nicht, wie das bei anderen Autoren ist. Für mich ist jedes Geschriebene ein Experiment. Ich weiß vorher nicht, was daraus wird. Der Stoff, den holst du dir, das ist kein Problem. Und der kommt auch aus dem Unbewußten oder Unbehauenen, ich bleibe bei dem Vergleich mit dem Stein. Und dann fängt eine sehr genaue Arbeit an, in der aber auch wieder Unbewußtes ist, denn Formen ist kein ganz bewußter Vorgang, höchstens bei sehr, sehr respektablem Kunstgewerbe. Was da im einzelnen passiert, mit dir, in dir, um dich herum, während du daran arbeitest, das ist nicht eruierbar.«

Der Heimkehrer Heinrich Böll hatte nicht die Wahl. Ungeduldig, gegen alle bürgerliche Vernunft ging er an seine Arbeit. Ende 1947 wurde er dreißig Jahre alt.

II. Erste Schritte in die Öffentlichkeit

Zehn Jahre jünger als Heinrich Böll bin ich wie er aufgewachsen in einer kinderreichen katholischen Handwerkerfamilie, die tief in der Provinz von unselbständiger Arbeit lebte und ebenfalls besorgt war um die Bildung der Kinder. Wie Böll war ich, seit ich buchstabieren

Erste Schritte in die Öffentlichkeit

gelernt hatte, ein Leser, überall und ständig auf der Suche nach Lesestoff. Dabei bin ich dem noch unbekannten Schriftsteller zum ersten Mal begegnet. Mit Gewißheit kann ich nur sagen, daß es vor der Währungsreform im Jahr 1948 war. In der frühen Nachkriegszeit gelangten bescheidene Ausläufer des flüchtigen damaligen Kulturbooms, der vergänglichen Zeitschriftenblüte, bis in die abgelegene südwestfälische Industriegemeinde, in der ich aufgewachsen bin. In einem nahen Schreibwarenladen, wo ich häufig Hefte, Federhalter, Tinte, Bleistifte für den Schulgebrauch gekauft hatte, fand sich in der Nachkriegszeit ein unsortiertes kleines Angebot der neuen Kulturzeitschriften, das ich immer wieder durchforscht habe. Darin entdeckte ich nach dem November 1947, in dem es erschienen ist, das Heft der Kasseler Zeitschrift »Karussell« mit der Erzählung »Kumpel mit dem langen Haar« von Heinrich Böll. Ich erinnere mich nicht mehr daran, wann genau das war, die Zeitschriften blieben meist lange in dem Lädchen liegen, ehe sie verkauft waren. Doch nach der Währungsreform hätte ich das »Karussell« nicht mehr bezahlen können.

Inzwischen war ich als Leser über die Schullektüre hinaus immerhin vorangekommen bis zu Heinrich Heine, Dostojewskij, Heinrich und Thomas Mann, Maxim Gorki. Es war völlig zufällig, ob und wann ich auf das Buch eines Autors traf, der laut Hörensagen einmal große Bedeutung gehabt hatte; Thomas Manns »Zauberberg« entdeckte ich im Wohnzimmerschrank der Eltern eines Freundes, wo der bei den Nazis unerwünschte Roman versteckt gewesen war. Durch Gerüchte wußte ich auch, daß es schon wieder Schriftsteller gab, sogar junge Schriftsteller, die veröffentlichten. Ich wollte vor allem diese unbedingt kennenlernen. Und so las ich »Kumpel mit dem langen Haar«, verfaßt von einem Unbekannten, mit höchster Neugier. Die Erzählung packte mich. Sie unterschied sich deutlich von all den Erzählungen älteren Datums, die ich gelesen hatte. Sie hatte die Atmosphäre der Nachkriegszeit, der Gegenwart, in der ich lebte. Der Bahnhof, in dem die Geschichte beginnt,

die Ami-Zigaretten, der Schwarzhandel, die Razzia, die Erschöpft-
heit der Leute, die Zufälligkeit der Vorgänge, der vage Geruch des
Krieges, der noch in der Luft liegt, das alles war bedrängende
Gegenwart. Und von erhellender Gegenwärtigkeit auch der Hauch
von Erwartung, die unbestimmte Hoffnung, die sich übertrug aus
dem Zusammentreffen zweier Vereinsamter, das schmucklos
anzeigt, Liebe sei vielleicht möglich auch in dieser Zeit.

Über die Jahre hat sich mir die Vorstellung immer deutlicher aufgedrängt, daß vereinzelte Leser, überall verstreut, so oder so ähnlich, so zufällig und so angerührt dem jungen Erzähler Heinrich
Böll zuerst begegnet sind, um ihn nicht wieder zu vergessen. Aber
das bedeutete zunächst für den Schriftsteller selbst nur wenig. Eine
Lobby, wie manche andere Autoren auch zu dieser Zeit schon wieder, hatte der junge Autor nicht. Er blieb ein Niemand. Lange Zeit
war nach 1945 das Netz für literarische Informationen aller Art
gestört. Und wer wartete damals schon auf noch einen unbekannten jungen Autor mehr, es gab schon genug. 1947 vor allem war ein
Jahr, in dem der Kulturboom des Nachkriegs besonders viele von
ihnen hervorgebracht hatte. Sie präsentierten – wie z. B. Georg
Gusmann seinen Roman »Odysseus-Aufzeichnungen eines Heim-
gekehrten«, der auch Heinrich Böll aufgefallen ist – ihre Erstlinge,
um es, wenn sie nicht zur Gruppe 47 stießen, bei ihnen zu belassen
und vergessen zu werden. Beherrscht wurde das auf Jahre hin noch
äußerst eingeschränkte literarische Angebot von den zahlreichen
Autoren der sogenannten Inneren Emigration, unter denen nicht
nur so respektable Leute waren wie Elisabeth Langgässer, Ernst
Kreuder oder Hermann Kasack. Dann rückten bald vor allem Thomas Mann und Hermann Hesse in den Vordergrund. Der Literaturbetrieb war restaurativ. Die meisten Leser wollten an das, was
sie Schreckliches erlebt hatten, lieber nicht erinnert werden, und sie
suchten auch nicht den Einblick in ihre reale Lage, die glaubten sie
gut genug zu kennen. Die Leser suchten Ablenkung, Entlastung,
Erhebung, und die gebildeten unter ihnen fanden sie in symbo-

Erste Schritte in die Öffentlichkeit 131

lischen Deutungen wie in Thomas Manns »Doktor Faustus« oder
Hermann Kasacks Roman »Die Stadt hinter dem Strom«, in Apo-
theosen des katholischen Glaubens wie Elisabeth Langgässers
»Das unauslöschliche Siegel« oder in alternativen mystischen
Gebilden wie Hermann Hesses »Glasperlenspiel«. Erhebung und
zeitunabhängige höhere Erkenntnis versprach auch die Lyrik, in
der Rainer Maria Rilke und Gottfried Benn den Ton angaben, und
keineswegs nur bei den zahlreichen jungen Leuten, die nun dabei
waren, selbst Gedichte zu schreiben.

Literatur und die Begeisterung für Literatur waren in den frühen Nachkriegsjahren ein vielversprechendes Medium deutscher
Selbstdarstellung, deshalb zogen sie die Menschen an. Sehr bald
kam zur Wiederanknüpfung an die zwölf Jahre lang abgebrochene
Tradition im eigenen Land, was die vier Besatzungsmächte den
besiegten Deutschen aus ihren Ländern nahebrachten – von Thornton Wilder und Ernest Hemingway bis André Gide und Jean Paul
Sartre, von Maxim Gorki und Valentin Katajew bis zu T. S. Eliot
und vielen anderen mehr. Nach und mit Thomas Mann und Hermann Hesse kamen schon früh auch von Bertolt Brecht bis Carl
Zuckmayer die ersten Werke der Schriftsteller im Exil zurück. Mit
all den Namen ist die erstaunliche Vielfalt der älteren, doch aus
guten Gründen meist als völlig neuartig erlebten Literatur, die
damals über die auch geistig ausgehungerten und verstörten Deutschen kam, nur eben angedeutet. Doch auch so war im Verhältnis
zu diesem prominenten Aufgebot ein Erzähler wie Heinrich Böll
nicht nur namenlos, sondern auch ein Fremdkörper. Nur selten
stellte sich die Literatur ganz direkt der jüngsten deutschen Vergangenheit und der damaligen Gegenwart, um sie zu spiegeln und
begreiflich werden zu lassen. Einer der jungen Autoren neben Böll,
der das früh riskierte und Erfolg damit hatte, war Wolfgang Borchert mit seinem bis heute unvergessenen Heimkehrerdrama
»Draußen vor der Tür«, doch er ist schon 1947 in Basel gestorben.
Viele Jüngere wollten literarisch vor allem mit ihrem persönlichen

Kriegserlebnis ins reine kommen. Heinrich Böll wollte mehr. Erst später hat er über die Gruppe 47 die wenigen Autoren seiner Generation kennengelernt, die ebenfalls mehr wollten.

Literarisch war gerade auch damals die traditionell so aliterarische Stadt Köln tiefste Provinz. Aber vielleicht hat Heinrich Böll das geholfen, bei seiner Sache zu bleiben, wobei auch er nicht sicher wußte, wie das zu bewerkstelligen war. Die Gefahr jedoch, sich den attraktiven Verlockungen all der nun bekannt werdenden literarischen Sprech- und Darstellungsweisen zu überlassen, zu schreiben wie Thomas Mann oder Jean Paul Sartre, war innerhalb der Isolation, in der Böll lebte, wohl nicht ganz so groß. Und er hatte sein Mittel der Selbstbehauptung, es hieß: schreiben, schreiben, schreiben. Sein Stoff, das Material seines Erzählens war für ihn unerschöpflich. Er war auch deshalb nicht in der Gefahr, es aufzubrauchen, weil aus dem Alltag der Menschen um ihn her ständig neues Material hinzukam. Seine Zeit war da, er hatte den Sprung getan, er schrieb, er erzählte – seine große Not und sein Glück. Er schrieb, und durch nichts ließ er sich ablenken von seinem Stoff, den Kriegserfahrungen und dem Leben der Menschen in den Trümmern. Und was ihn im Vergleich mit der künstlerisch durchweg hochbewußten, erfindungsreich über alles Stoffliche hinausdrängenden Konkurrenz als unzeitgemäß und wiederum als Außenseiter erscheinen ließ, wenn er in der sich etablierenden literarischen Szene überhaupt wahrgenommen wurde, es geriet Böll zum Fundament eines Werkes, das sehr langsam, doch stetig immer mehr Leser an sich zog. Eines Werkes, in dem Böll von vornherein etwas glückte, das über alle Künste und Künstlichkeiten hinauswies: Veranschaulichung und Versinnlichung einer Realität, die alle Deutschen anging, alle Menschen angeht, vor deren Schrecken sie sich jedoch, sobald sie überstanden waren, wegwendeten, die sie leugneten, auf die Gefahr hin, nur um so sicherer von ihnen wieder überrumpelt zu werden. Erzählend hat Böll Krieg und Nachkrieg eingeholt in die Sprache, die das praktische

Erste Schritte in die Öffentlichkeit

Bewußtsein der Menschen ist und aus dem diese Erfahrung sich nicht mehr tilgen ließ.

Den Weg in die Öffentlichkeit zu finden, das Geschriebene auch zum Druck und zu den Lesern zu bringen, war gerade für Böll damals ein eigenes Kapitel. Erst nach Bölls Tod und nachdem die von so vielen Menschen nicht nur in der Bundesrepublik, nicht nur in der DDR empfundene Trauer um diesen Verlust abgeklungen war, wurde es möglich und lag es nahe, nach und nach den seltsamen Mythos zu entschleiern, der sich, als sei es sogleich erkannt und in seiner Bedeutung anerkannt worden, mit den Jahren um sein Nachkriegs-Frühwerk gebildet hatte. Als Böll ein bekannter, ja berühmter Schriftsteller war, ist immer wieder, wenn ein neues Buch von ihm erschien und seine außerordentliche Anziehungskraft bei den Lesern sich erneut bestätigte, kritisch festgestellt worden, wahre Größe habe doch nur sein Nachkriegs-Frühwerk, hätten doch nur seine frühen, in der Tat ganz außerordentlichen Erzählungen vor allem vom Krieg. Das haben in der Frühzeit damals jedoch gerade auch die Kenner anders beurteilt. Während einzelne Leser gepackt waren von den Erzählungen und die Zahl der Leser sich gleichsam tröpfchenweise vermehrte, hat die durch Verleger, Lektoren, Redakteure repräsentierte Öffentlichkeit sich gegen sie nach Kräften abgeschirmt. Der Stoff schreckte sie ab.

In einem selbstkritisch-resignierten Brief beklagt Böll im Oktober 1948, daß er »immer mehr Dinge entdecke, die ich einfach nicht beschreiben kann«, und zugleich hält er fest: »Mein eigentliches Gebiet ist ja offenbar der Krieg mit allen Nebenerscheinungen, und keine Sau will etwas vom Krieg hören, und ohne jedes Echo zu arbeiten, das macht dich verrückt. Ich bewundere wirklich meine Frau, der ich täglich stundenlang diesen ganzen Fachkram vorkaue und vorjammere und die nie die Geduld verliert, ich würde bestimmt laufen gehen.« Ernst-Adolf Kunz berichtet daraufhin, er habe Freunden die Erzählung »Jak, der Schlepper« vorgelesen, und die hätten gefragt, ob es so an der Front gewesen sei. »Ich bin davon überzeugt, daß dies überhaupt die meisten nicht wissen. Alles, was sie wissen, haben sie aus zackigen Soldatenliedern.« Deshalb sei es ja gerade notwendig, die Erinnerung an den Krieg wachzuhalten. Ernst-Adolf Kunz ist von der Bedeutung dessen, was Böll erzählt, überzeugt: »Kannst Du nur einen andern so jungen Schriftsteller nennen (außer Borchert), der Dein Gebiet so absolut behandelt, so endgültig den Krieg ablehnt? Ich kenne keinen, trotzdem ich danach suche.«

Für den jungen Autor blieb die Situation widersprüchlich und kritisch, ja bedrohlich. Noch im August 1950 schrieb er dem Freund Kunz: »Die Literatur geht gut weiter; M. bringt meinen Roman und das ›Vermächtnis‹ im Frühjahr 51. In den nächsten Tagen kommt der ›Wanderer‹ fix und fertig heraus. Vom ›Zug‹ wurden im 1/2 Jahr 145 (!!!) Exemplare verkauft, ganze 58 DM plus für mich bei 35,00 minus. Radio Frankfurt will das Buch übrigens dramatisieren.« Da war Heinrich Böll »›Chef‹ eines Volkszählungs-büros mit sechs Untergebenen« und mit Amtsstube in Merheim und klagte über die »elende Hetzerei« dieser befristeten Tätigkeit, mit der er seine Familie eine Zeitlang über Wasser zu halten suchte. Sich an die Schrecken des Krieges zu erinnern, war weniger denn je in Mode.

Bis heute ist es beunruhigend, wie entschlossen damals die mei-sten Deutschen – und gewiß nicht nur in der Öffentlichkeit – den Krieg verdrängten, ihn trotz all der zertrümmerten Städte hinter sich im Vergangenen verschwinden zu lassen versuchten auch schon, als vom Wirtschaftswunder noch keineswegs die Rede sein konnte und als es sich dann nur am Horizont erst andeutete. Das hatte Konsequenzen für den jungen Autor Böll. Ganz ohne Sicher-heiten, ohne jede Zukunftserwartung, ohne auch nur die Wahr-scheinlichkeit, einmal von seiner Schwerarbeit des Schreibens, ein-mal als Schriftsteller leben zu können, schlug er sich im zerstörten Köln durch von Tag zu Tag. Die Aussicht, einmal ohne Nachhilfe-stunden, ohne Jobs auf Zeit, ohne das Lehrerinnengehalt seiner

Erste Schritte in die Öffentlichkeit

Frau, ohne Pump und Schulden weiterzukommen, war in Bölls eigenen Augen unwahrscheinlich, ja nahezu ausgeschlossen. Doch er gab nicht auf. Und von seinem extrem unpopulären Stoff, von dem die Öffentlichkeit sich unwissend oder Vergessen suchend abwendete, kam Böll nicht los. Wenn er sich dann zugleich bemühte, auch darauf zu achten, was von einem Erzähler erwartet wurde, und seine Nachricht etwas sanfter formulierte, dann doch nur so weit, daß sein Gegenstand, der Krieg, und sei es indirekt ohne Beschönigung faßlich blieb.

Hier ist zunächst die schon erwähnte Erzählung »Jak, der Schlepper«, eine konzessionslos harte, die Wirkung des Kriegs auf die Menschen brutal veranschaulichende Erzählung, ein vielsagendes Beispiel. Sie handelt von der zähneklappernden, schlotternden Angst der Soldaten in vorderster russischer Front, ganz nahe am Gegner, und auch vom Elend des Lebens zur späteren Kriegszeit in der Heimat, in Köln. Unerfahrene Soldaten, Neulinge überfällt die Angst, die schüttelnde Todesangst mit nackter Unmittelbarkeit, doch auch erfahrene Soldaten sind ihr ausgeliefert. Nur Schnaps betäubt sie ein wenig. Nichts von Tapferkeit, von Heldenmut, von Stolz, wenn das gewaltsame Ende, der Tod im Dreck jeden Augenblick ganz nahe ist. Wer an der Front war, hatte das auch erlebt, doch meist verdrängt. Die schon lange vor Hitler dominierenden Sprachregelungen waren gerade im Nachkrieg wie strenge Zwänge; wer auch wollte sich nachträglich als das denunzieren, was man einen Feigling nannte. Wie mehrere andere Kriegserzählungen Heinrich Bölls ist »Jak, der Schlepper« zur Entstehungszeit nicht veröffentlicht worden, sondern erst 1983, als sie längst nicht mehr unmittelbar aktuell war, in dem Erzählungsband »Die Verwundung«. Wie aus seinem Brief hervorgeht, hat Ernst-Adolf Kunz die Erzählung seinen Freunden aus dem Typoskript vorgelesen.

Böll hat in den Jahren von 1946 bis 48 erzählend auch herumprobiert, und zwar über jenes Experimentieren hinaus, das nach seinen eigenen Worten mit jeder neuen Arbeit neu begann. Trotz seiner Vorgeschichte als Schriftsteller, den Hunderten von Seiten, die er als Zwanzigjähriger schrieb, und seinen fast täglichen Briefen im Krieg, in denen er stets auch sich selbst zu erkunden suchte und absichtslos die Kunst der Beschreibung trainierte, war er seiner selbst, seiner Sprache nicht sicher. Als Urs Widmer Mitte der sechziger Jahre an seiner Dissertation »1945 oder die NEUE SPRACHE« arbeitete, einer Untersuchung des Verhältnisses zwischen der Nazisprache und der Sprache junger Autoren unmittelbar nach dem Krieg, betonte ihm gegenüber, wie schon erwähnt, Heinrich Böll: »Es war so unglaublich schwer, kurz nach 1945 auch nur eine halbe Seite Prosa zu schreiben.« Widmer faßte die Beobachtung, die ihn zu einer detaillierten Analyse der angeblich »neuen«, doch bis in die Gruppe 47 hinein noch lange unsicheren, anfälligen Sprache der jungen Nachkriegsautoren veranlaßt hatte, so zusammen: »... der Neuanfang muß für die junge Generation ungeheuer schwierig gewesen sein. Das ›Dritte Reich‹ hatte sie von dem, was im übrigen Europa als geistige Avantgarde galt, abgeschnitten. Sie kannten weder Joyce noch Camus, weder Hemingway noch Sartre. Sie kannten oft ihre eigenen Autoren nicht, die nicht mehr gelesen werden durften oder in der Emigration verschollen waren. Was man ihnen zwölf Jahre lang als Lektüre zugestand, war entweder eine rein traditionelle – und darum dem Regime ungefährlich erscheinende – Literatur, gegen die sich schon die Expressionisten gewendet hatten, oder aber die offizielle, die als Literatur von Wert kaum in Betracht kam, wenn man auch eine Berührung mit ihr kaum vermeiden konnte.«

»Jak, der Schlepper« war hierzu ein Gegenbeispiel, und übrigens nicht das einzige damals bei Böll – ein Gegenbeispiel allerdings, das nicht einer Orientierung des Autors an der »geistigen Avantgarde« in Europa, sondern seiner Realitäts-, seiner Wahrheitsversessenheit in Sachen Krieg zu danken ist. Unerbittlich besteht diese Erzählung in direkter Sprache auf der Wirklichkeit des Fronterlebens

Erste Schritte in die Öffentlichkeit

und der öden Jämmerlichkeit des Lebens in der Heimat. Böll hat die Erzählung der Zeitschrift »Das Karussell« angeboten, sie wurde zur Veröffentlichung auch angenommen, doch ist sie, weil die Zeitschrift gleich nach der Währungsreform eingestellt wurde, nicht mehr erschienen. Danach hat Böll sich offenbar um eine Veröffentlichung nicht mehr eigens bemüht. Sobald er zu schreiben begonnen hatte, hoffte er immer auch auf Veröffentlichung, er hat seine Typoskripte losgeschickt, wann immer er das Porto abzweigen konnte, doch ungeduldig, unruhig war er mehr noch und vor allem beim Schreiben selbst. Immer stand für ihn ganz im Vordergrund die Arbeit des Schriftstellers, und so wenig er seine Manuskripte noch einmal überarbeitete, wenn sie aus der Schreibmaschine kamen, so wenig hielt er sich, obwohl er dringend zu veröffentlichen wünschte, mit dem Schicksal eines einzelnen Textes auf, zumal da er bald auch auf die Möglichkeit setzte, Erzählsammlungen herauszubringen.

»Jak, der Schlepper« läßt sich gerade aus zeitlicher Distanz nicht nur als Gegenbeispiel nennen für die im übrigen durchaus zutreffende Beobachtung, daß die Literatur der jungen Autoren in der frühen Nachkriegszeit unter hohem literarischem Nachholbedarf litt, die Erzählung gibt zugleich ein Beispiel für die Wirkung der gesellschaftlichen Blockade bei der Erinnerung an den Krieg und auch in der Wahrnehmung der Nachkriegswirklichkeit. Daß sie nach ihrer Niederschrift nicht veröffentlicht worden ist, war möglicherweise Zufall, doch es war auch symptomatisch, und nicht nur, weil es die Währungsreform war, was dazwischenkam. Es sind sehr früh auch einige Kriegserzählungen Bölls erschienen. »Aus der ›Vorzeit‹«, ein Ausschnitt aus »Vor der Eskaladierwand«, die erste Veröffentlichung überhaupt im »Rheinischen Merkur«, handelt allerdings vom bedrückend leeren Leben der Soldaten in der Kaserne ganz zu Beginn des Kriegs. »Der Angriff« allerdings, im September 1947 ebenfalls im »Rheinischen Merkur«, berichtet tatsächlich vom Krieg, von einer traumatischen Erfahrung des Soldaten Böll, die er immer wieder variiert hat. Nicht zum Sieg führt der Angriff, sondern in die Flucht, sinnlos in den Tod eines ängstlichen, ganz jungen Soldaten. Die meisten frühen Kriegserzählungen Bölls jedoch, darunter »Jak, der Schlepper«, sind eben erst Jahrzehnte nach ihrer Zeit veröffentlicht worden, und dies Faktum ist bisher nahezu unbeachtet geblieben, obwohl es viel sagt über diesen Schriftsteller in der frühen Nachkriegszeit. Es hält dazu an, die kritische Wertung des Nachkriegs-Frühwerks zu revidieren und seine Rezeption unter anderem Vorzeichen als dem gewohnten zu bedenken. All die Bewunderung ist ohne Kenntnis der erst Anfang der 8oer Jahre publizierten Texte irreführend, und es standen vielleicht auch Absicht und Interesse dahinter.

»Todesursache: Hakennase«, schon im Sommer 1947 geschrieben, erzählt von dem verzweifelten und vergeblichen Versuch eines Leutnants, einen »unschuldigen«, weil nichtjüdischen Russen aus einer Massenerschießung von Juden zu retten, vergegenwärtigt ihn ganz offen, brutal, ohne irgend etwas von der »bestialischen Atmosphäre«, die über dem Massenmord liegt, zu vertuschen. Damals schon hat Heinrich Böll eine Realität unmittelbar hingestellt, die noch Jahrzehnte später viele Menschen zu erregtem Leugnen veranlaßt hat, und er vergegenwärtigt sie ganz ohne Schnörkel und Ausflüchte. »Er sah den Rand eines riesigen Steinbruches, der sich auf den Sammelplatz zusenkte, so daß man ihn bequem erklimmen konnte, und an diesem Rand entlang war die Postenkette mit Maschinengewehren dicht aufgestellt. Vom Sammelplatz aus führte eine Schlange der Todgeweihten bis an den höchsten, eben verlaufenden Rand des Steinbruches, von woher das stetige, gleichmäßig peitschende Knallen der Maschinenpistolen in den Nachmittag klang ... Und wieder, während er dem betrunkenen Leutnant der Henkersknechte am Rande der Schlucht entlang folgte, schien es Hegemüller, als sei die Masse, die todgeweihte Masse, aufgelöst in eine Reihe erhebender Persönlichkeiten, während die wenigen Mörder wie Klötze des Stumpfsinns wirkten. Jedes dieser Gesichter, das

Erste Schritte in die Öffentlichkeit 139

er, unruhig nach Grimschenko suchend, betrachtete, schien ihm ruhiger, lächelnder, von einem unaussprechlich menschlichen Gewicht. Die Frauen mit Kindern auf den Armen, Greise und Kinder, Männer, völlig mit Kot beschmierte Mädchen, die man offenbar aus Kloaken zusammengesucht hatte, um sie zu ermorden; Reiche und Arme, Zerlumpte und Elegante, ihnen allen war eine Hoheit verliehen, die Hegemüller die Sprache nahm. Der Leutnant der Henkersknechte warf ihm gesprächsweise seltsam entschuldigende Brocken zu, nicht zur Entschuldigung des Mordes, sondern um die unvorschriftsmäßige Trunkenheit zu bemänteln. ›Schwerer Dienst das, Herr Kamerad.‹ – ›Ohne Schnaps nicht zu ertragen.‹ – ›Müssen verstehen.‹ …« Unmittelbar nach 1945 wollten die Deutschen von solchen Vorgängen, solchen Untaten deutscher Soldaten nichts wissen, noch weniger als später, wie glaubwürdig auch von ihnen erzählt wurde. Wie bis zur Atemlosigkeit gehetzt und als erster hat Böll exemplarisch diese Geschichte von Massenmördern und Opfern erzählt, eine Geschichte, deren Aussage lange tabu bleiben sollte in Deutschland und noch zur Jahrtausendwende durch die Wehrmachtsausstellung für Erregung sorgte.

Einige der packendsten Erzählungen Bölls überhaupt sind in der ganz frühen Nachkriegszeit entstanden, doch damals eben nicht publiziert worden, Werke von erschütternder Wirklichkeitsnähe und Prägnanz, und wenn Böll selbst später bedauert hat, Autoren wie James Joyce und Franz Kafka damals nicht gekannt zu haben, so lassen dies die zu ihrer Zeit unveröffentlichten Arbeiten vergessen. Bis heute ist es erstaunlich, wie rasch Böll nach einigen noch unsicheren Ansätzen trotz – oder vielleicht auch wegen – seiner bedrängten Lage in den Erzählungen aus seinem »Fachgebiet« völlig souverän war. Über Jahrzehnte hin konnte das außer sehr wenigen Lektoren und Redakteuren, die vor ihnen zurückschreckten, niemand ahnen, weil sie ja erst kurz vor Bölls Tod veröffentlicht worden sind, zu einer Zeit, als ihre literaturkritische Diskussion im Zusammenhang ihrer Entstehungszeit überflüssig erschien und vielleicht auch gar nicht mehr möglich war. Von der Lebensgeschichte des Schriftstellers her wird erst ganz deutlich, daß hier ein für sein Werk entscheidendes Glied in seiner Entwicklung als Autor nahezu unbekannt blieb, bis das öffentliche Bild Bölls von ihm her kaum noch zu korrigieren war. Und dies Faktum hat auch Bölls Schreiben elementar beeinflußt.

In »Vive la France!«, 1947 entstanden und ebenfalls erst 1983 publiziert, ist die extreme Öde und Langeweile des Soldatenlebens als Besatzer im besiegten Frankreich Gegenstand, und das gerät zum geradezu kafkaesken Panorama. Diese Erzählung vor allem läßt annehmen, daß damals nicht etwa die literarische Artikulationsfähigkeit des jungen Autors, sondern die Urteilsfähigkeit der Lektoren und Redakteure begrenzt war, sie überschauten die Möglichkeiten der Literatur nicht mehr und noch nicht. Sie haben deshalb den literarischen Rang dieser Erzählung wohl einfach nicht erkannt, deren Inhalt keinem Verleger »Angst« machen mußte, denn Öde und Langeweile und Stumpfsinn sind ja keineswegs so herausfordernd wie die schlotternde Todesangst der Soldaten an der Front oder der Massenmord an Juden, ausgeführt von Soldaten der Wehrmacht.

Der Prosaentwurf »Die Verwundung« ist hier vielleicht ein Beispiel auf der Kippe. Offensichtlich vor dem Hintergrund von Bölls eigenem Erleben in Rußland, Rumänien und Ungarn, der schwersten seiner drei Verwundungen, ist »Die Verwundung« eine offene Erzählung ohne eindeutigen Schluß, so daß für die Annahme, sie sei Teil eines geplanten Romans gewesen, einiges spricht. Zugleich aber ist sie mit ihrer Offenheit in sich völlig komplett. Samt der abschließenden, nur scheinbar absurden Feststellung »... und ich fühlte mich wohl, ganz schrecklich wohl ...« imaginiert »Die Verwundung« eine Grauen weckende Kriegsgeschichte als Burleske. Mit seiner schweren, eiternden Wunde im Rücken, dem Loch von einer russischen Handgranate – »eine Suppe im Kreuz, eine stets kochende Suppe« –, fühlt sich das Opfer eines gescheiterten An-

Erste Schritte in die Öffentlichkeit

griffs frei und fast glücklich, denn »sie« können ihm jetzt »gar nichts mehr wollen«. Er ist jetzt ein Held, und niemand mehr kann ihn an die Front zurückschicken. Er betrinkt sich, bekommt Tabletten gegen Schmerzen, trinkt immer weiter, ist auf irrwitzige Weise dauernd high. Einem Unteroffizier vor seinem fünften Fronteinsatz, der dem jungen Soldaten mit dem Loch im Rücken den Wein spendiert und der dann in den begründeten Verdacht gerät, sich einen Unterarmdurchschuß, einen Heimatschuß gekauft zu haben, hilft er aus der Klemme mit der Behauptung, sie hätten nebeneinander gelegen, als er sein Loch im Rücken bekam.

»Die Verwundung« zeigt das Chaos nahe der Front nach einem mißglückten Angriff in phantastischer Unmittelbarkeit. Daß es da auch einen Markt für lebensrettende Verletzungen gab, die angeboten und gekauft wurden, kommt nur am Rande vor, ist nicht Thema, doch vielleicht machte das manchen Verlegern schon Angst genug. Es ist nicht nötig anzunehmen, daß im besetzten Deutschland wie in manchen Kriegsgefangenenlagern Gruppen von unbelehrten Nazis versuchten, die Bevölkerung zu terrorisieren, erneut Macht an sich zu reißen, um solche Angst zu begreifen. Es genügte schon – und erst recht nach der Währungsreform –, zu ahnen und zu wissen, daß die Leute so etwas nicht lesen wollten, und so war es der Fall. Dabei exemplifiziert auch »Die Verwundung« eine Möglichkeit, die Wahrheit mitzuteilen über den Krieg, die weit über den Status quo deutscher Literatur hinauswies, eines Erzählens, das sich durchaus an den höchsten internationalen Standards messen ließ. »Die Verwundung« ist eine besonders eigenwillige Variante jener direkten Konfrontation mit dem Stoff, die Heinrich Bölls Intention war.

In der Erzählung »Der Mord« geht es um einen geglückten Versuch, einen »Nachtflieger« mit seinen Bomben durch offenes Licht hin zum Bunker eines verhaßten Kommandeurs zu lenken, der ständig säuft und immer dabei ist, äußerst gefährliche Angriffe zu planen. Der Kommandant leidet unter »Halsschmerzen«, es geht ihm auf Kosten seiner Soldaten ums Ritterkreuz, das er noch nicht hatte und jetzt nie bekommen wird. Mord ist eines der Themen auch im Kurzroman »Das Vermächtnis«. Hier erschießt ein deutscher Offizier nach einem gewaltsamen Streit im Suff aus lang angestautem Haß zuletzt einen anderen, der einmal sein Schulfreund war, der seine mitmenschliche Moral noch nicht preisgegeben hat, erschießt ihn, weil er stets die Interessen der Landser im Blick hat und im betrügerischen Spiel um Macht und Vorteil nicht mitmacht. Es geht um Korruption in der Wehrmacht, Korruption auf Kosten der Landser. Die Geschichte, die zunächst an der französischen Kanalküste, dann in Rußland spielt, wird in der Nachkriegszeit erzählt vom Burschen und Freund des Ermordeten, der noch immer als vermißt gilt, während der Mörder schon wieder obenauf ist, eben als Jurist seinen Doktor gemacht hat und kurz vor der Heirat steht. Zuhörer ist der Bruder des Ermordeten.

Noch weitere zu ihrer Zeit unveröffentlichte Kriegserzählungen Bölls ließen sich nennen, konzessionslos eindringliche Texte wie »Der unbekannte Soldat«, eine Geschichte vom langsamen, mühsamen, quälenden und für den sie erlebenden Soldaten tödlichen Vorrücken zur Front. Die Behauptung, immer wieder seien Bölls Kriegserzählungen als der wichtigste Teil von Bölls Werk mit besonderem Beifall bedacht worden, ohne daß den Lesern wie den Kritikern mehr als nur eine eng begrenzte Auswahl aus ihnen bekannt gewesen sei, ist auch nicht zu widerlegen durch den Hinweis auf Bölls lange Prosa »Der Zug war pünktlich«, die 1949 als eigenes Buch herauskam, und seinen Sammelband »Wanderer kommst du nach Spa ...«, der 1950 erschienen ist. Diese Bücher vor allem haben den Ruf von Heinrich Bölls Erzählungen vom Krieg begründet. Doch im bewußten Vergleich mit den erst Jahrzehnte später erschienenen früheren Arbeiten demonstrieren sie vor allem, daß Böll, als er noch keine Berührung hatte mit der sich mühsam etablierenden Literaturszene der Nachkriegsjahre, als er noch isoliert war und allein auf sein Schreiben setzte, in seiner Radi-

Erste Schritte in die Öffentlichkeit 143

kalität der fortgeschrittenen literarischen Moderne und ihren Ansprüchen weit näher war als mit den Relativierungen durch den Literaturbetrieb, die unvermeidlich waren, sobald es ums Drucken und Verkaufen ging. Heinrich Böll wollte mit seiner Familie als Schriftsteller leben, und dazu mußte er einiges lernen, unter anderem auch, Erwartungen der Leser oder vermutete Erwartungen in Betracht zu ziehen.

In »Der Zug war pünktlich« ist eine tagelange Zugfahrt aus dem Fronturlaub zurück nach Galizien und direkt in den Tod das Grundmuster. Der Soldat Andreas ist ganz sicher, daß der Tod an einem vorgegebenen Ort auf ihn wartet. Angesichts dieser Gewißheit möchte er beten, immer wieder beten, doch es gelingt ihm nur selten. Er ist katholisch, gläubig, »und das Gebetbuch, das Gebetbuch hat er den ganzen Krieg mitgeschleppt und nie gebraucht«. Von dem so hart, so direkt erzählten grauenvollen Massenmord an Juden in der Erzählung »Todesursache: Hakennase« ist hier nur geblieben, daß Andreas, wenn er betet, auch für die Juden betet, »besonders für die Czernowitzer Juden und für die Lemberger Juden, und in Stanislau sind auch sicher Juden, und in Kolomea«, doch weshalb er für die Juden betet, ist nicht erwähnt, es läßt sich nur ahnen, und immer wieder entgleitet Andreas der Vorsatz. Er trifft im Zug zwei ziemlich wüst aussehende Kameraden mit krasser Verzweiflung im Gesicht, zwei Verlorene wie er selbst, trinkt Schnaps und ißt mit ihnen, spielt mit ihnen Karten und erfährt ihre Geschichten. Der eine hat bei seiner Ankunft im Urlaub seine Frau mit einem Liebhaber vorgefunden, einem Russen. Er hat immer für sie gesorgt, und er hat fest geglaubt, sie sei ganz allein für ihn da und warte auf ihn, obwohl er selbst sich wann immer möglich in den Bordellen in Frontnähe herumgetrieben hat. Der andere ist das Opfer eines gewalttätigen Homosexuellen in einer abgelegenen, isolierten Stellung nahe der Front. Viele Stunden verdöst und verschläft Andreas. Die Tage vergehen, die Zeit verrinnt. Der von seiner Frau betrogene Soldat lädt die Kameraden zu einer Orgie in einem Lemberger Luxusrestaurant und danach in einem Edelbordell ein. Und hier verliebt sich Andreas in die schöne junge Frau, die ihm zugefallen ist, eine ehemalige Musikstudentin, die als Prostituierte mit der längst landesweiten Widerstandsbewegung gegen die Deutschen verbunden ist. Es ist reine Liebe ohne Begierde. Und er entgeht seinem vorausgeahnten Tod nicht.

Das Grundmuster von »Der Zug war pünktlich« entspricht mit seiner strikten Konsequenz, die immer das Verrinnen der noch bleibenden Zeit im Vordergrund hält, dem harten, umstandslosen Realitätsbezug in den zu ihrer Zeit nicht veröffentlichten Kriegserzählungen. Es ist ein Sog zum bitteren, tödlichen Ende hin in dieser langen Erzählung, dem sich lesend niemand entziehen kann. Doch Heinrich Böll hat seine Geschichte zugleich durch Zugaben belebt, die ihre Konsequenz aufweichen, freilich auch die Individualität der Figuren betonen. Böll hat hier – vom Gebetbuch bis zur begierdelosen, musikalisch unterlegten Liebe zu einer ehrenhaften Prostituierten – Vorstellungen und Motive seiner Vorkriegserzählungen wiederbelebt. Das Finale im Luxusbordell ist romanhaft, ja ähnelt einer Episode aus dem damaligen französischen Kino. Dem Verlag dürfte es gefallen haben, und es entwertet die packende Geschichte nicht, wenn es sie auch eingängiger macht. Die Vermutung jedenfalls, daß der noch fast unbekannte Autor Böll damals manchen Vorschlägen ausgesetzt war, wie er das, was er zu sagen hatte, wirkungsvoller an die Leser bringen könnte, läßt sich nicht von der Hand weisen. Und er mußte ja noch »lernen«, um sein Publikum zu finden. Für seine harten, direkten, ungeschönt und unbeschönigend der Kriegswirklichkeit zugewandten Texte gab es kein Publikum. Und auch »Der Zug war pünktlich« war, die wenigen im ersten Halbjahr abgesetzten Bücher zeigen es, im Jahr 1949 noch schwer zu lesen, obwohl Böll einen literarisch immer noch völlig legitimen Ausweg ins Romanhafte gesucht hat. Es war ein Tribut an die Zeitgenossenschaft auch im Erzählen, die Böll, um als Schriftsteller existieren zu können, sich nicht nur aufdrängen ließ, son-

Erste Schritte in die Öffentlichkeit

dern selbst auch suchte. Der strikt realistische Zugriff in seinem engeren »Fachgebiet« trat mehr und mehr zurück zugunsten von symbolischen Bildern, die zur Deutung anregten, erdachten Konstellationen, ja schwarzer Utopie. Es war Ende der vierziger Jahre schließlich die Zeit des magischen Realismus, einer Flucht geradezu in bedeutsame Bildwelten, und bald auch ins abgehoben Höhere.

Es folgte hieraus für Böll allerdings auch eine Art Befreiung, was seine Möglichkeiten anging, und diesem jungen Autor wurde alles und jedes zur Erzählung. Sein Einfallsreichtum ließ aus jeder Erinnerung, jedem Vorgang, jeder Anmutung, jedem Gedanken, jeder Beobachtung eine Geschichte werden, die er mitteilen konnte. Was er selbst als seinen Auftrag empfand, die Verifizierung, die sprachliche Erkundung dessen, was den Menschen durch den Krieg angetan worden war, geriet, ohne daß er den Auftrag zurückgab, zugunsten der in der Zeit als effektiv erscheinenden Erzählbarkeit in den Hintergrund. So romanhaft »Der Zug war pünktlich« auch ausgeht, dokumentierte der Band »Wanderer, kommst du nach Spa ...« doch ein noch verstärktes Bemühen darum, dem Mitzuteilenden imaginative Vielfalt und möglichst eine symbolische Bildhaftigkeit zu geben, ohne die Botschaft zu vernachlässigen oder zu verfälschen. Die Titelerzählung »Wanderer, kommst du nach Spa ...«, die übrigens etwa gleichzeitig mit dem Erscheinen des Bandes auch in den »Frankfurter Heften« abgedruckt war, sicherlich eines der eindringlichsten und schließlich meistgelesenen kurzen Prosastücke Bölls, zeigt das überaus deutlich. Der Schrekken des Kriegs ist in der extremen, diesem zunächst nicht bewußten Verstümmelung des Erzählers, der beide Arme und ein Bein verloren hat, zu einem Bild, einem Zeichen gesteigert, das durch die Anspielung im Titel auf die von Herodot überlieferte Inschrift auf dem Grab des spartanischen Königs Leonidas bei Thermopylae eine historische Dimension gewinnt. Die Verstümmelung ist kunstvoll verknüpft mit dem, was damals den jungen Menschen in der

Schule gelehrt wurde. Heinrich Böll imaginiert die Endphase des Kriegs. Die ganze Stadt brennt. Der Erzähler ist, wie er betont, noch nicht tot, doch sein Überleben ist nahezu ausgeschlossen, und daß dieser Todgeweihte die Geschichte mitteilt, ist ebenso aussagekräftig wie fiktiv. Er befindet sich in einem provisorischen Lazarett, und er entdeckt, daß es seine alte Schule ist, erkennt es an der Schrift auf der Tafel, die seine Schrift war. »Wanderer, kommst du nach Spa ...« – die Tafel hat nicht ausgereicht, er hatte die Schriftgröße schlecht gewählt, der Lehrer hatte geschimpft. »Wanderer, kommst du nach Sparta, so berichte dorten, du habest uns liegen sehen, wie das Gesetz es befahl.«

Das Bild sagt alles, zeigt alles, und es ist kunstvoll verdichtet. Was es nicht enthält, ist die konkrete Erfahrung des Kriegs selbst, wie sie in Bölls zu ihrer Zeit unveröffentlichten Kriegserzählungen direkt und hart festgehalten ist. »Wanderer, kommst du nach Spa ...« hebt diese ins Allgemeine, andeutend ins Zeitlose, in eine Art Klassizität, und das ist nicht nur Gewinn. Ein Vergleich z. B. mit »Jak, der Schlepper«, »Todesursache: Hakennase« oder »Die Verwundung« macht das sehr deutlich, doch 1949 dominierten andere Vorstellungen von Literatur als dann in den folgenden Jahrzehnten, und die Leser wollten und sollten mit handfesten Kriegserfahrungen in Ruhe gelassen werden. Heinrich Böll hat sich dennoch in einigen anderen Erzählungen des Bandes »Wanderer, kommst du nach Spa ...«, vor allem in »Wiedersehen mit Drüng« und »Der Essenholer« der nackten Kriegsrealität immer noch angenähert, doch meist befaßte er sich, tendenziell anekdotisch, mit den Randerscheinungen des Soldatenlebens und des entbehrungsreichen, so unübersichtlichen Nachkriegsalltags. Mehr und mehr sah er sich gezwungen, seine kompakten Erfahrungen in kleiner Münze weiterzugeben, um sie überhaupt weitergeben zu können. Worum es ihm ging, das war nicht gefragt. Selbst in »Wanderer, kommst du nach Spa ...« war die Dosis zu stark. Was 1949 die Leser fesselte, läßt sich mit einem einzigen Seitenblick sehr deutlich zeigen: In

Erste Schritte in die Öffentlichkeit 147

aller Munde war damals der Roman als große Oper, der umfangreiche Roman »Der Blaue Kammerherr« von Wolf von Niebelschütz, ein Fest der Phantasie, feudaler Herrlichkeit und der Sehnsucht nach großem Reichtum. In der Erzählung »Mein trauriges Gesicht« hat Böll übrigens die Formel »wie das Gesetz es befahl« in der phantastischen, parodistischen, andeutend satirischen Vorstellung von einem Polizeistaat, der nach völlig sinnlosen, widersprüchlichen, jederzeit veränderbaren Regeln funktioniert, noch einmal aufgenommen und ad absurdum geführt.

Wenn Heinrich Böll Geschichten aus dem Nachkrieg erzählt, ist frühzeitig eine eher noch unbestimmte Neigung zur Satire erkennbar. Die kurze Erzählung »Mein teures Bein« dann, 1948 erschienen in der Zeitschrift »Der Ruf«, ist ganz unmißverständlich Satire. Die Phantasielosigkeit, ja der Stumpfsinn der Behörden, denen verkrüppelt heimgekehrte Soldaten ausgeliefert sind, sind geradezu systemkritisch entlarvt. In der allerdings gar nicht satirischen, doch höchst kritisch gestimmten Kurzgeschichte »Geschäft ist Geschäft«, die mit der Feststellung »Mein Schwarzhändler ist jetzt ehrlich geworden« einsetzt, zeigt Böll unmißverständlich an, daß der Zeitwandel, der plötzlich den Pfennig wieder wertvoll gemacht hat, menschlich doch ziemlich fragwürdige Konsequenzen hat, das Zusammenleben auf bedauerliche Weise neu reguliert. In immer neuen Ansätzen hat Böll vor allem in Kurzgeschichten ungemein einfallsreich, variabel in seinen Methoden, pointiert und manchmal betont ohne Pointe von Alltagserlebnissen erzählt, sichtlich auch mit Blick auf den Markt für die Kurzgeschichte, der sich in den fünfziger Jahren deutlich ausweitete, um dann nach und nach wieder in sich zusammenzufallen.

Der verbreiteten, doch äußerst fragwürdigen, weil als Diskreditierung gemeinten Auffassung, nur in seinen frühen Kriegserzählungen sei Heinrich Böll der große Autor gewesen, für den die Welt ihn spätestens seit 1972 hielt, als ihm der Nobelpreis für Literatur verliehen wurde, muß man immer wieder entgegenhalten, daß die

Kritiker Bölls diese ja durchweg nur in einer begrenzten, abgemilderten Auswahl gelesen hatten. Bölls eindringlichste, die Realität des Kriegs rabiat entschlüsselnde Erzählungen sind ja erst Jahrzehnte später erstmals veröffentlicht und bisher nicht in ihre Entstehungszeit zurückprojiziert worden. Zu ihrer Zeit machten sie den Verlegern »Angst«, und sie hätten in der Tat wohl die Leser damals nur abgeschreckt. Noch immer wollte die Mehrheit der Deutschen, die wüsten Schrecken der jüngeren Vergangenheit und die Verbrechen auch von Soldaten der Wehrmacht ausklammernd, dem Krieg eine Art Sinn lassen. Mut und Tapferkeit im Krieg als Werte, das Gefühl für die Unvermeidlichkeit von Kriegen sollten Bestand haben, und das gerade auch im Selbstgefühl vieler zurückgekehrter oder dann nach und nach aus der Gefangenschaft entlassener Soldaten. Nicht die Ächtung des Kriegs, für die Bölls radikal-realistische, literarisch, ästhetisch weit vorausweisende und gerade deshalb erst in den achtziger Jahren publizierte Erzählungen keine Alternative lassen, sondern der Kalte Krieg und die Wiederbewaffnung standen bevor. Diese durchaus als unterdrückt zu bezeichnenden Erzählungen liegen der deutschen Literaturgeschichte wie Blei im Magen, das man zugleich weiterhin ignoriert, und die Aussicht, daß sie nachträglich noch an ihren Platz gestellt werden könnten, besteht nicht. Heinrich Bölls nackte Wahrheit über den Krieg war, als er sie niederschrieb, nicht publizierbar. Und selbst in der abgemilderten Form, in der Böll sie in einige zu ihrer Zeit veröffentlichte Erzählungen eingeschmuggelt hat, aber immer noch deutlich genug, beunruhigte sie die Leser.

Bölls vielgestaltige Erzählungen aus dem von ganz unten her erfahrenen Nachkriegsalltag lenkten den Blick auf die Gegenwart jener Jahre, in der die Menschen angekommen waren, machten diese unpolemisch etwas durchsichtiger, zeigten die Leiden, den Mangel, die Nöte Tag für Tag und ließen dabei Raum für Gefühle, für Schmerz und Trauer und auch für Hoffnung. Schon darin standen sie unvergleichlich für sich allein. »Kumpel mit dem langen

Haar« war die erste Erzählung des noch ganz unbekannten jungen Autors Heinrich Böll, die ich Ende 1947, Anfang 1948 gelesen habe, und bis heute spüre ich, wie sie mich damals angerührt hat. Wenig später habe ich »Die Botschaft« und »Der Mann mit den Messern« gelesen. Ich erinnere mich noch immer genau an die Erzählungen, wie ich sie damals erlebt habe, doch von der Zeitschrift »Das Karussell«, in der alle drei zuerst veröffentlicht worden sind, habe ich nicht mehr die geringste Vorstellung. Wie in »Kumpel mit dem langen Haar« ist auch in »Die Botschaft« ein Bahnhof wichtig, der Bahnhof als ein öder Ort des Wartens, ein Durchgangsort ohne eigene Bedeutung, eigene Substanz. Obwohl ich »Die Botschaft« seither immer wieder einmal gelesen habe, scheint mir bis heute, daß sich mir schon damals die Trauer, die seltsame Unruhe, die bittere Erleichterung, von denen erzählt ist, unveränderlich eingeprägt haben. Der Erzähler bringt, unentschlossen und bedrückt, einer jungen Frau die Nachricht vom Tod ihres Mannes in einem Gefangenenlager und seine wenigen Utensilien. Drei Jahre zuvor hat sie ihren Mann das letzte Mal verabschiedet. Jetzt ist ein anderer bei ihr, sie hat nicht gewartet, nicht warten können. Die junge Frau fragt nach dem Todesdatum, und als der Erzähler es genannt hat, heißt es: »Sie schien einen Augenblick zu überlegen, und dann lächelte sie – ganz rein und unschuldig, und ich erriet, warum sie lächelte.« Der Erzähler spürt die ganze Last, die ihm das Überbringen der Botschaft auferlegt hat, und er weiß, »daß der Krieg niemals zu Ende sein würde, niemals, solange noch irgendwo eine Wunde blutete, die er geschlagen hat«.

Die Gefühle, die Trauer, die Spur bitteren Glücks in der Erleichterung, den Toten, als er noch lebte, nicht hintergangen, doch nicht betrogen zu haben, die Stimmung des Nachkriegs übermitteln sich in dieser Erzählung spontan und unwiderstehlich. In »Kumpel mit dem langen Haar« ist es eine zufällige Begegnung, die so etwas wie Liebe verspricht, eine aus der Melancholie damaliger Gegenwart hervortretende Begegnung, was mir diese Erzählung unvergeßlich gemacht hat. Anders »Der Mann mit den Messern«. Ein hungriger, isoliert vegetierender, sich von Tag zu Tag durchschlagender Heimkehrer bringt sich erneut in höchste Gefahr. Er setzt sich den spitzen Messern eines geschickten Kumpanen aus, jetzt Messerwerfer im Zirkus, der seine Nummer durch gefährlichen Kitzel attraktiver machen möchte. Die tristen Schattierungen in dieser Erzählung sind nicht ganz und vor allem nicht spontan zu entschlüsseln. Bis hin zum gierigen, gesichtslosen Zirkuspublikum kommen viele Anmutungen auf, die sich dennoch zuletzt zu einem makabren Bild der Ausweglosigkeit fügen.

Der Heimkehrer Heinrich Böll hatte einen Ausweg, der ihm allerdings über Jahre nichts anderes garantierte als Entbehrungen und Not. Der Ausweg hieß: erzählen, immer wieder erzählen, es gab ja so unendlich viel zu erzählen; er hieß: schreiben, schreiben, schreiben. Von Mitte 1946, als vermutlich seine erste Nachkriegserzählung entstanden ist, bis Anfang der fünfziger Jahre hat Böll viele hundert Seiten niedergeschrieben, 1947 allein, wie er selbst einmal geschätzt hat, ungefähr 700 Seiten. Mehr als fünfzig Erzählungen sind entstanden, von denen etliche, gerade besonders realitätsgenaue und komplexe Texte auch aus dem Stoff des Nachkriegs wie z. B. »Der blasse Hund« damals unveröffentlicht geblieben und erst Jahrzehnte später zu den Lesern gekommen sind, ferner die annähernd romanlange Erzählung »Der Zug war pünktlich« und zwei Romane, von denen einer, »Der Engel schwieg«, begonnen im Herbst 1949, im Jahr 1992 mit überwältigendem Erfolg publiziert worden ist. Das war ein breites und solides Fundament. Doch in jenen Jahren selbst half das Heinrich Böll wenig. Er schuftete wie ein Schwerstarbeiter, bei geringem Lohn, nur mit dem einen Vorteil, daß der Zwang von ihm selbst ausging und er ihn nicht entbehren konnte.

Wo stand Böll, als die vierziger Jahre zu Ende gingen? Er war noch immer fast ein Niemand, auch wenn die Zahl seiner Veröffentlichungen inzwischen schon etwas anderes andeutete. Er war immer noch völlig isoliert in Köln, der Stadt ohne irgendeine Art von literarischem Leben. Alle seine Versuche, außerhalb Kölns Kontakte zu Verlegern, Autoren, literarischen Gruppen zu knüpfen, scheiterten oder wurden doch schwer behindert dadurch, daß er kaum Geld fürs Briefporto und schon gar nicht für Reisen aufbringen konnte. So ging es bis in die fünfziger Jahre. Die gelegentlichen Lichtblicke waren äußerst flüchtig. Am 30. Juni 1950 schrieb Böll, der zu dieser Zeit eine Aushilfsstelle bei der Stadt hatte, an Kunz: »Hier grundlegende Änderung vorübergehender Art durch Geld; bekam gestern 500,– DM von der Stadt als Förderungsbeihilfe, heute Gehalt von 340,–, war also kurzfristig Besitzer von über 800,–, habe noch 50 und bin glücklich: alle dringenden Schulden bezahlt – einige größere vierstellige Summen lasse ich ruhen.« Manchmal kündigt der Rundfunk die Sendung einer Geschichte an. Am 22. November 1950 schreibt Böll: »Wir brauchen dringend Wäsche, sind vollkommen zerlumpt und vor allem möchte ich gerne ein paar vernünftige Decken anschaffen – Briketts und Kartoffeln haben wir im Keller...«

III. Die schwarzen Schafe

Zwanzig Jahre, Jahre der frühen und der späteren Jugend, die ersten Mannesjahre hatte Heinrich Böll, zuletzt mit Frau und drei Kindern, in Armut oder doch immer nahe der Armut verbracht, als isolierter Außenseiter in der Nazizeit, als zu Unfreiheit und Willenlosigkeit verurteilter Landser, als mühsam Überlebender in den Trümmern seiner Heimatstadt Köln. Er war zu Beginn der fünfziger Jahre längst ein Schriftsteller von Rang, doch es sollte in der Öffentlichkeit erst später, erst nach und nach bewußt werden. Manchmal war er mit seiner Kraft am Ende, brauchte und suchte er Hilfe und war zugleich besorgt um seine Unabhängigkeit, seine Freiheit, ohne die er sich eine Existenz als Schriftsteller nicht vorstellen konnte. »Ich bin für Montag«, heißt es im Mai 1950 in einem Brief an Ernst-Adolf Kunz, »zum Personal-Dezernenten bestellt ... Will mir wahrscheinlich eine Stelle besorgen, ich muß alles annehmen, sonst ist die Katastrophe unabwendbar. Ich zittere um meine Freiheit und habe im stillen schon Abschied genommen von manchem. Andererseits finde ich nett, daß man mir helfen will. Ich habe einfach kein Geld, um zu Euch zu kommen, sonst käme ich schnell auch von der Zeppelinallee Abschied nehmen ...« Für Monate hatte Böll dann eine Aushilfsstelle beim Statistischen Amt der Stadt, die ihn bald quälte. Das war sein Leben nicht.

Um 1950, nach intensiver Lehrzeit als Schriftsteller in den letzten beiden Jahren vor dem zweiten Weltkrieg, nach vielen hundert Seiten Prosa, die Fundament waren für sein späteres weltweites Ansehen, war Heinrich Böll eine gescheiterte Existenz. Doch er hielt stand, und vielleicht hatte er dann im Mai 1951 auch ein wenig Glück. Einen Monat vorher, Mitte April 1951, während Annemarie Böll für einige Wochen wieder als Lehrerin tätig war und daran dachte, sich auf Vertretungen in der Schule zu spezialisieren, teilte Böll seinem Freund Kunz mit, er sei zur Tagung der Gruppe 47 vom 3. bis 8. Mai in Bad Dürkheim eingeladen. Er schrieb, er sei dauernd todmüde, der »Stumpfsinn der Büroarbeit« mache ihn richtig krank. »Gott sei Dank ist ja am 30.4. Schluß.« Und nach der Rückkehr aus Dürkheim werde er stempeln gehen und wieder anfangen zu arbeiten, sprich: zu schreiben. Mit irgendwelchen Erwartungen ist Böll nicht zur Gruppe 47 gereist.

Obwohl in manchen Zeitungen und im Rundfunk damals schon immer wieder einmal von diesem Schriftstellerclub die Rede war, obwohl manche schon sich einiges von ihm für die deutsche Nachkriegsliteratur erhofften, steckte die Gruppe 47 noch in den Anfängen. Sie bestand inzwischen knapp vier Jahre, und es stand ihre achte Tagung bevor. Von der weltweiten Publizität in den späten fünfziger und in den sechziger Jahren war sie noch weit entfernt. Doch die Zeichen standen auf Expansion. Zur achten Tagung

Die schwarzen Schafe 153

kamen nicht nur Schriftsteller, sondern auch etliche »Manager« der Literatur, Lektoren, Redakteure von den Rundfunkanstalten und Journalisten. Hans Werner Richter, der Gastgeber und Mentor der Gruppe, hatte nicht nur etliche »Neue« eingeladen; die Mitbegründer und schon länger eingeführten Mitglieder der Gruppe verzichteten meist auch darauf, aus eigenen Texten zu lesen, um den Neuen den Vortritt zu lassen. Zu diesen zählte auch Heinrich Böll. In einem Böll-Porträt, das Hans Werner Richter in seinem 1986 erschienenen Buch »Im Etablissement der Schmetterlinge – Einundzwanzig Porträts aus der Gruppe 47« veröffentlicht hat, heißt es: »... niemand kannte ihn, niemand wußte etwas von einem Heinrich Böll aus Köln ...« Richter selbst allerdings hatte gewiß zumindest einiges von Böll im »Ruf« oder in den »Frankfurter Heften« gelesen, sonst hätte er ihn nicht eingeladen. »Er benahm sich so bescheiden, so zurückhaltend und vielleicht auch so unsicher, daß er mir in den ersten zwei Tagen gar nicht so recht auffiel.« Das änderte sich dann von einer Stunde auf die andere. Heinrich Böll las seine Erzählung »Die schwarzen Schafe« und gewann den Preis der Gruppe 47. »Er gewann ihn mit einer Stimme Vorsprung vor Milo Dor. Nicht alle waren mit dieser Wahl einverstanden. Einige sahen das Ende der Gruppe 47 schon vor sich, aber es hatten sich alle an dieser Wahl beteiligt, und sie war nach meiner Ansicht unumstößlich.«

Damit habe Böll, schrieb Hans Werner Richter, »die erste Sprosse der Leiter« bestiegen, »die ihn bis in die schwedische Akademie und zum Nobelpreis führen sollte«. Und so war es wohl. Die öffentliche Vorstellung von Böll verband sich dann bald mit der Vorstellung von der Gruppe 47, ob die Gruppe und dieser Autor nun tatsächlich zueinander gehörten oder nicht. Hans Werner Richter hatte seine Zweifel. Er merkte in seinem Böll-Porträt z. B. auch an, daß ihm »die Schweden« schon lange vor der Verleihung des Nobelpreises erzählt hätten, »diese Auszeichnung Heinrich Bölls sei auch eine Auszeichnung der Gruppe 47«. Doch dann habe

Böll in Stockholm eine Rede über die deutsche Nachkriegsliteratur gehalten und die Gruppe dabei mit keinem Wort erwähnt.« Gewiß, er entschuldigte sich später für diese Unterlassung, was ihn aber wirklich dazu bewegt hat, das habe ich nie erfahren. Ich führte es damals auf seinen rheinisch-katholischen Charakter zurück, was mir als ehemaligem norddeutschen Küstenbewohner besonders nahelag, ich nannte ihn für mich ein rheinisches Schlitzohr, vergaß es aber schnell wieder.« Böll jedenfalls hat immer auf eine gewisse Distanz gehalten. Er war kein Gruppenmensch, von so etwas hatte er als Landser genug gehabt, da war er skeptisch, und er hielt es wohl auch für unmöglich, sich mit anderen Schriftstellern ohne fragwürdige Kompromisse verständigen zu können. Hans Werner Richter glaubte, Böll habe bewußt ein Einzelgänger sein wollen, »einer, für den nur das eigene Gewissen, die eigenen Überlegungen und Gedanken und die eigene Moral Gültigkeit hatten und im Mittelpunkt standen«. Richter fuhr in seinem Porträt so fort: »Das klingt, als wollte ich ihn der Überheblichkeit beschuldigen, aber er war nicht überheblich. Bescheidenheit verdeckte den Anspruch, den er an sich selber stellte. Seine Moral war seine Moral, nicht die irgendeiner Weltanschauung, einer sozialen Bewegung oder gar religiösen Gemeinschaft. Er machte sie oft auch zum Maßstab für andere und dies vielleicht mehr unbewußt als bewußt. Ich glaube, er konnte gar nicht anders. Nicht immer konnte ich ihm folgen, manchmal hätte ich ihn gern mitverteidigt, wenn er politisch angegriffen wurde, aber es war zu schwierig, ich hätte mich selbst aufgeben müssen. Er empfand und dachte anders als ich.«

Schon zur Zeit der Gruppentagung in Bad Dürkheim war Heinrich Böll so eigensinnig, wie ein Schriftsteller nach seiner Auffassung sein mußte. So schlecht es ihm ging, war er doch nicht bereit, grundsätzliche Konzessionen zu machen. Und als Schriftsteller war er ganz unabhängig von öffentlicher Zustimmung seiner sicher. Von vornherein gab es Sprachschwierigkeiten, Verständnisschwierigkeiten auch mit Hans Werner Richter. Dieser hat es einfühlend

Die schwarzen Schafe   155

begriffen, und die Schwierigkeiten hinderten ihn nicht, Freundschaft für Böll zu empfinden. Doch eine kühle Freundschaft. Hier war ein Autor, dessen schon umfangreiches, doch nur in Ausschnitten erst bekanntes Werk manche Absicht, manche Ziel- oder Wunschvorstellung der Gruppe 47 geradezu exemplarisch darstellte. Dennoch war er mit ihr wohl nicht kompatibel. Schon die in der Gruppe praktizierte harte Kritik, der die Autoren sich aussetzten und die sich in ihrer gesellschaftlich-politischen Konsequenz für die Nachkriegsjahre nur als höchst fortschrittlich bezeichnen läßt, ließ Böll verstummen. »Heinrich beteiligte sich nie an der Kritik«, hat Hans Werner Richter sich erinnert, »er hörte immer nur schweigend zu.« So viele Literaten »auf einen Haufen«, das bedrücke und irritiere ihn, wie er Richter gestand. Vielleicht waren es auch nur die Spielregeln in der Gruppe, die Böll abschreckten. Daß er selbst ein kritischer, ja sogar literaturkritischer Kopf war, durchaus fähig zu spontanen Auftritten in jeglicher Öffentlichkeit, hat er bald immer wieder bewiesen.

Vielleicht war die mit einer einzigen Stimme mehr getroffene Entscheidung, Böll für seine Erzählung »Die schwarzen Schafe« den Preis der Gruppe 47 zuzusprechen, paradoxerweise ein Zeichen auch dafür, daß es vorbehaltlose Übereinstimmung zwischen Böll und der Gruppe nicht geben konnte, und nicht etwa, weil Böll Kritik nicht ertrug. Den damaligen Berichten über die Gruppentagung Mai 1951 zufolge, in denen Böll übrigens als »nicht mehr unbekannter Autor« apostrophiert wurde, »von dem bisher zwei sehr eigenwillige Prosabände vorliegen«, hatte Böll den Preis vor allem dem Humor zu verdanken, den man in seiner Erzählung »Die schwarzen Schafe« entdeckte. Zwar wird sie in Zeitungsberichten auch als »kleine, beißende Geschichte«, als ein »satirisches Werk« mit »scharfer Pointierung« gekennzeichnet, vor allem aber wird Bölls Humor herausgestellt. Dieser junge Autor verfüge zudem »nicht nur über eine breite menschliche Substanz und einen feinen Humor«, er verstehe auch »brillant« zu erzählen. Die allgemeine

Stimmung während des Schriftstellertreffens stand allerdings unter ganz anderen Vorzeichen. Der meistgenannte Name in Dürkheim war Franz Kafka. »Auch von James Joyce, Ezra Pound und T. S. Eliot war die Rede, seltener dagegen von Hemingway, manchmal von Flaubert, kaum einmal von Sartre und schon gar nicht von Stifter, Raabe oder C. F. Meyer. Es ging um die experimentelle Literatur.« Dies vorausgesetzt, traf sicherlich die Anmerkung eines der Berichterstatter zu, zuletzt habe »bei der Verteilung des Preises ganz offensichtlich nur das Gefühl gesprochen«. Als hätten viele der Schriftsteller sich schon vom Titel der Erzählung Bölls ganz persönlich angesprochen gefühlt. Und man war eben damals überall auf der Suche nach dem wahren, so schwer erhältlichen Humor.

Es ist die schon damals keineswegs ganz neue Geschichte vom ungeratenen, eigenwillig aus der Reihe tanzenden Mitglied der gutbürgerlichen Familie, das seine lockeren Eigenheiten dann auch noch an einen Nachfolger weitergibt, gleichsam vererbt – die Geschichte vom Nichtsnutz, Phantasten, Pumpgenie und zu dem allen auch noch Glückspilz, die Böll in »Die schwarzen Schafe« auf seine Weise locker und pointiert erzählt. Das ist durchaus gedämpft bissig, es hat durchaus Humor, es ist unmittelbar faßlich und mit reizvollen Einfällen fern aller direkten Provokation; Hebel und vielleicht Raabe, doch keinesfalls Kafka oder Joyce. Wenn die Erzählung zugleich auch satirisch ist, so doch auf angenehm sanfte Art, ganz abgesehen davon, daß Böll hier von seinem »Fachgebiet«, dem Krieg, dem die Armut sich zuordnet, ganz entspannt abgeschweift ist. Mit etwas bösem Willen könnte man auch sagen, es handle sich hier um intelligent gefühlsnahe, gebremst kritische Unterhaltung für anspruchsvolle Leser. Als habe Böll demonstrieren wollen, daß er auch zu derlei fähig war, daß er auch diesen Bereich des Erzählens beherrschte, und das war der Fall. Jedenfalls mußte und muß niemand sich von dieser Erzählung direkt getroffen fühlen, die bourgeoise Enge unter all den weißen Schafen ist nur ganz leicht und freundlich angedeutet, und die Erzählung ist

Die schwarzen Schafe 157

weit davon entfernt, wie dann wenig später z. B. »Nicht nur zur Weihnachtszeit« entlarvend mitten ins Zentrum eines beunruhigenden deutschen Syndroms zu treffen. Es ist wohl davon auszugehen, daß einige der Mai 1951 in Bad Dürkheim Tagenden vielleicht die Titel der beiden schon vorliegenden »sehr eigenwilligen Prosabände« Bölls kannten, »Der Zug war pünktlich« und »Wanderer, kommst du nach Spa ...«, aber nicht auch davon, daß sie diese gelesen hatten, von den Erzählungen im »Karussell« ganz abgesehen. Andernfalls hätte darüber diskutiert werden müssen, daß im Erzählen dieses Schriftstellers der Stoff, der Inhalt, die Realitätssicht ästhetisch konstitutiv sind und daß er mit der Erzählung »Die schwarzen Schafe« möglicherweise, vielleicht ganz zufällig, eine beachtenswerte kleine Konzession ans Unterhaltungsbedürfnis gemacht hat, die allerdings auch einen durchaus charakteristischen Aspekt seines Erzählens andeutet, einen Aspekt, der für Bölls späteren außerordentlichen Erfolg bei den Lesern ungemein wichtig war.

Dennoch, Heinrich Böll hat es völlig richtig gemacht, als er diese Erzählung und nicht etwa eine in sich geschlossene Passage aus dem zu dieser Zeit schon fast abgeschlossenen düsteren Kriegsroman »Wo warst du, Adam?« vor der Gruppe 47 las. Auch vor ihr wäre er damit nicht »angekommen«, und dies mußte er versuchen. Er hatte kein Vermögen, er war arm, um ein Schriftsteller zu sein, mußte er vom Schreiben leben. Und er wollte auch verstanden werden, mit Spannung gelesen werden, um unabweislich übermitteln zu können, was seine Nachricht für die Menschen war. Dazu mußte er, das hatte er längst erfahren, eben auch fähig sein, Leselust zu erzeugen, und es war ganz offensichtlich so, daß er daran auch sein Vergnügen, seine Freude hatte. Die Lust am überlegen fesselnden, spannungsreichen, schönen Erzählen war ja auch in den Geschichten des Zwanzigjährigen bei all ihrer thematischen Bedingungslosigkeit gelegentlich spürbar. Heinrich Böll hat sich hier Spielraum gegeben. Und ganz sicher hätte er für Geschichten wie

»Todesursache: Hakennase«, »Jak, der Schlepper« oder »Die Verwundung« wohl auch von den Schriftstellern der Gruppe 47 kaum Beifall bekommen und gewiß nicht den Preis, den sie zu vergeben hatten. Das ahnte Heinrich Böll, die Stimmung im Land kannte er ja. Und es ist geradezu bewundernswert, daß und wie er dann trotz Kenntnis der Erwartungen in der Öffentlichkeit und mit der Erfahrung in der Gruppe 47 trotzig bei seiner Sache geblieben ist, dem Erzählen gegen den Krieg namens der Menschen.

Heinrich Böll hat jedoch den Preis der Gruppe 47 in Bad Dürkheim dennoch nur mit einer Stimme Mehrheit gewonnen. Der wichtigste Grund hierfür war grundsätzlicher Art, war sichtlich, daß Kafka, Joyce, Ezra Pound, T. S. Eliot das Klima der Debatte bestimmten, daß es den Autoren »um die experimentelle Literatur« ging. Der Auftritt Heinrich Bölls wurde von knapp der Hälfte der Schriftsteller, die sich da versammelt hatten, offenbar als kontraproduktiv, als rückschrittlich empfunden, manche sahen, wie Hans Werner Richter sich erinnert hat, mit ihm »das Ende der Gruppe 47 schon vor sich«. Doch auch sie hätten damals sicherlich den Rang, die weit vorausweisende experimentelle Dimension vor allem der Erzählungen nicht erkannt, die Heinrich Böll zu ihrer Zeit nicht veröffentlichen konnte. Auch jene Autoren und Kritiker, die sich zu dieser Zeit als zu einer Avantgarde gehörig fühlten, mußten erst noch so vieles nachholen, das ihnen zu Hitlers Zeiten und im Nachkrieg entgangen war. Kurz und grob gesagt: Das Verhältnis des Experiments zur Realität war noch verborgen, auf lange hin lag alles Gewicht noch auf der Kunst als einer abgehobenen Wirklichkeit, bei den Formen, den literarischen Verfahrensweisen, der Literatur als solcher, und da wirkte Bölls Erzählen nur simpel und herkömmlich. Was jedoch auf verschiedenen Wegen und Ebenen neu, auf neue Art, direkter zur Realität hinzuführen, konzipiert war – die experimentellen Verfahren der Moderne –, das blockierte zunächst das Bewußtsein solcher Relation. Literatur drängte sich auf als ein autonomer Bereich, als Selbstwert, in dem man sich frei von der Erde Schwere tummeln konnte. Die fünfziger Jahre, die damals eben begonnen hatten, gerieten ja dann für die Literatur auch zu einem lyrischen Jahrzehnt, in dem die Dichtung sich nahezu frei von der Last der gesellschaftlichen Realitäten entfaltete. Das paßte vorzüglich in die Ära Adenauer, die Ära von Wiederaufbau, Wiederbewaffnung und Wirtschaftswunder, die ja auch eine Zeit umfassender Verdrängung war. Man war wieder wer, man durfte vergessen, und in realitätsenthobener Dichtung ließ sich mit Blick auf die große internationale Bühne ein durchaus fragwürdiger humaner Totalitätsanspruch ohne handfeste Gegenprobe am ehesten bestätigen. Auch die Gruppe 47 war, bei all ihren Verdiensten, beteiligt an diesem Spiel, das Heinrich Böll nur zu unbarmherziger Satire inspirierte.

Böll hat da also nicht mitgehalten, konnte es wohl auch nicht, denn das quasi akademische Parlando der hohen literarischen Ansprüche war ihm noch fremd, ganz abgesehen davon, daß es ihm von seiner ganzen Konstitution her widerstand: Er setzte seine eigenen Prioritäten. Böll ist jedoch andererseits nicht dazu übergegangen, nunmehr in seinem speziellen Tonfall gemütvolle, etwas pikante schöne Geschichten à la »Die schwarzen Schafe« zu erzählen, was dann immer wieder von ihm erwartet, ja gefordert worden ist. Er hat sein Projekt, mit dem ganzen Anspruch der Literatur ein Projekt praktischer Aufklärung, nicht aufgegeben. Die fünfziger Jahre boten ihm dann fast aufdringlich immer wieder die Gelegenheit zu verdeutlichen, was ihn, Heinrich Böll, von den auf Unterhaltung fixierten Autoren unterschied; übrigens auch für sich selbst, denn so gut er wußte, worum es ihm ging, war seine Position doch auch für ihn selbst immer noch unübersichtlich, er mußte sie erst noch formulieren, das heißt: klären, und hierzu ließ er dann keine Gelegenheit aus. Es hat seine Zeit gebraucht.

Für den Tag, für die Gegenwart Mai 1951 hatte er zunächst noch ganz andere Sorgen. Hans Werner Richter hat in seinem Böll-Porträt den Schlußpunkt unter seine erste Begegnung mit diesem

Schriftsteller, den er nach seinem eigenen Bekenntnis nie ganz begriffen hat, so gesetzt: »1951 auf der Tagung in Dürkheim, als er den Preis der Gruppe 47 erhielt, konnte ich ihm tausend Mark in Scheinen übergeben. Ich trug sie in der Rocktasche bei mir, weil mir Geld zu dieser Zeit nicht viel bedeutete, ich besaß es nicht, und die anderen hatten es auch nicht. Ich brauchte es zwar, aber es erschien mir nebensächlich angesichts des großen Aufbruchs in der Literatur. Heinrich nahm das Geld und erzählte mir dabei von dem armseligen Leben seiner Familie. ›Ich muß sofort zur Post laufen‹, sagte er, ›und das Geld überweisen. Meine Kinder hungern und schlafen im Kohlenkasten.‹ – Diesen Ausspruch habe ich nie vergessen.«

Zurück in Köln, hat Böll sogleich dem Freund Ernst-Adolf Kunz, der ihn, das wußte er, fraglos verstand, Nachricht gegeben und dabei sein Gefühl angedeutet, es erschlössen sich nun endlich Möglichkeiten für eine Zukunft als Schriftsteller. »Mein lieber Ada«, schrieb er, »vielleicht hast Du schon in der Zeitung gelesen, daß ich den Preis der Gruppe 47 bekommen habe, nicht nur die 1000,– DM, die damit verbunden sind, sondern einen erfreulichen (teils unerfreulichen) Start, dessen Folgen sich schon bemerkbar zu machen beginnen. Habe dort bei der Tagung in Bad Dürkheim gleich eine Menge Dinge abschließen können, weiteres wird folgen und man ›bittet‹ mich um Beiträge. Ich hoffe, daß sich meine Beziehungen so fortspinnen und festigen werden, daß ich bestimmt etwas für Dich tun kann.« Böll kündigte seinen Besuch an, um ausführlich zu berichten. Er habe in Bochum zu tun, er solle im »Ring junger Autoren Westdeutschlands« Lesungen halten, und die Fahrt nach Bochum werde bezahlt. Böll hatte dann in kurzer Zeit hintereinander Lesungen in Dortmund, auch in Köln, in Duisburg. Der Preis der Gruppe 47 brachte Bewegung in sein Leben. Er arbeitete beschleunigt daran, den düsteren, durchaus experimentell angelegten Roman »Wo warst Du, Adam?« abzuschließen, der kurz nach der Buchmesse 1951 erschien. Im Sommer entschloß er sich endgül-

Die schwarzen Schafe 161

tig, als freier Schriftsteller zu leben, und jetzt doch unter ganz anderen Umständen als damals, kurz vor Beginn des zweiten Weltkriegs, als er mit solchem Vorhaben seine Familie schockierte. Was damals der Traum eines Abiturienten war in einer Situation der Ausweglosigkeit, war nun eine handfeste Perspektive, obwohl es immer noch mißlingen konnte. Bei aller fortbestehenden Lernwilligkeit hat Heinrich Böll nämlich an den Fundamenten seiner Vorstellung vom Schriftsteller nie rütteln lassen.

Heinrich Böll mit Nachbarskindern (1923)

Standesamtliche Trauung mit Annemarie Cech am 6. März 1942 in Köln

Joseph Caspar Witsch und Heinrich Böll am »Tag des Buches« 1954 in der Schrobsdorff'schen Buchhandlung, Düsseldorf

Treffen der Gruppe 47 im Jahre 1955 (von links nach rechts sitzend) Heinrich Böll, Hans Werner Richter, Wolfgang Hildesheimer, Martin Walser, Milo Dor, (stehend) Ingeborg Bachmann, Ilse Aichinger, Christopher Holm und ein unbekannter Gast

Heinrich Böll mit Vincent, Raimund, René
und dem Neffen Viktor Böll (von links) um 1958

1962 in Irland

1966 in Leningrad. Von links: Andreij Fedorowitsch, Efim Etkind, Heinrich Böll, Lew Kopelew

In Berlin bei einer RIAS-Sendung »Schüler fragen – Autoren antworten«

Arthur Miller und Heinrich Böll beim Spaziergang am Rhein (1972)

Heinrich Böll mit Sohn Raimund im Landhaus Langenbroich (1972)

Außerordentlicher Parteitag der SPD 1972. Im Gespräch mit Rut Brandt

Mit Angela Winkler, Hauptdarstellerin im Film
»Die verlorene Ehre der Katharina Blum« (1975)

Mit Romy Schneider, die in dem Film »Gruppenbild mit Dame« die Hauptrolle spielte (1977)

Rednertribüne im Bonner Hofgarten (1981) anläßlich der großen Friedensdemonstration. Mit Erhard Eppler, Ute Ranke-Heinemann, William Born und Heinrich Albertz

Heinrich Böll mit Enkelkind Samay (1982)

1983. Dreitägige Blockade des US-Militärdepots in Mutlangen.
Heinrich und Annemarie Böll mit Vilma Sturm (hinten sitzend),
Gert Bastian und Petra Kelly (vorn)

Tagung des Schriftstellerverbandes in Saarbrücken mit Günter Grass (1984)

Heinrich Böll (ca. 1985)

Dritter Teil

Die Abenteuer des Schriftstellers

I. Sein Leben selbst in die Hand nehmen

Die dunklen Wolken über ihrem Alltagsleben hellten sich für Heinrich Böll und seine Familie ein wenig auf, doch sie verschwanden nicht. Die Erzählung »Die schwarzen Schafe« wurde zwar bereits im Juni 1951 im Südwestfunk gesendet und fast gleichzeitig in der Zeitschrift »Das literarische Deutschland« gedruckt, es fand sich für sie in den folgenden Jahren immer wieder einmal Platz in den Zeitungen, auch gekürzt, sie wurde allseits bewundert und hat, bestätigt durch den Preis der Gruppe 47, viel dazu beigetragen, den Namen Heinrich Böll immer mehr Lesern vertraut zu machen, – doch damit war nur wenig gewonnen. Jetzt gab es für Heinrich Böll zwar immerhin die Aussicht, sich mit Blick auf die Öffentlichkeit für sein erzählerisches Werk eine Basis zu schaffen, die es trug und ihm ermöglichte, es relativ unabhängig und frei fortzusetzen. Doch er mußte auf eigene Faust handeln. Es gab im aliterarischen Köln ja traditionell kein Umfeld, das einem jungen Autor psychisch, gesellschaftlich, ökonomisch etwas von der Last abnahm, sich zu behaupten, und daran hatte sich durch Bölls Erfolg nichts geändert. Doch er war jetzt nicht mehr hoffnungslos. Der Friedrich Middelhauve Verlag in Opladen bei Köln, in dem die beiden ersten Bücher erschienen waren und jetzt »Wo warst du, Adam?« erscheinen sollte, hatte auch den Roman »Wenn man aufhören könnte zu lügen« von Paul Schallück angenommen, der wie »Wo warst du, Adam?« 1951 herauskam – »also immerhin bin ich nicht mehr allein«. Dennoch war es dann vor allem sein Verlag, der Böll irritierte, dessen schwächliche Aktivitäten ihm nun bald geradezu als Hemmnis für seine Bücher erschienen. Der Verlag zeigte sich kaum fähig, seine Bücher zu verkaufen, und wenn das auch zusammenhing mit der Unbeliebtheit von Bölls »Fachgebiet«, dem Krieg und der Wahrheit über den Krieg, beim Publikum, so war das sicher nicht der einzige Grund für allzu geringe Verkaufsergebnisse.

Nach der Rückkehr aus Bad Dürkheim konzentrierte sich Heinrich Böll zunächst darauf, den Roman »Wo warst du, Adam?« abzuschließen, was ihm auch, wie verabredet, bis Ende Juli 1951 gelang. Kurz vorher hatte Verleger Middelhauve, wie Böll am 9. Juli seinem Freund Kunz mitteilte, großzügig seinen »gesamten Vorschuß in Höhe von fast 4000 DM« gestrichen, »so daß ich also jetzt alles, was durch den Buchverkauf anfällt, ausbezahlt bekomme«. Unmittelbar nach Ablieferung des Manuskripts und nachdem Böll jedes einzelne Romankapitel an verschiedene Zeitungen und Zeitschriften zum Vorabdruck verschickt hatte, gelang es Böll sogar, noch einen eigenen Vorschuß auf »Wo warst du, Adam?« herauszuschlagen, Geld für eine zwölftägige Reise mit seiner Frau, doch ohne die Kinder, nach Paris zur »Entspannung und Erholung«. Unmittelbar nach der Rückkehr am 2. September gab Böll Freund Kunz detailliert Bericht: »In Paris war es wirklich schön: Wir schliefen morgens bis 9-10, dann Frühstück, von 11 an langsames Vorgehen in die Stadt, ›besichtigen‹ nur das, was uns gerade in den Weg kam, essen, gingen ins Hotel zurück und ruhten dort wieder bis gegen 5-6, dann Bummel bis 12-1. Hotel war sauber, schön und billig: fließendes Wasser, heiß und kalt, zu jeder Zeit, Telephon, Aufzug (wohnten im 7. Stock in Nähe des Montparnasse-Bahnhofs), täglich mit Trinkgeld 450 Franken, etwa 6 Mark. Vor allem machten wir ausgiebige Bummel und Cafésitzungen im Existentialistenviertel und Quartier Latin: werde dir alles erzählen, rate dir, hinzufahren: das ganze Unternehmen kostete mich, Fahrt, Hotel, alles einbegriffen etwa 450 Mark – dafür kannst du in einer deutschen Großstadt als Hotelgast keine 10 Tage leben ...«

Sein Leben selbst in die Hand nehmen

Unmittelbar nach der Rückkehr hatte Heinrich Böll auch schon die letzten Fahnen-Korrekturen zu seinem Roman beendet, und er nahm an, das Buch werde noch im September herauskommen. Er war verärgert, als das bis zum November dauerte. Da war die Buchmesse, die für Autoren damals weit wichtiger war als in späteren Jahren, schon vorbei. Trotz Friedrich Middelhauves finanzieller Großzügigkeit noch kurz zuvor waren von da an die Beziehungen zu dessen Verlag gestört. Offensichtlich wurde Böll klar, daß seine isolierte Position in Köln durch diesen Verlag eher noch einmal als solche akzentuiert wurde. Und daß er Grund hatte, beunruhigt zu sein, erwies sich schon bald überaus deutlich. In einem Gespräch, das Werner Koch Jahre später mit Böll geführt hat, erinnerte dieser sich, bei seinen ersten Büchern, »die gar nicht meine schlechtesten waren«, habe der Verleger sieben Jahre gebraucht, um 3000 Stück zu verkaufen, und es habe zehn Jahre gedauert, bis »Wo warst du, Adam?« ein Erfolg geworden sei. Anfang Februar 1952 hat Böll sich »von Middelhauve zunächst in völlig freundschaftlicher Weise gelöst«.

Bereits im vorangegangenen November hatten, offenbar beeindruckt von der Lektüre des Romans »Wo warst du, Adam?« und den ausnehmend guten Kritiken, mehrere Verlage ihr Interesse am Autor Böll bekundet, darunter Insel, Suhrkamp und Schneekluth. Alfred Andersch schrieb zu gleicher Zeit, Dr. Joseph Caspar Witsch, der Verleger von Kiepenheuer & Witsch in Köln, sei »begeistert« von dem neuen Roman, möchte Böll als Autor für seinen Verlag gewinnen und sei auch bereit, sofort ein Fixum zu zahlen. Das Geld war immer noch äußerst knapp in der Familie Heinrich Bölls, nicht zuletzt auch, weil sie mit ihren drei Kindern dringend eine größere Wohnung brauchte und deshalb plante, ein Grundstück zu erwerben und ein eigenes Haus zu bauen. Doch für die Entscheidung, welchem Verlag er sich zuwenden sollte, ließ Böll sich Zeit, was wohl auch daran lag, daß seine Aufträge ihn in Atem hielten.

Allerdings gab es offenbar, was die Verlage anging, auch Enttäuschungen, jedenfalls wußte Hans Werner Richter in seinem

178 *Die Abenteuer des Schriftstellers*

Böll-Porträt von solchen zu berichten. Kurz nach der Tagung der Gruppe 47 in Bad Dürkheim sei Böll auf der Suche nach einem Verleger, der bereit war, ihm monatlich 300 Mark vorzuschießen, in München aufgetaucht. Es muß sich dabei um einen Besuch in München Ende Februar 1952 gehandelt haben, den Böll in einem Brief an Ernst-Adolf Kunz Anfang März erwähnt. Er habe einige neue Funk-Aufträge mitgebracht und habe jetzt für das bevorstehende halbe Jahr so viel Arbeit, »daß ich es kaum werde schaffen können, ganz zu schweigen von meinem Roman«. Hans Werner Richter aber erinnerte sich vor allem an eine »Niederlage« Bölls, die dieser seinem Freund vielleicht verschwiegen hat. Böll sei mit Milo Dor in München von Verleger zu Verleger gezogen, doch sie alle hätten Böll nicht gewollt, sie hätten alle nicht »an eine neue deutsche Literatur« geglaubt, und auf einen ihrer Autoren zu setzen, sei ihnen zu riskant gewesen. »Ich habe einen Verleger«, heißt es bei Hans Werner Richter, »er hieß Kurt Desch, er war zu jener Zeit einer der größten Verleger in München. Heinrich ging auch dorthin, doch er kam auch bei Kurt Desch nicht an. Er hielt diesen jungen, scheinbar schüchternen Mann aus Köln für zu katholisch, und einen extrem katholischen Autor wollte er nicht. So fuhr Heinrich ein paar Tage später ergebnislos nach Köln zurück, ein Autor auf der Suche nach einem Verleger, der ihm einen kleinen Vorschuß zahlen konnte. Ich habe mich oft gefragt, was mögen jene Verleger wohl zehn oder fünfzehn Jahre später gesagt haben, als Bölls Erfolge für alle sichtbar wurden.«

Doch wenn Böll in München auch »verloren« hatte, in Bad Dürkheim hatte er »gesiegt«, wie Richter es formulierte, und in dem bildlichen »Kohlenkasten« sollten seine Kinder nun nicht mehr bleiben. Böll merkte deutlich, daß ihm nun viele Türen offenstanden, und berichtete Kunz von einer allgemeinen »Besserung der Aussichten«, wobei diese ganz und gar abhängig waren davon, wie effektiv er als Autor arbeitete, ob seine Texte auch akzeptiert wurden. Noch über Jahre hin konnte Böll als Erzähler nicht leben. Während er über

Sein Leben selbst in die Hand nehmen

einem Roman, einer Erzählung, noch einer Erzählung, dem folgenden Roman saß, mit einem Arbeitspensum, das allein schon die Kräfte der meisten überstieg, hatte er immer mehr Termine für Lesungen, reiste er zu Tagungen, schrieb Berichte, Glossen, Reportagen, bald auch Rezensionen für Zeitschriften und die großen Zeitungen, schrieb Hörspiele, auch nach Vorlagen z. B. von G. K. Chesterton und Ernest Hello, Essays, Reden, Literaturfeatures für den Rundfunk. Der Erzähler erfuhr, ohne sein Werk zu vernachlässigen, eine Art zweiter Geburt als Intellektueller in der damaligen, sich langsam öffnenden Medienrealität, die vor allem ihm zunächst einmal das Weiterleben ermöglichte. Anders gesagt: Böll fand für Jahre die Freiheit des Erzählers, der zunächst nur auf niederen Lohn rechnen konnte, als freier Mitarbeiter, und die eine Freiheit stützte und intensivierte die andere. Im Fall Bölls hat auf längere Sicht der freie Mitarbeiter den Erzähler sogar beflügelt. Möglich war das nur um den Preis von Arbeit bis zur Erschöpfung. Eines jedenfalls war schon für damals irreführend, nämlich das Pensum dieses Autors schlicht aufzuteilen in sein originales Werk als Erzähler und so etwas wie mindere Brotarbeit. Für die sogenannte Nachwelt, ja objektiv bleibt das Erzählwerk sicherlich Zentrum, doch nur mit dem Bezug zu Bölls gesamter Produktion. Ganz direkt läßt sich das ablesen an den richtungweisenden, für seine Position wie für die Öffentlichkeit deutliche Zeichen setzenden Essays und Reden, die dann bald entstanden sind. Damals schon, Anfang der fünfziger Jahre, hat Heinrich Böll sich den Grund gelegt für eine ganz individuelle, komplexe und exemplarische Identität als Schriftsteller, die immer neu zu erhellen ein Inhalt jedes Versuchs ist, sein Leben als Schriftsteller zu beschreiben.

Vielleicht, ja vermutlich war es die Tradition der auf Selbständigkeit noch in der Not bedachten Handwerkerfamilie, die Böll ermutigte und es ihm erleichterte, die eigene Situation zu durchschauen und seine Sache selbst in die Hand zu nehmen. Böll sammelte Aufträge. Er ging auf die Suche nach einem neuen Verlag. Er nutzte

180   *Die Abenteuer des Schriftstellers*

jede Möglichkeit, seine Arbeiten mehrfach zu verwerten, anders blieben die Honorare allzu niedrig. Er begegnete seiner Wohnungsnot mit dem resolut vorangetriebenen Projekt eines eigenen Hauses, für dessen Bau er Geld verdienen, auch leihen, Landesdarlehen und Hypotheken aufnehmen mußte. Er riskierte etwas, ja viel, wobei er den Hausbau zugleich unter »bürgerliche Ambitionen« rubrizierte, die ihn »völlig« auslaugten. Anfang Mai 1952 hat er »mit Kiepenheuer einen Vertrag auf 400,– monatlich«. Annemarie Böll gibt ihre Tätigkeit in der Schule ganz auf, sie plant, als Übersetzerin zu arbeiten, und Böll will sie als seine »Sekretärin« ausbilden. Im August 1952 ist dann in einem Brief Bölls an Ernst-Adolf Kunz erstmals die Rede von der Gründung eines »Korrespondenz-Büros«. Wenig später schreibt Böll von einer »Agentur«, für die er ab Anfang Dezember des Jahres 1952 Manuskripte liefern könne und bereits Milo Dor und Paul Schallück angeworben habe, die kurze Erzählungen zugesagt hätten.

Es ging nach einer Atempause, in der Böll sich auf den Abschluß des Romans »Wo warst Du, Adam?« konzentriert und mit seiner Frau zwölf Tage in Paris ausgespannt hatte, turbulent zu in der Zeit nach Bölls Gewinn des Preises der Gruppe 47. Heinrich Böll entfaltete eine erstaunliche, hektische und selbstbewußte, ihn ebenso erschöpfende wie belebende Aktivität. Neben den Lesungen, den Reisen, den Tagungen, an denen er bis hin zu einem von der Zeitschrift »documents« veranstalteten deutsch-französischen Schriftstellertreffen in Paris teilnahm, schrieb Böll Seite um Seite. Weihnachten 1952 machte eine Lesung der Satire »Nicht nur zur Weihnachtszeit« im NWDR Hamburg mit Heinz Rühmann als Sprecher Aufsehen und ein wenig auch Skandal. Mit der außerordentlichen Erzählung »Die Waage der Baleks« gewann Böll den Erzählerpreis 1952 des Süddeutschen Rundfunks. Im Frühjahr 1953 bereits erschien bei Kiepenheuer & Witsch der Roman »Und sagte kein einziges Wort« – »überall beste Kritiken und auch im Verkauf gut«. Im Dezember 1953 gratulierte Ernst-Adolf Kunz mit seiner

Frau Gunhild Böll zum Geburtstag mit einem Brief, in dem es heißt: »Lieber Hein – erlaube uns, Dir diese abgetippten sechs ›unter Zweiseiten Geschichten‹ zum 36. Geburtstag zu schenken. Außerdem laß Dir Glück wünschen, dasselbe Glück, das Du ja bisher gehabt hast. Wir sind davon überzeugt, daß Du noch lange nicht auf der Höhe der Anerkennung und des Erfolges stehst. So wie es in den letzten drei Jahren bergauf gegangen ist, wird es weitergehen, verlaß Dich darauf. Und laß Dich nicht jagen, weder vom Publikum noch von den Verlegern ...«

Was alles in der Zeit seit dem Preis der Gruppe 47 geschehen war, läßt sich nicht in eine überschaubare Chronologie bringen, denn es spielte sich ab auf zu vielen Ebenen. Wobei vor allem erstaunlich ist, daß und wie der Schriftsteller Heinrich Böll dennoch fester Mittelpunkt in all den Aktivitäten blieb und auch in der Öffentlichkeit Umriß gewann. In diese Zeit fiel zudem ein deutlicher Übergang vom »Fachgebiet« Krieg, Menschen im Krieg, zum Fachgebiet Trümmer, Leben der Menschen in den Trümmern. Böll wandte sich den Armen und der Armut der Leute im gewöhnlichen Nachkriegsalltag zu, der ja vom begonnenen Wiederaufbau noch keineswegs überholt war. Hier ist jedoch zunächst noch der Hinweis auf den Plan zu ergänzen, ein »Korrespondenz-Büro«, eine Agentur zu gründen, mit dem Böll, der Sohn eines selbständigen Handwerkers, geradezu unternehmerischen Elan demonstrierte. Wer den Einfall hatte, ob nun Böll oder Ernst-Adolf Kunz, der dann mit seiner Frau Gunhild die organisatorische und praktische Arbeit für das damals gar nicht so ungewöhnliche Vorhaben eines Vertriebs von Manuskripten verrichtete, ist weit weniger wichtig, als daß Böll aus seiner Kenntnis des Umgangs mit Redaktionen aller Art und dem, was sie von einer solchen Agentur erwarteten, aus seiner Kenntnis also des Marktes die einschlägigen Informationen und Ratschläge gab, z. B. wie die Begleitbriefe abzufassen seien, daß Verbreitungsgebiete der Zeitungen zu beachten waren, welche Bedeutung der Unterschied von Erst- und Nachdruck hatte, daß man für die Durchschläge »Dünnpost« verwenden solle, um Porto zu sparen, wie man sich vor Ausbeutung hüten konnte, ob und wie manche Manuskripte »gesperrt« werden mußten. Auch der einprägsame Name der Agentur, die dann »Ruhr-Story« hieß, kam von Böll. Er verfügte inzwischen über viele, teuer erworbene Erfahrungen, auch über die, daß bis in die Rundfunkanstalten, ja meist gerade dort Humor, das Positive und Gefällige bevorzugt wurden. Er selbst hat sich dann durchaus ein wenig, doch ohne Selbstpreisgabe als Autor auf das eingelassen, was er schon einige Jahre früher als Pralinenproduktion bezeichnet hatte; es gibt aber ja auch Pralinen von Qualität. Stoffe und Themen jedenfalls, mit denen ein Autor der gesellschaftlichen Realität zu nahe kam, schreckten nach wie vor das Publikum ab und damit auch die Redakteure. Für die Agentur war da Vorsicht geboten. Doch wo er ganz auf eigene Rechnung handelte wie z. B. bei »Nicht nur zur Weihnachtszeit«, hat Heinrich Böll, so sehr er immer noch jeden Erfolg nötig hatte, unmißverständlich Zeichen gesetzt. Für die Agentur warb Böll außer Milo Dor und Paul Schallück noch weitere Autoren an, darunter Reinhard Federmann, Wolfdietrich Schnurre und Siegfried Lenz. Er selbst aber wurde der Star, sein Humor und seine einfühlende Erzählweise, in der immer eine Prise handfeste Realitätserfahrung steckte, verkauften sich besonders gut.

Voraussetzung für den Erfolg des Unternehmens Ruhr-Story war, daß nahezu alle der damals zahlreichen lokalen und regionalen Zeitungen zur Ablenkung und Erbauung ihrer Leser am Wochenende eine Seite mit Kurzgeschichten und kürzeren Erzählungen brachten. Oft hieß sie »Der Erzähler«. Auch bei den großen überregionalen Zeitungen waren Erzählungen beliebt. Das hielt sich, solange das Fernsehen noch nicht flächendeckend für Unterhaltung sorgte. Es war ein großer Markt, der dann erst im Lauf der sechziger Jahre ganz langsam zu schrumpfen begann und selbst gegen Ende des Jahrhunderts nicht gänzlich ausgetrocknet war; zumindest der Fortsetzungsroman hat sich in den Tageszeitungen

Sein Leben selbst in die Hand nehmen 183

bis heute gut gehalten. Der amerikanische Schriftsteller Kurt Vonnegut, mit dem Böll später übrigens befreundet war, hat gelegentlich, zuletzt in seinem Roman »Zeitbeben«, die ökonomische Bedeutung des gleichen, doch viel größer dimensionierten Phänomens in den USA für ihn selbst und andere Schriftsteller skizziert, und dazu übrigens die Konsequenzen, als das Fernsehen den Bedarf und die Honorare absacken ließ. Auch in Deutschland gab es in den fünfziger und sechziger Jahren Autoren, die von diesem Markt für Kurzgeschichten und Erzählungen zu leben versuchten. Herbert Hoven, der Herausgeber des Briefwechsels Böll-Kunz, zieht in seinem informativen Nachwort den Schluß: »Die These vom Rundfunk als dem hauptsächlichen oder einzigen Mäzen der deutschen Nachkriegsliteratur läßt sich in Kenntnis des Zeitungsmarktes nicht mehr halten.« Hier ist allerdings zu bedenken, daß nur beim Erstdruck einer vom Autor selbst angebotenen Erzählung in den überregionalen Zeitungen die Honorare halbwegs angemessen waren, ohne doch jemals in die Nähe der in den USA üblichen Summen zu gelangen. In den Redaktionen der lokalen und regionalen Zeitungen wurden die von Agenturen angebotenen Geschichten bevorzugt nicht nur, weil sie bereits vorlektoriert waren, sondern auch, weil sie wegen der programmierten Mehrfachveröffentlichung meist sehr schlecht und ganz nach eigenem Ermessen bezahlt wurden. Ruhr-Story galt jedoch dank ihrer Autoren schon bald als Nobel-Agentur und wurde zumindest bevorzugt veröffentlicht.

Wiederholt hatte Heinrich Böll in den Briefen an seinen Freund Kunz angekündigt, er werde, wenn er in dieser und jener Sache Erfolg habe, auch etwas für ihn tun, und er hatte das auch schon einige Male vergeblich versucht. In der frühen Nachkriegszeit hatte Kunz im Ruhrgebiet als Schauspieler begonnen, doch nach der Währungsreform fand er keine Engagements mehr. Er hatte dann als Verkäufer und in der Werbung zu arbeiten versucht. Meist steckte er beruflich in Schwierigkeiten, war arbeitslos. Eine bescheidene, doch handfeste Hilfe konnte Böll dem Freund erst bieten, als nach dem Erfolg bei der Gruppe 47 seine Erzählungen und Kurzgeschichten immer gefragter waren. 1951 hat Böll z. B. seinen Roman »Der Engel schwieg«, den er nicht veröffentlichen konnte, als Steinbruch für insgesamt sieben Geschichten verwendet, von denen einige noch im selben Jahr erschienen sind. Es gab immer mehr zu tippen. Das Fotokopiergerät im Arbeitszimmer war noch unvorstellbar. Wie Böll daran gedacht hatte, seine Frau als Sekretärin auszubilden, und Annemarie Böll tippte auch schon eifrig, so fragte er nun bei Kunz an, ob er und seine Frau neben der eben eröffneten, noch im Anfangsstadium befindlichen Agentur auch Abschriften für ihn anfertigen könnten – pro Seite eine Mark. Hieraus erklärt sich wohl auch das Geschenk zum 36. Geburtstag Bölls; es bestand aus geleisteter Tipp-Arbeit. In den Briefen, die noch kurze Zeit hin und her gingen, ist dann wiederholt von Aufträgen Bölls für das Sekretariat Kunz zu lesen, oder es finden sich Abrechnungen für den wichtigsten Autor der Agentur. In einem Brief vom 17. Oktober 1953 schreibt Kunz z. B.: »Wir haben mal eine kurze Aufstellung gemacht, wieviel Geld bisher nur bei uns ›Fred‹ einbrachte: DM 378,–. Ist doch toll. Im ganzen haben wir bisher für alle Deine Geschichten 1184,– bekommen. Wenn man bedenkt, daß die Agentur erst Anfang März etwas abwarf, so kommt man bei 8 Monaten zu einem Durchschnitt von 147,38 pro Monat. Du hast also durchschnittlich pro Monat DM 73,50 bekommen. Natürlich kann man die ganze Sache noch viel größer betreiben, und wir hoffen, daß uns das in den nächsten Monaten gelingt. Jedenfalls ist uns das alles eine große Hilfe.« Auch für Böll war dies Geld gewiß eine Hilfe. Doch er hätte davon nicht mit seiner Familie leben können, auch später nicht. Für Hörspiele von einer Stunde Länge zahlte der Rundfunk schon damals um 3000 Mark.

Ernst-Adolf Kunz brachte die Agentur Ruhr-Story noch eine andere, für ihn sogar weit wichtigere Wende in seinem Leben. Die Freundschaft mit Böll hatte ihn schon zuvor zu literarischen Versu-

Sein Leben selbst in die Hand nehmen   185

chen verlockt, die unveröffentlicht blieben. Nunmehr, offensichtlich angeregt von der Agentur, begann Kunz Geschichten speziell für sie und den Markt zu schreiben, den sie sich bald geschaffen hatte. Schon im Juli 1953, so berichtet Herbert Hoven im Nachwort zum Briefwechsel, erschien mit dem Titel »Der Dunkelmann« eine Geschichte von Kunz in der Ärztezeitung »Im Wartezimmer«, und zwar unter dem Pseudonym Philipp Wiebe. Gunhild Kunz führte unter ihrem Namen die Agentur, Philipp Wiebe lebte nun als freier Schriftsteller, trug etliche Geschichten zur Agentur bei, veröffentlichte dann auch einen durchaus erfolgreichen Roman, schrieb für Rundfunk und Fernsehen. Eine erkennbare Spur hat Philipp Wiebe, ein redlicher Autor von respektabler Gesinnung, in der neueren Literaturgeschichte allerdings nicht hinterlassen.

Ganz anders jedoch Ernst-Adolf Kunz. Sein Briefwechsel mit Böll ist für die Jahre 1945 bis 1953 ein Dokument von hohem zeit- und literaturgeschichtlichen Gewicht. Mit vielen Einzelheiten gibt dieser Briefwechsel ein Bild von Heinrich Böll als noch unbekanntem Autor in Köln, spiegelt er in immer anderen sozusagen privaten Momentaufnahmen den Nachkriegsalltag dieses Autors, jenen Alltag, der schon ganz früh für Heinrich Böll Stoff war und nach seinen Erzählungen vom Krieg erneut und immer dringlicher in den Vordergrund rückte. Ernst-Adolf Kunz war selbst Soldat gewesen, er konnte beurteilen, ob hier einer die Wahrheit sagte, er bestärkte Böll darin, die Erinnerung an Gewalt und Niederlage, Verwundung und Tod, Verbrechen, Entmenschlichung und Elend nacherlebbar zu halten. Er begriff und bewunderte den Freund. Heinrich Böll hat über seine von vielen Zurückweisungen behinderten, lange Jahre nur mühsam, mit Entbehrungen und manchmal nahe am Aufgeben durchgehaltenen, sich erst zu Beginn der fünfziger Jahre glücklich befreienden Entscheidung, als Schriftsteller zu leben, zweierlei nie aufs Spiel gesetzt: die Bindung in seiner Familie, an seine Frau und seine Kinder, und seine Freundschaft mit Ernst-Adolf Kunz. Verantwortung und Verpflichtung gegenüber den

186 *Die Abenteuer des Schriftstellers*

einzelnen nahen Menschen wie später immer deutlicher auch gegenüber allen Menschen in der Gesellschaft waren für Böll keine inhaltslosen Vokabeln. Sie waren Aspekte seiner Religiosität, über die dann, vor allem in den fünfziger Jahren, meist allzu vorschnell und allzu konventionell geurteilt worden ist.

II. Mitten im katholischen Volk

Über all den Aktivitäten, mit denen Heinrich Böll die Chance zum Aufbruch nutzte, die sich ihm im Mai 1951 in Bad Dürkheim eröffnete – und auch so lassen sich sein Eifer, seine Umtriebigkeit, sein Sicheinstellen auf den Literaturmarkt damals kennzeichnen –, stand für ihn selbst wie für Annemarie Böll eines ganz außer Frage: seine Berufung als Schriftsteller, sein Auftrag. Das sind nicht ihre Worte, doch anders ist ihre Haltung kaum deutbar. Und in Frage steht gerade für jene frühen Jahre sogar nach Heinrich Bölls Tod immer noch, wie das zu beschreiben und zu verstehen ist. »Auftrag« ist eine metaphysisch belastete, vage, fast inhaltslose Vokabel, die nichts darüber aussagt, von wem er kommt, worum es bei solchem Auftrag geht, wem er gilt. Für Böll hatte er ganz elementar mit Wahrheit zu tun. Wahrheit jedoch ist ein ebenso nebulöses Wort, das erst Umriß und Inhalt gewinnt, wenn einige Koordinaten benannt sind.

Der Auftrag Bölls ging zweifellos aus von seinem Glauben – an Gott, an die katholische Kirche in ihrem innersten Kern, an die Sakramente, aber auch an die Menschen, an die Notwendigkeit, für sie Wahrheit herauszufinden und sich ihr zu stellen. Dies aber war für Böll zugleich identisch mit dem Erzählen, dem Schreiben. Denn die geläufigeren Vorstellungen von dem, was in der Welt, in der Kirche als Institution, im Alltag mit den Menschen geschah, konnte in seinen Augen mit Wahrheit nur in einem sehr äußerlichen, abhängigen, widersprüchlichen Sinn zu tun haben. Not-

Mitten im katholischen Volk 187

wendig war, es durch Anschauung zu überprüfen. Erzählend, schreibend setzte Böll sich immer wieder einer Nagelprobe auf die Wahrheit aus, von der Spuren noch in seinen beiläufigsten Geschichten aufscheinen und ihnen immer noch einen Abglanz dessen mitgeben, worum zuletzt es ging. Böll glaubte ganz offensichtlich an das alle anderen menschlichen Tätigkeiten und Fähigkeiten übersteigende Vermögen von Literatur, Wahrheit zu erfassen, greifbar und wirksam werden zu lassen. Mit jedem Anlauf setzte der Autor hier seine ganze Existenz aufs Spiel. Konnte es überhaupt noch eine Wahrheit darüber hinaus geben? Historisch gesehen, setzt in der Neuzeit der Glaube an die Macht der Worte, der Dichtung, der Literatur als ein Glaube auf Erhellung, Aufklärung allen anderen Glauben unmerklich außer Kraft. Der Abfall, der zugleich für einen streng erzogenen, unter Widerstand doch gläubigen Katholiken unvollziehbar bleibt, ist programmiert, obwohl die Formel »Am Anfang war das Wort und das Wort war bei Gott und Gott war das Wort« gerade das Gegenteil nahelegt.

In unseren späteren, scheinbar so aufgeklärten Zeiten, in denen Literatur und ihre Fähigkeit, Wahres zu erkunden und wahrnehmbar werden zu lassen, längst zum Vorteil sämtlicher Fundamentalismen, in Europa zum Vorteil des in Kirchen organisierten Christentums, keinen Glauben mehr weckt, erscheint die widersprüchliche Konstellation, in der Böll sich existentiell in der Nachkriegszeit befand, als kurzsichtig, gezeichnet von einem Bildungsmanko, nicht auf Höhe der Neuzeit. Menschlich, in der weit hinter die Möglichkeiten des Wissens und Denkens zurückgefallenen konkreten geschichtlichen Situation aber war sie fortschrittlich realistisch und – ohne daß dies dem unbekannten Autor Böll bewußt war – von akuter Explosivkraft. Die Wahrheit zu erzählen über den mörderischen Krieg, das Elend der Menschen in den Trümmern des Nachkriegs, und um nichts Geringeres ging es, war nahezu tabu, als die Schrecken und Ängste zunächst einmal überstanden schienen. Die Wahrheit zu erzählen und auszusprechen über die eigene Kirche und die Kirche einer so großen Anzahl von Menschen, die sich erneut an sie klammerten, schien undenkbar für einen Katholiken. Und Böll war fähig, dies alles zu erzählen. Er stand fast unter Zwang, es zu wagen und den widerstrebenden Leuten die Wahrheit sichtbar werden zu lassen. Er war fähig dazu paradoxerweise gerade als Katholik.

Es ging hier nicht um Erkenntnisse für die Happy few, sondern für die Massen, das Volk. Das jedenfalls war unabhängig von aller Wirkung Bölls Ausgangspunkt. Katholik zu sein bedeutete für Böll im katholischen Köln objektiv direkte Nähe zum Volk, war sein Bindeglied zu allen Menschen in Abhängigkeit. Katholik und zerrissen zu sein zwischen seinem Glauben an die una sancta catholica und seinem Glauben an die Wahrheit und die befreiende Kraft des Wortes, der Wörter, war zum Beispiel für diesen Schriftsteller etwas, das ihn schon wenig später Lesern bis in die damaligen Ostblockländer verständlich machte, weil sie die Spannung zwischen dem Absolutheitsanspruch einer Lehre und den wahrnehmbaren Wahrheiten ihres tristen Lebens täglich zu bestehen hatten.

Was später Heinrich Böll in vieler Augen zu einem Anarchisten machte, hat in diesen Zusammenhängen seine Anfänge. Zu lösen waren die Konflikte um Glauben, Wort und Wahrheit nicht. Im Zweifel mißtraute Böll immer entschiedener allen umfassenden Ansprüchen, allen großen reglementierenden Organisationen, dem Staat, dem Militär, den Rechts- und Wirtschaftssystemen, der Institution Kirche, und vertraute lieber den einzelnen Menschen, vertraute auf ihre Geschichten, ihre Konflikte, ihre Ausweglosigkeiten als Medien ihrer Menschlichkeit. Doch er war katholisch. Das konditionierte ihn, und es machte ihn befangen, wie er sich auch sträubte. Der Protest löste die Fesseln nicht. Immer wieder neigte Böll dazu, dem, was er als katholisch empfand, zunächst einmal Priorität einzuräumen, es auf seine Wahrheit hin besonders sorgfältig zu prüfen, es auf keinen Fall – etwa namens der Aufklärung im

Mitten im katholischen Volk 189

18. Jahrhundert – schlicht wegzuwischen. Doch er schrieb, wie er gesagt hat, keine katholische Literatur. Vorausgreifend vielleicht, läßt sich schon hier von Bölls Lebensgeschichte her, und da ist das Gegengewicht besonders groß, die These formulieren, daß jene Interpretationsansätze vor allem in den fünfziger Jahren, die Bölls Werk gleichsam theologisch befragten und erläuterten, ja katholisch-theologische Folgerungen aus ihm zu ziehen hofften, zwar verständlich, doch irreführend waren. Böll hat sich auf Streitgespräche dieser Art durchaus eingelassen; er schloß die Möglichkeit einer erneuten Reformation im Interesse der Menschlichkeit nicht aus. Doch als Schriftsteller, als Erzähler, auch als Essayist, immer wenn ein Sachverhalt der Nagelprobe der Sprache zu unterwerfen war, wußte er mehr. Von Kritikern ist das mit seinem wachsenden Erfolg bei den Lesern dahin mißdeutet worden, Bölls breite Wirkung sei das Resultat der Geschicklichkeit, mit der er sich im Clinch mit dem Katholizismus hielt, das treibe ihm die Leute zu. Doch der gesellschaftlich so elementare Konflikt zwischen tief eingewurzeltem Glauben und Wissen, Erfahrung, Intellekt, den Heinrich Böll ausfocht, bedrängte nun einmal nicht nur ihn, sondern ungezählte Katholiken, und nicht allein sie, bedrängte Gläubige aller Schattierungen.

Die Aura einer katholisch dominierten Gesellschaft ist mit allen Versatzstücken und Verhaltensregeln kirchlichen Lebens auf lange hin fast immer gegenwärtig im Erzählen des Rheinländers, Kölners Böll und prägt es. Jene vorgestellten Menschen, um die es ihm erzählend geht, sind überwiegend katholisch, sogar in den Kriegserzählungen, in denen den geschundenen Soldaten oft nur der Gedanke an Rettung durch Gott als einziger Trost bleibt. Wie schon in den frühen Jugenderzählungen spielen in vielen der nach 1945 entstandenen Erzählungen und Romane vom Vikar und Kaplan bis zu den Prälaten und zum Bischof das kirchliche Personal, spielen die katholischen Feierlichkeiten, Prozessionen, die Demutshaltungen mit Beichte und Buße, spielen Glaubensbekenntnis und Gebet ihre

Rolle. Doch ebenso die leidvollen oder zähneknirschenden Zweifel nicht an den Wahrheiten des Glaubens, sondern am Erscheinungsbild der Kirche, an der Praxis ihrer tatsächlichen Machtausübung, die so oft unterdrückerisch das soziale Leben zugunsten der besitzenden Bürger manipuliert. Und ebenso schließlich die grausame Einsicht, daß es auf dieser Welt das eine ohne das andere offenbar nicht gibt. Bölls Katholiken sind Menschen wie alle anderen, und er erzählt nicht, um zur Frömmigkeit anzuhalten, sondern davon, wie Katholiken real leben. Vorherrschend unter ihnen und anerkannt als Vorbild fungiert danach in der Institution Kirche der nach Besitz und mehr Besitz strebende Bürger, der sich in der Kirche sicher fühlt.

Hier läßt sich, zurück- und vorausblickend, als eine zentrale These die Behauptung formulieren, die mit allen Hinweisen doch nur angedeutete gesellschaftliche Realität Kirche sei für den Schriftsteller Heinrich Böll nichts anderes gewesen als der Stoff, auf den er mit seiner ganzen Existenz fixiert war. Was er schrieb, war eben keine katholische Literatur, obwohl es überwiegend vom Leben der Katholiken in einer katholisch bestimmten Gesellschaft handelte. Böll hat das zu Recht betont, doch was diese Feststellung bedeutet, ist bis heute nicht hinreichend erwogen. Katholische Literatur war für Böll nichts Autonomes, keine Wirklichkeit für sich, sondern dienstbar. Nach seiner Erfahrung war sie durchweg unfreie Erbauungsliteratur, die er schon als ganz junger Autor, vor dem Krieg, unter dem Stichwort »Kunst und Käse« beiseite ließ. Das hatte mit der Realität, mit Wahrheit nichts zu tun, sondern nur mit Überredung, Anpassung, Beschwichtigung, ja Propaganda. Katholischer Literatur konnte das Leben der Menschen in einer katholisch beherrschten Gesellschaft nicht Stoff, nicht Gegenstand werden, und noch an den wenigen noblen, leidvoll erkämpften, auch literarisch diskutablen Beispielen wie Elisabeth Langgässers 1946 erschienenem Roman »Das unauslöschliche Siegel« läßt sich dies demonstrieren. Böll suchte erzählend nicht kirchlichen Beifall und auch nicht exklusive Heilsgewißheit, sondern die Wahrheit im Leben der Menschen, unter denen er lebte. Unkritisch, ohne die unterscheidende unabhängige Wahrnehmung war diese nicht zu haben. Unwahres zu erzählen aber war Böll unfähig.

Das katholische Rheinland war die Welt dieses Erzählers wie z. B. das reiche norddeutsche Großbürgertum der Jahrzehnte vor dem ersten Weltkrieg die Welt, aus der Thomas Mann erzählte. Auch Böll kannte in seiner Welt die begüterten Bürger, die reichen Großbürger, doch er war unfähig, sie beifällig oder sich einfühlend für vorbildliche oder jedenfalls besonders bedeutende Mitmenschen einer höheren Gattung zu halten. Da hatte er zuviel Armut, Abhängigkeit, Elend erfahren, immer wieder erlebt, daß hier nicht nur er selbst, sondern die übergroße Mehrheit der Menschen seiner Welt verstrickt waren. Das war, innerhalb seiner katholisch dominierten Gesellschaft, sein Stoff. Von den Schrecken des zweiten Weltkriegs und vom Leben in Armut und Abhängigkeit hatte er zu erzählen, nicht gefällig und schön, sondern wahrheitsgemäß nach den Maßstäben nicht etwa der in seiner Welt so opportunistisch agierenden Institution Kirche, sondern der Literatur. Das war ein ungeheurer, in seiner Widersprüchlichkeit unabsehbarer und literarisch meist mißachteter Stoff. Und Böll kannte sie, »Die Waage der Baleks«, wußte, daß der Reichtum sich von den Armen nährte, und auch, wie seine Kirche ihre Finger auf der Waage hielt. Und zweifellos hat er zu keiner Zeit in seinem Leben das Reichskonkordat vergessen, mit dem die Kirche Hitler zum ersten großen außenpolitischen Erfolg verholfen hat.

Literatur war für Heinrich Böll nicht ein Höheres, das erlaubte, von gesellschaftlicher Realität abzusehen. Für ihn war Literatur ein Medium, in dem diese Realität zu sich selbst kam, und darin war er unbeirrbar. Diese Haltung paßte nicht in die Zeit des langsam einsetzenden Wirtschaftswunders, eine Zeit, in der nicht zuletzt auch für die westdeutsche Literatur erstes Ziel war, sich über die jämmerliche Realität Nachkriegsdeutschlands zu erheben, aus ihr zu fliehen. Das schien vielen das Wesen der Literatur zu sein. Gerade in diesem Sinn waren die fünfziger Jahre ein lyrisches Jahrzehnt. Wenn auch ohne es zu ahnen oder gar zu wollen, gingen die Dichter und mit ihnen die Literatur dem einsetzenden, fast bewußtlosen Drang zum Wiederaufbau, zur Restauration, bald auch zur Wiederbewaffnung zur Hand durch die Suggestion, um so etwas brauche der geistige Mensch sich nicht zu kümmern. Mit alltäglicher individueller und gesellschaftlicher Not hatten Dichtung und Kultur als das Höhere vermeintlich nichts zu schaffen. Heinrich Böll war einer der sehr wenigen, die von solcher Haltung ganz unberührt waren, obwohl er ihr, abhängig vom Erfolg, in manchen besonders erfolgreichen Erzählungen geringfügige Konzessionen gemacht hat.

Dieser Zustand läßt sich nicht direkt und eindeutig beschreiben. Er hatte ganz gegensätzliche Aspekte. Weil gerade sein Stoff für Bölls Produktion eine ganz elementare Bedeutung hatte, weil er über den Weltkrieg und die menschliche Not der Nachkriegszeit nicht hinwegsehen konnte, war er, so paradox das erscheint, im Urteil der Mehrheit in der Literaturszene von vornherein unzeitgemäß. Mit dem Anspruch, die beträchtlichen formalen und technischen Entwicklungen in den Literaturen der Welt außerhalb Hitlerdeutschlands über Nacht einzuholen und möglichst zu übertreffen, wurde ignoriert, daß dies ohne den eigenen Stoff, die Basis in der eigenen Lebensrealität nur bodenlose Nachahmung war, wie kunstvoll sie sich auch darstellte. Böll war von der Bindung an den eigenen Stoff geradezu abhängig, und das war eine Garantie für seine immer umstrittene Sonderstellung.

Schon der Name Bertolt Brecht signalisiert hier, daß es um 1950 in der Literatur auch Verweise darauf gab, die Bindung an den eigenen Stoff sei unerläßlich. Auch Brecht aber hatte lange in einer anderen Welt gelebt, nicht unter den extremen Bedingungen völliger Wehrlosigkeit, denen der Gymnasiast Böll in den ersten Nazijahren, der Soldat und der Heimkehrer Böll ausgesetzt gewesen waren. Bis hin zu dem großen dramatischen Bilderbogen »Mutter

Mitten im katholischen Volk

Courage und ihre Kinder« stützte sich Brecht auf historisches Material und kraftvolle, doch ins Allgemeingültige weisende Bilder, um sein Urteil über die Nazis und ihren Krieg mitzuteilen. Was er an persönlicher Erfahrung besaß, war zwangsläufig längst geschichtlich ausgedünnt, ferngerückt, immer abstrakter geworden, und das war sogar gerade ein Ansatzpunkt für die Wirkung Brechts in den ersten zehn Nachkriegsjahren. Auch so nämlich ließ sich absehen von dem tatsächlich Erlebten und der unmittelbar gegenwärtigen abstrusen Wirklichkeit, ließen die konkreten Erinnerungen an Hitler und den Krieg sich in Bilder heben und damit auch zurückdrängen. Bei Böll aber kommen die nackte, ungeschönte Angst der Soldaten, die Judenverfolgungen, die KZs, die Massentötungen und in der seit der Mitte 1947 niedergeschriebenen, doch erst 1983 erstmals veröffentlichten außerordentlichen Erzählung »Todesursache: Hakennase« sogar der Anteil der bis zum Ende des Jahrhunderts meist für untadelig angesehenen deutschen Wehrmacht unmißverständlich vor.

Der Streit zwischen Autoren wie Frank Thiess oder Walter von Molo einerseits und auf der anderen Seite vor allem Thomas Mann in der frühesten Nachkriegszeit, zwischen der sogenannten Inneren Emigration und den deutschen Emigranten hat dabei nichts zu tun mit der Unterscheidung der Erfahrungshintergründe bei Brecht und Böll. Das war ein Streit zwischen etablierten, so oder so ausgewiesenen Schriftstellern, bei dem es um Ansprüche und Interessen ging, nicht um Erfahrung und Realität. Wahrscheinlich hat der Heimkehrer Böll im Trümmerfeld Kölns von ihm gar nichts mitbekommen. Da stellten bekannte Autoren, die nicht vor Hitler um ihr Leben hatten rennen müssen, sondern weiterdichten durften, den oft nur mit Glück über die Grenzen Nazideutschlands Entkommenen ihre größeren Leiden im Krieg in Rechnung, schrieben von den »Logen und Parkettplätzen des Auslands«, von denen aus die Emigranten der »deutschen Tragödie« bequem zugeschaut hätten, die sie selbst unmittelbar durchleiden mußten. Thomas

Mann reagierte hart auf solch öffentliche Äußerungen und schrieb noch Ende 1945 in einem offenen Brief mit dem Titel »Warum ich nicht nach Deutschland zurückgehe« unter anderem: »Ich gestehe, daß ich mich vor den deutschen Trümmern fürchte – den steinernen und den menschlichen. Und ich fürchte, daß die Verständigung zwischen einem, der den Hexensabbat von außen erlebte, und Euch, die ihr mitgetanzt und Herrn Urian aufgewartet habt, immerhin schwierig wäre.«

Heinrich Böll hatte nicht mitgetanzt und niemandem aufgewartet, er hatte den Hexensabbat nur ohne Stimme, wehrlos und qualvoll durchlitten. Er hatte jene Erfahrungen, vor deren Folgeerscheinungen sich Thomas Mann zu Recht fürchtete, als Namenloser wie ein Gefangener am eigenen Leib machen müssen. Daß Böll sich ihnen schreibend vorbehaltlos aussetzte, war ein Grund dafür, daß es Jahre dauerte, bis er in der nachkriegsdeutschen literarischen Szene überhaupt beachtet wurde. Ganz wie Hans Werner Richter sich an seinen Auftritt bei der Gruppe 47 im Mai 1951 in Bad Dürkheim, fünf Jahre nachdem Böll von Krieg und Nachkrieg zu erzählen begonnen hatte, erinnerte: »... niemand kannte ihn, niemand wußte etwas von einem Heinrich Böll aus Köln ...« Das hatte zwar einiges zu tun damit, daß über Jahre alle Kommunikation in Deutschland gestört, ja zusammengebrochen war, vor allem jedoch damit, daß nicht nur Thomas Mann sich vor der Konfrontation mit der Erinnerung an den Hexensabbat fürchtete, der Deutschland in Trümmer gelegt hatte.

Von den Höhen aus, auf denen die westdeutsche Literatur als ein Moment der Entlastung Deutschlands durch Erinnerung an seine geistige, künstlerische, kulturelle Größe Anfang der fünfziger Jahre längst wieder angekommen zu sein schien, wirkte der Schriftsteller Heinrich Böll als etwas zurückgeblieben, konventionell, ganz unfähig zu den Steigerungen, die man mit Rainer Maria Rilke und Gottfried Benn, Hermann Hesse und Thomas Mann, doch auch Franz Kafka als Idolen bereits hinter sich hatte. Geradezu abstoßend

Mitten im katholischen Volk

wirkte hier auch, daß Böll nicht verheimlichte, katholisch zu sein, obwohl er nicht mithalten konnte und wollte mit den durchaus anerkannten Höhenflügen der katholischen Literatur speziell von Konvertiten wie Gertrud von Le Fort oder Werner Bergengruen, die damals in höchstem Ansehen standen. Da war Böll nicht konkurrenzfähig und auch nicht gewillt, in die Konkurrenz einzutreten. Auf den Höhen war nicht das, woran er glaubte. Da zeigte sich ihm manchmal fast so etwas wie Verrat. Und lebten nicht auch die geistig Reichen von den Armen?

In »Der Zug war pünktlich«, erschienen Ende 1949 und Heinrich Bölls umfangreichste Kriegserzählung, ist die Hauptfigur, der junge Soldat Andreas, eindeutiger als das bei den Helden in allen anderen Kriegserzählungen der Fall ist, gekennzeichnet als gläubiger Katholik. Ein befreundeter Kaplan begleitet Andreas zu dem Fronturlauberzug, der ihn aus dem Rheinland nach Galizien bringen wird. Gleich zu Beginn der tagelangen Reise, einer Art geraffter Lebensreise, spürt Andreas mit plötzlicher, unabweislicher Gewißheit, daß er bald sterben, daß er am Ende der Reise, irgendwo zwischen Lemberg und Czernowitz sein Leben verlieren wird. Unter dieser provozierenden Voraussetzung ist ein zentrales Motiv der Erzählung die Schwierigkeit des jungen Katholiken mit dem Gebet. Den Tod vor Augen, spürt er den heftigen Wunsch und die Notwendigkeit zu beten. Doch immer wieder wird er abgelenkt, vergißt er trotz Todesgewißheit das Beten. »Ich habe Karten gespielt, ich habe Schnaps getrunken, ich habe mit ausgezeichnetem Appetit gegessen, und ich habe geschlafen. Ich habe viel zuviel geschlafen, und die Zeit ist gesprungen, immer springt die Zeit, und jetzt sitze ich schon vierundzwanzig Stunden davor. Nichts habe ich getan: Wenn man weiß, daß man stirbt, da hat man doch allerlei zu regeln, zu bereuen und zu beten, viel zu beten, und ich habe kaum mehr gebetet als sonst. Und ich weiß es doch ganz genau ...« Von einem Freßgelage unmittelbar vor dem Höhe- und Endpunkt der Erzählung heißt es: »Eine richtige Henkersmahlzeit, denkt Andreas, und er ist erschreckt darüber, wie es ihm schmeckt. Es ist eine Schande, denkt er, ich müßte beten, beten, den ganzen Tag irgendwo auf den Knien liegen, und ich sitze hier und esse Schweineherz ... Es ist eine Schande.« Noch in den letzten Augenblicken schüttelt Andreas sein Versagen: »Gott, Gott, wo habe ich meine Zeit gelassen, nichts habe ich getan, nie habe ich etwas getan, ich muß doch beten, beten für alle ...«

Dennoch, Andreas hat gebetet, und seine in ihr eigenes Unglück gefesselten, wie er ihren Tod erwartenden Reisegefährten haben es respektiert. Er hat auch für sie gebetet, für alle unglücklichen Menschen und besonders für »die Czernowitzer Juden und für die Lemberger Juden« und für die Juden überall sonst. Noch gegen Ende der Erzählung, als er in einem Lemberger Bordell, in das einer seiner Reisegefährten ihn gelockt hat, überströmende Liebe in sich fühlt für Olina, die einmal Musik studiert hat und jetzt Prostituierte und Partisanin ist, betet Andreas, sogar gemeinsam mit Olina. Doch er weiß, daß es nicht genug ist. Sein Beten ist über all den Ereignissen und Stimmungen seiner letzten Reise abgestumpft, fast erstarrt, fast nur noch eine lang eingeübte Gewohnheit, die zu Andreas gehört. Seine Todesgewißheit läßt Andreas das Beten als etwas unbedingt Notwendiges erscheinen, doch es verliert zugleich seine Bedeutung. Als helfe es nun auch nicht mehr.

Im Zusammenhang seines Erzählens um das Jahr 1950 erst zeigt sich immer deutlicher, wie Heinrich Böll mit seinem Stoff, dem Leben als Katholik in einer katholisch dominierten Gesellschaft umgeht, wird erst ganz deutlich auch, was in der Erzählung »Der Zug war pünktlich« unterschwellig mit dem Gebet vorgeht. Hier ist es noch unangezweifelt intakt, wie der Glaube, wenn es auch – und Böll erzählt davon wie unbewußt suchend nach dem, was wirklich geschieht – eigenartig verblaßt, zum habituellen Reflex wird und in den Hintergrund rückt. Mit dem Roman »Wo warst Du, Adam?«, erschienen Ende 1951, gewinnt das Verhältnis von Liebe, Glaube, Gebet vor dem Hintergrund des Krieges immer mehr Komplexität und wird nahezu undurchschaubar, das Geschehen erweist sich als übermächtig. Der Soldat Feinhals, der passiv und resignierend, enttäuscht von der schematischen, angepaßten Selbstdarstellung der Kirche in den Kriegsverhältnissen im Zentrum des Romans steht, ist ebenso katholisch wie der KZ-Kommandant Filskeit, Musikliebhaber, ehedem Chordirigent und ein Organisator des Nazi-Musikbetriebs. Die Jüdin Ilona, erzogen im katholischen Kloster, ist die einzig Gläubige im Roman. »... im Kloster hatte sie alle Gebete, alle Litaneien und große Teile der Liturgie hoher Festtage auswendig gelernt, und sie war jetzt froh, sie zu kennen. Zu beten erfüllte sie mit einer kühlen Heiterkeit. Sie betete nicht, um irgend etwas zu bekommen oder von irgend etwas verschont zu werden, nicht um einen schnellen, schmerzlosen Tod oder um ihr Leben, sie betete einfach ...« Feinhals liebt die gläubige Jüdin Ilona, die ins KZ transportiert und gezwungen wird, vor Filskeit zu singen. Der KZ-Kommandant läßt immer wieder die neu herbeigeschleppten Juden singen, bevor sie ins Bad, zur Entlausung, in den Tod geschickt werden, um vorher für seinen Chor die schönsten Stimmen auszuwählen. Ilona singt die Allerheiligenlitanei in einer Vertonung, die sie erst kurz zuvor entdeckt hat. »Sie sang schön ...« Und: »Filskeit starrte sie an: Sie war schön – eine Frau – er hatte noch nie eine Frau gehabt – sein Leben war in tödlicher Keuschheit verlaufen – hatte sich, wenn er allein war, oft vor dem Spiegel abgespielt, in dem er vergebens Schönheit und Größe und rassische Vollendung suchte – hier war es: Schönheit und Größe und rassische Vollendung, verbunden mit etwas, das ihn vollkommen lähmte: Glauben. Er begriff nicht, daß er sie weiter singen ließ ...« Dann schießt Filskeit außer sich vor Wut sein ganzes Magazin leer auf die Frau und schreit seinen Befehl, alle umzubringen. »Draußen fing die Metzelei an.«

Auch Feinhals kommt um, doch völlig sinnlos, wenn auch folgerichtig erst auf der Schwelle des elterlichen Hauses, als er sich in

198 *Die Abenteuer des Schriftstellers*

den Wirren der rasch zerfallenden Ordnung des Nazireichs glücklich bis dahin durchgeschlagen hat. »Wo warst Du, Adam?« ist ein
komplexes Erzählwerk, in dem Böll das schauerliche Spektakel des
Kriegsendes aus dem Material eigenen Erlebens heraus gespiegelt
hat. Und es ist eine Annäherung an Bölls erst wieder beginnende
erneute Auseinandersetzung mit der katholischen Umwelt, in der
er auch als Soldat gelebt hat. Diese Auseinandersetzung hat ihn
schon als Abiturient motiviert, doch nun hat sein Gegenstand sich
gewandelt. Der Katholik Feinhals, der nicht grundlos als eine Art
Alter ego des Autors gedeutet worden ist, hat seinen Glauben mehr
oder weniger verloren. Der Katholik Filskeit hat es bis zum
KZ-Kommandanten, zum Mörder gebracht. Nur Ilona hat ihren
unverrückbaren Glauben, und es ist ein unmißverständliches
Signal, daß sie Jüdin ist. Ihr Glaube, der Filskeit »vollkommen
lähmte« und zu dem Feinhals durch die Liebe zu dieser schönen
Jüdin vielleicht hätte zurückfinden können, ist das einzig mensch-
lich Reale, menschlich Haltbare in dem großen menschlichen
Desaster. Selbst der Tod löscht es nicht aus.

Aus der Nachkriegszeit und ihren Unsicherheiten heraus hat
Heinrich Böll erzählend seinen Gegenstand, die Lebenswelt katho-
lischer Christen, wie er sie kannte, erneut zu ergründen versucht.
Gewiß, der Krieg war sein »Fachgebiet«, die Wahrheit über den
Krieg und die Menschen im Krieg mitzuteilen war für ihn elementare Herausforderung. Doch widerspruchsvoll, ja absurd in allen
Beziehungen war nicht nur die Nazizeit, war auch der Krieg ein Teil
oder Aspekt der katholischen Welt, in der er mitten im zwanzigsten
Jahrhundert lebte und die umgreifend Gegenstand seines Denkens
und seines Erzählens war. Auch in dieser Welt hatte nichts Bestand
außer dem heißen, sich emphatisch – und auch irrational – immer
neu aufschwingenden Glauben, der jedoch als einzig Wirkliches
unabhängig zu sein schien von allem, auch von den kirchlichen
Institutionen. Eher schon gewann der Glaube Kraft aus der Liebe
zwischen Mann und Frau. Und Ilona ist keineswegs gezeichnet als

Mitten im katholischen Volk 199

marianische Idealfigur, sie ist eine sinnliche, ihren Körper nicht verleugnende, sondern bejahende Frau.

Hier kommt unmittelbar die innerhalb katholischer Erziehung und katholischen Kirchenlebens so zentrale Kategorie der Keuschheit ins Spiel. Das Gebot der Keuschheit kann mörderische Konsequenzen haben. Böll war sie schon zur Zeit seiner Pubertät verdächtig, doch bei offenbar schlechtem Gewissen. Die so viele Frauen zu Huren und Männer jedenfalls zu Sündern abstempelnde Fehlorientierung durch die Kirche hat er erst nach und nach durchschaut und benannt als das, was sie ist. In einer seiner ganz frühen Nachkriegserzählungen, der im Februar 1947 entstandenen, doch erst 1995 veröffentlichten Erzählung »Der blasse Hund«, ist die Zentralfigur Theodor Herold ein Mörder, der bereits zu Beginn der Erzählung selbst ermordet worden ist. Herold hat wie Filskeit sein Leben lang »in einer fast zölibatären Keuschheit« verharrt. Eine Frau, die ihn liebte, hat ihn schließlich umgebracht. Er war ein hemmungslos eigensüchtiger Karrierist aus der Unterschicht, der sich als Hochbegabter von der Kirche, die vieles von ihm erwartete, hat fördern lassen, dann in »die Partei« eingetreten ist und sich in Erwartung schnelleren Aufstiegs zu den Mörderverbänden gemeldet hat. Nach der Kapitulation wurde er Bandenführer in seiner Heimatstadt. Nichts außer dem Idol Keuschheit war dem Mörder Theodor Herold geblieben. Ein junger Kaplan, der fiebrig hofft, die Seele Herolds durch sein Gebet trotz allem zu retten, erzählt seine Geschichte dem erschöpften Arzt, der Herolds Tod zu bescheinigen hat. »Es war mir«, hält der Arzt am Ende fest, »als hätten hinter dem Bericht des Kaplans die Trümmer der Trostlosigkeit unserer ganzen Welt mich begraben ...«

In Bölls Erzählung »Der blasse Hund« kommen die wahnwitzigen Widersprüche einer Zeit hoch, die inzwischen nicht nur vergangen, sondern auch überwunden zu sein scheint. Hat nicht das Idol Keuschheit sogar innerhalb der Institution Kirche seine Bedeutung gründlich verändert? Doch über Generationen hat es als ein

Maßstab aller Moral das Leben des katholischen Volkes gleichsam unter Quarantäne gehalten. Was eigentlich ist an seine Stelle getreten? Es gibt im reichen, liberalen Westeuropa vielleicht die extremen Zuspitzungen nicht mehr, die zum Teil vom Krieg drastisch verschärft worden waren. Auch die Vorstellungen von Sünde haben sich zivilisiert. Rückfall scheint undenkbar. In dieser Sache aber wäre Böll auch heute zumindest skeptisch. Die Fronten zwischen den Fundamentalismen und aufgeklärter Religiosität, kritischer Humanität haben sich verschoben und verzerrt, doch der Kampf wird noch weitergeführt. Erinnert nicht der dauerhafte Friede, den das westliche Europa so lange genossen hat, immer wieder einmal an das höhnische Zitat dieses Wortes in Bölls unvergeßlicher Weihnachtssatire?

Verglichen mit den Schrecken, die in der Erzählung »Der blasse Hund«, der langen Erzählung »Der Zug war pünktlich«, dem Roman »Wo warst Du, Adam?« alles Leben verfinstern, ist die Lebenswelt des katholischen Volkes im Roman »Und sagte kein einziges Wort« gesellschaftlicher Normalität sehr viel näher. Es ist die Normalität der frühen fünfziger Jahre. Vom Krieg sind noch viele Trümmer geblieben. Längst gibt es wieder die Armen und die Reichen. Die Kirche und ihre Diener sind reich, jedenfalls in den höheren Rängen der Hierarchie und wenn die Diener nicht gerade nur mit sehr niedrigem Gehalt – »dreihundertzwanzig Mark und dreiundachtzig Pfennige« – Telefonist sind innerhalb der sich ausdehnenden kirchlichen Bürokratie. Oder die gläubige, doch in ihrer Wehrlosigkeit oft von Haß geschüttelte Ehefrau eines solchen Telefonisten, Mutter dreier Kinder und vielleicht schon wieder schwanger. Fred und Käte, das Paar, von dem der Roman erzählt, leiden unter der Wohnungsnot. Sie sind mit ihren Kindern Objekte einer schon wieder in all ihre einstigen Privilegien eingesetzten bürgerlichen Überlegenheit, die für das Paar, vor allem für Käte, anschaulich ist in Herrn und Frau Franke, den Eigentümern der Wohnung, in der sie mit ihren Kindern ein Zimmer bewohnt, vor

Mitten im katholischen Volk

allem in Frau Franke. Sie hat Angst vor der »Hartherzigkeit von Frau Franke«. Käte hat gelernt, daß es keinen Sinn hat, sich gegen sie aufzulehnen. »... diese dunklen, harten Augen, ihr gepflegtes Haar, das sehr geschickt gefärbt ist, ihre tiefe, leise zitternde Stimme, die nur im Verkehr mit mir plötzlich schrill werden kann, der Sitz ihrer Kostüme, die Tatsache, daß sie jeden Morgen die heilige Kommunion empfängt, jeden Monat den Ring des Bischofs küßt, wenn er die führenden Damen der Diözese empfängt – diese Tatsachen machen sie zu einer Person, gegen die zu kämpfen zwecklos ist.« Doch der Haß wächst in Käte, ihr Glaube schützt sie nicht davor, auch die Priester zu hassen, und Fred ist dabei, das Beten zu verlernen. Käte fragt ihn: »Du betest nie, nicht wahr?« »Sehr selten«, antwortet Fred, »ich kann es nicht.« Nur wenn er betrunken sei, sagt er, könne er manchmal noch ganz gut beten.

Fred Bogner, der Telefonist, und seine Frau Käte lieben einander. Doch die Armut, »die wir seit Jahren einatmen wie weißen Staub, den man nicht schmeckt, nicht spürt«, die Armut ist dabei, ihr Leben zu zerstören. Fred hat es in ihrer notdürftigen Einzimmerwohnung, die alles Leben einschnürt, nicht mehr ausgehalten. Die Wohnung ist unzulänglich abgetrennt vom weit größeren Anteil der schon älteren Wohnungsbesitzer, es dringen Geräusche durch, und ein schwelender Haß dringt durch, wenn Käte am Sonntagnachmittag z. B. gezwungen ist, die Beischlafgeräusche aus dem Schlafzimmer der Frankes mitzuhören. »Es sind Minuten, unendliche Minuten in der tödlichen Schwermut des Sonntagnachmittags, und ich höre die Atemzüge der Erschöpfung, höre, wie sie sich Zigaretten anzünden, und die Stummheit, die dann herrscht, ist von Haß erfüllt. Ich knalle den Teig auf den Tisch, rolle ihn mit möglichst vielen Geräuschen hin und her, klopfe ihn wieder und denke an die Millionen Geschlechter von Armen, die gelebt haben und alle keinen Raum hatten, die Liebe zu vollziehen – ich rolle den Teig aus, knete den Rand hoch und drücke die Früchte in den Kuchen hinein.« Fred und Käte können sich in ihrem kleinen Teil der Wohnung nicht ohne Vorsicht bewegen, können da keine Ehe mehr führen, und als Fred zu seinem Entsetzen begonnen hat, seine Kinder, die ihn lieben und die er liebt, durch willkürliche Strafen und Schläge immer mehr einzuschüchtern, ist er ausgezogen. Er treibt sich in der Stadt umher, gibt in seiner Freizeit Nachhilfestunden, um ein Taschengeld zu haben, trinkt Schnaps, läßt sich von den Spielautomaten in seinen Kneipen die Zeit vertreiben, ißt in schäbigen Imbißstuben, wo er manchmal Menschen trifft, die ihm in ihrer eigenen Armut noch wirklich wie Menschen vorkommen, die freundlich sind. Und langsam verwahrlost er. Bald werden ihm die Zähne aus dem kranken Zahnfleisch fallen. Er trauert um sein verdorbenes Leben.

Doch Fred und Käte lieben einander. So oft wie möglich verabreden sie sich, um miteinander zu schlafen, manchmal irgendwo draußen in »Parks oder in den Fluren zerstörter Häuser, tief im Zentrum der Stadt, wo wir sicher sein konnten, nicht überrascht zu werden«, doch meist in billigen Hotelzimmern. Dafür muß Fred sich jedesmal das Geld pumpen, oft von einem ihm freundlich gesonnenen Prälaten in seiner Behörde. Es ist schwer, an Geld zu kommen, wenn man es wirklich braucht. Eine Nacht in einem solchen Hotelzimmer in Bahnhofsnähe steht im Mittelpunkt des Romans, mit den Stunden und Tagen vorher und nachher. Freds und Kätes Gedanken und Gefühle, die Summe ihres Zustands, ihre ganze Ausweglosigkeit sind auf diese Nacht konzentriert. Die Stadt feiert ihr Wochenende, und wie ein absurder Baldachin überwölben die öffentlichen Vorgänge in dieser Zeit Freds und Kätes ratlose Trauer. Der Sonntag ist großer Prozessionstag, auch ihre Kinder gehen mit. Das Wochenende ist mit einer großen Fachausstellung zugleich Höhepunkt einer Tagung des Deutschen Drogistenverbandes. Das schiebt sich eng ineinander. Die »Frömmigkeitsindustrie« und jene andere expandierende Industrie, für die der Drogistenverband steht, sind sich offensichtlich nicht gerade fremd. Als nach Ablauf dieses Sonntags eine vage Proteststimmung aufkommt in der kirchlichen Behörde, in der Fred Telefonist ist, und zwar wegen der »Geschmacklosigkeit« der Drogisten, sich mit der Prozession geschmückt und sie zum Beispiel durch Werbung für Präservative – »Gummi Griss – schützt vor den Folgen!« – profaniert und verhöhnt zu haben, da gibt der Generalsekretär des Bischofs die Weisung: »Eminenz wird den Protest auf der privaten Ebene lancieren. Ein Vetter seiner Eminenz ist Vorsitzender des Drogistenverbandes. Also Vorsicht« – und noch einmal: »Vorsicht, Vorsicht!«

Es war die Zeit, in der zum Beispiel der Bundeskanzler Konrad Adenauer in Prozessionen mitging, um Stimmen für seine christliche Partei zu gewinnen. In seinem Roman »Und sagte kein einziges Wort« läßt Heinrich Böll den Telefonisten Fred den Bischof in der großen Prozession so wahrnehmen: »Der Bischof war sehr groß und schlank, und sein dichtes weißes Haar quoll unter dem knappen Käppi heraus. Der Bischof ging gerade, hatte die Hände gefaltet, und ich konnte sehen, daß er nicht betete, obwohl er die Hände gefaltet hatte und die Augen geradeaus gerichtet hielt. Das goldene Kreuz auf seiner Brust baumelte leicht hin und her im Rhythmus seiner Schritte. Der Bischof hatte einen fürstlichen Schritt, weit holten seine Beine aus, und bei jedem Schritt hob er die Füße in den roten Saffianpantöffelchen ein wenig hoch, und es sah wie eine sanfte Veränderung des Stechschritts aus. Der Bischof war Offizier gewesen. Sein Asketengesicht war photogen. Es eignete sich gut als Titelblatt für religiöse Illustrierte.« Show also. Und als Fred über den leeren Bahnhof hinweg den Bischof vor der flaggengeschmückten Kathedrale über den Lautsprecher sprechen hört und ihm wieder einmal die Phrasenhaftigkeit, die Halbwahrheit seiner Rede auffällt, heißt es: »... und ich wußte plötzlich das Wort, das ich jahrelang gesucht hatte, das aber zu einfach war, um mir einzufallen: Der Bischof war dumm.«

Fred weiß noch mehr vom Bischof. Seit einigen Wochen kriecht er, um zu schlafen, beim »alten Block«, einem Kumpel, unter, der ein Haus mit dreizehn Zimmern zu bewachen und in Ordnung zu halten hat. Das Haus stehe nun schon wieder seit drei Monaten leer, erzählt er Käte, es gehöre irgendeinem Engländer, »ich glaube, Stripper heißt er, er ist General oder Gangster oder beides«. Opulent eingerichtet und immer gepflegt, mit viel Rasen drum herum, steht das Haus neun Monate im Jahr leer. Kinder dürfen nicht hinein, weil die Frau Kinder nicht mag. Aber, so erzählt Fred seiner Frau: »Es gibt eine Bibliothek, in der sogar Bücher sind, eine Menge Bücher, und wenn ich auch von Kultur nichts verstehe, von Büchern verstehe ich was, es sind gute Bücher, herrliche Bücher und sehr viele Bücher ...« Der »General oder Gangster« ist einer der wenigen wirklich ernstzunehmenden Dante-Forscher auf der Welt. Zornig malt Fred die Vorzüge des Hauses aus, in dem das Zimmer für den Hund größer ist als Kätes und seine Wohnung. Kinder dürfen nicht hinein, aber der Bischof. Der ist ebenfalls Dante-Forscher. Fred, mit Haß in der Stimme: »Manchmal kommt der Bischof abends herein. Er ist der einzige, der Zutritt zum Haus hat, die ganze Dante-Literatur steht ihm zur Verfügung. Block hat den Auftrag, es ihm gemütlich zu machen, warm, die Vorhänge zuzuziehen, und ich habe ihn schon ein paarmal gesehen, den Bischof: stille Freude auf dem Gesicht, ein Buch in der Hand, die Teekanne neben sich, Notizblock und Bleistift. Sein Fahrer sitzt dann bei uns unten im Keller, raucht die Pfeife, geht hin und wieder nach draußen, um nach dem Wagen zu sehen. Wenn er gehen will, klingelt der Bischof, der Fahrer springt auf, auch Block geht nach draußen, läßt sich mit ›Guter Mann‹ anreden, bekommt sein Trinkgeld ...« An dieses Haus wollten sie denken, sagt Fred, »wenn wir unser Haus bauen, auf dem wir die Fahne der Fairneß und der Gerechtigkeit hissen wollen ...«

Heinrich Böll läßt in seinem Roman »Und sagte kein einziges Wort« das ärmliche Dahinleben kleiner Leute in einer mühsam aus Krieg und Zerstörung sich noch in den Trümmern wieder aufrichtenden katholischen Stadt anschaulich werden und dabei vor allem,

Mitten im katholischen Volk 205

wie Frömmigkeit in Haß und Abwehr umschlägt. Der versöhnliche Schluß der Erzählung hebt mit Freds jedenfalls angedeuteter Rückkehr in seine Familie aus der betäubenden Angst, sonst seine Frau und seine Kinder und mit ihnen sich selbst zu verlieren, diese Konsequenz nicht auf. Im Medium der Gefühle, der Zweifel und Ängste, der Ratlosigkeit seiner Protagonisten erzählt Böll so objektiv, so unparteiisch wie eben möglich. Er stellt nicht die Frömmigkeit, nicht das Beten in Frage, zu dem Fred nicht mehr und Käte nur noch – im Bewußtsein des Mißbrauchs ihrer Frömmigkeit – mit Haß fähig ist. Er erhebt nicht Anklage, doch er läßt auch nicht zu, daß Fred und Käte sich noch etwas vormachen; das hieße ja, allen Widerstand aufzugeben, sich einverstanden zu erklären mit all dem, was in ihren Augen falsch, betrügerisch ist, und dies ist Anklage genug. Das vermittelt dem Roman eine elementare Glaubwürdigkeit, eine Unmittelbarkeit hin zum tagtäglichen Leben der Menschen in jenen frühen fünfziger Jahren, die etwas zuvor Unbekanntes, ein als Normalität getarntes Elend, reale Not und reale Herrschaftsverhältnisse sinnlich erfahrbar und bewußt werden lassen. Es hebt Heinrich Bölls unabsehbaren, scheinbar dubiosen Stoff, die individuelle und soziale Wirklichkeit in einer katholisch dominierten Gesellschaft im Nachkrieg, mit einer Dringlichkeit gleichsam ins Licht, die es bis dahin in der Literatur nicht gab. Das ging eine Mehrheit der Menschen ganz direkt an. Und Böll erzählte spontan zugreifend so, daß jeder, auch der literarisch weniger geübte Leser begriff und bis heute erschüttert begreift, was da geschieht, daß es ganz direkt auch um ihn selbst geht und daß er es hier mit Wahrheit und deshalb auch mit Aufklärung zu tun hat. Deutschland, auch Westdeutschland war durch Hitler und seinen Krieg, z. B. auch durch die Emigration eines Großteils seiner Intelligenz, geschichtlich weit zurückgeworfen, die Schicht derer, die noch wußten, war sehr dünn geworden, die Massen waren noch abhängiger als zuvor. Böll verstand sie, weil er aus der Masse kam. Sein Roman »Und sagte kein einziges Wort« war gesellschaftlich

Die Abenteuer des Schriftstellers

und auch für Böll selbst ein großer Schritt zu humaner Emanzipation aus Zwängen, die zu seiner Entstehungszeit für eine Mehrheit auch in der westdeutschen Republik noch übermächtig waren, und das hatte Folgen.

Die Unmittelbarkeit des Romans zu dem bis dahin von der Literatur unbeachteten Stoff ebenso wie zu den Lesern folgt nicht zuletzt daraus, daß Böll in den sein Werk prägenden frühen und auch späteren Erzählungen und Romanen, um die es hier geht, nichts erzählte, was er nicht erlebt und erfahren hatte. Immer erzählte er von sich selbst, aus seiner ungerichteten, ganz offenen Wahrnehmung und auch aus seinem tagtäglichen Leben. Immer ist da Anschauung vorausgesetzt. Das ließe sich an tausend Einzelheiten im Vergleich schon mit den Kriegsbriefen oder den Briefen an Ernst-Adolf Kunz belegen. Es ist dabei allerdings zu unterscheiden zwischen autobiographischer und literarischer Sachtreue. Auch wo er sich selbst ganz nahe war, wo Figuren seines Erzählens sich durchaus zutreffend als ein Alter ego des Autors deuten lassen, erzählte Böll nicht autobiographisch. Die Wahrnehmungen, alle seine Erlebnisse und Erfahrungen waren, was Böll sein »Material« genannt hat. Immer wieder zeigt sich, daß die erstaunliche, insgesamt vorurteilslose Offenheit und Prägnanz, die Untrüglichkeit seiner Wahrnehmung Ausgangspunkt seines Schreibens waren. Was Böll erfuhr, überprüfte und konkretisierte er schreibend, erzählend ebenso wie essayistisch reflektierend auf seine humane und gesellschaftliche Stichhaltigkeit. Hier kommt ein hoher, durchaus traditioneller Anspruch auf Wahrhaftigkeit des Schreibens und Wahrheit der Literatur ins Spiel. Und auch auf Literatur als ein autonomes Medium des Erkennens, der exemplarischen Erkundung von Wirklichkeit. In diesem Zusammenhang hat Böll später von seinen immer neuen Experimenten im Umgang mit dem Stoff gesprochen, mit dem von der Straße aufgelesenen »Brocken Stoff«, den er in einem nicht völlig bewußten Vorgang bearbeite nach Maßgabe des Stoffes selbst. Jedes Werk ein neues Experiment.

Mitten im katholischen Volk 207

Die Vorstellung »Experiment«, die Intention eines experimentellen Schreibens, das dann in der Literatur der Bundesrepublik eine immer größere, durchaus wechselhafte Bedeutung gewann, hat für Heinrich Böll von früh an eine Rolle gespielt. Obwohl es da unbestimmte Annäherungen gab, auf beiden Seiten schließlich ein vages Verständnis, weil der Sprachrealismus experimenteller Autoren wie Helmut Heißenbüttel oder Franz Mon und der sich von den Konventionen immer deutlicher distanzierende Zugriff Bölls auf die Realität jedenfalls in der Absicht vergleichbar waren, bleibt der Unterschied groß. Böll suchte keine wissenschaftliche Begründung wie die demonstrativ Experimentellen. Er hat seine Vorstellung nicht in ein System gebracht, überhaupt theoretisch befragt, das lag außerhalb seines Interesses. Er bezog sie direkt auf die Inhalte, auf die Schwierigkeiten, an den Stoff tatsächlich heranzukommen. Gerade das Frühwerk Bölls, das in den frühen Nachkriegsjahren entstandene Werk ist insgesamt durchweg als herkömmlich realistisch, wenn auch außerordentlich kraftvoll und eigenwillig realistisch eingeschätzt worden. Anders schien der zunehmende Erfolg bei den Lesern, der sich mit dem Erscheinen des Romans »Und sagte kein einziges Wort« im April 1953 immer deutlicher abzeichnete, auch gar nicht erklärlich. Das hat falsche Erwartungen geweckt, die Böll bis an sein Lebensende zugesetzt haben, zum Beispiel die Erwartung, er werde sich schon noch zu einem Repräsentanten des souveränen, in sich ausgeglichenen Realismus mausern und so eine große Tradition, die allerdings längst zur Konvention geworden war, aufs neue bestätigen. Obwohl gerade sie den zunächst inkommensurablen Stoff erst zugänglich machten, wurden die spontan eingebrachten, von Böll durchaus zutreffend als experimentell empfundenen Erzählanordnungen nicht in ihrer Funktion und Notwendigkeit erkannt, sondern eher als Fehler gesehen, die ein »reifer« Böll noch ablegen werde.

In einer frühen Rezension hat sogar Alfred Andersch den Roman »Wo warst Du, Adam?« als ein bloßes Bündel von Stories charakterisiert, und die Kritik hat noch lange eine zu geringe künstlerische Geschlossenheit des Romans bemängelt. Es lag einfach nahe, dem vor allem durch Erzählungen bekannten Autor die Absicht zu unterstellen, durch solche Bündelung einen Weg zum Roman zu finden. Der Roman erst, der große Roman war in den fünfziger Jahren wie bis heute allgemeines Desiderat, nur der Roman schien den großen Autor auszuweisen. »Wo warst Du, Adam?« ließ da scheinbar zu wünschen übrig. Und doch demonstrierte gerade dieser Roman, wie sich vom Krieg speziell in der Phase der Auflösung aller zwanghaft vorgegebenen Bindungen wahrheitsgemäß erzählen ließ. Ganz tief saß noch die traditionalistische Vorstellung, im Roman sei unentbehrlich der eine Held mit seiner ganz persönlichen und dabei repräsentativen Geschichte, das eine große Individuum, aus dem allein der Roman sich ganz entfalten könne. Unterschiedliche, teils widersprüchliche und zufällige Geschichten verschiedener, mehr oder weniger gleichberechtigter Figuren stehen dem, so war noch immer Grundsatz, entgegen. Doch mit seinen autonomen Figuren, die in dem Soldaten Feinhals einen nur angedeuteten Mittelpunkt haben, und ihren Geschichten konkretisiert »Wo warst Du, Adam?« gerade den Zustand, um den es geht: den Zerfall des Kolosses zweiter Weltkrieg, in dem Millionen Menschen ihre individuellen, widersprüchlichen Schicksale haben, eine Phase des Krieges, die ganz sinnlos auch in bezug auf den Krieg so viele noch das Leben gekostet hat. Das In- und Nebeneinander verschiedener Geschichten ist nicht Notbehelf eines Erzählers, der eigentlich nur Stories zu erzählen hat, sie entspricht seinem schauerlichen Gegenstand und ist damit etwas ganz anderes, nämlich eine Methode, das Inkommensurable jedenfalls im Ausschnitt zu packen. Sie war ein Sprung vorwärts in der Romantechnik, den Böll gewiß spontan und unreflektiert, fast unbewußt, sich einzig auf den Gegenstand konzentrierend, doch zugleich sachlich effektiv riskiert hat. Die noch so komplexe Existenz des einen Helden konnte nicht mehr, wie meist in der

Mitten im katholischen Volk 209

Geschichte des Romans, exemplarisch sein für alle Menschen, wo das individuell zufällige Schicksal von Massen in Frage stand. Nicht mehr der große Eine konnte noch das Bild sein, sondern nur viele nebeneinander.

Es gab damals schon länger den durchaus als experimentell konzipierten und empfundenen Roman des Nebeneinander. Er war Resultat der Absicht, aus der Großstadt zu erzählen, einer Stadt wie New York zum Beispiel. Da galten ja keine Hierarchien mehr wie in den kleinen europäischen Königreichen oder Fürstentümern, in denen ganz oben einer für alle stand, da hatten Millionen nebeneinander ihre eigene, völlig zufällige, ihre von der Geschichte des großen Individuums losgelöste, ganz andere individuelle Existenz. Bereits in den zwanziger Jahren hatte der Amerikaner John Dos Passos in seinem berühmten Roman »Manhattan Transfer« mit vielen kleinen Helden nebeneinander versucht, dem gründlich veränderten Leben der Leute in der Masse und dem, was das Leben der einzelnen noch bedeutete, erzählend auf die Spur zu kommen – realistisch nicht laut dem Konsens der Tradition, sondern im Blick auf die tatsächliche Existenz der Leute. »Manhattan Transfer« ist schon 1927 in deutscher Übersetzung erschienen. Nicht auszuschließen, doch eher unwahrscheinlich ist, daß Heinrich Böll, ein unermüdlicher Leser, den Roman, der eine aus der Tradition nicht mehr erklärliche neuartige künstlerische Geschlossenheit suchte, Anfang der fünfziger Jahre schon gekannt hat. Doch es lag gleichsam in der Luft, andere als die herkömmlichen Wege zu erforschen, um die absurde Realität des Kriegs erzählend zu artikulieren. Heinrich Böll hat in »Wo warst Du, Adam?« vom Zerfall des Dritten Reichs und seinem Weltkrieg so erzählt, wie sein Gegenstand es forderte, nicht um allgemeine Vorstellungen vom Roman zu bestätigen oder ihnen zu entsprechen. Der Roman ist keineswegs nur ein Bündel von Stories, er ist vorausweisend und experimentell Roman des Nebeneinander. Er ist realistisch nicht im Sinn der Tradition, sondern im Blick auf das tatsächliche Leben der

Soldaten. Was sicher der Grund dafür war, daß er erst mit großer Verzögerung Erfolg hatte.

Für »Und sagte kein einziges Wort« lassen sich ähnliche Erwägungen anstellen. Auch hier ein Nebeneinander. Alternierend haben das Ehe-, Eltern- und Liebespaar Fred und Käte zunächst je ihren eigenen Part. Sie leben getrennt, obwohl sie jenseits all ihrer Belastungen immer noch eins sind. Sie haben jeweils ihre eigenen Erlebnisse, machen ihre eigenen Erfahrungen, denken allein über sich nach und suchen sich klarzuwerden über ihre Situationen, ziehen ihre Schlußfolgerungen. Doch sie sind fähig, weiterhin miteinander zu sprechen. Ihre monologisch in Bewußtseinsabläufen sich artikulierenden Lebensumstände schließen den Dialog, das Miteinandersprechen nicht aus. Und der Autor, der sie umstandslos nebeneinander reflektieren und mit sich selbst sprechen läßt, erlaubt sich auch, auf Abstand zu gehen, Freds und Kätes Situation in ihrer begrenzten Totalen zu zeigen. Als Roman ist »Und sagte kein einziges Wort« ohne Rücksicht auf irgendwelche Vorschriften, mit geradezu brachialer Direktheit auf Vergegenwärtigung seines Stoffes fixiert. Ungezählte realistische Einzelheiten machen einen Stoff faßlich, der wahrhaftig auf der Straße lag, den wahrzunehmen und erzählend als ihn selbst vorzuzeigen, den im Bild erst zugänglich zu machen und zu Bewußtsein zu bringen jedoch, wie das in der Literaturgeschichte immer wieder der Fall gewesen ist, eines außerordentlichen Schriftstellers bedarf.

III. DAS AUGE DES SCHRIFTSTELLERS

Trotz der hohen Hürden, die er hatte überwinden müssen, war Heinrich Böll spätestens jetzt, 36 Jahre alt, auf der ihm allein zugehörigen Ebene des Erzählens, des Schreibens angekommen, wenn da auch noch einige Bestätigungen ausstanden. Obwohl er sich aus seiner Familientradition, aus seinem Gefühl heraus noch immer

Das Auge des Schriftstellers

dagegen sträubte, hatte er erfahren, daß zwar der Glaube des katholischen Christen Teil seines Lebens war, das Leben aber nicht Teil des Glaubens, und schon gar nicht Teil der stets zeitabhängigen Institution Kirche, die – offensichtlich geradezu zwanghaft – so viele Realitäten des Lebens ausblendete. Kirche blieb eine Einrichtung von dieser Welt, und es war mehr als nur zweifelhaft, ob und wie sie den Menschen diente. Deren Teil jedoch blieb der Glaube, der für Böll dann mehr und mehr zum Glauben an die Möglichkeit wurde, daß Humanität den Menschen erreichbar sei. Böll hat aus seinen bitteren Erfahrungen heraus keine abstrakten oder theoretischen Schlüsse gezogen. Er hat sie ausgehalten, gewiß mit Rückfällen in die Sicherheiten, die die Kirche anbot. Das war Voraussetzung dafür, daß ebendiese vom Zweifel stigmatisierte, erzählend beglaubigte Erfahrung der Humus sein konnte, aus dem sein fest in seiner Geschichtszeit, hier noch in den frühen fünfziger Jahren und seiner rheinisch-katholischen Welt verankertes und doch weit über beides hinausweisendes Werk hervorging.

Erstaunlich ist, daß der so spontane, gefühlsbestimmte Erzähler Heinrich Böll sehr früh schon als ein notorischer Intellektueller hervortrat. Das hatte sicherlich auch, doch nicht vor allem mit dem Markt zu tun, der sich für Glossen, Rezensionen, Essays, Berichte, Features immer weiter öffnete, und Böll erkannte darin eine Möglichkeit, rascher und regelmäßig zu publizieren. Er hat ab 1952, dem Jahr, in dem er ganz plötzlich eine große Zahl von Rezensionen veröffentlichte, in all diesen Genres praktiziert und mit einigen Rezensionen, Essays, Berichten und auch Reden jedenfalls im damaligen Literatur- und Kulturbetrieb auch Aufsehen gemacht und vielen Menschen Orientierung gegeben. In das Jahr '52 fällt Bölls »Bekenntnis zur Trümmerliteratur«, seine Rezension des Berichts »Kirschen der Freiheit« von Alfred Andersch, der Geschichte einer Desertion, unter dem Titel »Trompetenstoß in schwüle Stille« sowie, unter dem Titel »Existenz in Gott und in der Armut«, eine umfangreiche Sendung über Léon Bloy und eine

Rezension deutscher Ausgaben der Werke von Léon Bloy. Er hatte dessen Apotheose der Armut, die ihn bereits als Gymnasiast aufgeschreckt hatte, nicht verdrängt, im Krieg und in den frühen Nachkriegsjahren hatte er Armut in extremer Zuspitzung erlebt, und sie war ihm ein hoher Wert geblieben, so sehr er ihr zu entkommen wünschte.

In diesen frühen fünfziger Jahren wurde, nach dem Erfolg bei der Gruppe 47, Heinrich Bölls Position als Autor in kurzer Zeit ganz außerordentlich komplex. Er muß, anders läßt es sich kaum sagen, wie wild gearbeitet haben. Noch bevor im April 1953 sein Roman »Und sagte kein einziges Wort« erschien, hatte er zum Beispiel auf der Tagung der Gruppe 47 Ende Oktober, Anfang November 1952 die Satire »Nicht nur zur Weihnachtszeit« gelesen und dabei für sich ein neues, bald höchst erfolgreiches Genre etabliert, in dem er sich auch vorher schon versucht hatte. Rolf Schroers konstatierte in seinem Bericht für die Frankfurter Allgemeine Zeitung ein weiteres Mal Bölls »einmalige humoristische Begabung«, der er erhebliches entlarvendes Potential zuschrieb. Veröffentlicht wurde die bis in die Gegenwart hinein gültige Parodie auf das deutsche Weihnachtsgefühl, auf die verlogene, falsche Weihnachtsfrömmigkeit der Deutschen mit der unverkennbaren Absicht, »unserem westdeutschen restaurativen Selbstbewußtsein einen Schock zu versetzen«, Ende 1952 im Nordwestdeutschen Rundfunk. Heinz Rühmann hat sie vorgetragen, und sie wurde verstanden, sie kam an bei den Hörern und bald auch bei den Lesern. Zur Rechtfertigung und Verteidigung deutscher Gefühlswirklichkeit gegen eine solche, vorgeblich abstrakte und nur abstrakt zutreffende, in seinen Augen allzu unbarmherzige Kritik verfaßte Pfarrer Hans Werner von Meyenn, der Leiter der kirchlichen Rundfunkzentrale Bethel, einen offenen Brief an Böll, den er im Evangelischen Pressedienst (epd) veröffentlichte. Pfarrer von Meyenn beklagte beim Rundfunk und auch bei Böll eine »überhandnehmende Flucht in den abstrakten Intellekt«, wo es doch darauf ankomme, »den Menschen zu helfen,

Das Auge des Schriftstellers

den wirklichen Menschen aus Geist und Seele«. Böll reagierte hierauf ebenfalls mit einem offenen Brief, der in den Frankfurter Heften erschien. Als ein Schriftsteller, »dem es durchaus nicht bloß um die Kunst geht« – für Bölls Kunst hatte Pfarrer von Meyenn nur höchstes Lob –, reklamierte er sein Recht auf Abstraktion als Mittel, einen Befund innerhalb der Wirklichkeit unverhohlen zu akzentuieren. Nicht um Diffamierung der Weihnachtsbotschaft sei es ihm gegangen und auch nicht um den »klinischen Fall« einer weihnachtssüchtigen gutbürgerlichen Närrin, die ihre Familie und auch die Geistlichkeit in ein das ganze Jahr währendes Weihnachtstheater zwingt, sondern um den widerwärtigen Betrieb rund um das Fest und die Ausbeutung der deutschen Gefühlsbedürfnisse. »Mit dem deutschen Gemüt«, schrieb Böll, »läßt sich ein großartiges Geschäft machen, und wer so in der Adventszeit durch die Straßen einer Großstadt schlendert, dem kann wirklich bange werden, und es wäre zu empfehlen, den Schuhe-, den Seife-, den Schokoladeanbietenden Engeln ein Spruchband in den Mund zu hängen mit dem Wort des großen Christen Chesterton: ›Reklame ist die Bettelei der Reichen. Kauft heißt: Gebt mir mehr Geld, gebt mir noch mehr Geld, als ich schon habe.‹« Und Heinrich Böll ging in seinem offenen Brief noch weiter: »Mir wird bange, wenn ich das Wort ›deutsches Gemüt‹ lese oder höre, denn ich werde die Vorstellung von jenem gemütvollen Mann nicht los, der seine Kinder liebte, ihnen Schokolade schenkte, Rührung empfinden konnte über leidende Tiere, den aber all sein Gemüt nicht hinderte, blindlings und mit jener dem Gemüt nahe verwandten Brutalität in einem KZ seine Pflicht zu tun, die darin bestand, Menschen zu ermorden, weil das Gesetz es befahl. Sie sind sich gewiß, sehr verehrter Herr Pfarrer, dieser Gefahren bewußt, die in der Verwandtschaft der Sentimentalität und Brutalität liegen, die beide auch eine Erscheinungsform des Gemütvollen sind.«

Das war eine harte Reaktion auf die – was Heinrich Böll auch anerkannte – respektvoll besorgte, doch auch kurzsichtige

Die Abenteuer des Schriftstellers

Mahnung eines Kirchenmannes, dem es durchaus auf die Leute und Hilfe für sie ankam. Böll hatte eine andere, den gesellschaftlichen Zustand nicht hinnehmende, sondern auf seine Erhellung und auch Veränderung setzende Perspektive. Mit sachlichen, doch 1952/53 weit schwerer als – nicht zuletzt dank Heinrich Böll – schon fünfzehn oder zwanzig Jahre später vermittelbaren Argumenten hat sich Böll in seinem offenen Brief auf Symptome eines vorherrschenden westdeutschen restaurativen Selbstbewußtseins fixiert. Für jene Volkstümlichkeit, die eine lädierte, trübe Wirklichkeit bestehen ließ, gar anerkannte, weil die Leute selbst sie darstellten, war er eben wegen der Leute nicht zu haben. Da schrieb und sprach er Klartext, riskierte wiederholt auch den Erfolg, den er insbesondere damals dringend brauchte. Es gab jedoch nach und nach immer mehr Leute, die das verstanden und dem auch zustimmten.

Weihnachten war nur ein Beispiel, wenn auch ein besonders plastisches. Wie in seinem offenen Brief in Sachen »Nicht nur zur Weihnachtszeit« setzte Böll nun immer öfter und sichtlich aus der Beobachtung heraus, daß die Menschen leicht mißverstehen, auf den Klartext. Der Intellektuelle und der Erzähler schlossen einander nicht aus, sondern ergänzten und inspirierten einander. Beiden ging es »durchaus nicht bloß um die Kunst«. Beiden ging es um die Menschen und ihr Zusammenleben, um die Gesellschaft, die für Böll offensichtlich über die einzelnen hinweg eine eigene, prägende Realität darstellte. Die Leute konstituierten die Gesellschaft, von deren Übermacht sie zugleich abhängig waren, was eine nur in der Abstraktion mögliche Analyse und Kritik erforderlich machte. Hier war keineswegs nur das so ambivalente Weihnachtsgefühl der Deutschen Symptom, sondern in jener frühen Wirtschaftswunderzeit bereits auch die Vergeßlichkeit, was ihre Leiden und Verbrechen im zweiten Weltkrieg anging, eine Vergeßlichkeit, die sie empfänglich machte für Pläne zur Wiederbewaffnung, Wiederaufrüstung zu erneuerter Verteidigungsbereitschaft, wie das nun hieß. Böll schrieb sein »Bekenntnis zur Trümmerliteratur« und die

Das Auge des Schriftstellers 215

Andersch-Rezension »Trompetenstoß in schwüle Stille«. Er reagierte als Literat. Für ihn hatte Literatur mit Wirklichkeit und Gesellschaft zu tun und war fähig, in diese hineinzuwirken. Sie gab Richtungen an. Zu einer Zeit, in der die Literatur sich längst wieder in die schwindelnden Höhen des reinen, allem Gesellschaftlichen enthobenen, zeitlosen Gedichts erhoben hatte – gerade auch das gab eine Richtung an –, bekannte Böll sich zur »Kriegs-, Heimkehrer- und Trümmerliteratur«. Das seien die Stichwörter, mit denen man die Literatur seiner Generation in der Öffentlichkeit abzutun versucht habe. Böll schrieb, die Bezeichnungen als solche seien durchaus berechtigt. »... es war Krieg gewesen, sechs Jahre lang, wir kehrten heim aus diesem Krieg, wir fanden Trümmer und schrieben darüber. Merkwürdig, fast verdächtig war nur der vorwurfsvolle, fast gekränkte Ton, mit dem man sich dieser Bezeichnungen bediente: Man schien uns zwar nicht verantwortlich zu machen dafür, daß Krieg gewesen, daß alles in Trümmern lag, nur nahm man uns offenbar übel, daß wir es gesehen hatten und sahen, aber wir hatten keine Binde vor den Augen und sahen es: Ein gutes Auge gehört zum Handwerkszeug des Schriftstellers.«

Offenbar, schrieb Böll, werde vom Autor verlangt, in einem »Blindekuhzustand« zu verharren und die Realität schönzureden. »Aber ich wiederhole: Ein gutes Auge gehört zum Handwerkszeug des Schriftstellers, ein Auge, gut genug, ihn auch Dinge sehen zu lassen, die in seinem optischen Bereich noch nicht aufgetaucht sind.« Böll erinnerte an die erhellende und verändernde Wirkung der Romane von Charles Dickens, der als junger Mann ein äußerst unerfreuliches Leben gehabt und schließlich in Romanen über das geschrieben habe, was seine Augen gesehen hatten – »seine Augen hatten in die Gefängnisse, in die Armenhäuser, in die englischen Schulen hineingesehen, und was der junge Mann gesehen hatte, war wenig erfreulich, aber er schrieb darüber und das Merkwürdige war: seine Bücher wurden gelesen, sie wurden von sehr vielen Menschen gelesen und der junge Mann hatte einen Erfolg, wie er selten einem Schriftsteller beschieden ist: Die Gefängnisse wurden reformiert, die Armenhäuser und Schulen einer gründlichen Betrachtung gewürdigt und: sie änderten sich.« So ähnlich auch die Erwartung, die Hoffnung, die Heinrich Böll darein setzte, daß die Schriftsteller seiner Generation die Augen offen hielten in der Erinnerung an den Krieg, beim Blick auf die Trümmer und auf die Menschen, die unter schwerer Last lebten, besonders auf die Menschen im Dunkeln. Böll schloß: »Es ist unsere Aufgabe, daran zu erinnern, daß der Mensch nicht nur existiert, um verwaltet zu werden – und daß die Zerstörungen in unserer Welt nicht nur äußerer Art sind und nicht so geringfügiger Natur, daß man sich anmaßen kann, sie in wenigen Jahren zu heilen. Der Name Homer ist der gesamten abendländischen Bildungswelt unverdächtig: Homer ist der Stammvater europäischer Epik, aber Homer erzählt vom Trojanischen Krieg, von der Zerstörung Trojas und von der Heimkehr des Odysseus – Kriegs-, Trümmer- und Heimkehrerliteratur –, wir haben keinen Grund, uns dieser Bezeichnung zu schämen.«

Dieses programmatische Bekenntnis zur Trümmerliteratur, das Böll kurz nach der Veröffentlichung in der Zeitschrift »Die Literatur«, später auch in der Deutschen Studentenzeitung und in der »Welt der Arbeit«, beim 90. Kölner Mittwochsgespräch im Wartesaal des Kölner Hauptbahnhofs vortrug, fand Zustimmung. Hier waren Argumente formuliert, die sich noch immer ignorieren, nicht aber zurückweisen ließen. Die Berufung auf Homer war nicht nur ein geschickter Appell an die Bildungsbürger, sie war auch stichhaltig.

Und noch öfter gab Böll sich öffentlich Rechenschaft und trug seine Argumente vor. 1952 war für ihn ein Jahr der Selbstvergewisserung auch als Intellektueller und zugleich selbstbewußter Erweiterung seiner Kompetenz als Autor – bis hin zu dem Bericht »Besuch auf einer Insel«, dem Bericht über eine Reise ins zweigeteilte Berlin, der ein eigenes Genre in Bölls Werk ankündigte, eben den auf seine eigene Wahrnehmung setzenden detaillierten und anschaulichen

Das Auge des Schriftstellers 217

Bericht mit Elementen des Features und der Reportage. Auch manche der Rezensionen ermöglichten Böll programmatische Verdeutlichungen seiner Position. Beispielhaft hier die knappe Vorstellung des Berichts »Die Kirschen der Freiheit« von Alfred Andersch, der mit der Feststellung beginnt: »Angesichts der dräuenden Remilitarisierung ist eine schwüle Stille entstanden um jene Bücher der seit 1945 Schreibenden, die sich eindeutig gegen den Krieg entschieden haben, während die milde Kriegsliteratur der Romantiker, die Memoiren der Generäle heftig begehrt werden und der Wüstenfuchs im Sturm ›die Herzen erobert hat‹.« Böll nennt Anderschs Buch, den Bericht eines Mannes, der 1933 nicht aufgehört habe zu denken, eine Wohltat, einen »Trompetenstoß, der in die schwüle Stille fährt und die Gewitter zur Entladung bringt«. Auch dem Mechanismus des Militärs habe Andersch sich denkend gestellt und sich ihm denkend entzogen, »wohl wissend, daß mehr Mut zur Desertion gehörte als zum blinden Gehorsam«.

Das Auge des Schriftstellers hält dazu an, mit wahrgenommenen Widersprüchen umzugehen, statt sich dem Zwang zu unterwerfen, sie aufzuheben. Deutlicher noch als zuvor zeichnet sich in Heinrich Bölls Existenz eine Grundebene ab, die ihm ebendies ermöglichte. Sie war bestimmt von Gewißheit und äußerstem Zweifel zugleich, von Treue zu den humanen Grundsätzen des Glaubens samt Aufmerksamkeit für alle, auch die gegenläufigen Erscheinungen, und zugespitzt ließe sich sogar behaupten, sie habe mit dem Glauben immer auch die Ungläubigkeit umfaßt. Alle Widersprüche und Spannungen waren zugänglich von dieser existentiellen Grundebene her, die sich stabilisierte in der Phase, in der sich der Katholik Böll erstmals von einer wachsenden Öffentlichkeit bestätigt fühlte, und die sich vorläufig, wenn auch leicht romantisierend bezeichnen läßt als der Grund, ja das Geheimnis der Produktivität Heinrich Bölls. Von dieser Grundebene her schärfte sich das Auge des Schriftstellers und wurde beweglicher, sie war es, die ihn bei aller Glaubensbereitschaft unfähig machte, seine Augen vor irgend etwas zu schließen.

218 *Die Abenteuer des Schriftstellers*

Noch einmal hat Heinrich Böll 1952 in Rezensionen und einem Radiofeature auch die für diese Ebene seiner Existenz konstitutive Provokation dokumentiert, die ganz zu Beginn seiner Vorgeschichte als Schriftsteller, noch Mitte der 30er Jahre die Entdeckung des ebenso konsequenten wie bizarren Werkes und der Haltung des tief im 19. Jahrhundert verwurzelten katholischen französischen Schriftstellers Léon Bloy für ihn bedeutet hatte. Bloys nahezu mittelalterlicher Extremismus, seine Apotheose einer »Existenz in Gott und der Armut«, die den Haß kannte und unmißverständlich auch die geschlechtliche Liebe anerkannte, hatte für Böll eine große Anziehungskraft, die in Krieg und Nachkrieg nicht nachließ, obwohl ein geradezu unmenschlicher Ausbruch von Deutschenhaß bei Bloy während des ersten Weltkriegs Böll schokkierte und ernüchterte, als er ihm bekannt wurde. Bloy machte Heinrich Böll die Armut, in der er jahrelang lebte, nicht erträglicher, doch er gab ihr Würde, einen Sinn. Und Bloy begründete für Böll den explosiven Antagonismus von hoher Gläubigkeit des Katholiken und radikaler Kritik an der Institution Kirche. Schon Bloy hatte glaubensstark viele Priester gehaßt.

Von irgendwelcher Gemütlichkeit konnte da keine Rede sein. Mit der katholischen Welle in Nachkriegs-Westdeutschland hatte Bölls Bild von Leben und Werk Léon Bloys so wenig zu tun wie mit dem rheinisch-katholisch abgemilderten Kapitalismus in der Bundesrepublik, der restaurativen Konsolidierung im Wirtschaftswunderland, die Böll immer mehr beunruhigte. Es war sicherlich etwas vom Geist des Léon Bloy, was Böll dann bei einigen Kritikern in den Geruch brachte, er strebe mit all seinen Hoffnungen zurück ins Mittelalter. Zweifellos wünschte er zu erhalten, was in seiner Sicht die Menschen erst zu Menschen machte, alles, was zu Liebe, Glaube und Hoffnung anhielt, zu Mitmenschlichkeit, Freundlichkeit, kultureller Offenheit. Zweifellos erkannte er in all dem, was für ihn katholische Theologie war, eine die Menschlichkeit belebende Kraft. Doch Geschichte und Gegenwart zeigten ihm drastisch zugleich

Das Auge des Schriftstellers

deren Mißbrauch durch die Kirche, all die Verengungen und Zuspitzungen, die sie tatsächlich ins Zusammenleben brachte, ihre Deformation zu einem Instrument der Anpassung und Unterdrückung. Das Auge des Schriftstellers, das er zu haben beanspruchte, das er wie kein anderer in seiner Generation besaß, bewahrte Böll vor den umgehenden falschen Gewißheiten. Auch Léon Bloy war allerdings für ihn kein Wegweiser, sondern eine Herausforderung; jeder Anspruch auf Wegweisung weckte sein Mißtrauen. Doch Bloys Apotheose der Armut als »einzige Würde des Menschen« brannte Böll auf den Nägeln, und sie gab ihm etwas zu erkennen, etwas human und geschichtlich Elementares, das er in einem Essay so zusammengefaßt hat: »In zahlreichen Versuchen sind die Kirchen um eine Lösung dessen bemüht, was sie die ›soziale Frage‹ zu nennen übereingekommen sind, aber diese offiziellen Versuche einer Lösung zeichnen sich dadurch aus, daß sie weder die Besitzenden noch die Besitzlosen zu erschrecken sich bemühen. Bloy aber wußte es, wußte, was niemand dem Armen zugestehen will, obwohl es bekannt sein müßte: Armsein ist schrecklich, ist schrecklich in dieser Gesellschaft, die sich im 19. und 20. Jahrhundert gebildet hat. Armsein ist fürchterlich, weil es in dieser Gesellschaft keinen Platz mehr für die Armen gibt, sie keinen Rang mehr genießen, sie, denen der erste Rang zukommt. Wenn Armsein und Christsein in dieser Gesellschaft schrecklich ist, so gibt es noch etwas Schrecklicheres: Reichsein und Sich-Christ-Nennen. Angesichts der stets sich vervielfältigenden Zahl der Armen, die die moderne Gesellschaft in Kriegen und Krisen geradezu produziert, indem sie ihnen gleichzeitig ein besseres Leben verspricht, müßte Bloys Stimme immer bedeutungsvoller werden, und angesichts der sich munter restaurierenden Gesellschaft besitzender und besitzverteidigender Christen ist die Lektüre Léon Bloys ein großer Trost; er beschönigt nichts, wo nichts zu beschönigen ist ...«

Heinrich Böll registrierte in Bloys Schriften auch einen wilden Haß auf die Juden, der jedoch »zärtlichste Liebe« für sie nicht ausgeschlossen habe – ein absurder Widerspruch, erklärlich nur aus der Faszination durch die Extreme, die diesen radikalen Katholiken antrieb. Anders Bloys Haß auf die Deutschen, ein Haß, der keine Liebe und keine Menschlichkeit mehr zuließ, und den Böll mehrfach erwähnt, doch erst einige Jahre später, erst 1958 unmißverständlich herausgestellt hat. Als Soldat in Frankreich habe er sich beim Besuch eines Spezialarztes in Paris die Tagebücher von Léon Bloy gekauft und sie mühsam mit Hilfe seines Taschenlexikons gelesen. Schließlich sei er im letzten der Tagebücher auf eine Eintragung »am heiligen Weihnachtsfest 1916« gestoßen, die mit dem Satz beginne: »Wir haben die Gans aus der Bretagne erhalten ...« Einige Zeilen später heiße es: »Meine Genugtuung wäre größer, wenn ich die vollkommene Sicherheit hätte, daß in dem Augenblick, wo wir unser Weihnachtsmahl halten, ganz Deutschland vor Hunger krepieren würde.« Böll schreibt dazu: »Geschrieben 1916, am Weihnachtsfest, zu einer Zeit, wo meine Mutter mit fünf Kindern tatsächlich vom Hungertod nicht weit entfernt war, gelesen 1942, während in Köln meine Frau, meine Eltern, meine Geschwister täglich einige Male in Todesangst versetzt wurden; vielleicht sollte Bloys Fluch sich erfüllen, die Deutschen würden krepieren, nicht an Hunger, sondern in der Brisanz der Sprengbomben. Hätte ich an die deutsche Kollektivschuld geglaubt, ich wäre desertiert und hätte einen Weg in die Emigration gefunden.« So aber sei er durch Paris spaziert, habe im Hotel einen langen Brief an seine Frau geschrieben und dann grübelnd auf den Schlaf gewartet. »Es fiel mir nicht leicht, Bloy preiszugeben, aber ich konnte seinen Haß nicht verzeihen, nicht verstehen, nicht vollziehen, den Haß eines alten Mannes, und so gab ich Bloy preis, in dieser Nacht ...«

Da wünschte ein wegen seiner Rigorosität im Glauben, seines Lebens in der Armut und für die Armut und der Entschiedenheit all dessen, was er geschrieben hatte, bewunderter katholischer Schriftsteller auch seiner, Bölls Mutter und ihren Kindern den Tod durch Verhungern. Hier war eine Grenze. Seine Mutter zu hassen,

Das Auge des Schriftstellers

die überdies schuldlos war an den Leiden so vieler Menschen im ersten Weltkrieg, war Böll unfähig, und er war unfähig, einen auch gegen sie gerichteten, lebensbedrohenden Haßausbruch für erträglich zu halten. Da hatte alle grundsätzliche Zustimmung im lebendigen mitmenschlichen Gefühl ihre Grenze. Ein gerade auch in seinem Haß bewunderter Lehrer hatte sich unglaubwürdig gemacht. Hier stand eigene Erfahrung, eigenes Erleben gegen eine Aussage, die durch die Erfahrung ad absurdum geführt wurde. Bölls Liebe wies den Haß sogar eines Léon Bloy unmißverständlich zurück, weil er diese Liebe ausgelöscht hätte. Und dies sein Erlebnis ist beispielhaft dafür, wie Böll ganz spontan auf Verallgemeinerungen, Sprüche und Ansprüche ex cathedra, umfassende Lehren, auch Glaubenslehren reagiert hat: Er unterwarf sie – nicht überstürzt, doch unnachgiebig – seiner ganz persönlichen Nagelprobe, nichts nahm er einfach hin, jede Inkonsequenz oder Verzerrung spürte er auf. Dieses Erlebnis in Paris im Kriegsjahr 1942 immunisierte Böll nicht nur gegen die Kollektivschuldthese in den Jahren nach dem zweiten Weltkrieg, es half, seine Fähigkeit freizusetzen, nie auf irgendwelche große Verallgemeinerungen zu bauen, immer nachzufragen, es mit den alltäglichen Realitäten des Lebens genau zu nehmen und das Mißtrauen gegenüber den großen Worten wachzuhalten. Das war elementar für seine persönliche Theologie. Das Auge des Schriftstellers blieb weit geöffnet, und nur, was vor ihm standhielt, war für Böll gültig.

Léon Bloy ganz und gar preiszugeben schon in jener Nacht 1942 in Paris, das vermochte Böll allerdings nicht, wie ein Essay und Rezensionen noch im Jahr 1952 belegen. Zu packend war für ihn die Vorstellung einer Existenz in Gott und der Armut, die zugleich die Liebe einschloß und die Sexualität bejahte. Die Erinnerung an jene Nacht in Paris, in der ihm sogar Léon Bloy fragwürdig wurde, hat Böll erst mitgeteilt in seinem »Brief an einen jungen Katholiken« von 1958, als die Restauration in Westdeutschland vollzogen war und die katholische Kirche mit ihren Dienern erneut Beihilfe bei der Vorbereitung junger Leute diesmal auf ein Leben in der Bundeswehr leistete. Der Brief ist an einen jungen Mann gerichtet, der eben einen der sogenannten Einkehrtage für einrückende Soldaten hinter sich gebracht hat. »Man hatte Sie dort«, so Heinrich Böll, »vor den moralischen Gefahren des Soldatenlebens gewarnt, und – wie es bei diesen Warnungen üblich ist – wurde Moral immer noch mit sexueller Moral identifiziert.« Der Brief ist eine Philippika ersten Ranges, die Abrechnung mit einer Fehlorientierung, die sich längst so selbständig gemacht hatte, daß sie einstand für die katholische Moral selbst. Böll erinnert sich an seine eigenen Einkehrtage 1938, wo ihm kirchlicherseits einst das »geistige Rüstzeug für den Dienst in der Wehrmacht« geboten wurde samt Anleitung zur Tapferkeit, zum Gehorsam »nach der beliebten Auffassung, die Katholiken immer voran, wir sind doch keine Schlappschwänze«. Heinrich Böll nennt das »Turnlehrertheologie«, und aus der trübseligen Erinnerung an seine Kriegsjahre gibt er handfeste Beispiele dafür, wie locker die meisten Priester, erst recht die Seelsorger in der Wehrmacht, sich dem Naziungeist angepaßt haben. Und was die Gegenwart anging, in der Böll seinen Brief schrieb, so war in seinen Augen auch die »Fast-Kongruenz von CDU und Kirche« ähnlich verhängnisvoll.

Sittliche Gefahren? Er empfing die Anleitung, so erinnert sich Böll, wie man sich bei Kompaniefesten und Kameradschaftsabenden vor Trunkenheit hüten konnte, die ja so leicht in einen kollektiven Bordellbesuch ausartet. Doch ansonsten: »Kein Wort über Hitler, kein Wort über Antisemitismus, über etwaige Konflikte zwischen Befehl und Gehorsam.« Grundsätzlich, wenn auch etwas modifiziert, waren für Heinrich Böll die Verhältnisse immer noch so ähnlich. Böll säte Mißtrauen, bestand darauf, daß zu Hitlers Zeiten »sittliche Gefahr hohen Grades« weniger von den sexuellen Bedürfnissen und Zwängen als vom Reichskonkordat ausgegangen sei, mit dem der Vatikan Hitler erste internationale Anerkennung verschafft hatte. Böll säte Mißtrauen: »So können Sie, lieber Herr

Das Auge des Schriftstellers 223

M., bei Pfarrer U. getrost etwaige Zweifel am Dogma von der leiblichen Himmelfahrt Mariens äußern; es wird Ihnen eine höchst subtile, gescheite und theologisch saubere Unterweisung zuteil werden; sollte es Ihnen jedoch einfallen, Zweifel am (unausgesprochenen) Dogma von der Unfehlbarkeit der CDU zu äußern, so wird Pfarrer U. auf eine nervöse Weise ungemütlich und unsubtil. Sie können auch getrost das Gespräch auf die Christus-Vision des Heiligen Vaters bringen; man wird Sie auf eine liebenswürdige Weise darüber aufklären, daß Sie nicht verpflichtet sind, daran zu glauben; aber sollten Sie Zweifel äußern an irgendeinem Satz des Heiligen Vaters, der eine Wiederbewaffnung Deutschlands rechtfertigen könnte, wird das Gespräch wiederum höchst ungemütlich …«

Böll stellte in seinem Brief die Berufung auf »gerechte Verteidigung«, die als Argument für die Wiederbewaffnung diente, entschieden in Frage: »Geben Sie immer acht, junger Freund, wenn die Theologen von gerechter Verteidigung sprechen. Das Wort ist so groß und billig, daß es eigentlich verboten werden müßte.« Die Enkel jener Männer, die 1914 gefallen seien, würden heute an Atomkanonen ausgebildet, und immer seien die Historiker noch nicht imstande, sich darüber zu einigen, wer sich 1914 im Stande gerechter Verteidigung befunden habe. »Wer sollte sich da in einem solchen Begriff trösten können?« Wer nach historischen Beispielen für gerechte Verteidigung suche, der finde sie allerdings in der jüngsten Vergangenheit: »… das bolschewistische Rußland befand sich im Jahr 1941, als die deutsche Wehrmacht dort einfiel, im Zustand der gerechten Verteidigung; Dänemark, Norwegen, Frankreich – nehmen Sie sich eine Europakarte vor und zählen Sie die Länder ab.«

Was andererseits die Vorbilder angehe, die ein junger Mann vielleicht brauche, gab Heinrich Böll eine geharnischte Empfehlung: »… es gibt deren unzählige; wählen Sie einen kleinen Judenjungen aus einem galizischen Dorf, einen Namenlosen, der vom Spielplatz weg in den Waggon gezerrt, an der Rampe von Birkenau von der

Hand seiner Mutter gerissen und im Zustand vollkommener Unschuld getötet wurde.« Entschieden und mit der Nennung von Gründen riet Böll davon ab, sich auf die Protagonisten der katholischen Jugendbewegung einzulassen, da hatte er zu bittere Erinnerungen: »Um diese Zeit, im Sommer 1938, waren die meisten meiner Schulkameraden längst aus den verschiedenen katholischen Jugendgruppen in die HJ oder ins Jungvolk übergewechselt; ich begegnete ihnen manchmal, wenn sie an der Spitze ihrer Gruppen durch die Stadt marschierten; sie lächelten mir entschuldigend zu, wenn ihre Gruppe gerade sang: ›Wenn das Judenblut vom Messer spritzt ...‹, ich erwiderte das Lächeln nicht.«

Heinrich Bölls »Brief an einen jungen Katholiken« war eine massive Attacke und liest sich noch immer so. Er ließ am politischen und historischen Stand der Dinge in der Kirche kein gutes Haar. Er war ein erster Schlußstrich in Bölls langwieriger, quälender Auseinandersetzung mit Kirche und Katholizismus. Was immer das Auge des Schriftstellers sah, war für jeden, der nachzudenken vermochte, unmißverständlich anschaulich gemacht, und zwar spürbar namens einer offenen, schwierigen, ja geheimnisvollen Theologie, die aus der Kirche längst zugunsten handlich-mechanischer Regeln verbannt war. Nur vereinzelt hingen Menschen dieser – von der so effektiven und gängigen Turnlehrertheologie, die sich die Leute zurechtrückte, weit entfernten – humanen Theologie noch an. Böll war sicher: »... unser Brot müssen wir uns selber backen und das Wort uns selbst bereiten.«

Heinrich Bölls »Brief an einen jungen Katholiken« hob die langwierige Auseinandersetzung des Schriftstellers mit Kirche und Katholizismus in eine neue Dimension, und er machte Skandal. Er sollte im Süddeutschen Rundfunk gesendet werden, doch dessen Intendant Hans Bausch setzte die Ausstrahlung kurzfristig ab. Teilweise wurde der Brief abgedruckt in den Münchner Werkheften katholischer Laien und vollständig in der Sammlung »Christ und Bürger. Heute und morgen«. Wie Böll unter Berufung auf eine

Das Auge des Schriftstellers   225

ganz andere Theologie als dem Brot, von dem wir leben, die in der
Kirche praktizierte Theologie in Frage stellte, das hatte dann ein
charakteristisches Nachspiel, und dieses warf ein Licht auf die
unüberschaubare tatsächliche Wirkung dieser Philippika. Einer der
Kritiker, Dr. Walter Weymann-Weyhe, stellte in einem offenen Brief
an Böll indirekt die Frage, die Böll in seiner Antwort ganz direkt
aufnahm, nämlich »Sind Sie nun Katholik oder nicht?«. Böll
bestand darauf, daß er Katholik sei, und auf seiner Überzeugung,
mit dem »Brief an einen jungen Katholiken« der Kirche gedient
zu haben. Weymann-Weyhe hatte im Namen der Wahrheit, und
das hieß für ihn: der Kirche, vor allem Bölls Deutung des Sakra-
ments der Ehe, das der körperlichen Liebe bis in die Freudenhäuser
eine Würde gebe, und des Verhältnisses von geweihtem und unge-
weihtem Brot streng zurückgewiesen, ihm Demagogie unterstellt
und den Brief insgesamt einen »törichten Husarenritt« genannt. Er
argumentierte auf idealer Ebene, im Blick auf die feinsinnigsten
Gottesgelehrten, laut der Weisheit des innersten Kreises ausgewähl-
ter Theologen. In seiner Antwort betonte Böll den Unterschied
zwischen hochrangiger Fachtheologie, in der Weymann-Weyhe
seine Bestätigungen fand, und all denen, die nur ein geringeres prie-
sterliches Amt bekleiden, aber in all ihrer sichtlichen Einge-
schränktheit dennoch Theologen seien. Über sie müßte das Wort
der Fachtheologen das *vulgus* erreichen. Das sei nicht der Fall. All
die Kostbarkeiten der Glaubenslehrer drängen ja nicht ins Volk –
»dringen nicht bis zu jenem *vulgus,* zu dem ich mich zähle und dessen Kost ich esse«. Weymann-Weyhe beziehe sich auf die gebildeten Katholiken, und das sei eben jene Gruppe, der seine, Bölls, Vorwürfe gälten. Religion könne nicht zu einer Bildungsfrage werden.
Ganz bewußt und mit Überzeugung hatte Böll in seinem »Brief an
einen jungen Katholiken« für das katholische Volk gesprochen, für
jene jungen Menschen, die mit Halbwahrheiten abgespeist und oft
genug auf falsche Wege geschickt würden. Auf deren Ansprüchen
bestand er, den kleinen Leuten fühlte er sich zugehörig, und er

226   *Die Abenteuer des Schriftstellers*

meinte keineswegs die wenigen intelligenten Außenseiter im Volk, sondern tatsächlich die Unterschicht in all ihren Beschränkungen.

Im Rückblick auf diese Auseinandersetzung ist erneut die Erinnerung nötig, daß die katholische Kirche damals in Westdeutschland gesellschaftlich und politisch ein Gewicht hatte, das sie erst in den sechziger und siebziger Jahren nach und nach einbüßte. Es war jene Zeit, in der die Kirche fest mit der herrschenden CDU sozusagen als ihrer Partei verbündet war und der Bundeskanzler in ihren großen Prozessionen mitging, vielleicht nicht nur, aber eben auch der Stimmen aus dem Volk wegen, die das seiner christlichen Partei bei den nächsten Wahlen brachte. An der Erosion dieses Zustands hatte Heinrich Böll nicht zuletzt mit seinem scharfsichtigen »Brief an einen jungen Katholiken« großen Anteil. Die Aufregung über Bölls Brief war beträchtlich, doch seine Nachwirkung wurde erst über viele Jahre hin immer deutlicher greifbar. Was dies besagt, ist beispielhaft dokumentiert in einer Nachbemerkung, die Walter Weymann-Weyhe seinem öffentlichen Protest genau zwanzig Jahre später hinzufügte. Als er Bölls offenen Brief so heftig zurückgewiesen habe, schrieb er da, sei er noch in dem »Glauben« gewesen, die »Sache Jesu« sei in der »Lehrtradition der Kirche und ihrer hierarchischen Verfassung adäquat präsent, nur ihre Vermittlung sei durch menschliches Versagen gestört«. Deshalb sei ihm Bölls Kritik als destruktiv erschienen. »Heute, zwanzig Jahre später, sehe ich die Verhältnisse anders. Nach lehrreichen Erfahrungen im Umgang mit kirchlichen Instanzen sowie nach langjährigen intensiven theoretischen Auseinandersetzungen vermag ich keine Reformen aus dem Innenraum der Kirche mehr zu erwarten. Ich bin im Gegenteil zu der Überzeugung gekommen, daß gerade die dogmatische und hierarchische Struktur der Kirche nicht nur ihrer eigenen Erneuerung im Wege steht, weil sie eine systematische Verzerrung der Sache Jesu darstellt, sondern überdies auch notwendige gesellschaftliche Prozesse eher blockiert als fördert.«

Das Auge des Schriftstellers 227

Mit dieser späten Nachbemerkung zu seinem offenen Brief an Böll hatte Walter Weymann-Weyhe zwanzig Jahre später Bölls Position grundsätzlich übernommen. Doch mit der Feststellung, die Kirche stelle »eine systematische Verzerrung der Sache Jesu« dar, blieb die Grundfrage immer noch offen, blieben – wie bei Böll – die »Sache Jesu« und das Glaubensbekenntnis unangezweifelt, als lasse beides sich ablösen von seiner weltlichen Verwaltung und Darstellung, seiner weltlichen, von der Kirche repräsentierten Erscheinung. Da sind Zweifel möglich. Der Aufklärung in ihrer ganzen Dimension ist damit noch keineswegs Genüge getan. Aber Heinrich Böll stand ja auch ein für eine Aufklärung unter Voraussetzung eigenen Fühlens und Erlebens, der eigenen Erfahrung, der eigenen Lebensgeschichte, die er mit Millionen anderer Deutscher teilte. Davon konnte und wollte er sich um keinen Preis lösen. Er war nicht bereit, einen Nullpunkt zu setzen etwa mit einem erneuten Cogito ergo sum, das ihm offensichtlich zu abstrakt war. Und er war sicher: Das Volk, das *vulgus*, dem er sich zugehörig wußte, konnte das Brot des Glaubens nicht entbehren. Dieses Bedürfnis, das er unabweisbar in sich selbst fühlte, erkannte er an, nicht aber die Bedürfnisse von Verfeinerung, Stilisierung und Selbststilisierung, nicht die meist eigensüchtigen, von Besitz und Privilegien mitgetragenen Arabesken höherer Geistigkeit und Geistlichkeit. Das Brot und die Liebe allein begründeten und rechtfertigten eine dem Menschen Böll unentbehrliche Mystik. Manche kritischen Leser und Bewunderer haben da im Lauf der Jahre immer wieder nachgefragt, ihre Irritationen bekanntgegeben. Doch so wenig Böll trotz scharfen Blicks auf die Verhältnisse und die Sachverhalte, auf die Schematismen des Mißbrauchs den Leuten Vorschriften machte, so klar sträubte er sich dagegen, seinerseits Vorschriften zu akzeptieren und zu befolgen. Als Schriftsteller war er frei und fühlte er sich beauftragt, sein Wort einzuwerfen. Und das Wort hatte Macht, eine ganz andere Macht als jene, um die Menschen sich meist streiten.

228   *Die Abenteuer des Schriftstellers*

Für Heinrich Böll war das Auge des Schriftstellers Voraussetzung und Bedingung seiner Kunst, während sonst in Westdeutschland die Schriftsteller und Dichter damals auf ganz anderen Wegen waren. Sie wollten sich von der banalen Realität, die auch sie bedrängte, möglichst frei machen, um auf Höhen die Freiheit und Reinheit der Kunst zu genießen. Böll witterte da Kunsthandwerk, sei es durch Kafka oder Joyce inspiriertes. Das war seine Sache nicht. Ohne den Bodensatz des menschlichen Alltags, der trüben Wirklichkeit des Lebens, ohne die Intention, von den Menschen selbst und für die Menschen zu erzählen, zu schreiben, war Literatur für ihn nur eine Luftblase. Altmodisch geradezu bestand er darauf, den Griff in die Wirklichkeit zu riskieren als die Legitimation der Literatur. Noch vor seiner ersten Wuppertaler Rede mit dem Titel »Sprache als Hort der Freiheit« verfaßte Böll 1959 den Essay »Zur Verteidigung der Waschküchen«, in dem er punktuell anschaulich machte, worum es hier ging. Der Essay beginnt mit Sätzen, die sich wohl jedem Teilnehmer am Literaturbetrieb, der sie damals las, fest eingeprägt haben, doch meist wohl nicht, weil sie zustimmten, sondern weil sie in ihren Augen eine irritierende, unsachliche Provokation waren. Es waren die um mindestens ein Jahrzehnt vorausgreifenden Sätze: »Ein Kritiker klopfte mir nach Erscheinen eines meiner Bücher lobend auf die Schulter, indem er feststellte, daß ich nun das Armeleutemilieu verlassen habe, meine Bücher von Waschküchengeruch frei und der sozialen Anklage bar seien. Dieses Lob wurde mir gespendet zu einer Zeit, da eben bekanntzuwerden begann, daß zwei Drittel der Menschheit hungern, daß in Brasilien Kinder sterben, die niemals erfahren haben, wie Milch schmeckt; geschah in einer Welt, die nach Ausbeutung stinkt; in der Armut weder Station zum Klassenkampf noch mystische Heimat mehr ist, nur noch eine Art Aussatz, vor dem man sich zu hüten hat und den zum Gegenstand seiner Arbeiten zu machen einem Autor angekreidet werden kann, ohne daß man sich die Mühe machen muß festzustellen, ob eine Kongruenz von Form und Inhalt hergestellt ist.«

Vom Küchentisch zum Literaturbetrieb 229

So schlicht war damals für eine Mehrheit die Bedarfslage, so banal begründet jenes Höhere, dem die Literatur zustrebte – über literarische Qualität entschied der Abstand zwischen arm und reich. Eine Abneigung gegen bestimmte Stoffe, die für viele gar nicht mehr begründet werden mußte, gab unverfroren den Ton an. Böll brachte das im zu immer größerem Wohlstand strebenden Wirtschaftswunderland direkt, simpel und schlagend auf den Punkt, locker, fast im Tonfall seiner Satiren und auch mit jener Prise erhellender Ungerechtigkeit, die Böll übrigens in seinen Rezensionen nirgendwo praktiziert hat. Besonders schlagkräftig war dabei wohl, daß er aus Nachkriegsdeutschland Ost auch die Kehrseite der Medaille für jedermann faßlich zur Hand hatte: »... inzwischen gibt es Kunsttheorien, die alles, was *nicht* arbeitende Klasse ist, für literaturunwürdig erklären. Sollte sich in unserer gesegneten Gesellschaft eine Gegentheorie dazu bilden?« Seinen eigenen Standpunkt machte er in seinem Essay »Zur Verteidigung der Waschküchen« unmißverständlich klar: »Was das Armeleutemilieu betrifft, so frage ich mich schon lange, welche anderen Milieus es noch gibt: das Feineleutemilieu, das Kleineleutemilieu (nach dem Motto: arm, aber brav), das Großeleutemilieu; das Großeleutemilieu ist mir durch die Geschicklichkeit moderner Reklame erspart: Die Großen der Welt tragen Rolex-Uhren. Was habe ich da noch mitzuteilen? Die kleinen Leute? Ich bin größenblind, so wie man farbenblind ist, ich bin milieublind und versuche, Vorurteilslosigkeit zu üben, die gar oft mit Urteilslosigkeit verwechselt wird ...«

IV. Vom Küchentisch zum Literaturbetrieb

Sie müsse immer wieder daran denken, sagte Annemarie Böll, was alles von dem, das hier zu sehen sei, an ihrem Küchentisch geschrieben wurde. Das war in der Kölner Zentralbibliothek während der Eröffnung einer Ausstellung von Plakattafeln mit einer Vielzahl ganz verschiedenartiger Abbildungen zu Heinrich Bölls Leben und Werk. Sie sollten von diesem Zeitpunkt an statt der Originale in die Welt geschickt werden, wo auch immer eine Böll-Ausstellung erwünscht war, denn die Originale, vor allem die frühen, begannen nach zahlreich vorangegangenen Ausstellungen bereits zu zerfallen.

Zum ersten Mal begegnet bin ich Heinrich Böll Mitte der fünfziger Jahre in einer kleinen Bonner Buchhandlung. Es fand eine Woche des Buches statt. Böll saß da mit seiner Frau wartend und etwas statuarisch neben Paul Schallück und dessen Frau. Die beiden jungen Schriftsteller aus Köln waren zu einer Lesung geladen. Ich war Student in Bonn, ich wußte, wer diese Schriftsteller waren, hätte gern mit ihnen gesprochen, wagte das jedoch nicht. Sie waren für mich bereits berühmte Leute, wenn auch vielleicht nicht berühmt genug, um schon im großen Hörsaal der Bonner Universität aufzutreten, wo ich von Werner Bergengruen und Ernst Kreuder bis zu dem damals hochangesehenen Hans Egon Holthusen schon manchen Dichtern zugehört hatte. Von ihnen her gesehen, waren Böll und Schallück noch junge Autoren von begrenztem öffentlichen Ansehen. Aber gerade als junge Autoren, und diese Bezeichnung hatte damals eine Art Zauberkraft, hatten sie meine ganze Neugier. Was Böll und Schallück damals gelesen haben, erinnere ich nicht, doch unvergeßlich sind mir die dicken Schweißtropfen, die ich auf Bölls Stirn sah. Er hatte, so schien mir, Lampenfieber. Erst nach Bölls Tod habe ich in Annemarie Bölls Abschrift seiner Kriegsbriefe gelesen, wie er gelegentlich als eine Schwäche beklagt, daß er so leicht in Schweiß ausbreche. Vielleicht war das noch eine Folge der schweren Ruhr-Erkrankung in Frankreich gleich zu Beginn des Krieges. An den schon so lange zurückliegenden Leseabend in Bonn habe ich jedesmal denken müssen, wenn ich in der Ausgabe von Bölls Briefwechsel mit Ernst-Adolf Kunz gelesen habe – auf dem Schutzumschlag ist ein altes Foto der beiden nebeneinander sitzenden Freunde abgedruckt, und Bölls Hal-

Vom Küchentisch zum Literaturbetrieb 231

tung, sein etwas mürrisches Gesicht holen automatisch die jahrzehntealte Erinnerung herauf, von der ich gar nicht weiß, wie verläßlich sie ist.

Das folgende Bild ein paar Jahre später, 1959 oder 60. Da bin ich, so will es meine Erinnerung, Heinrich Böll morgens in der Nähe des Kölner Neumarkts begegnet, habe ihn begrüßt und ein paar Minuten mit ihm gesprochen. Irgendwann in der Zwischenzeit muß ich ihn also etwas näher kennengelernt haben, vermutlich durch Hans Bender, aber davon weiß ich nichts mehr. Böll war in Räuberzivil, vermutlich seine Arbeitskleidung, und unter der Baskenmütze, die er trug, waren seine Augen hohl, war sein Gesicht grau, und er war unrasiert. Böll sah aus, als habe er in der vorangegangenen Nacht nicht geschlafen. Er sah aus wie eine Figur in dem Roman »Und sagte kein einziges Wort« und musterte mich skeptisch, als wisse er eigentlich nicht, mit wem er da redete. Damals war ich Feuilletonredakteur in der »Deutschen Zeitung«, der Akzente-Herausgeber und Erzähler Hans Bender war mein Chef, und Feuilletonredakteure, das wußte ich aus seinem Roman »Haus ohne Hüter«, hatten Bölls ganzes Mißtrauen.

Köln war in den fünfziger Jahren noch immer eine ganz und gar aliterarische Stadt, was sich auch darin zeigte, daß Schriftsteller, Übersetzer, Kritiker, Literaturredakteure isoliert dahinlebten, ohne daß es einen Ort gegeben hätte, an dem sie sich zwanglos treffen konnten. Versuche, dem abzuhelfen, schlugen fehl. Ich suchte die Nähe Bölls nicht, dazu war er Ende der fünfziger Jahre in meinen Augen bereits viel zu berühmt, ich wollte mich da nicht aufdrängen. Böll hatte schon eine ganze Reihe von Literaturpreisen erhalten, war Mitglied nicht nur der Gruppe 47, sondern auch des PEN sowie der Akademie für deutsche Sprache und Dichtung in Darmstadt, der Mainzer Akademie der Wissenschaften und der Literatur und schließlich der Bayerischen Akademie der Schönen Künste. Ständig – es sei unter etwas anderem Blickwinkel wiederholt – erschienen neue Bücher von ihm, waren Erzählungen und Hörspiele

232   *Die Abenteuer des Schriftstellers*

von ihm im Radio zu hören. Er hatte bei Filmen mitgearbeitet, Erzählungen, Feuilletons, Glossen und Rezensionen erschienen in der Frankfurter Allgemeinen Zeitung und in anderen Zeitungen und Zeitschriften, Übersetzungen seiner Werke kamen sogar in der Sowjetunion heraus, wo er viele Leser hatte. Bei Aufrufen, Protesten und Petitionen war seine Unterschrift begehrt. Ich sah die für mich beispiellose Erfolgsgeschichte eines nach damaliger Sprachregelung noch immer jungen Autors, dessen Ansehen schon lange über die Grenzen seiner Heimatstadt Köln weit hinausgewachsen war, ja von draußen bereits zurückwirkte auf diese Stadt und ihr langsam so etwas wie literarisches Bewußtsein näherbrachte. Ich sah Heinrich Böll gegen Ende der fünfziger Jahre mit Respekt und auch einigen Zweifeln als außerordentlichen Schriftsteller, und es kam mir, einem jüngeren Feuilletonredakteur und Literaturkritiker, als vernünftig vor, Distanz zu halten und auf die Anfänge in meiner eigenen Generation zu schauen, die sich eben damals mit Günter Grass und Uwe Johnson, in Köln bald auch mit Jürgen Becker und Hans G. Helms zu Wort meldete.

Erst in der Rückschau und spät habe ich mir von der Geschichte Heinrich Bölls in der Zeit bis Ende der fünfziger Jahre ein Bild gemacht. Lange hatte ich, wie wohl die meisten seiner Leser, nur völlig verschwommene Vorstellungen von seinem Lebenslauf, von seiner Herkunft, seiner Schulzeit, seinem Leben als Soldat im Krieg, der gefahrvollen Heimkehr und den folgenden Jahren seiner unnachgiebigen und zugleich doch nahezu hoffnungslosen Versuche, als Schriftsteller zu leben. Über eine lange Zeit war ihm, nachdem er schon als Abiturient fast hektisch zu erzählen versucht hatte, nach Abschluß seiner Schulzeit praktisch der Mund verboten, und verboten war ihm damit, was für ihn ganz früh bereits im Zentrum seiner Existenz stand. »Schreiben, schreiben, schreiben« heißt es emphatisch in einem seiner Kriegsbriefe, und dieser heftige und auch innige Wunsch meinte nur die Möglichkeit, doch trotz des unfreien, öden Alltags im militärischen Kollektiv wenigstens

Briefe an seine Familie, vor allem an Annemarie Cech, die dann bald seine Frau war, schreiben zu können; sie waren gleichsam seine dauernde Übung, seine Exerzitien in Vorbereitung auf etwas, das zugleich unerreichbar schien. Dann die Nachkriegszeit, in der die Zwänge des Lebens im fast völlig zerstörten Köln, die ständige Jagd nach dem täglichen Brot, die unbezwingliche Armut das »Schreiben, schreiben, schreiben« jetzt wieder von Erzählungen und Romanen, die Böll nur schwer, oft gar nicht veröffentlichen konnte, für jeden anderen zu einer Tortur gemacht hätte. Für Heinrich Böll war es ein Lebensmittel. Und doch war er schließlich der Resignation ganz nahe und fast schon bereit, sich um des Überlebens seiner Familie willen in die große Masse der sprachlosen Lohnempfänger einzureihen, als da nach mehr als einem Dutzend Jahren Drangsal – und zu diesem geradezu biblischen Wort gibt es keine Alternative – plötzlich ein handfester Hoffnungsschimmer war. Der Preis der Gruppe 47 hat 1951, so leicht dieser Bonus auch hätte wieder verspielt werden können, Heinrich Böll zu dem promoviert, was er schon so lange sein wollte und tatsächlich auch war – er war seine öffentliche Berufung zum Schriftsteller.

Dieser Rang, und für Böll war es wie damals für viele ein hoher, ja der höchste Rang, war nicht kostenlos zu haben gewesen und nicht kostenlos zu halten. Die Arbeit begann neu, und sie war am häuslichen Küchentisch nicht mehr zu leisten. Die Last der Armut wurde geringer, doch an ihre Stelle drängten die Zwänge des Literaturbetriebs. Böll wollte und konnte diese nicht abschütteln, er mußte als Schriftsteller ja auch das nötige Geld verdienen. Er mußte sich umtun, mußte reisen, hier und dort vorstellig werden bei den Mittelsleuten des Betriebs, Kontakte anknüpfen und pflegen, zu Lesungen fahren, diskutieren, Reden halten, bald auch Interviews geben. Sein Bild vom Schriftsteller verlangte, daß er nicht nur über die literarischen, sondern auch über die wichtigsten gesellschaftlichen und politischen Vorgänge auf dem laufenden war. Es ging ihm von vornherein nicht allein um die Kunst, immer auch

Die Abenteuer des Schriftstellers

um den Glauben, die Wahrheit und die Menschen. Und im Mittelpunkt immer das »Schreiben, schreiben, schreiben«. Was zu tun war, wußte er, und er tat es. Um sich dies deutlicher zu machen, so scheint mir, ist es unvermeidlich, es mit veränderten Akzenten immer wieder im Überblick zu skizzieren, denn es fällt schwer, sich auch nur die Mengen des Geschriebenen glaubhaft zu machen, und gar erst, das spezifische Zusammenspiel von Bölls Schreibwut und Qualität wie Eigenart seines Schreibens zu begreifen.

Seinen Standort, dessen er sich in all seiner literarisch stimulierenden Widersprüchlichkeit sicher war, fortgesetzt arrondierend und erweiternd, hat Heinrich Böll in jenem schon so ferngerückten Jahrzehnt, den fünfziger Jahren, Roman um Roman verfaßt und – nach dem erst postum erschienenen frühen Roman »Der Engel schwieg« – auch veröffentlicht. Im November 1951 erschien »Wo warst Du, Adam?«, im April 1953 erschien »Und sagte kein einziges Wort«, im April 1954 »Haus ohne Hüter«, im November 1955 die mit 141 Seiten fast romanlange Erzählung »Das Brot der frühen Jahre«, im September 1959 der Roman »Billard um halb zehn«. Doch diese sechs teils umfangreichen Werke sind nur Teil seiner Produktion. Im selben Zeitraum hat Heinrich Böll an die fünfzig Erzählungen und Kurzgeschichten verfaßt, etliche davon gewiß für die Bedürfnisse der Agentur »Ruhr-Story« oder zu gegebenen Anlässen, doch auch so außerordentliche Texte wie »Die Waage der Baleks«, eine Geschichte der Entstehung von Reichtum und Ansehen durch tagtäglichen Raub von den Armen, oder die unvergänglichen Satiren »Nicht nur zur Weihnachtszeit« und »Doktor Murkes gesammeltes Schweigen«. Außerdem entstanden an die zwanzig Hörspiele und Hörbilder, teils nach vorgegebenen Stoffen. Zusammen mit Annemarie Böll begann auch Bölls Übersetzertätigkeit, die allerdings erst in den sechziger Jahren ganz zur Entfaltung kam. Kommt hinzu Bölls vielseitige Tätigkeit als gesellschafts- und politikkritischer Intellektueller, als Autor eigenwilliger subjektiver Reportagen, die geradezu neue Maßstäbe setzten, sowie als Litera-

Vom Küchentisch zum Literaturbetrieb

turkritiker. Ein großer Leser war Böll noch immer, und das störte den Erzähler so wenig wie das Verfassen pointierter Essays von seinem »Bekenntnis zur Trümmerliteratur« bis zum »Brief an einen jungen Katholiken«, seiner »Verteidigung der Waschküchen«. Immer neu hat Böll aus dem Widerspiel seiner Doppelrolle als Erzähler und Intellektueller schreibend originelle Kombinationen entwickelt, die übrigens zu seinem Erfolg als Autor ganz unmittelbar beitrugen. Hauptbeispiel hier die »Reisenotizen« aus Irland, achtzehn Prosastücke, in denen Erzählung, Bericht, Landschafts- und Stimmungsbild, auch Kritik ineinanderspielen. Ab 1954 zunächst einzeln in Zeitungen oder Radio veröffentlicht, sind sie mit einigen Erweiterungen 1957 als »Irisches Tagebuch« erschienen, einem von Bölls meistgelesenen und -bewunderten Büchern.

Wie Böll gelebt hat in dieser Flut aus Manuskript- und Buchseiten, aus Sätzen, Wörtern, dafür ist vielleicht vor allem das »Irische Tagebuch« kennzeichnend. 1954 ist die Familie Heinrich Bölls ins eigene Haus Belvederestraße 35 in Köln-Müngersdorf eingezogen, und im selben Jahr reiste Böll zum ersten Mal nach Irland. Die lange Erzählung »Das Brot der frühen Jahre« ist am Ende datiert: »Keel, Achill, Juli – September 1955«. Karl Korn vom Feuilleton der Frankfurter Allgemeinen Zeitung hatte Böll in der Absicht bestärkt, nach Irland zu reisen, und ihm den Druck seiner Reisenotizen in Aussicht gestellt. Von 1954 an ist Böll immer wieder ins Ausland gereist, schon bald nach England, Schottland, Dänemark, Schweden, Polen und anderswohin, später nach Rom, Prag, Moskau oder Israel, in die USA, doch für längere Zeit blieb Irland, seine ferne Westküste nahe Nordirland bevorzugtes Ziel. Nach Erscheinen des »Irischen Tagebuchs« kaufte er 1958 ein Haus in Dugort nahe Keel, einem kleinen Dorf auf Achill Island im Co. Mayo, um dort mit seiner Familie regelmäßig möglichst viel Zeit zu verbringen.

Schon nach seinem ersten Aufenthalt in Irland hatte Böll das Gerücht dementieren müssen, er sei auf dem besten Weg, sich auf die grüne Insel abzusetzen. Die Versuchung war sicherlich da. Die sich beschleunigende Restauration in Westdeutschland samt der Wiederbewaffnung beunruhigte ihn, er empfand wohl auch eine zunehmende Distanz zu Köln, und auf Achill Island, das hatte er sich mit »Das Brot der frühen Jahre« bestätigt, hatte er alle Voraussetzungen, ganz bei sich zu sein, unbehelligt zu schreiben. Die Landschaft um Keel und Dugort, direkt am Atlantik, dahinter bis Amerika nur noch Meer, war geradezu wie für ihn geschaffen. Die mehrere hundert Meter hohen spitzgipfligen Berge direkt am Strand, die dramatische Witterung mit Regen, Nebel, Gewitter, Sturm und Sonne manchmal fast nebeneinander, die elementare Einfachheit des Lebens nahmen Böll gefangen. Vom westeuropäischen Festland aus gesehen hatte das Leben der Menschen fast noch archaische Züge. Hier blieb die Zeit stehen. Die Schafe, Esel und Kühe, die auf der Straße gegenüber den wenigen Autos Vorrang hatten, immer wieder Geduld einforderten, der Geruch glimmenden Torfes aus den Kaminen, die unbekümmerte Gelassenheit der Iren haben in Böll Sympathie und Liebe geweckt. Und das Land war auf eine scheinbar naturhafte Weise katholisch, fraglos, ohne Auflehnung, mit allen Anzeichen unbefangener Gläubigkeit, die höchstens von wenigen Ausgewanderten in Zweifel gezogen, aber bezahlt wurde mit der melancholischen Flucht vieler Männer in den Whiskey, für die es in Dublin die Einzelsäuferkabinen gab, und mit allen Schattenseiten einer Sexualmoral, die vor allem die Frauen zu ertragen hatten. Zunächst die Mühen ihres Kinderreichtums und danach der Jammer, wenn die Kinder früh schon auswandern mußten, denn Arbeit, ein Auskommen fanden sie zu Hause oft nicht. Dies alles rührte Heinrich Böll tief an, im »Irischen Tagebuch« ist es einfühlend und bewegend dokumentiert, wobei über die Defizite im nahezu vorzeitlichen Frieden nicht hinweggeredet ist.

In den wenigen Jahren von 1954, als Böll ein erstes Mal nach Irland gereist ist, bis 1957, dem Erscheinungsjahr des »Irischen Tagebuchs«, hat Böll mit direktem Bezug zur grünen Insel die achtzehn

Vom Küchentisch zum Literaturbetrieb 237

Prosastücke dieses Tagebuchs und in Keel die lange Erzählung »Das Brot der frühen Jahre« geschrieben. Er machte auch in Irland nicht einfach Ferien, wobei ihm, so heimisch er sich fühlte, doch immer bewußt blieb, daß er Tourist war in diesem Land, das trotz aller Zuneigung seines nicht war. Wie immer hielt er Augen und Ohren weit offen. Das Instrumentarium seiner Wahrnehmung war unablässig in Bewegung, was sich gerade im »Irischen Tagebuch« deutlich zeigt, in dem er detailliert und bildkräftig eine Welt spiegelt, die ihm zuvor völlig fremd gewesen war. Er hat sie in kurzer Zeit mit einer Eindringlichkeit und Genauigkeit in sich aufgenommen, die sich kaum vergleichen läßt. Es war da gewiß Seelenverwandtschaft im Spiel, doch auch das Auge, die trainierte Auffassungsgabe des auf seine Gegenstände fixierten, sprachgenauen Reporters.

Die Dichte seiner Wahrnehmung und die Fähigkeit, sie in der Sprache zu realisieren, haben den Alltag des Schriftstellers Heinrich Böll auch hier ausgemacht. Was immer er tat, ob er reiste, einkaufte, spazierenging – das Instrumentarium, vielleicht richtiger: das empfindliche, genau registrierende Organ seiner Wahrnehmung war an der Arbeit, und schreibend hielt Böll das differenziert und plastisch Wahrgenommene in tausend Einzelheiten und zugleich in kompakten Bildern fest. Dem »Irischen Tagebuch« läßt sich dies leicht überschaubar, unmittelbar faßlich ablesen. Hier, so schien es vielen, zeigte sich Böll deshalb endlich als der Dichter, der er im Clinch mit der tristen Kleineleuterealität samt ihrem Hintergrund von Krieg und Zerstörung nicht sein konnte, in jenen Erzählungen und Romanen, in denen allein schon der muffige Stoff alles neugierig Beschwingte, alles literarisch Genußvolle ausschloß. Im »Irischen Tagebuch« war das anders. Völlig verständlich, daß es Bölls vielleicht beliebtestes Buch wurde. Es wurde als hohe Literatur gepriesen. Böll selbst blieb jedoch in seiner eigenen Einschätzung ganz sachlich. Die Einzelveröffentlichungen der Prosastücke, die zu schreiben Karl Korn vom Feuilleton der FAZ ihn angeregt

238   *Die Abenteuer des Schriftstellers*

hatte, waren für ihn »Reisenotizen«, und das Ganze dann ein »Tagebuch«. Böll hat, läßt sich mit Gründen annehmen, im Lobpreis dieses ganz gewiß äußerst bemerkenswerten, schönen Werks auch die Absicht gesehen, seine Erzählungen gegen den Krieg und vom Alltag der kleinen Leute in ihrer Nachkriegsnot ein bißchen herabzusetzen. »Ein Kritiker klopfte mir«, so beginnt ja Ende 1959 der Essay »Zur Verteidigung der Waschküchen«, »nach Erscheinen eines meiner Bücher lobend auf die Schulter, indem er feststellte, daß ich nun das Armeleutemilieu verlassen habe ...«, und das Schulterklopfen galt wohl außer dem Roman »Billard um halb zehn« auch dem unbestreitbaren Charme des »Irischen Tagebuchs«. So wollte Heinrich Böll das mit Sicherheit nicht gewertet wissen.

1959 ist der Roman »Billard um halb zehn« erschienen, fünf Jahre nach »Haus ohne Hüter«. Die Annahme, Böll habe sich in der Zwischenzeit, also nach seiner Bestätigung und erstem zählbaren Erfolg als Schriftsteller, dem eine so lange Durststrecke vorausgegangen war, entspannt und erst einmal etwas langsamer gearbeitet, ist vielleicht nicht ganz falsch. Aber was bedeutete das bei diesem Autor? Es sind in dieser Zwischenzeit nicht nur das Tagebuch und die umfangreiche Erzählung »Das Brot der frühen Jahre« entstanden, sondern auch viele Erzählungen, Kurzgeschichten und Hörspiele, Drehbücher, Essays, Reden und Rezensionen, ferner den Prosastücken des »Irischen Tagebuchs« entsprechende Reportagen zu nichtirischen Stoffen. Auch der Roman »Billard um halb zehn« wurde ja in dieser Zwischenzeit geschrieben. Eine von Bölls politisch-gesellschaftlichen Aktivitäten war die Gründung der Bibliothek »Germania Judaica«, an der neben anderen auch Paul Schallück und der Kölner Journalist Wilhelm Unger beteiligt waren, eine Bibliothek zur Geschichte des deutschsprachigen Judentums, die zunächst etwa 180 Bände umfaßte, deren Bestand bis zur Jahrhundert- und Jahrtausendwende hin auf 54 000 Titel angewachsen ist. Alle die Bestätigungen, der Verkaufserfolg bei seinen Büchern, die

Vom Küchentisch zum Literaturbetrieb

Literaturpreise und sonstigen Ehrungen, die erreichte Unabhängigkeit von materiellen Sorgen lähmten Böll nicht, eher haben sie ihn angetrieben.

Vielleicht hat er dem allen nicht so recht vertraut, sein Gedächtnis ließ ihm offenbar keine Ruhe. Das Elend hatte zu viele lange Jahre gewährt, als daß es jetzt durch einige Erfolge hätte aufgewogen werden können. Als er schon alt und krank war, nach bald einem Vierteljahrhundert des Ruhms und Weltruhms, hat Heinrich Böll noch erzählt, daß er es möglichst vermeide, Brot einzukaufen, zu oft sei es ihm passiert, daß er ein kleines Brot holen wollte und mit mehreren großen Broten zurückkam. Da war ein Mechanismus im Spiel, gegen den er sich nicht wehren konnte; die Entbehrungen hatten ihn für sein Leben programmiert. Noch in seinen letzten Jahren hielt er sich an verschiedenen Orten größere Vorräte seiner unentbehrlichen Zigaretten. Hans Werner Richter schließlich hat in seinem schon zitierten Böll-Porträt eine Anekdote mitgeteilt, die ebenfalls in diesen Kontext gehört. Er habe sich 1967, erzählt Richter, kurz vor der letzten Tagung der Gruppe 47 mit Böll auf dem Bahnhof von Düren getroffen. Er habe nicht gewußt, wie er den letzten Preis der Gruppe 47 finanzieren sollte. Bei den Rundfunkanstalten oder den Verlegern betteln zu gehen, dazu habe er keine Lust gehabt, und so sei er zu der Ansicht gekommen, »daß die beiden erfolgreichsten ehemaligen Preisträger der Gruppe, Grass und Böll, diesen Preis finanzieren sollten«. Grass hatte bereits zugesagt, und nun bat Richter Böll um zweitausendfünfhundert Mark. »Ich weiß nicht, wie lange er gezögert hat, bevor er ja sagte, vielleicht hat er überhaupt nicht gezögert und heute kommt es mir nur so vor, auf jeden Fall sagte er mir das Geld zu.« Einige Stunden später warteten sie auf dem Bahnsteig auf den Bummelzug, der Richter nach Köln zurückbringen sollte. »Wir waren guter Laune. Heinrich war sichtbar erleichtert, und ich war es auch. Wir mußten warten. Der Bummelzug hatte wohl zu sehr gebummelt. Während des Wartens verschwand Heinrich hinter einer

240   *Die Abenteuer des Schriftstellers*

Säule oder einem Träger, der wie eine Säule aussah. Unbeabsichtigt ging ich ihm nach, denn für mich war er plötzlich wie entschwunden. Und da stand er hinter der Säule und las ein Telegramm oder eine Mitteilung, die er in der Tasche die ganze Zeit mit sich herumgetragen haben mußte, er las sie, so schien es mir, zum soundsovielten Male, und als sei er mir eine Erklärung schuldig, sagte er: ›Stell dir vor, ich habe gerade zweihundertfünfzig Mark verdient, beim Spiegel, wie findest du das?‹ Ich antwortete ›Na gut‹, war aber nicht weiter erstaunt, und er sah mich an, etwas unsicher, aber fragend, und dann sprach er den Satz aus, den ich nie wieder vergessen sollte: ›Liebst du das Geld auch so wie ich?‹« Hans Werner Richter wunderte sich, und Bölls eigenartiges Geständnis weckte in ihm ein ihn überraschendes Gefühl der Freundschaft. Böll liebte also das Geld. »Hatte ich ihm nicht gerade zweitausendfünfhundert Mark abgenommen? Und jetzt war er glücklich über zweihundertfünfzig Mark, die er an diesem Tag verdient hatte. Sah er auf den Pfennig, war er sparsam, vielleicht geizig in kleinen Summen, gab aber große sehr viel leichter weg?« Später hat Richter sich gefragt, ob Bölls Liebe zum Geld entstanden sei in den Jahren »der großen Armut und den Zeiten seiner drückendsten Not, oder ob es eine natürliche Veranlagung ist, ein Familienerbstück, das man für sein ganzes Leben nicht los wird, ganz gleich, in welchen materiellen Wohlstand man hineinwächst«. Wer Böll noch gekannt hat allerdings, der wird auch nicht ausschließen, daß er Hans Werner Richter, der ihn ja gerade um eine größere Summe erleichtert hatte, listig nur ein wenig provozieren oder zumindest irritieren wollte.

Auszuschließen, daß Not und Armut ihn jederzeit wieder einholen könnten, das war Böll wohl nicht möglich. Dieses Gefühl war offenbar so stark, so gewaltsam wie seine Erinnerung an den Nationalsozialismus und den Krieg. Sich ganz sicher zu fühlen, war ihm nicht gegeben. Ferien machen, sich Ruhe gönnen, Erreichtes genießen – das war Bölls Teil nicht. Das Bewußtsein, er selbst und die Deutschen seien noch in Gefahr, Rückfälle drohten, wo doch zu

Frieden und Freiheit hin immer noch ein weiter Weg war, hielt ihn in Bewegung, in Unruhe. Und auch die Erkenntnis, daß er fragend, erzählend noch tiefer in die Vergangenheit und die menschlich-gesellschaftliche Befindlichkeit eindringen mußte, um herauszufinden und für die Menschen verständlich darzustellen, woran es lag, daß Hitler und die Nazis fast unbehindert nach der Macht greifen konnten und die übergroße Mehrheit der Deutschen ihnen gehorchte. Vielleicht genügte da die Anschauung des Alltags nicht, und mit Satire allein war es da nicht getan. In dem Roman »Billard um halb zehn« hat Böll alles riskiert, um über diese Anschauung und ihre bitteren Resultate hinauszufragen und Anhaltspunkte jenseits der unmittelbaren Erfahrung freizulegen. Auch die Ansätze zu diesem Roman und seine Niederschrift fallen noch in die erwähnte Zwischenzeit, in der Böll sich keineswegs ausgeruht hat, obwohl nun die unmittelbare Bedrohung seiner Existenz als Schriftsteller und des Wohlergehens seiner Familie zurückgedrängt, ja abgewendet war.

Schriftsteller vom Rang Heinrich Bölls haben ein abenteuerliches Leben, und es sind reale Abenteuer, die sie zu bestehen haben. Doch sie ähneln nicht denen, die man aus Abenteuerromanen und -filmen kennt, und wenn sie solchen doch einmal ähneln, ist das eher zufällig, oft irreführend, denn sie lenken von den realen Abenteuern des Schriftstellers ab. Die Schrecken seiner Verwundungen und Irrfahrten im zweiten Weltkrieg, die ständige Lebensgefahr waren prägend und fordernd genug, doch viele Menschen haben ebenso Schreckliches hinter sich gebracht, millionenfach mit tödlichem Ausgang. Wie war es möglich, daß die meisten Überlebenden es verdrängten und vergaßen? Böll aber konnte das nicht. Das war eine Last, und es war eine Gabe, es war für ihn die Bedingung der selbstgewählten Existenz. Und hier beginnen die Abenteuer des Schriftstellers. Böll hat das nicht romantisiert, und er hat es anderen, seinen Lesern überlassen, die Abenteuer zu beurteilen. Der so erfolgreiche alte Architekt Fähmel in »Billard um halb zehn«, der immer wie ein Künstler ausgesehen hat und den alle für einen Künstler gehalten haben, bestreitet, ein Künstler zu sein, und das reflektiert ein wenig auch das Selbstverständnis des Autors. Sich als Handwerker zu verstehen, gefällt Fähmel besser, obwohl er weiß, daß bei der Entstehung seiner Bauwerke immer auch etwas Geheimnisvolles im Spiel war, ein Unbewußtes, wie Böll von seinen eigenen Arbeiten später gesagt hat. Von seinen Erlebnissen und Erfahrungen hat Böll nicht als Inspirationsquellen, sondern lakonisch als seinem Material gesprochen.

Die Abenteuer des Schriftstellers beginnen mit seiner Wahrnehmung und im Kopf, und es wird ernst mit ihnen erst vor dem Blatt Papier, vor der Schreibmaschine. Das ist bekannt, doch es ist notwendig, es sich von Zeit zu Zeit zu wiederholen. Diese Abenteuer hat schon der Gymnasiast Heinrich Böll gesucht, und es ist erlaubt zu sagen, ihnen sei er verfallen gewesen. Sie spiegeln nicht nur die Welt, sie setzen dieser auch Widerstand entgegen. Sie spiegeln nicht nur, sie wollen, wie Böll es begriff, auch verändern – die Menschen, die Art des Glaubens, die Kirche, das Land, die Gesellschaft, alles, worum es im Leben geht, und Böll wollte es nicht, wie so viele Schriftsteller, nur für sich selbst verändern. Stets suchte er Rückhalt in den Überzeugungen und Vorstellungen der Menschen, im Volk, das für seine Erfahrung vor allem katholisches Volk war, bei den Leuten, doch nicht indem er ihnen nach dem Mund redete, sondern ihnen zeigte, was wirklich war, und zwar so, daß es ihnen aus ihren eigenen Vorstellungen heraus begreiflich wurde. Die Abenteuer des Schriftstellers Böll ereigneten sich in fortgesetzten Versuchen einer Quadratur des Kreises mit dem Ziel, Wahrheit herauszufinden, das konkrete und unlösbare Rätsel des Lebens, in das er mit allen Menschen unwiderruflich verstrickt war, zumindest offenzulegen. Das Medium dieser Versuche war und bleibt die Sprache – »die Sprache, unser höchster natürlicher Besitz« –, nur und erst in ihr läutert und erhellt sich, was undurchschaubar bleibt. Jedoch: »Wer mit Worten Umgang pflegt auf eine leidenschaftliche Weise,

Vom Küchentisch zum Literaturbetrieb 243

wie ich es von mir bekennen möchte, wird, je länger er diesen Umgang pflegt, immer nachdenklicher, weil nichts ihn vor der Erkenntnis rettet, welche gespaltenen Wesen Worte in unserer Welt sind. Kaum ausgesprochen oder hingeschrieben, verwandeln sie sich und laden dem, der sie aussprach oder schrieb, eine Verantwortung auf, deren volle Last er nur selten tragen kann.« Jedes Wort trage eine Erbschaft mit sich und sei erstaunlicher Verwandlungen fähig. »Würden wir uns dieser Erbschaft, die auf jedem Wort ruht, bewußt, unsere Wörterbücher vornehmen, diesen Katalog unseres Reichtums studieren, wir würden entdecken, daß hinter jedem Wort eine Welt steht, und wer mit Worten umgeht, wie es jeder tut, der eine Zeitungsnachricht verfaßt oder eine Gedichtzeile zu Papier bringt, sollte wissen, daß er Welten in Bewegung setzt, gespaltene Wesen losläßt: Was den einen trösten mag, kann den anderen zu Tode verletzen.«

Heinrich Böll hat dies gesagt in seiner Rede »Die Sprache als Hort der Freiheit«, mit der er im Januar 1959 für den ihm zuerkannten Eduard-von-der-Heydt-Preis der Stadt Wuppertal dankte. Das war mehr als ein halbes Jahr vor Erscheinen des Romans »Billard um halb zehn«, bei dessen Niederschrift sich ihm die Gedanken dieser Rede aufgedrängt haben. Mit diesem Roman drängte Böll über den seinem Alltag näheren, ganz unmittelbar in seiner Erfahrung fixierten Inhalt des Erzählens in »Und sagte kein einziges Wort«, »Haus ohne Hüter«, »Das Brot der frühen Jahre« hinaus, drängte er in ein allgemeineres, historisch dimensioniertes Panorama, das nicht allein den realen Alltag der Menschen vorzeigte, sondern jedenfalls bildhaft auch deutete, was mit den Menschen und auch mit ihm selbst geschehen war und geschah in der ihnen gegebenen Geschichtszeit. Der Kritiker Joachim Kaiser hat in einem Essay über Bölls Sensibilität »Billard um halb zehn« Bölls »vielleicht extremstes Buch« genannt. Es sei Hilfeschrei eines »Nichtversöhnten (nicht: eines Unversöhnlichen)«. Kaiser konstatierte: »Mit rauschhafter Gewalt, rhapsodisch wie Koeppen, anspruchsvoll wie Faulkner sucht da jemand nach Natur in unnatürlicher Welt, nach Trauer im Zeitalter der Restauration, nach Gelassenheit, die der Verzweiflung fähig ist. Alles das scheint verschwunden: Spuren dieses Verschwindens sind die Blutflecke an der Alltagssprache geworden. Da werden noch Lieder zitiert, die der Unmenschlichkeit den Marsch sangen: ›Es zittern die morschen Knochen‹, ›Wildgänse rauschen durch die Nacht‹. Aber diese Lieder werden nicht mehr kritisiert, als blöde oder schändlich durchschaut, sie werden nur noch evoziert. Erinnert ihr euch noch?« Heinrich Böll, heißt das wohl auch, war auf der Höhe moderner Erzählmöglichkeiten angelangt.

Noch immer jedoch der Katholik Böll, der allerdings weniger denn je katholische Literatur verfaßte. Noch vor dem ersten Weltkrieg hat der Architekt Heinrich Fähmel eine große Abtei erbaut, die sein Sohn, der Architekt, Statiker und Sprengexperte Robert Fähmel gegen Ende des zweiten Weltkriegs auf den vor allem von ihm selbst provozierten Befehl eines halbverrückten Generals gesprengt hat. Zeit des Romangeschehens ist der 6. September 1958, der achtzigste Geburtstag Heinrich Fähmels, an dem die Erinnerungen und Vorstellungen der Familienmitglieder, auch der Frauen, auch einiger Freunde und Feinde nicht nur von gestern in differenzierten Bewußtseinsströmen und alltäglich-phantastischen Vorgängen kulminieren. Als der Roman vor mehr als vierzig Jahren erschien, prägte vor allem das öffentliche Bild vom katholischen Schriftsteller Böll die Rezeption und holte seine für Christen unmißverständliche Imagination von den Lämmern und Büffeln unter den Menschen, den sanften Opfern und den gierigen, gewaltbereiten Tätern samt der Rede vom »Sakrament des Lammes« und dem »Sakrament des Büffels« ganz in den Vordergrund der Aufmerksamkeit. Symbole und Symbolik spielten Ende der fünfziger Jahre noch eine wichtige Rolle im Literaturverständnis. Wiedergelesen, zeigt dieser ganz gewiß außerordentliche, in emphatischer Dichte auch außerordentlich kompliziert angelegte Roman, daß er möglicherweise gar nicht die quasi-mystische, quasi-theologische Tiefendimension intendiert, die man in all der Symbolik suchte. Die Rede von den Lämmern und Büffeln, dem Sakrament des Lammes und dem Sakrament des Büffels wirkt heute gar nicht so aufdringlich, wie viele Interpretationen von einst glauben machen. Sie setzt möglicherweise eher vordergründige Bilder, an denen der Leser sich festhalten soll. Das will etwas bedeuten, gewiß, doch ohne unbedingt Eigenbedeutung zu beanspruchen gar als Ergänzung theologischer Vorstellungen. Dafür wurde das Bild des Billardspiels eher unterschätzt, mit dem Heinrich Fähmels Sohn Robert allmorgendlich seine Zeit verbringt, während er dem von ihm erwählten »Lamm« Hugo seine Erinnerungen und Gedanken mitteilt, seine distanzierte Ratlosigkeit ausspricht. Die präzisen und doch nie ganz kalkulierbaren Bewegungen der Kugeln, die unendlich wechselhaften Konstellationen, die sie repräsentieren, die sich immer wieder in andere auflösen, sind Bild der undeutbaren Geschichtszeit, von der erzählt ist, und akzentuieren das ästhetische Verfahren, mit dem Böll ihr begegnet. Robert Fähmel hat die Abtei, die sein Vater gebaut hat, gesprengt, weil die Mönche Gottes Lämmer nicht geweidet, sondern vom Sakrament des Büffels gekostet haben. Aufschlußreich ist auch, daß nicht Hitler als der dominierende Leitbüffel genannt ist, dem so viele Leute gewaltbereit dienen, sondern, obwohl die Schläger, Verfolger und Mörder im Roman ganz gewiß Nazis sind, Hindenburg. Die Trennung der Menschen in Täter und Opfer, eine im übrigen keineswegs säuberliche, klare Trennung, hat also geschichtlich und zugleich aus der Menschennatur heraus einen tiefer in die Geschichte zurückreichenden, rätselhaften Grund, die Nazis konnten sich auf etwas stützen, das älter war als sie.

Damit ist die durchaus widerspruchsvolle Komplexität des Romans »Billard um halb zehn« gerade nur angedeutet. Sie ist nicht auf Begriffe zu bringen, nicht auf ein Modell, und gerade davon hat Heinrich Böll hier erzählt: von der Undurchschaubarkeit geschichtlicher Realität, in der Menschen guten wie bösen Willens gefangen sind. Doch er hat von ihr erzählt mit einer hingebungsvollen, die Erzählsprache bis an die Grenze verdichtenden, für alle Details empfindlichen Intensität, die übrigens manchmal ganz direkt nicht nur an Koeppen und Faulkner, sondern insbesondere an das Erzählen Heinrich Manns erinnert, des bis heute mißachteten größeren Bruders Thomas Manns. Ein Roman wie »Und sagte kein einziges Wort« hat, wie andere frühere Romane Bölls, sein Gewicht und seine Bedeutung darin, daß er etwas Einfaches, die einfache Armut, für die die Menschen seltsamerweise gerade wegen ihrer Einfachheit blind waren, sozusagen entdeckt und unmißverständlich zur Anschauung gebracht hat. In »Billard um halb zehn« hat Böll mit der ganzen Kraft und Empfindlichkeit seiner Sprache die Auseinandersetzung mit dem Inkommensurablen der Geschichtszeit gesucht, in der er lebte. Hat er gezeigt, wie das Wort von der Sprache als Hort der Freiheit zu verstehen ist, daß die Sprache dem Erzähler wie dem Leser Spielraum gibt, sich als ein Ganzes, als Person in der Welt zu behaupten – deshalb ist sie »unser höchster natürlicher Besitz«. Die Welt jedoch zu durchschauen, in die Hand zu nehmen, zu besitzen, das ermöglicht auch Sprache nicht. In der »Natur der Kunst« liege es, heißt es im Essay »Die Sprache als Hort der Freiheit«, immer im Stadium des Experiments zu bleiben, und die Instanz, vor der ein freier Schriftsteller, ein freier Künstler sich zu behaupten habe, sei sein eigenes Gewissen. Einen irdischen Herrn über sich erkenne er nicht an, und er bewache und verteidige im Wort die Würde des Menschen.

Heinrich Böll, so könnte man sagen, hat sich so mühsam wie konsequent im Verlauf der fünfziger Jahre immer weiter befreit aus den Gittern seiner Herkunft, aus seiner überkommenen Abhängigkeit in der katholischen Kirche, aus den niederdrückenden Erinnerungen an die Sklavenjahre als Soldat. Ohne daß er seine Vergangenheit hätte abschütteln, gar verdrängen und vergessen wollen, war er am Ende jenes Jahrzehnts der Restauration, der Wiederbe-

Vom Küchentisch zum Literaturbetrieb 247

waffnung Deutschlands sein eigener Souverän, und dies, ohne die Menschen preiszugeben, deren Zwänge auch ihn angingen. Es waren nicht alle Zwänge ausgeräumt, die ihn belastet hatten, das hätte ihn als freien Schriftsteller ja auch nur beschädigt. Mit all seinen Attacken auf die Institution Kirche war er katholisch, und er blieb es. Als einige Jahre später, zu Bölls 50. Geburtstag, Rudolf Augstein einen Essay über dieses ihm kaum begreifliche Faktum schrieb, unter dem Titel »Der Katholik«, da setzte er ihm als Motto ein Wort Bölls aus dem Jahr 1965 voran, das lautet: »Ob es jemand begreifen wird, daß einer katholisch sein kann wie ein Neger Neger ist? Da nützen Fragen und Erklärungen wenig. Das geht nicht mehr von der Haut und nicht mehr aus der Wäsche.« Doch Böll hat beständig und unnachgiebig daran gearbeitet, ebendem abzuhelfen.

Auch Carl Amery hat, unter dem Titel »Eine christliche Position«, zu Bölls Fünfzigstem über den Autor geschrieben, und Amerys Essay beginnt so: »›Heinrich Bölls Katholizismus‹ – ›Das Katholische bei Böll‹ – ›Böll und seine Kirche‹ – ›Das Sakramentale bei Böll‹: die Überschriften bieten sich massenweise an. Aber die kritische Phantasie erträgt sie so schlecht. Noch vor zehn Jahren wäre jeder dieser Titel *chic* gewesen; es gehört zu den positiven Aspekten der Entwicklung, daß sie uns heute allesamt fast unzüchtig vorkommen. Keuschheit, so scheint es, hat die Gefilde der sogenannten Sexualität verlassen und hat sich auf den Feldern der Raison angesiedelt. – Böll war an dieser Entwicklung nicht unbeteiligt; man spreche ihm dieses erste Verdienst zu.« Damals schon hat Carl Amery diese Leistung Heinrich Bölls erkannt. Sein Blick auf den Schriftsteller ermöglichte es ihm, schließlich eine Art Entspannung innerhalb der Konfrontation zwischen dem abhängigen Katholiken und dem freien, nur noch sich selbst verantwortlichen Schriftsteller anzuzeigen: »... wenn schon in diesem leidigen Koordinatensystem argumentiert und analysiert werden muß, würde ich abschließend sagen: Heinrich Böll ist das Produkt dessen, was man früher ganz schlicht und arglos die ›Christenheit‹ genannt hat; ein Produkt dieser Christenheit wie Günter Grass, wie J. D. Salinger, ja wie Mrozek und Tibor Déry. Das ist keine nachträgliche Nostrifizierung, sondern die schlichte Feststellung einer Kontinuität, was immer man von ihrer heutigen Virulenz oder Relevanz halten mag.« Und Amery nannte Heinrich Böll »einen großen literarischen Repräsentanten einer sinnvollen konservativen Position«.

Vierter Teil

Annäherung an den Weltruhm

I. Zwischen den Generationen

1960 wurde Heinrich Böll 43 Jahre alt. Was sieben, acht Jahre zuvor noch ganz undenkbar erschien, war eingetreten: Er war ein zwar umstrittener, doch berühmter deutscher Schriftsteller, berühmt auch jenseits der Grenzen. In der Sowjetunion war er mit einer Auflage von insgesamt 800 000 Bänden bereits der meistgelesene ausländische Autor. Böll hatte mit seinen Romanen und Erzählungen und bis hin zum »Brief an einen jungen Katholiken«, zur »Verteidigung der Waschküchen« seine Position abgesteckt; sie war eindeutig, widerspruchsvoll und unmißverständlich zugleich, war nicht starr, sondern erstaunlich offen. So schwer verständlich sie vielen speziell in der damaligen literarischen Szene war, so irrational zwischen seinem jahrelangen Leben als zum Gehorsam abgerichteter deutscher Soldat und seiner Kriegsgegnerschaft – die große Mehrheit der Soldaten, die überlebt hatten, war damals eher gewohnt, ihre Kriegsjahre zu glorifizieren –, scheinbar so rückwärtsgewandt zwischen festem katholischem Glauben und dem ständigen Aufbegehren gegen seine Kirche, hatte Bölls Position in der Öffentlichkeit ein Gewicht, das sich nicht ignorieren ließ. Es war der Erzähler Böll, der sie immer wieder beglaubigt hatte. Jedes Wort dieses Schriftstellers wurde inzwischen aufmerksam registriert. Ein Merkmal seines täglich wachsenden, in den Augen vieler Literaten unerklärlichen, sich geradezu ungehörig dehnenden Ruhms war, daß dieser ihn zugleich immer heftiger der Kritik aussetzte, und zwar nicht nur politisch-gesellschaftlich, was in der christdemokra-

tisch beherrschten Republik gar nicht anders vorstellbar war – auch
als Schriftsteller.

1960 war Böll mit all seiner Berühmtheit jedenfalls im Literaturbetrieb deutlich als Außenseiter, fast als Einzelgänger qualifiziert.
Er fühlte sich auch so. Das lag vor allem an seinem Alter. Er hat sich
gelegentlich Gedanken darüber gemacht, was es für ihn bedeutete,
einer Generation anzugehören, die wie keine andere im zweiten
Weltkrieg mehr als nur dezimiert worden war; sie war buchstäblich
zusammengeschossen, zusammengebombt worden. Das enthielt
dieser Generation vor, was sonst Schriftstellern zu erreichen möglich ist: in der Vielstimmigkeit und mit allen Gegensätzen innerhalb ihrer Generation doch eine Identität zu fühlen, in der jeder einzelne sich wiederfinden kann. Böll hat es beklagt, aber auch die
Konsequenz daraus gezogen, vor allem auf sich selbst zu bauen. Er
sah sich ja ganz zu Recht isoliert zwischen der älteren, der alten
Generation von Autoren, die sich entweder als innere Emigranten
verstanden oder mit ihren teils schon in der wilhelminischen Vorkriegszeit, zumindest in der Weimarer Republik begonnenen Werken aus dem Exil zurückkehrten, und einer schon herandrängen-
den, erstaunlich produktiven jungen Generation, die eben mit der
»Blechtrommel« von Günter Grass und Uwe Johnsons »Mutmaßungen über Jakob« geradezu aufgetrumpft hatte. Und immer
mehr Jüngere meldeten sich zu Wort. Ohne auffällige religiöse Konflikte reflektierten sie bewußt und vielseitig die avancierten Anregungen einer internationalen Moderne, deren Kenntnis dem Gymnasiasten und Soldaten Böll vorenthalten worden war, während
z. B. Peter Weiss, der älter war als Böll, doch den Weltkrieg als halb-
jüdischer Flüchtling in Schweden überlebt und speziell als Autor
ganz andere Lektionen hinter sich hatte, sich den Jüngeren
anschließen konnte. Der aufmerksame Leser Heinrich Böll registrierte und sah, was da vorging. Er hatte ja schließlich 1957 schon
den Roman »Das steinerne Herz« von Arno Schmidt, dem bekennenden Atheisten und Sprachfanatiker, als Kunstwerk erkannt und

*Zwischen den Generationen*253

öffentlich gepriesen, und später, 1965, sollte er Jürgen Beckers experimentelle Prosa in seinem Buch »Felder« mit Zustimmung rezensieren. Doch Böll wußte zugleich, wo er selbst als Schriftsteller stand, und er war zwar bereit, diesen Ort fortgesetzt zu überprüfen, doch er konnte und wollte ihn nicht aufgeben.

Es wurde zunehmend ein schwieriger Standort. Längst aus der Anonymität der frühen Nachkriegsjahre heraus und ausgewiesen als Schriftsteller, erfolgreich, von immer mehr Menschen gelesen, stand Böll in der literarischen Szene nach »Billard um halb zehn« eher isoliert und allein. Die Entwicklungen in der Bundesrepublik beschleunigten sich, nicht nur im Wirtschaftsleben, auch in den Gewohnheiten und Spielregeln des Zusammenlebens, die mehr und mehr Freiheiten einräumten, seit eh und je scheinbar unverrückbare, als Wahrheiten angesehene Vorurteile aufhoben, ein sich veränderndes, offeneres Rechtsgefühl ermöglichten, wobei um die sich wandelnden Prinzipien immer auch gestritten werden mußte. Auch die Kirchen bekamen den erstaunlich rasch sich entfaltenden Umschwung zu spüren. Jedenfalls: Die gesellschaftliche Gefühls-, Stimmungs- und Bewußtseinslage war in Bewegung geraten, drängte weg von dem auch so lange nach dem Krieg noch vorherrschenden Obrigkeitsdenken, der gewohnten Unterordnung. Als Erzähler wie durch unmißverständliche Argumente hatte vor allem Heinrich Böll bewußt hierzu beigetragen, sicherlich weit mehr als jeder andere, und wenn auch teils nur indirekt und absichtslos hatte die Literatur insgesamt dazu beigetragen. Nur so war es möglich, daß um 1960 mit Günter Grass und Uwe Johnson als den auffälligsten Protagonisten einer jüngeren Generation ein Aufbruch einsetzte, und die nunmehr hervordrängenden literarischen Strömungen schienen über Böll hinwegzugehen. Wer diesem Schriftsteller bis dahin gefolgt war, und das waren viele, kannte die Bedeutung und die Qualitäten seines unter jetzt langsam nachlassendem Druck entstandenen Werkes. Hatte Böll damit seinen Dienst getan? Waren er und seine bis dahin entstandenen Romane, Erzählungen, Hörspiele,

Essays nicht möglicherweise bereits historisch, rückwärtsgewandt in den sich 1960 faßlich abzeichnenden Umbrüchen, die ja dann schon bald das gestern noch Neueste immer wieder überholten? Den Triumph grotesker Literatur parierte ein neuer Realismus. Nach »Blechtrommel« und »Mutmaßungen über Jakob« machte nur ein Jahr später die Erzählung »Der Schatten des Körpers des Kutschers« von Peter Weiss Aufsehen, die in deutscher Sprache den französischen nouveau roman aufwog, und im selben Jahr setzte Helmut Heißenbüttel mit seinem »Textbuch I« das Signal für eine auf die Realität Sprache fixierte experimentelle Literatur. Auch das hochbewunderte absurde Theater erwies sich bald als vergänglich. Und in das Widerspiel der Konzepte und Ansprüche mischten sich dringlich die jetzt nachgeholten Vorstellungen vor allem der Surrealisten und Expressionisten, die sich noch immer als erstaunlich lebensfähig erwiesen.

Das sind nur sehr knappe Hinweise. Das Wort »Aufbruch« jedenfalls ist für die Zeit um 1960 nicht zu hoch gegriffen. Was da begann und über eine Vielzahl überraschend neuartiger Gedichte, Theaterstücke, Hörspiele, Erzählungen, Romane und andere Prosa, eine Vielzahl nun tatsächlich junger Autoren vorandrängte, es war ein Neubeginn, der über das Marat/de Sade-Drama von Peter Weiss als dem dann zeitweilig vielleicht das größte Aufsehen in der Welt erregenden Werk in der Studentenrevolte und indirekt auch im Prager Frühling seinen Höhepunkt erreichte und erst Ende der siebziger, Anfang der achtziger Jahre jedenfalls seine gesellschaftliche Wirkung und Bedeutung verlor. In der Vielzahl der literarischen Ereignisse sah die Generation der Heimkehrer buchstäblich alt aus. Nicht einmal in der Gruppe 47, die doch vor allem ihre Veranstaltung gewesen war, konnte sie sich literarisch behaupten, die Gruppe wurde vielmehr geradezu ein Resonanzboden für all das Neue. Die zweitausendfünfhundert Mark, die Hans Werner Richter für den – wie sich dann herausstellte – letzten Preis der Gruppe 47 bei Heinrich Böll als dem vor Grass erfolgreichsten

Zwischen den Generationen 255

frühen Preisträger eingeholt hatte, gingen an den jungen Kölner Jürgen Becker, der aus seiner experimentellen Prosa »Ränder« gelesen hatte. Für Heinrich Böll, den Rezensenten von Beckers »Feldern«, war das gewiß eine gute Wahl. Doch sie bestärkte ihn wohl auch in der Empfehlung an Hans Werner Richter, die er bei ihrem Treffen in Düren vorgetragen hatte, doch nun ein Ende zu machen mit der Gruppe 47.

Etwa zehn Jahre jünger als Böll, habe ich seine Erzählungen und Romane in den fünfziger Jahren ebenso wie seine Essays meist bald nach ihrem Erscheinen gelesen; in der sogenannten Studentenbibliothek der Bonner Universität, wohin es mich täglich zog, waren die meisten Neuerscheinungen von literarischem Gewicht sowie die Zeitschriften zugänglich. Sie waren für mich unerwartete, fesselnde Erhellungen eigenen Erlebens, eines Erlebens, das mich unmittelbar bedrängte, das zu durchschauen und zu begreifen ich jedoch nicht fähig war. Bölls Erzählungen und Romane hatten für mich damals wie sicherlich für alle ihre Leser einen spontan faßlichen Wert. Sie entwarfen aus dem ungeheuren Stoff detailgenau wahrgenommener Umwelt und jüngster Vergangenheit Bilder, die für die undurchschaubare Wirklichkeit selbst standen, fiktive, doch überwältigend wahrheitsgetreue Bilder. Über ihre literarische Bedeutung habe ich gar nicht erst nachgedacht, sie waren für mich geradezu jüngste Vergangenheit und Gegenwart selbst. Literarische Bedeutung hatten für mich eher Werke, die dem Alltag mit seinen Möglichkeiten und seinen damals so ungeheuer mächtigen Hoffnungen weit entrückt waren, Werke der Klassiker und Romantiker z. B., der anerkannten älteren Moderne von Rilke bis Thomas Mann. Es gab da unendlich viel nachzuholen. Von der Unterscheidung zwischen Basis und Überbau hatte ich damals, als sie mir hätte ganz direkt nützlich sein können, noch nie gehört, wie ja auch in Westdeutschland wohl kaum einer meiner Generation. Blindlings setzte ich alles Vertrauen in die Bedeutung des sich in der Literaturgeschichte repräsentierenden Überbaus für das Leben

256   *Annäherung an den Weltruhm*

selbst. Böll war für mich so etwas wie Basis, machte die Realität durchsichtiger, jedoch eine Realität, der ich wie die große Mehrheit entkommen zu können hoffte.

Auch dies, gerade dies war, wie während all der Nachkriegsjahre schon, der Antrieb, der in seiner ganzen Unübersichtlichkeit auch die neueren literarischen Prozesse, die in Westdeutschland bevorstanden, ja schon in Gang gebracht und von einer heute, in den Zeiten der alles dominierenden Marktwirtschaft gar nicht mehr vorstellbaren öffentlichen Bedeutung waren, immer weiter vorandrängte. Heinrich Böll, der Ältere, stand da um 1960 geradezu auf einer Kippe. Er konnte nicht mehr los von seinen Lebenserfahrungen, die geprägt waren durch seine Herkunft aus dem katholischen Volk, durch die öden und lebensgefährlichen Jahre als deutscher Soldat im zweiten Weltkrieg und das in seiner ganzen Last und Dauer erlebte Elend der ersten Nachkriegsjahre in Köln. Nicht nur für die Jüngeren, doch vor allem für sie war die Reise in die Unendlichkeiten des aus der Literaturgeschichte und den Literaturen vor allem der USA, Frankreichs und Großbritanniens, in all das von Experimenten wimmelnde Neue das selbstverständlich Naheliegende. Nur von einem Autor weiß ich, daß er angesichts der Experimentierlust, die auch ihn zunächst gepackt hatte, einen gegenläufigen Weg gesucht hat. Günter Grass, ebenfalls zehn Jahre jünger als Böll, hatte begonnen mit experimentellen Theaterskizzen und Gedichten. Nicht nur ein junger Autor, sondern auch Bildhauer und Graphiker, sah er bald in aller Abstraktion, und auf die lief das uneingeschränkte Experiment für ihn hinaus, Abkehr von der menschlichen, der gesellschaftlichen Wirklichkeit, von der Geschichte, und damit eine Art Drückebergerei. Das wollte Grass nicht. Er schrieb den Roman »Die Blechtrommel«, schrieb die Geschichte des zwergwüchsigen Oskar Matzerath, der sich allzu früh entschieden hat, klein wie ein Kind zu bleiben, schrieb den Roman seiner Generation, und zwar nahe genug an den erzählerischen Traditionen, um jedermann, auch konservativen Lesern

Zwischen den Generationen

begreiflich zu sein, doch weit genug von ihnen entfernt, um eine in jener Zeit neue, die groteske Literatur zu proklamieren. Grass mußte und durfte sich also entscheiden, wo Heinrich Böll, um ein Jahrzehnt älter, nicht mehr die Wahl hatte. Alle seine Erlebnisse und Erfahrungen hielten ihn in der jüngsten deutschen Geschichte fest.

Auch Böll hielt es für unerläßlich, schreibend, erzählend zu experimentieren, dafür gibt es schon früh zahlreiche Belege. Doch was er mit dieser Vorstellung verband, war etwas anderes, als die expandierende experimentelle Literatur im Sinn hatte; wobei allerdings einzuräumen ist, daß es hier Berührungspunkte gab, denn in ihren besten Beispielen ging es für diese Literatur wie für Böll um nichts anderes als den Zugang zur von der Literatur so oft entstellten, verfälschten Wirklichkeit selbst. Mit der extremen, ungemein sensibel praktizierten Detailgenauigkeit, die sein Erzählen auszeichnete, war auch Böll von sich aus früh darauf gestoßen, daß es hier ein weites Feld der Unsicherheit gibt, die gerade Literatur in Bewegung hält, die Schriftsteller zu ständigem Neubeginn anstachelt, immer andere Ansätze geradezu fordert und damit den Fortgang der Literaturgeschichte erst ermöglicht. Aus seiner Haut allerdings konnte er nicht heraus. Wenn Böll in der Nachkriegszeit beklagt hat, Kafka und Joyce und andere erst viel zu spät kennengelernt zu haben, zu spät, als daß er ihre Sicht der Realität, die Art ihrer Erkundung von Realität noch in seine existentielle Matrix als Autor hätte integrieren können, so deutet das an, was alles ihm die Zeitgeschichte angetan hat. Doch mit Gewißheit wäre er anders nicht der Schriftsteller geworden, der er jetzt war, der er noch werden sollte. Die Bildungsmängel und Blessuren, die erlebten Schrecken, die Ängste, die er mit sich herumschleppte, die Erfahrung von Armut und Not waren für Böll und sein Werk konstitutiv. Das heißt jedoch nicht, daß er sich mit ihnen einrichtete, er kämpfte gegen sie lernbegierig und mit all seiner Empfindsamkeit an, wenn auch nicht in der Absicht, sie zu verdrängen.

Dem Roman »Billard um halb zehn« war erneut abzulesen, was für Böll die Fähigkeit, schreibend, erzählend stets auch zum Experiment bereit zu sein, bedeutete. Er verfügte nicht über eine spezielle, vom Gefühl, sie sei sozusagen naturgegeben und aller Ungewißheit überlegen, bestimmte Wahrnehmungs- und Schreibweise, wie sie traditionell das Werk eines Schriftstellers zusammenhielt, ihm den eigenen Stil sicherte. Das war jeweils weitgehend vorgegeben durch das kulturelle Klima der Epoche, des Standes, auf deren Sicherheiten sich bauen ließ. Die historische Zerrüttung, der zweite Weltkrieg mit seinen Greueln hatten es zerschlagen. Böll besaß also nicht existentielle Selbstgewißheit durch eine vorgegebene, dem Zweifel enthobene Lebensform, aus der er wie die Menschen zuvor seine Sicht der Dinge scheinbar natürlich ableiten konnte. Nicht einmal sein Glaube, die Kirche bot sie ihm noch, immer direkter fühlte er sich vielmehr gedrängt, herauszufinden, was er denn in Wirklichkeit überhaupt glaubte. Folge war für den Schriftsteller zwangsläufig, daß ganz in den Vordergrund seines Erzählens nicht irgendein Stil, sondern der Gegenstand rückte, die Notwendigkeit, diesen Gegenstand ohne Vorbehalt zu erkunden, zu erfassen, seine – weder autobiographische noch dokumentarische, vielmehr komplex literarische – Realität zu greifen und so zu konstituieren. Das war es, was für Böll Experimente notwendig machte, denn dafür gab es kein Muster, keine Vorlage, keine verbindliche Sichtweise, kein System mehr. Seine Lehrer, Charles Dickens, Dostojewskij, Léon Bloy vor allem, boten ihm derlei Sicherheiten nicht, auch wenn er sich an sie als Vorbilder hielt, halten mußte. Alle seine kennzeichnenden Erzählungen und Romane zeigen wegen ihrer unterschiedlichen Gegenstände jeweils ihr eigenes Gesicht. Von Werk zu Werk veränderten sich die Strukturen, und das gerade machte Heinrich Böll als Autor »modern«.

Panta rhei also, es war für diesen Schriftsteller alles im Fluß. Er ließ sich nicht von dem Wunsch leiten, schreibend ein ganz eigenes dichterisches Kontinuum, einen eigenen Stil herzustellen, in dem

Zwischen den Generationen

die Welt aufging, er wollte an seine Gegenstände nur so nahe wie möglich heran – an das Chaos einer Kriegsordnung im Zerfall wie in »Wo warst Du, Adam?«, an die Menschen in der von Nachkrieg und Armut über sie verhängten Agonie ihres Selbstgefühls wie in »Und sagte kein einziges Wort«, an das Leben in den zahllosen Familien, die der Krieg zerschlagen, der Männer beraubt, die Kinder vaterlos gemacht hatte wie in »Haus ohne Hüter«, an den Unterschied zwischen Tätern und Opfern und sein nicht durchschaubares Verhängnis wie in »Billard um halb zehn«. Viele Bewunderer Bölls, viele, die bis 1960 zu seiner Berühmtheit beigetragen hatten, erlebten da immer wieder auch eine gewisse Enttäuschung, und zwar alle jene, die von ihm den neuen großen positiv realistischen Roman erwarteten, den ihnen Böll in etlichen Erzählungen angekündigt zu haben schien, in Erzählungen, die humorvoll und ein wenig gefällig das, worauf es diesem Schriftsteller gerade ankam, eher aussparten. Und diese Leser stellte Böll nach »Billard um halb zehn« noch einmal und danach immer wieder auf die Probe. Zunächst mit dem Theaterstück »Ein Schluck Erde«. Er veröffentlichte den ersten Akt des Stückes Ende 1960 im zweiten Heft der Zeitschrift »Labyrinth«, deren Mitbegründer er war, den zweiten und dritten Akt im folgenden Heft der Zeitschrift Mitte 1961. Die Uraufführung des Stückes fand im Dezember jenes Jahres in Düsseldorf statt. Sie war kein Erfolg, doch sie nötigte einem Teil der Kritik jedenfalls Respekt ab – bis hin zum Vergleich mit Samuel Beckett.

Böll als Dramatiker also, und Böll als Mitherausgeber einer Zeitschrift, als deren übrige Herausgeber Walter Warnach, Werner von Trott zu Solz und HAP Grieshaber zeichneten. Treibende Kraft bei diesem Unternehmen war, so erinnert sich Annemarie Böll, Werner von Trott zu Solz, der sogar die Vorstellung gehabt habe, die Gruppe um die Zeitschrift solle in einem Kollektiv zusammenwohnen und -leben. Böll hatte großen Respekt vor diesem Adligen, der seine Privilegien abgelegt, Arbeiter, Kommunist und schließlich ein katholischer Konvertit geworden war. Im Titel seiner Rezension der Aufsatz- und Dokumentensammlung »Der Untergang des Vaterlandes« von Trott zu Solz apostrophierte Böll ihn mit den Worten: »Ein letzter Deutscher«, und er schrieb: »Ich habe Werner von Trott immer als den Gegenpol zu Konrad Adenauer verstanden; dessen bürgerliche Menschenverachtung war das genaue Gegenteil von Trotts Verlangen nach Freundschaft und Solidarität; wie jener öffentlich und immer öffentlicher wurde, öffentlich auch seine Gegner schnöde abfertigte oder kaltstellte, wurde Trott immer mehr in die Einsamkeit einer Existenz gedrängt, die er am wenigsten begehrte, der privaten, und für ihn waren Freunde, die als Gegner nicht standhielten, keine Freunde mehr.« Es gehe nicht darum, schrieb Böll weiter, den einen zu verteidigen und gegen den anderen zu polemisieren, sondern um mehr: um eine andere deutsche Möglichkeit, jene der Selbstbefreiung nach der militärischen Befreiung und darum, »Niederlage und Not, Schuld und neue Hoffnung nicht so billig herzugeben für den Taumel bürgerlicher Täuschungen«.

Die Zeitschrift »Labyrinth« erreichte sechs Hefte, dann war sie am Ende; was nur besagt, daß sie eben kein Produkt für den Konsum war, doch möglichweise indirekt auch schon andeutet, daß Heinrich Böll trotz ausgiebiger Mitarbeit nicht vorbehaltlos bei der Sache war. Er hat außer dem Text seines Stückes »Ein Schluck Erde« seinen zeitkritischen Essay »Hierzulande«, unter dem Titel »Die unverlierbare Geschichte« ein Gespräch mit Walter Warnach, den Essay »Hast Du was, dann bist Du was«, der sich mit einem Hirtenbrief des Kölner Kardinals Frings auseinandersetzt, sowie den Text des Hörspiels »Sprechanlage« beigetragen und die Erklärung der Herausgeber zur Einstellung der Zeitschrift im Sommer 1962 mitunterzeichnet. Doch die Lektüre vor allem seines abstrakt, sozusagen wissenschaftlich ins Allgemeine zielenden Gesprächs mit Walter Warnach zeigt, jedenfalls Jahrzehnte nach der Veröffentlichung, daß es nicht die Sprache Bölls war, die hier gesprochen

Zwischen den Generationen

wurde. Böll mußte sich da nicht verbiegen, doch ein wenig verrenken schon, um den Gedanken und Vorstellungen, die im »Labyrinth« ihren Platz suchten, immer zu folgen. Auch auf das Theaterstück »Ein Schluck Erde« läßt sich dieser Vorbehalt beziehen, denn Böll sprang darin, gewiß mit der begründeten Ansicht, ein großes Experiment zu wagen, aus seiner Erfahrungswelt heraus in die Dimension des Grundsätzlichen, um auch in ihr vorstellbar zu machen, worum es ihm ging, bildhaft zwar, doch zugleich ungemein abstrakt.

Das große Thema drohender Selbstzerstörung der Menschheit, um das es hier geht, hatte Böll damals keineswegs allein vor Augen. Lange vorher schon sah Hans Henny Jahnn, 1959 gestorben, die »Schöpfung« in Gefahr durch die mörderischen Kriege, durch den »Atomtod«. Nicht nur in seinem 1961 uraufgeführten Stück »Die Physiker« hat Friedrich Dürrenmatt die Ausweglosigkeit des Menschen zwischen naturwissenschaftlicher Erkenntnis und drohender Selbstzerstörung ins Bild geholt. Auch Heinar Kipphardt, eindeutig engagiert gegen das Vergessen der Greuel in der jüngsten Geschichte, das Verdrängen des Genozids an den Juden, artikulierte die Konflikte zwischen technologischem Fortschritt und humaner Verantwortung. Das Thema, das Heinrich Böll in »Ein Schluck Erde« aufnahm, war also und blieb aktuell. Böll hat es auch in der Folge nie aus dem Blick verloren, doch es ist wohl bezeichnend, daß er ihm dann zeit seines Lebens weniger als Schriftsteller denn als Bürger begegnete und bis hin nach Mutlangen, bis hin zu den Sitzstreiks gegen die Atomwaffen immer direkter, politisch, seinen Protest vortrug.

In Bölls Stück ist die Erde schon verspielt, vertan, und sie ist doch das elementare Lebensmittel, ohne das die Menschheit abstirbt. Das Stück zeigt, daß wissenschaftlich-technisches Denken mit seinen speziellen Absolutheitsansprüchen, aus denen heraus die Wirklichkeit menschlichen Lebens unschwer manipulierbar ist, auch blind macht. Jene Menschen, die unwissend, wehrlos dennoch ahnen, was dagegen hilft, und deshalb unterdrückt und verfolgt sind, nennt Böll »Kresten«. Besinnung auf den Wert der Erde selbst, die Nahrung ist und gibt, auf die Natur, die längst zerstört ist, Liebe zu den Nächsten, und nicht ihre Abrichtung, Hingabe an Lust und Spiel, Vertrauen allein versprechen noch Rettung. Es sind nicht die Christen der modernen Welt, die Böll hier heranzitiert, sondern gleichsam sehr späte Enkel der Urchristen, die ganz ohne Analyse und Kalkül tun, was richtig ist, und wieder zur Menschlichkeit finden. »Was Erde bedeutet, was unsere Erde ist«, so hat der Münchner Musik-, Theater- und Literaturkritiker Joachim Kaiser über das Stück geschrieben, »wir erfahren es nicht durch plattes, von tausendfacher Abnützung unglaubwürdig gewordenes Lob, sondern durch die unendliche Entbehrung derer, die hier keine Erde mehr haben und um ein paar Gramm, um einen ›Schluck Erde‹ mit abgründiger Qual sich mühen. Finsternis spricht fürs Licht, Abwesenheit fürs Gewesene. Ein Autor fand einen gewiß seltsamen, aber doch inständig überzeugenden Weg, seine Zeitgenossen von 1962 darauf aufmerksam zu machen, was sie aufs Spiel setzen. Unbegreiflich, wie man das Stück trotzdem mit ›Blut-und-Boden‹-Ideologien in Verbindung bringen konnte. Es predigt ja eben keine Ideologie, hat keinerlei affirmativen Charakter. Aber es läßt sich, und darin liegt nun der deutliche Unterschied zu Becketts ›Endspiel‹, auf menschliche Kommunikation bezogene Begriffe wie Erde oder Gemeinsamkeit oder Fruchtbarkeit oder Lust auch nicht einfach aus der Hand schlagen – nur weil mit alledem viel Unsinn gemacht worden ist und gemacht zu werden pflegt.«

Um 1960 spürte der Schriftsteller Heinrich Böll mit all seinem Glauben, der bereits dabei war, sich aus der Umklammerung durch die höchst weltliche Organisation katholische Kirche mehr und mehr zu lösen, in seiner Produktivität zunehmend Irritation, eine sich zuspitzende Unruhe. Seine Gewißheit, für sein Leben einen Auftrag zu haben und ihn auch erfüllen zu können, wurde, so

Zwischen den Generationen 263

scheint es, neu auf die Probe gestellt. Das hatte schwerwiegende
Gründe. Die Literatur war dramatisch in Bewegung geraten, ihre
Voraussetzungen, die Schreibweisen, die ganze Dimension litera-
rischer Wahrnehmung und Artikulation veränderte sich. Aus dem
Bewußtsein, daß er selbst schreibend, erzählend ja immer mit allem
Risiko experimentierte, sich nicht auf ausgefahrene Wege eingelas-
sen hatte, erschien all das als völlig richtig, ja notwendig. Doch das
Ausmaß der Veränderungen wies über seine Position hinaus, er
mußte diese überprüfen, neu austarieren, festigen, und das brachte
Unsicherheit, zumal da er auch gesellschaftlich und politisch
immer direkter in den Brennpunkt der Auseinandersetzungen
geriet.

Das Theaterstück »Ein Schluck Erde« war hier ein erstes Signal.
Bis heute ist ohne weiteres begreiflich, daß dieses im Interesse einer
deutlichen bildhaften Aussage etwas gewaltsam konstruierte Stück
auf respektable Art erfolglos blieb. Die Ideen, die es ins Bild zu setzen suchte, kamen aus Bölls Welt, doch nicht die Art und Weise, in
der das Stück sie vortrug. Böll war kein Samuel Beckett, er war
auch kein Theoretiker, künstlerisch war nicht die Abstraktion sein
Revier, so nahe er ihr als Intellektueller und Satiriker auch längst
gekommen war. So oder so aber begegnete Böll den Umbrüchen
im literarischen Überbau, all den Veränderungen der Schreibweise,
die ja auch Veränderungen im Wahrnehmen und Denken bedeute-
ten, was ihn gewissermaßen auch bedrohte, auf die ihm einzig
mögliche Weise –: schreibend, erzählend, also produzierend. Bis
1965 ist außer der gemeinsam mit Annemarie Böll verfaßten Neu-
übersetzung der düsteren Komödie »Playboy of the Western
World« von dem irischen Dramatiker John Millington Synge, außer
zahlreichen Essays, Rezensionen, Berichten und Interviews unter
dem Titel »Briefe aus dem Rheinland« eine neunzehnteilige Folge
von Satiren herausgekommen, die mit sieben »Briefen an einen
Freund jenseits der Grenzen« fortgesetzt wurde, ferner der Roman
»Ansichten eines Clowns«, die lange Erzählung »Entfernung von

264 *Annäherung an den Weltruhm*

der Truppe« sowie Bölls Frankfurter Vorlesungen über »Fragen zur modernen Literatur«, in denen er seine »Ästhetik des Humanen« minuziös beschreibt und seine Position als Schriftsteller unmißverständlich umreißt. Böll hat in diesen Vorlesungen eine Haltung formuliert, die sich seinem Werk in jeder Zeile ablesen ließ, die er hier jedoch aus ihren literarischen, geschichtlichen, sozialen Hintergründen heraus gleichsam offensiv proklamierte.

II. Der unterschätzte Schriftsteller

Das Gelände, in dem der Schriftsteller Heinrich Böll sich in den Jahren ab 1960 bewegte, war vielleicht noch nicht wieder vermint, doch es hatte Fallen, Gräben, Hindernisse. Er hatte sich Feinde gemacht, es waren viele und mächtige Feinde, und ihre Zahl stieg weiter an. »Böll-Schelte« ging um, wie der Kritiker Joachim Kaiser es rückblickend genannt hat, eine »selten formulierte, aber um so giftiger gemunkelte« Aggression, mit der sich all jene kirchlichen, gesellschaftlich-politischen und publizistischen »Würdenträger« zu entlasten suchten, die sich von Böll zu Unrecht verfolgt fühlten. Und Joachim Kaiser, der als sehr junger Kritiker bereits 1953 zur Gruppe 47 gestoßen war, einer von Hans Werner Richters »Genie-Bubis«, wie Hans Schwab-Felisch sie bewundernd getauft hat, Kaiser kannte sich im Literaturbetrieb schon der mittleren fünfziger Jahre vorzüglich aus. Auch etliche schreibende Kollegen schreckten vor Verunglimpfungen nicht zurück. Bis zu Bölls Lebensende, so Kaiser zutreffend, habe das nie ganz aufgehört und zu einer systematischen Unterschätzung Bölls geführt. »›Der kann nicht schreiben, aber erzählen kann er‹, spöttelten in den fünfziger Jahren, als Bölls Ruhm sich auszubreiten begann, aufklärerisch gesinnte, Bölls kritischer Mentalität eigentlich nahestehende Literaten, die noch (wie etwa Hermann Kesten, von dem dieser Ausspruch stammt) aus den zwanziger Jahren oder aus dem Umkreis von Thomas Mann

Der unterschätzte Schriftsteller

kamen.« Und Kaiser weiter: »Sie mußten erleben, daß dieser unge-
schickte Böll viel mehr Aufregung und Aufmerksamkeit hervorrief
als sie selbst, obwohl er doch längst nicht so brillant und ›literarisch‹ schrieb, wie sie es ihrerseits zu tun glaubten.«

In den sechziger Jahren, als das Bürgertum in Westdeutschland
es wieder zu etwas gebracht hatte, lautete nach Kaisers Erinnerung
der Vorbehalt, der auch noch nach Bölls Tod hervorgeholt wurde, auf »muffige Begrenztheit, kleinbürgerliche Mickrigkeit«, auf
»Verklärung des Schäbigen, Armseligen«, während doch die bun-
desdeutsche Welt sich längst wieder hell und reich darstellte. Die
erbarmungsloseste Kritik aber kam laut Joachim Kaiser von den
Literatenkollegen, und hier sei, auch weil er an ein inzwischen ver-
gessenes Buch erinnert, das Anfang der siebziger Jahre erhebliches
Aufsehen gemacht hat, Kaiser noch einmal zitiert: »Im Memoiren-
buch ›Siegfried‹ von Ernst Herhaus (und Jörg Schröder) berichtet
Herhaus, wie in Bölls Verlag Kiepenheuer & Witsch, wo der kluge
Dieter Wellershoff Lektor war, die Fahnen von Bölls ›Ansichten
eines Clowns‹ herumgingen. ›Damals war ich der Meinung, Heinrich sei so integer, daß seine immer infantiler werdende Normaleleuteschreiberei dahinter verblassen muß – vor dieser Persönlichkeit. Es kamen die ersten Fahnen, die geheim im Verlag herumgingen, Wellershoff gab mir ein Exemplar. Ich las die Fahnen und hab'
zu Wellershoff gesagt: ›Jetzt ist der Böll erledigt, jetzt ist es aus. Das
ist ein solches Scheißbuch, daß die Kritiker kein gutes Haar mehr
an dem lassen. Das ist eine solche Clichéversammlung‹ … Und
was passierte dann? Ein nicht mehr vorstellbares Unisono von Beifall! Dieser Kritikbetrieb enthüllte sich als derart verschweint und
verrottet, als ein solcher Opportunismus und eine so ungenierte
gegenseitige Anschleimerei …‹ Herhaus war seiner Sache enorm
sicher.« Und Joachim Kaiser zitiert auch noch diese Herhaus-Mei-
nung: »›Solange Mief da ist, kann er sich, wie eine Motte, mit seiner
Zölibatsintegrität über diesen Mief erheben. Aber überall, wo der
Mief ein bißchen wegdunstet, da wirkt er irritiert. Seine Riesenauf-

lagen in der Sowjetunion passen exakt in dieses Bild! Er produziert für die frustierten Bonzen den progressiv scheinenden sozialistischen Mief, der keinem weh tut und der den geschundenen Massen ein fernes Licht von geistiger Freiheit verheißt.‹ (So in Ernst Herhaus / Jörg Schröder: ›Siegfried‹, März-Verlag, Frankfurt 1972, S. 88–91).«

Das war, 1972 im Rückblick auf die Zeit Anfang der sechziger Jahre veröffentlicht, eine besonders drastische, doch keine Einzelstimme. Derlei lag als Reaktion auf Böll geradezu in der Luft. Der Kritiker Kaiser, der seinen Rückblick auf Böll 1988 veröffentlicht und sich dabei nicht dem Anlaß entzogen hat, seine eigene ganz andere, überwiegend bewundernde Sicht auf den Erzähler zu begründen, hätte z. B. auch Hans Erich Nossack, den Böll in seinen Frankfurter Vorlesungen respektvoll nennt, zitieren können, wenn damals Nossacks Tagebücher schon veröffentlicht gewesen wären. Das aber geschah erst 1997, zwanzig Jahre nach dem Tod dieses Schriftstellers, der fünfzehn Jahre älter war als Heinrich Böll. Wie Werner von Trott zu Solz um 1930 in die KPD eingetreten, um retten zu helfen, was gegen die Nazis noch zu retten war, ein integrer Autor von Rang, hat Hans Erich Nossack seine oft unbedenklich galligen, jedenfalls völlig unnachsichtigen, sehr persönlichen Urteile über zahlreiche Schriftsteller nur in seinen Tagebüchern notiert und bis zuletzt unter Verschluß gehalten, doch sie spiegeln Meinungen in den Literatenkreisen, die ja ebenfalls durchweg nicht in die Öffentlichkeit drängten. Bölls Erfolge bei den Lesern waren für Nossack nur eine »Tageserscheinung«, über die man sich nicht zu erregen brauche. Die »Ansichten eines Clowns« waren für ihn »mißlungen«, weil das Buch »ungefährlich« sei, Böll habe das »metaphysische Phänomen« Clown stümperhaft verhunzt. In Bölls Erzählungen mische sich viel zu häufig der Autor ein, das sei eine »altmodische Erzählgeste« und sehr störend.

Nossack paßte im Grunde die ganze Richtung nicht. Er bestätigte sich auch deshalb seine Abneigung in punktuellen, eher zufäl-

Der unterschätzte Schriftsteller 267

ligen Verdikten ohne jeden Anspruch auf so etwas wie Gerechtigkeit vor den Werken, weil Bölls Erfolge ihn nicht ruhig bleiben ließen, denn sie stellten sein eigenes Werk, seine eigene Literaturvorstellung in Frage. Nossack fühlte sich, und er war gerade damit erfolgreich, als Außenseiter und heimatlos Einzelner, doch aus dem Gefühl einer älteren Generation und mit dem Anspruch, gerade so die Position des »geistigen Menschen« zu repräsentieren. Großbürgerlicher Herkunft, selbst lange als Kaufmann tätig, als Autor vom Expressionismus inspiriert und einer der sehr wenigen, die sich vor den verachteten Nazis tatsächlich konsequent in eine innere Emigration zurückgezogen hatten, war Hans Erich Nossack individualistisch an elitäre und radikale Vorstellungen gebunden, die mit Bölls Vorstellungen gewiß nicht kompatibel waren. Und doch war, wie sich nun langsam immer mehr verdeutlichte, auch Heinrich Böll in einem Ausmaß auf sich selbst und sich allein gestellt, das über Nossacks Einzelgängertum wie das so vieler anderer Schriftsteller, die auf dieses ebenfalls pochten, hinauswies, weil er ganz konkret zugleich für ein stets unterschätztes, mißachtetes und sicherlich vages Potential der Gesellschaft als ganze, für das zu Bewußtsein drängende Volk einstand. Das widersprach fast allen literarischen Gewohnheiten und Regeln, das war nicht rationalisierbar, und es war, wie Böll es experimentierend praktizierte, nie vorhersehbar. Seine Millionen Leser begriffen ihn hier unbewußt besser als so mancher selbstgewisse Intellektuelle. Böll war autark, weil er gar nicht anders konnte. Seine Erfahrungen mit den Leiden der kleinen Leute machten ihn zugleich unfähig, etwas anderes zu sein als von Natur aus ein Demokrat. Und das als Katholik.

Auch hier ein Widerspruch, Katholiken sind von Kirchenglaubens wegen ja nicht gerade Demokraten, doch ein Widerspruch, den Böll gemeinsam mit einem Großteil des Volkes lebte, welches damals von den führenden Christdemokraten, Bundeskanzler Ludwig Erhard voran, spornstreichs und mißtrauisch in eine »formierte Gesellschaft« überführt werden sollte. In seinen Frankfurter

268 *Annäherung an den Weltruhm*

Vorlesungen hat Böll im Blick auf seine Poetik des Humanen unter anderem auch dies gesagt: »Die Deutschen gehorchen so gern, wie sie gern Gehorsam fordern. Die peinlichste Szene – peinlich erscheint mir hier als der angebrachte Ausdruck, der Krieg war vorüber und ich fühlte mich befreit, nicht mehr nur als notgedrungen Verkleideter, sondern ganz als Zivilist –, die peinlichste Szene, an die ich mich erinnere, ist das zackige und eifrige Vortreten einiger Mitgefangener beim ersten Appell in einem amerikanischen Gefangenenlager: Wenige Stunden nachdem sie noch Durchhalten und Mord gepredigt hatten, erklärten sie sich bereit, sich als Verbreiter demokratischer Gedanken schulen zu lassen. Zackig, eifrig, unterwürfig – unästhetisch und unpoetisch, unter den einigen fünfzig Bedeutungen von *poiein* ist das Verb unterwerfen weder in transitiver noch in intransitiver Bedeutung zu finden. Die Poesie dieses Augenblicks im Lager, seine Genauigkeit: befreit, doch gefangen, knapp, sehr knapp überlebend, die Lässigkeit des amerikanischen Hauptmanns, der uns – er glaubte wirklich daran, glaubte, uns damit Frieden und Glück zu versprechen – Bier und Würstchen versprach, und die merkwürdige Ahnung, daß ich bald, immer noch nicht frei, sondern nur befreit, in die Gefangenschaft der Zackigen, Eifrigen, Unterwürfigen geraten würde, die mich zu etwas würden machen wollen, das ich von Geburt und Herkunft schon war: Demokrat – ich habe das noch nicht in Worte fassen können. Was meine eigenen Schriftwerke, Dichtwerke, Bücher betrifft – ich halte mich am alten Kaegi fest –, so könnte ich viel besser eine Poetik entwickeln an dem, was ich bisher nicht habe schreiben können, als an dem, was ich geschrieben habe, aber dazu bedürfte es größeren Abstandes ...« Die Frage ist, ob Poetik und Politik sich derart zusammenbringen lassen. Es war die große Herausforderung für die so brutal geschrumpfte Heimkehrergeneration, der Böll angehörte. Doch war – und ist – gerade solche Koppelung nicht notwendig, wenn Literatur überhaupt etwas bedeuten soll? Böll war radikaler als Hans Erich Nossack, weil er seine Auto-

Der unterschätzte Schriftsteller 269

nomie nicht für sich allein forderte, um vielleicht als überragend ideales und kontroverses Exempel so etwas wie Vorbild zu sein. Er forderte sie für jedermann, die gehorsamen Befehlshaber schlossen sich da selbst aus.

Spätestens Anfang der sechziger Jahre zeichnete sich eine nicht zuletzt aus diesem Zusammenhang erklärliche Tendenz zu gespaltener Beurteilung Bölls ab, die er bis über seinen Tod hinaus nicht wieder loswerden sollte. Schon Herhaus hat Böll für so integer gehalten, daß ihm alles, was er als »Normaleleuteschreiberei« hervorbrachte, daneben als weniger wichtig erschien. Auch Joachim Kaiser hat sich erinnert, daß Autoren, die zunächst ihren Teil zur »Böll-Schelte« beigetragen hatten, sich mit ihm versöhnt hätten, »als sie ihn aus der Nähe kennen- und liebengelernt hatten, Böll, den hilfreichen umsichtigen PEN-Präsidenten, Böll, den hinreißend heiteren Redner«. Da nahm man dann sein Geschriebenes, seine verqueren Überzeugungen in Kauf. Solche Unterscheidung steigerte sich bis in den Blätterwald der Nachrufe, die Böll wortreich als Kölner Gutmensch und Gewissen der Nation priesen und den Schriftsteller meist links liegenließen. Und doch gehört beides ganz unmittelbar zusammen, konstituiert beides mit Kontrast und großer innerer Spannung etwas, das sich schließlich nur als die kaum vergleichbare Eigenart und Größe dieses Schriftstellers verstehen läßt.

Als 1963 der Roman »Ansichten eines Clowns« herauskam, wogte diese Dichotomie noch im Untergrund. Bei allem »giftigen Gemunkel« zeigte die veröffentlichte Kritik sich gepackt, war die Mehrzahl der Kritiker bereit zu loben. Im Mittelpunkt stand dabei meist die unglücklich ausgegangene Liebesgeschichte zwischen dem Clown Hans Schnier aus Bonn und seiner Geliebten Marie Derkum, die seit ihrer ersten gemeinsam verbrachten Nacht aus Schniers Sicht und auch für den Autor seine angetraute Frau ist, denn das Sakrament der Ehe spenden sich Liebende selbst, die Kirche kann nur ihren Segen dazugeben. Doch in Bonns tonangebenden katholischen Kreisen ist allein der Trauschein entscheidend, und Marie, die Tochter eines unangepaßten Kleinhändlers, ist abhängig von der katholischen Dunsthaube, die nicht nur die Liebe, sondern auch Kultur und Kunst, ja alles gesellschaftliche Leben in Bann hält. Marie läßt sich von einem erfolgreichen Karriere-Katholiken abwerben, was für Schnier heißt, daß sie die Ehe bricht, fürs katholische Establishment, daß sie gerettet ist. Sie soll mit ihrem in kirchlicher Sicht regulären Ehemann sogar vom Papst empfangen werden. Hans Schnier aber soll endlich vernünftig werden und sich ans wirkliche Leben gewöhnen.

Schnier ist der Ich-Erzähler. Nach Jahren des Zusammenlebens mit Marie, in denen er sich und seine Frau durchaus erfolgreich von Engagements als Clown durchgebracht hat, rekapituliert er seine und die gemeinsame Geschichte zu einer Zeit, da er nicht nur Marie, sondern auch seine Arbeit verloren hat. Verunsichert dadurch, daß Marie immer offensichtlicher von ihm wegstrebte, hat er mit seinem Training geschlampt, zu trinken angefangen und schließlich bei einem Auftritt einen Unfall gehabt, der ihn für lange Zeit arbeitsunfähig macht. Er war als Clown schon vorher im Kurs gesunken, die Auftritte sind immer schlechter honoriert worden, und nun, zu Beginn des Romans, hockt er ohne Geld in seiner Bonner Wohnung und läßt sein Leben Revue passieren. Schon lange sind die Beziehungen zu seiner Familie, den steinreichen Braunkohlen-Schniers, angespannt. Seiner Mutter kann er z. B. nicht vergessen, daß sie in den letzten Kriegswochen unbedenklich seine Schwester preisgegeben hat, sie ohne Not, den Nazis immer noch vorauseilend gehorsam zu einem absurden Kriegseinsatz gedrängt hat, bei dem sie rasch umgekommen ist. Der letzte Stoß, der den Clown zum Bettler macht, kommt von Schniers Vater, der ihn in seiner Wohnung aufsucht. Keineswegs bösartig, eher freundlich mit leicht verkorkstem Gewissen und voller alterprobter Vorurteile, wäre dieser reiche Mann mit einer Opernsängerin als Geliebter bereit, seinen Sohn in der schwierigen Lage, in die er nicht ganz ohne sein eigenes Verschulden geraten ist,

Der unterschätzte Schriftsteller 271

mit erheblichen Beträgen zu unterstützen, falls der nur einverstanden wäre, bei einem ausgewiesenen Profi der pantomimischen Kunst in die Lehre zu gehen. Schniers Vater hat sich von einem renommierten Kritiker beraten lassen, und an dessen Spruch hält er nun fest, weil er nur in Erwartung einer öffentlich anerkannten Karriere seine Zahlungen nicht als Vergeudung, sondern als Investition sehen kann, und er vergeudet kein Geld, auch nicht für den Sohn. Hans Schnier aber fühlt sich weder als Pantomime noch als Komiker, sondern als Clown, der nichts mehr zu lernen hat, und es wäre für ihn nichts als Zu-Kreuze-Kriechen vor dem Establishment, das der Vater repräsentiert, wenn er auf die Forderung einginge. So endet er geschminkt und mit Gitarre bettelnd auf der Treppe des Bundesbahnhofs Bonn.

Ganz aus der Sicht Hans Schniers erzählt, ist der Roman mit einigen ruhigeren Partien ein Schnier-Böllsches Furioso. Souverän und bitter rechnet er ab mit einer verlogenen Pseudomoral, mit dem katholisch-christdemokratischen Kulturbetrieb, der auch die Kunst und die Literatur unfrei hält. Wozu Schnier hier sein Einverständnis geben sollte, das wollte auch Heinrich Böll auf keinen Fall mit sich machen lassen. Er hielt mit Blick auf die Alltagsrealitäten so scharf dagegen, daß die katholische Kirche auf den Roman mit Protesten und der Veranstaltung öffentlicher Diskussionen reagierte, und die Deutsche Bischofskonferenz mit einem Hirtenbrief. Bölls Roman »Ansichten eines Clowns« war im übrigen ein Rundumschlag, dem es nicht so sehr um Präzision als darum ging, möglichst vielseitig ein ganzes Juste milieu zu treffen. Und wenn da ein Clown seine Ansichten mitteilte, so nicht etwa als Spaßmacher, sondern als Künstler, als Verteidiger der Kunst gegen alle politisch-gesellschaftliche Vereinnahmung und Regulierung. Da waren Wahrheit und Moral auf dem Prüfstand. Ein Clown und ein Bettler zu sein, ist für den Künstler nicht ehrenrührig, im Gegenteil.

Gleich zu Beginn des Romans ist Hans Schnier ausdrücklich gekennzeichnet als Protestant. Er ist also nicht katholisch. Viele

Jahre nachdem ich »Ansichten eines Clowns« erstmals gelesen hatte, habe ich mich mit Heinrich Böll über den Roman, der ihn immer noch beschäftigte, unterhalten. In meiner Erinnerung war auch der Clown katholisch. Aber er sei doch Protestant, betonte Böll, und weil ich mich wunderte, wieso ich das vergessen hatte, meinte er, das sei ihm wohl nicht ganz geglückt. Vielleicht war ich so sicher, was Hans Schniers Kirchenzugehörigkeit anging, weil ich in dem Clown ein Selbstbild Heinrich Bölls sah; nicht als sei der Roman autobiographisch, sondern Schnier als imaginiertes Alter ego des Autors, und dies deutlicher als im Fall manch anderer Gestalten in Bölls Romanen und Erzählungen, die gewiß nicht zu Unrecht als Alter ego des Autors angesehen werden. Hans Schnier als Protestant erscheint mir – obwohl sich das auch sozialgeschichtlich rechtfertigen läßt, viele rheinische Industriellenfamilien waren protestantisch – noch immer einigermaßen künstlich, wenn man nicht das Wort in seiner allgemeinen, konfessionsunabhängigen Bedeutung versteht; ein Protestierer ist er gewiß. Man spürt die Absicht bei dieser Zuschreibung, doch sie erleichtert es nicht, den Clown zu begreifen. Schnier protestiert ganz zweifellos mit seiner ganzen Existenz, doch die Gesellschaft, gegen deren Verführungen und Zwänge er sich auflehnt, ist nicht nur ganz und gar katholisch, sie ist auch die Gesellschaft, aus der Schnier kommt, aus der er lebt. Seine Auflehnung ist so heftig, weil es um seine eigene Welt geht, nicht um die Welt anderer. Im Roman dokumentiert sich das auch in tausend Einzelheiten.

Zweifel daran, daß Bölls Clown eine metaphysische Dimension habe, sind schwer verständlich. Diese Dimension realisiert sich allerdings nicht in einem der täglichen Realität enthobenen, quasi mythischen Geistes- oder Kunstraum, sondern im handfesten Konflikt mit der Gesellschaft, in der Schnier seine Kunst praktiziert. Eine andere Autonomie, eine absolute Freiheit hat Böll weder für die Kunst noch für sich selbst gesucht, auch nicht für seine Religiosität. Außenseiter in solchem Sinn war er nicht und wollte er nicht

Der unterschätzte Schriftsteller 273

sein. Er suchte schreibend, erzählend, in seiner Kunst die Nähe der Menschen, Freundschaft und Mitmenschlichkeit, Liebe, Vertrauen und Solidarität, und daran, daß dies erreichbar sei, glaubte er bei allen Rückschlägen. Hier fielen für ihn Kunst und Religion zusammen. Freilich weder die sozusagen offizielle Kunst noch die organisierte Religion. Was Böll schreibend bekämpft hat, und er blieb da Partei bis hin zu seiner äußersten Ausweglosigkeit, war die Instrumentalisierung auch des zur Kunst hinweisenden Humanen im Interesse von Vorherrschaft und Reglementierung, von Obrigkeit und Unterordnung. Für eine organisierte, uniformierte, gar bewaffnete Humanität war in seiner Ästhetik des Humanen kein Platz. Was blieb da nach realer Lage der Dinge anderes, denn sich als Clown zu erkennen und zu bekennen! In den sechziger Jahren war allerdings nicht das Bild des Clowns, doch der Inhalt, den Böll ihm gab, zutiefst unmodern. Auch der Clown war als attraktive Figurine in den Kunst- und Literaturbetrieb eingeholt. Böll gab dem Bild wieder Aktualität, rauhte es auf, stellte es handfest wieder gegen gesellschaftliche Verhältnisse, die bis heute jedenfalls latent die herrschenden sind.

Die »Ansichten eines Clowns« waren ein Schlußstrich, der alle Resultate des Schreibens auf eine andere Ebene hob. Böll stellte sich hier nicht mehr nur gegen die schlechten Traditionen, die in »Billard um halb zehn« für ihn im Namen »Hindenburg« kulminierten. Er stellte sich mit der subjektiven Wortgewalt des Clowns gegen eine neue, für ihn – was jedenfalls damals noch in Westdeutschland der Fall war und heute wohl längst schon wieder in hohem Maße ist – vor allem von der katholischen Kirche gehegte und auch gelenkte besitzende und somit herrschende Klasse, die scheinbar völlig demokratisch und mit sanften Praktiken der Anpassung kaschierte, daß sie immer noch die alte war. Wer konsequent, detailversessen, gegen Täuschung immun geworden und ohne jede Bereitschaft zur Konzession, also fundamental menschlich auf Wahrheit bestand, der wurde verstoßen. Er konnte nicht mehr damit rechnen, daß die Annehmlichkeiten der so gut organisierten kultivierten Welt auch ihm noch zugestanden wurden. Böll hat mit seinem Roman jedoch keinesfalls eine objektivierbare Analyse der Gesellschaft versucht. Sein Entwurf einer Gegenstrategie ist fest gebunden an die hellsichtige Wehrlosigkeit des Clowns. Ein stromlinienförmiges Weltbild hat der nicht. Es kommen in seinen Ansichten und seiner Haltung Zufälligkeiten, Stimmungen, allerlei Sympathien und Antipathien, verquere Erwartungen, ja Ungereimtheiten mit ins Spiel. Getroffen in seiner Liebe zu Marie, steuert er Gegenkurs auf Biegen und Brechen. Gerade das aber gibt der Geschichte Leben, gerade das bewirkt, daß sie faßlich und stimulierend Wirklichkeit begründet, und es gibt dem Bild des Clowns, des Künstlers nachfühlbare Glaubwürdigkeit.

Ungezählte Leser, auch Kritiker haben spontan begriffen, daß es hier um Kunst in einem anderen, aber nicht geringeren, sondern human fordernden und zeitbewußten Sinn als dem gewohnten der sogenannten schönen Literatur ging. Erneut hatte Heinrich Böll demonstriert, daß er nicht ein Künstler war, der sich mit einem ihm zugestandenen persönlichen, mehr oder weniger privaten Freiraum zufriedengab. Die umstrittene Frage, was denn Kunst, Erzählkunst sei, konnte auch er nicht schlüssig beantworten, doch die war für ihn ohne jede Bedeutung, wenn sie sich dem wirklichen alltäglichen Leben entzog, sich auf das wirkliche Leben nicht einließ. Als Autor bereit zu sein zu Experimenten, hieß für Böll, daß sie immer wieder notwendig waren, um an die undurchschaubare humane Realität überhaupt heranzukommen, und darum ging es für ihn in der Kunst, die anders in seinen Augen rasch zu Kunsthandwerk verkam. Kunst wurde für ihn auch von Wissen und intellektueller Umsicht nicht abgetrennt, sie entleerte sich vielmehr, wenn sie irgendeinem Höheren und Besonderen preisgegeben wurde. Oder wenn Kunst derart an Bildung angekoppelt war, daß sie für die Mehrheit, das Volk nicht mehr erreichbar war, was oft nur hieß, daß sie dem Volk ausgeredet statt eingeredet wurde – ein

Der unterschätzte Schriftsteller 275

Effekt, der von der Werbewirtschaft absichtlich und mit verdummender Wirkung längst ins Extrem getrieben worden ist. Böll schätzte die Fähigkeit der vielen Menschen zu verstehen viel höher ein, als die Gesellschaft zulassen wollte, weil die Handhabung der Menschen anders viel schwieriger war.

Bis hin zur Vorstellung einer »Bildungsverletztheit der Deutschen«, die für ihn aus der sozialen Absonderung der Gebildeten folgte, der Unzugänglichkeit, Unverständlichkeit bürgerlicher Kultur, Kunst, Musik, Dichtung für das Volk, hat Heinrich Böll in seinen Frankfurter Vorlesungen, seinem Entwurf einer »Ästhetik des Humanen« sich diese und noch mehr Fragen gestellt. Es heißt da zum Beispiel: »Es hat mir auch nie eingeleuchtet – erfahren habe ich es allerdings auf bittere Weise, aber nie die Notwendigkeit dafür eingesehen –, daß Bildung nicht Sozietät schafft, sondern diese verletzt, wo Bildung für alle proklamiert ist … Es gab und gibt immer noch Eltern, die sich weigern, ihre Kinder auf eine höhere Schule zu schicken, auch wenn ihnen deren Begabung und Intelligenz amtlich bescheinigt wird, sie weigern sich nicht, weil sie das finanzielle Opfer und die Anstrengung fürchten, sondern weil sie die schmerzliche Trennung fürchten, die in dem Augenblick fällig werden könnte, wenn ihr Kind den Status des Akademikers erreicht hat. In einem solchen Verhalten spricht sich bittere Erfahrung, spricht sich auch die Anmaßung der gebildeten Stände aus. Ich nenne nur dieses eine Beispiel, es schließt viele andere ein. Die Deutschen sind ein bildungsverletztes Volk, diese Verletztheit schafft die günstigsten Voraussetzungen für Demagogie, sie schafft Bildungsstände, Reserven, Gereiztheiten.« Böll hält, um es zunächst grob anzudeuten, so dagegen: »Ich habe auch meinen Kindern und einer Hausgehilfin Kafka und Faulkner zu lesen gegeben, nicht aus der anmaßenden Ansicht: die Kunst gehört dem Volk – sondern aus Respekt vor Faulkner und Kafka; ich glaube nicht, daß sie für Eingeweihte schrieben. Und der Begriff ›schwer verständlich‹ ist relativ, die Grimmschen Märchen sind auch schwer verständlich ...« Es ging Böll darum, »im Sozialen das Geistige, das Religiöse zu erkennen«. In der westlichen Welt aber werde eine »selbstmörderische Verleugnung des Humanen und Sozialen praktiziert und propagiert«.

Solche Erwägungen haben zu Bölls Unterschätzung als Schriftsteller in der Literaturszene absurderweise ebenfalls eher beigetragen, als sie aufzuheben. Sowohl die experimentelle und konkrete Literatur, die in den sechziger Jahren bald sogar am Markt gefragt war, als auch die fast sprunghafte Politisierung der Literatur liefen laut dem Selbstverständnis der meisten Akteure an Böll vorbei. Was sicherlich auch eine Reaktion auf seinen außerordentlichen Erfolg war, denn man suchte den eigenen. Böll aber war eine Instanz für sich, und nicht mehr bereit, ein Blatt vor den Mund zu nehmen. Clown Hans Schnier ist freundlich, nimmt Rücksicht auf seinen Vater, umgeht jene Punkte in dessen Leben – den Tod der Schwester in den letzten Kriegstagen, den der Vater hätte verhindern können, die Geliebte, die er sich hält –, an denen er verletzbar ist, doch wo es um seine Liebe, die für ihn als Ehe besiegelt ist, und seine Kunst geht, hört alle Rücksicht auf. Erfolgreich genug, um das Risiko auf sich zu nehmen, in seiner Integrität selbst von den Gegnern nicht angezweifelt, wenn sie auch nach Kräften zurückschlugen, herausgefordert und auch fähig wie bereit, sich in der expandierenden und sich ständig verändernden literarischen Szene aufs neue auseinanderzusetzen, intensivierte Böll intellektuell und künstlerisch seinen Protest.

Für alle traditionell gestimmten Bewunderer des Schriftstellers war dann die lange Erzählung »Entfernung von der Truppe«, die Mitte 1964 veröffentlicht wurde, eine Provokation. Es gehörten auch einige tonangebende Kritiker zu den Bewunderern der realistischen Erzählkunst Bölls, und mit »Entfernung von der Truppe« konnten vor allem sie meist wenig anfangen. Von einem Debakel sogar war die Rede, das Böll dann erst mit der Erzählung »Ende einer Dienstfahrt« wieder ausgeglichen habe. Rudolf Walter Leonhardt schrieb von einer Zäsur in »Bölls Stil und Bölls Welt«, die »chronologisch gesehen, zwischen die Jahre 1959 (Billard um halb zehn) und 1963 (Ansichten eines Clowns) fällt«, und er befand: »Sie ist weniger deutlich an den Werken, deutlicher an den kritischen Reaktionen auf diese Werke abzulesen. Rezensionen und persönliche Äußerungen intelligenter Leser bestehen darauf, daß, zum ersten Mal in den Ansichten sich abzeichnend, in der Welt Bölls etwas passiert sei, das ›Krise‹ genannt wird oder ›Abstieg‹ oder ›Verfall‹ – oder Reife und Vollendung.« Die Reaktionen waren also ambivalent, es gab nicht nur Enttäuschung, sondern auch Beifall für die Folgen der Zäsur. »Entfernung von der Truppe« jedenfalls erschien als schwer begreiflich, als ein weiterer, manchen noch schwerer denn »Ansichten eines Clowns« wiegender Störfall in der Produktion des Schriftstellers. Nicht allein für Rudolf Walter Leonhardt war »Entfernung von der Truppe« bestenfalls eine Eulenspiegelei, »in der Form nicht recht überzeugend« und Form generell in Frage stellend, ein unverdauliches Krisendokument. Er wußte dabei prominente Kritikerkollegen auf seiner Seite, wobei er nicht verschwieg, daß es auch andere Stimmen gab. Dafür erschien Leonhard das ganz unähnliche »Ende einer Dienstfahrt« als Erzählwerk »makellos«, sicher fundiert in dem »bewährten Schema« Gerichtsverhandlung in einer Kleinstadt und schlicht »formvollendet«, keinerlei Deutung oder Interpretation bedürftig. Zeigten sich da »Reife und Vollendung« an? Wohin es Böll drängte in der so widersprüchlichen Welt seines Erzählens, blieb zunächst offen.

III. Entfernung von der Truppe

Die sechziger Jahre waren für Böll eine Phase der Unruhe, der Rastlosigkeit, brachten ihm Erschöpfung, schließlich Krankheit. Die Frankfurter Vorlesungen bricht er nach seinem vierten Auftritt ab, »angegriffen vom Universitätsprinzip«, wie es in einer Zeitung

278   *Annäherung an den Weltruhm*

hieß. Immer öfter ist er auf Reisen. 1961, im Jahr des Mauerbaus, reist er in die Tschechoslowakei, nach Italien und Jugoslawien, 1962 nach Irland und erstmals in die Sowjetunion, 1963 für mehrere Monate nach Irland, wohin es ihn fast alljährlich zieht, 1965 und 1966, dann wieder 1970 erneut in die Sowjetunion. Als die Truppen des Warschauer Paktes 1968 dem Prager Frühling ein Ende machen, befindet er sich gerade in Prag. Böll reist auch nach Frankreich, Belgien und in die Niederlande, nach Griechenland und Israel. Eine Rezension von H. G. Adlers Erzählung »Eine Reise« mit dem Titel »Wir Deutsche: ein fahrendes Volk« beendet er mit Sätzen, in die er ganz gewiß auch sich selbst einbezogen wußte: »Die Reisebesessenheit, von der wir fast alle befallen sind, ließe sich auch als Flucht deuten, oder als Selbstvertreibung aus einem Land, das, so scheint es, auch denen nicht mehr Heimat ist, die diese nicht verloren haben und nicht aus ihr vertrieben sind, als trauten sie dem Boden unter den Füßen nicht mehr. Reisen als Selbstzweck, als Industrie und Verbraucherwirtschaft, deren absurder Sinn es zu sein scheint, Abfall zu produzieren. Ich deute mir H. G. Adlers Erzählung als weiterwirkende Reise in einer von Abfall bedrohten Welt. Was Heimat war und sein konnte, wird deutlich an denen, die keine mehr haben, obwohl sie nicht vertrieben worden sind: Bahnhöfe, Fahrpläne, Wartesäle, Ansager, Reisebegleiter, Reisevertreter, ein fahrendes Volk, wie getrieben.«

Bölls Person, Gestalt, gewinnt in diesem Jahrzehnt in einer immer breiteren, auch internationalen Öffentlichkeit immer mehr Kenntlichkeit und Dichte. Er unterzeichnet zahlreiche Appelle, gibt Antwort bei Umfragen. Ständig entstehen Filme und Fernsehfilme nach Erzählungen, Satiren, Texten Heinrich Bölls, und mehrfach arbeitet er an ihnen direkt mit. Immer mehr Interviews, Statements, Reden zu aktuellen Anlässen, Vorworte und Nachworte zu Büchern und dazu Rezensionen, die manchmal soviel Aufsehen machen wie 1965 seine markante Kritik der »Erinnerungen 1945–1953« von Konrad Adenauer, die in ihrer bitteren Sachlichkeit den

Entfernung von der Truppe   279

Betroffenen und Getroffenen empörte. Die Notstandsgesetze fordern Bölls Widerstand, das Ende des Prager Frühlings seinen entschiedenen Widerspruch. Auf der Gründungsversammlung des Verbandes deutscher Schriftsteller (VS) 1969 in Köln hält Böll seine Rede vom »Ende der Bescheidenheit«, und zum ersten Kongreß des VS 1970 in Stuttgart seine Rede von der »Einigkeit der Einzelgänger«.

Das ist nur eine knappe, ja flüchtige Skizze der jedenfalls im Rückblick oft nahezu hektischen Aktivitäten Heinrich Bölls. Und sie alle liefen ab vor dem Hintergrund der unermüdlichen Erweiterung seines Werkes. Auch hier Unruhe, Rastlosigkeit. Aus der Unmittelbarkeit der sechziger Jahre heraus angesehen und erlebt, akkumulierten sich zweifellos »Ansichten eines Clowns«, »Entfernung von der Truppe«, »Ende einer Dienstfahrt« wohl tatsächlich zu dem Signal, daß dieser Schriftsteller bei ständig zunehmendem öffentlichem Gewicht und öffentlicher Wirkung am Schreibtisch eine Krise durchlebte. Eine Krise wohin? Es war sicherlich höchst schwierig, abzuschätzen, welche Möglichkeiten Bölls zwischen den sich empörenden »Ansichten eines Clowns«, dem rabiaten, scheinbar unfreiwilligen, auf schwer faßbare Weise satirischen und zugleich direkt und gallig gesellschaftskritischen Störfall »Entfernung von der Truppe« und der gelassenen, traditionsverbundenen, humorvollen, geradezu klassischen Erzählung »Ende einer Dienstfahrt« sich behaupten würden. Böll wußte es vermutlich selbst nicht. Noch war der Roman »Gruppenbild mit Dame«, in dem sich der Fall entschied, nicht begonnen. Jedenfalls hat Böll Wert darauf gelegt, mit seinem Aufbegehren nicht nur politisch-gesellschaftlich, sondern deutlicher noch auch literarisch zunächst erneut zu demonstrieren, daß er fähig war, nicht nur aggressiv, sondern auch mit sachlichem Humor, einfallsreich, kunstvoll, schön zu erzählen. Und in »Ende einer Dienstfahrt« hatte er dabei sogar den freundlich-gelassen ausgespielten gesellschaftskritischen Bezug.

1967 wurde Böll fünfzig Jahre alt. Das Jahr, in dem der Student Benno Ohnesorg in Berlin während einer Demonstration von einem Polizisten erschossen wurde und die Studentenbewegung sich radikalisierte, bringt Böll einen schweren Krankheitsanfall. Mit Hepatitis und Diabetes, der »Harnruhr«, muß er, eine chronische Schädigung vor Augen, für einige Monate ins Bett. Annemarie Bölls Verdacht, Böll habe sich von der schweren Ruhr in seiner frühen Soldatenzeit nie wieder ganz erholt, erhärtete sich. In jenem Jahr 1967 erhielt Böll zugleich den Georg-Büchner-Preis der Deutschen Akademie für Sprache und Dichtung, die damals unbestritten wichtigste literarische Auszeichnung in der Bundesrepublik. Eine Krankheit, die schon Zeichen war, und ein erster offizieller Höhepunkt nach schon zahlreichen Literaturpreisen vorher. Von dem einen wie dem anderen hat Heinrich Böll sich nicht aufhalten lassen.

In jenen sechziger Jahren, in denen die politische Übermacht von katholischer Kirche und CDU jedenfalls einen empfindlichen Dämpfer erhielt, in denen eine Welle der Lockerungen, ja der Befreiung von Zwängen die bundesrepublikanische Gesellschaft in Bewegung brachte, Kunst und Literatur expandierten, immer neue Lebensentwürfe hervortraten und in ihrer individuellen und sozialen Bedeutung öffentlich anerkannt und gehört wurden, in jenen sechziger Jahren war die Unruhe, die Rastlosigkeit des Schriftstellers Heinrich Böll auch ein Reflex der sich rasch ändernden Verhältnisse. Wie kein anderer hatte Böll für diese Veränderungen das seine getan. Er setzte alles daran, in Stellungnahmen und Reden seine Position, die nie genau auszurechnen war, immer ein Moment plausibler Spontaneität zeigte, auch für Nichtleser kenntlich zu machen, ja in der Öffentlichkeit zu zementieren. Das war für ihn eine Verantwortung, die ihn nach und nach über sein Werk hinauszutragen schien in die Situation eines Weisen und Lehrers hoch über der eines Schriftstellers. Das Wort »Mehr als ein Dichter« kam auf. Böll hat die bei genauerer Überlegung höchst fragwürdige

Entfernung von der Truppe 281

Ehrenbezeugung gewiß offenen Auges riskiert. Für ihn selbst aber blieb auch jetzt das »Schreiben, schreiben, schreiben«, das in der Entbehrung seiner Soldatenjahre seine ganze Hoffnung war, der Grund, auf dem er stand.

Mit allen Widersprüchen und samt den Turbulenzen seiner kaum überschaubaren öffentlichen Aktivitäten stand für Böll auch in diesem unruhigen Jahrzehnt sein Werk und dessen Fortgang ganz im Zentrum. Die Liste seiner Berichte, Stücke, Hörspiele, Erzählwerke auch in jenem Jahrzehnt ist lang, so produktiv wie er waren wenige. Dabei zeichnete sich deutlich eine Komplikation ab. In die Zeitgenossenschaft sozusagen bekennend eingebunden, erlebte dieser Schriftsteller, daß in den sich manchmal überstürzenden ökonomischen und sozialen Veränderungen jener Jahre seine Stoffe und Themen nicht etwa ihre Bodenhaftung, ihr reales Gewicht verloren, doch sich wandelten und darüber oft unkenntlich wurden. Längst konnte der Soldat, der Heimkehrer, der darbende Normalverbraucher von einst nicht mehr erzählend direkt auf seinen realen Erfahrungen bestehen, die mehr und mehr zu Erinnerungen verblaßten. Das hätte sie ebenso wie seine Wahrnehmung der sich verändernden Umwelt entstellt. Böll war zudem inzwischen auch selbst wohlhabend, war längst Hausbesitzer, hatte längst selbst ein Auto, besaß ein Haus auf Achill Island in Irland, konnte es sich leisten, Hans Werner Richter zweitausendfünfhundert Mark für seinen Preis der Gruppe 47 abzugeben und manchen Leuten zu helfen. Er war nicht mehr ein heruntergekommener, erschöpfter Schütze Arsch, sondern prominent. Das vertrug sich nur schwer mit der Armutseuphorie Léon Bloys. Doch anders als die übergroße Mehrheit der Westdeutschen kam Böll von seinen prägenden Erfahrungen nicht los, auch wenn sie für den jüngeren Clown Hans Schnier oder den jungen Gruhl in »Ende einer Dienstfahrt«, der das Bundeswehrauto, mit dem er zwecklos Kilometer heruntergerissen hat, um einer leeren Vorschrift zu genügen, in einem Happening in Feuer und Rauch aufgehen läßt – obwohl sie für Schnier und Gruhl nur ferne Schatten in einer eher üppigen, dennoch fragwürdigen Gegenwart sind. Wo blieben da für den Schriftsteller Böll die historischen Kontinuitäten, die er zugleich halbwegs versteckt überall überwintern sah, und wo die Hoffnung auf Veränderung der menschlichen Verhältnisse von Grund auf, für die sie immer noch konstitutiv waren, da sie in der Verdrängung doch unter der Hand die Lebenswirklichkeit weiter konditionierten. Alle Indizien, viele Nebensätze und beiläufige Anmerkungen lassen erkennen, daß Heinrich Bölls Blick auf sein Material, seine Erfahrungen und Erinnerungen eine neue Fokussierung suchte. In »Entfernung von der Truppe« wurde diese Suche unverstellt, fast grob in ihrer Direktheit und Schärfe zum Ansatz. Es ist nicht verwunderlich, daß dies manche Bewunderer des Schriftstellers verschreckte.

»Gebunden an Zeit und Zeitgenossenschaft«, heißt es ganz zu Beginn der Frankfurter Vorlesungen, »an das von einer Generation Erlebte, Erfahrene, Gesehene und Gehörte, das autobiographisch nur selten annähernd bezeichnend genug gewesen ist, um in Sprache gefaßt zu werden; gebunden an die Ruhe- und Heimatlosigkeit einer Generation, die sich plötzlich ins Großväteralter versetzt findet und immer noch nicht – wie nennt man das doch – reif geworden ist ...« So beschreibt Böll seine eigene Generation, seine eigene Position. »Was fängt man mit solchen Großvätern an – in die psychiatrische Klinik oder ins Krematorium?« Aber Heinrich Böll wußte auch: »Es laufen zu viele Mörder frei und frech in diesem Land umher, viele, denen man nie einen Mord wird nachweisen können. Schuld, Reue, Buße, Einsicht sind nicht zu gesellschaftlichen Kategorien geworden, erst recht nicht zu politischen.« Dies sei, sagte Böll, der Hintergrund dessen, was man die deutsche Nachkriegsliteratur nennen könne, die, fest eingebunden in ihre Zeitgenossenschaft, ohne Verbündete und in einer Lage großer Verletzlichkeit, aufgerufen gewesen sei, »das unkluge, das wahre Wort« zu sagen. Böll sieht vor sich die jungen Leute, »für die Zukunft kein leeres

Entfernung von der Truppe 283

Wort«, sondern täglich Gegenwart ist. Er spricht aus einer ganz anderen Position: »Meine Altersklasse wird diesen Grund unter den Füßen nie finden. Es fehlt die Tradition, zum Studium die Geduld, zum Sammeln das Vertrauen auf die Dauer, zum Genuß jene Spur wenigstens von Zynismus, die sich mit Weisheit zu kandieren versteht; meine Altersklasse ist nicht weise, wird es nie sein, sie ist nicht einmal klug geworden und aus vielem bis heute nicht schlau.« Auch später noch einmal Bölls »Altersklasse«. Es hätten aus ihren Leuten ganz gute »Brüder« hervorgehen können, »aber Brüderlichkeit war nicht begehrt, Autorität war gefordert, Befehle wurden erwartet und empfangen, und es tauchte die Garde der Zackigen, Eifrigen, Unterwürfigen auf – die Literatur ging einen ganz anderen Weg: Sie begab sich auf den mühseligen Weg der Sprachfindung, durchforschte den Abfall nach Humanem, verloren dahinschwimmend in einer wahren Flut nachgeholter ausländischer Literatur«. Und gesagt war dies bei der Überzeugung, daß ohne die Literatur »der Staat gar nicht vorhanden und eine Gesellschaft tot ist«.

Mit der Lage seiner Generation hat Heinrich Böll in den Frankfurter Vorlesungen seine eigene Lage verdeutlicht. Kennzeichnend ist hier, und zu ihrer Zeit fast unbeachtet, daß diese Vorlesungen zur Nachkriegsliteratur und zu Bölls Begriff einer »Ästhetik des Humanen« im selben Jahr 1964 wie seine lange Erzählung »Entfernung von der Truppe« von sich reden machten. Und die Frage drängt sich auf, ob und wie beides zusammenhing, zumal da die Erzählung »Entfernung von der Truppe« ihren Kulminationspunkt im Jahr 1938 hat, mit der präzisen Nennung des Tages 22. September 1938, an dem der Erzähler, damals 21 Jahre alt, und vorübergehend nur halb in Uniform laut eigener Feststellung »eine Art Wiedergeburt erlebte« und von dem an es sein zwar schon vorher gefühltes, nunmehr jedoch nachdrücklich erkanntes Ziel gewesen sei, »dienstuntauglich zu werden«. Die Erzählung führt bis in die Zeit ihrer Niederschrift 1963, überbrückt also rund 25 Jahre. An

jenem 22. September 1938 hat der sich zur Zeit der Niederschrift sehr alt fühlende Erzähler seine geliebte Frau Hildegard
kennengelernt, spontan umarmt, sogleich geheiratet und, wenn
auch praktisch nur in einer Ehe von wenigen Tagen, glücklich
gemacht. Die Verbindung hatte ihren Anfang im Wort von Hildegards Bruder Engelbert, der wie in Köln üblich einfach »Engel«
genannt wurde, viel Ähnlichkeit mit einem Lochner-Engel hat und
den der Erzähler, offenbar Wilhelm Schmölder mit Namen, im
Arbeitsdienstlager in permanentem Strafdienst als Fäkalienträger
und Unratbeseitiger kennengelernt hat. »Engel war, wie alle Loch-
nerengel, blond, fast goldhaarig, klein, fast vierschrötig, und
obwohl sein Gesicht – breite Nase, zu kleiner Mund, fast schon
verdächtig hohe Stirn – keinerlei klassische Merkmale aufwies,
wirkte er strahlend.« Sein Heiligenschein war eine Aura von
Gestank. Engelbert – »kein Symbol für einen Engel, obwohl er so
heißt« – war es, der mit den Worten »Du solltest meine Schwester
heiraten« den Erzähler, seinen Schicksalsgefährten im fäkalischen
Strafdienst, zu seiner Familie geschickt hat. Dann ging alles sehr
schnell. Und Hildegards Leben vor allem verging nach der Geburt
einer Tochter grausam schnell. Auf des Erzählers »Gefallenenge-
denktafel für die Verstorbenen seines Erzählwerks« heißt es schon
bald sehr knapp: »Hildegard Schmölder, geborene Bechtold, geboren am 6. Januar 1920, gestorben am 31. Mai 1942, während eines
Bombenangriffs auf Köln in einer Straße Nähe Chlodwigplatz.
Ihre sterblichen Überreste wurden nie gefunden.« Der Erzähler,
inzwischen fast fünfzig Jahre alt, hat sie überlebt, ohne sie zu vergessen. Er fühlt sich nicht als Deutscher. »Nach meiner Volkszuge-
hörigkeit gefragt«, heißt es, »gebe ich unumwunden folgende Auskunft: Jude, Germane, Christ. Das mittlere Glied dieser Trinität ist
ersetzbar durch irgendeine der zahlreichen reinen oder gemischten
Volksbezeichnungen, wie Köln sie anzubieten hat: sei es rein
samojedisch, schwedisch-samojedischer Mischling, slowenisch-ita-
lienisch; auf die beiden äußeren Klammern – Jude-Christ –, die

Entfernung von der Truppe

mein völkisches Gemisch zusammenhalten, kann ich nicht verzichten ...«

In diesen Hinweisen, die jedenfalls zum Teil eine Art von Story anzudeuten scheinen, steckt allerdings nur eine Annäherung an die Erzählung »Entfernung von der Truppe«. Nicht die sehr knapp mitgeteilte Liebesgeschichte füllt diese aus, nicht die Lebensgeschichte des Erzählers, nicht seine kurze Freundschaft mit Engelbert, der Engel genannt wird. Das alles sind, wie es einmal heißt, nur »Köder«, um die Geschichte hervor-, an sie heranzulocken. Auch die Aussage schon im ersten Satz der Erzählung, ihr eigentliches Thema sei die Kölner Familie Bechtold, aus der Hildegard und die meisten anderen Figuren der Geschichte kommen, ist eher irreführend. Plausible Verallgemeinerung könnte vielleicht sein, die Geschichte handle vom seltenen Drang nach umfassender »Dienstuntauglichkeit« und den Gründen für solchen Drang. Der Erzähler, selbst konfessionslos und womöglich Atheist, geht so weit, nach der Aufzählung einer Reihe von Lockmitteln für die überall erwünschte »Abwehr-, Angriffs-, Einsatzbereitschaft« eines jeden für »irgend etwas zwischen NATO und Warschauer Pakt« folgendes zu bemerken: »... es können hier aber auch sogenannte Abstrakta eingesetzt werden: Glaube, Unglaube, Hoffnung, Verzweiflung ...« Und kurz darauf heißt es: »Wenn ich weder die milde Kirche der Gläubigen noch die gestrenge Kirche der Ungläubigen erwähnt habe, so geschieht das nicht aus Vorsicht, es geschieht aus nackter Angst, ich könnte wieder dienstverpflichtet werden: Das Wort Dienst (›Ich habe Dienst‹, ›Ich muß zum Dienst‹, ›Ich bin im Dienst‹) hat mir immer Angst eingeflößt.« Zu leicht passiert es, daß der Mensch eingefangen wird. Vielleicht sind nur Fäkaliengloriole und ähnliches Gewähr, gegen falsche, doch allgemein anerkannte »Menschwerdung« im Dienst, die alles Menschsein verhindert, gefeit zu sein.

Mit einer wohlabgerundeten, bejahenden, schönen Geschichte ist solchem Thema nicht beizukommen, wird jenes Humane, das Böll mit seiner Berufung einer »Ästhetik des Humanen« meint, verfehlt. Diese Wahrheit, die für Böll nur in der Literatur zu haben ist, fordert zu ihrer Vergegenwärtigung, schon nur zur Annäherung an sie, ein allen Schein destruierendes Begreifen der geschichtlich verhängten Gestörtheit alles menschlich und gesellschaftlich Realen. Jedenfalls gilt das für die Zeit, in der der Erzähler lebt, und für diesen selbst. Das bedingt ein äußerst riskantes Verfahren bei der Mitteilung, das scheinbar die Dinge willkürlich auf den Kopf stellt, statt sie zu ordnen. Doch alle Ordnung gerät in dieser üblen, mörderischen Zeit sogleich zum Dienst für irgend etwas. Der Erzähler aber sucht seiner Menschlichkeit wegen die völlige Dienstuntauglichkeit. Wie er deshalb vorzugehen gedenkt, das ist schon bald nach Beginn der Erzählung mitgeteilt. »Nicht nur was mich«, heißt es, »auch was alle anderen in diesem Erzählwerk auftretenden Personen betrifft, möchte ich es nicht als fertige Niederschrift anlegen, sondern wie eins jener Malhefte, die uns allen noch aus unserer glücklichen Kindheit bekannt sind . . .« Als Standardgeschenk einfallsloser und sparsamer Tanten und Onkel setzten sie beim Beschenkten den Besitz eines Malkastens oder von Farbstiften voraus, mit denen er die Hefte selbst ausmalen sollte. Es gab in ihnen oft nur Punkte, die man zu Linien verbinden konnte, und schon hier, ebenso wie bei der Kolorierung herrschte große künstlerische Freiheit. Ein solches Malheft bietet auch der Erzähler an, ein Muster mit ihm selbst als Mittelpunktfigur, der jeder ganz frei beliebig die Füße verlängern könne. Doch eine »gewisse Realität« sei gegeben zumindest mit dem Wort »Köln«. »Da ich schon zugegeben habe, in Köln geboren zu sein (eine Tatsache, die Links-, Rechts-, Mittel- und Diasporakatholiken zu so verzweifeltem Händeringen veranlassen wird wie rheinische und andere Protestanten und Doktrinäre jeglicher Färbung, also fast jeden), so will ich, um das Mißtrauen wenigstens so gut zu nähren wie die Mißverständnisse, mindestens vier Straßen als die, in der ich geboren, zur freien Auswahl anbieten: Rheinaustraße, Große Witschgasse, Filzengraben und Rheingasse . . .«

Entfernung von der Truppe

Hier ist der Ansatzpunkt, aus dem die Literaturwissenschaft bis heute die Annahme herleitet, »Entfernung von der Truppe« sei eine Satire. Bald nach Erscheinen der scheinbar so formlosen Erzählung wurde der Verdacht geäußert, Heinrich Böll habe mit ihr nur einen Großteil der Kritiker und Literaturwissenschaftler, die sich um ihn nun schon länger ausgiebig tummelten, auf die Schippe oder auf den Arm nehmen und gründlich durchschütteln wollen. Doch nicht einmal das ist eindeutig Satire, auch das ist ein Anrennen dagegen, in irgendeinen Dienst genommen zu werden. Böll hatte die ihn schon damals umschwirrende Sekundärliteratur in schwerwiegendem Verdacht. Als »Kind bürgerlicher Eltern, Abitur« hat der Erzähler in jugendlicher Unkenntnis z. B. der »Zwanziger-Jahre-Dämonie« auch »ein Semester Bertram« hinter sich gebracht, eben bei jenem Germanisten, dessen Name nicht zu Unrecht für das Verhältnis zwischen Germanistik und Nationalsozialismus steht. Böll macht sich ferner sarkastisch über all die »nach Wirklichkeit forschenden Interpreten« her, über ihren Deutungs- und Sinnwahn, wo sie das Geschriebene, Erzählte doch nur so annehmen müßten, wie es da steht. Aber das ist offenbar besonders schwer. Eigens für die »weniger klugen Leser« betont der Erzähler, »daß dieses Erzählwerk wirklich eine reine Idylle werden soll, in der Kloakendüfte dieselbe Funktion haben wie anderswo Rosendüfte«. Der Erzähler will einfach nur »berichten, was war«. Das ist genug. »Ich muß mich zurückhalten, wenn ich zum Leystapel hinunter, die Frankenwerft entlanggehe: mich nicht hineinzuwerfen in die dunklen Fluten des Rheins. Nur die Hand meiner Enkelin hält mich zurück und der Gedanke an meine Schwiegermutter.«

Satire ist das nicht, obwohl alle illusionslose Sachlichkeit manchmal die Satire streift. Der Erzähler subtrahiert in seiner rabiaten Summierung nur, was die Leute der Wirklichkeit ständig beschönigend als ihr hoffnungsfrohes Ja zur Welt, wie sie ist, hinzugeben, ohne das sie nicht leben könnten. Mit der Nennung zahlloser absurder, doch konkreter Einzelheiten ist ein ungewohnter, den

288   *Annäherung an den Weltruhm*

weitaus meisten Literaturgläubigen zutiefst inakzeptabler realitäts-
süchtiger Sarkasmus am Werk, der zumindest eine humane Spur
sucht in den Ungereimtheiten, dem wahnwitzigen, mörderischen
Durcheinander in des Erzählers bisherigem Leben. Der Sarkasmus
steigert sich wiederholt, und eine dieser Steigerungen findet sich in
»einem besonderen Abschnitt«, dem siebten der Erzählung. Hier
bietet der Erzähler etwas »zeitgeschichtliches Material«, bietet es
»roh, nackt«, auf daß jeder auch damit anfange, was er will. Es
sei »echt«, dieses Material, das aus Nachrichten der Zeit um den
22. September 1938 besteht, dem Fixpunkt der Erzählung. Das ist
ein absonderliches und vage unheimliches Kaleidoskop. Die Nachrichten verzeichnen ein »Reichsschachturnier«, eine Tagung von
Tierpsychologen, sie teilen die Wetteraussichten mit, wissen von
»Bombenstimmung« in einem Kölner Lokal, von Millowitsch, von
»Kraft durch Freude« und dem Programm dieser Organisation für
große Mittelmeerreisen, von Wehrkraft und dem »Opferwillen der
Nation«, der prächtigen Versorgung der deutschen Arbeiter, die
mit »Befestigungsarbeiten im Westen des Reiches« befaßt sind,
einem Treffen ehemaliger deutscher und englischer Frontkämpfer
in London, die gemeinsam den Wunsch nach einem »wirklichen
Frieden« ausdrücken, den einfachen Regeln für den Luftschutz,
einem »Weltkongreß der Friseure in Köln«, Aktivitäten eines
Kaninchenzüchtervereins, dem Auftritt Neville Chamberlains in
Bad Godesberg. Alle diese Bröckchen zeitgeschichtlichen Materi-
als sind propagandistisch leicht rosa eingefärbt. Was den Erzähler
daran offenbar fesselt: daß es, ganz unschuldig und scheinbar sachlich vorgetragen, die Wirklichkeit verschleiert, und er sieht darin,
so scheint es, eine gewisse Ähnlichkeit mit Praktiken noch in der
Gegenwart, in der er schreibt. Soviel hat sich da gar nicht getan.

»Daß Menschwerdung dann beginnt, wenn einer sich von der
jeweiligen Truppe entfernt, diese Erfahrung gebe ich hier unumwunden als Ratschlag an spätere Geschlechter. (Nur vorsichtig
sein, wenn geschossen wird! Es gibt Idioten, die zielen und tref-

Entfernung von der Truppe 289

fen.)« Und noch dieses Zitat: »Als ich Engel sah, wußte ich auch: Wenn er schon in irgendeine Art Dienst geriet, mußte er Fäkalien tragen, und es war für mich eine Ehre, in seiner Gesellschaft das gleiche zu tun. In diesen Zwangs- und Schicksalsgemeinschaften wird der Adel der Menschwerdung nie durch Vorteile, immer nur durch Nachteile verliehen.« Der Erzähler läßt sich ein auch auf die unfehlbar absurde Erziehung durchs Militär, die von vielen so hochgeschätzt wird, auf das »Menschlichwerden« nach hartem Dienst, das ihn ehedem vor allem an Unmenschlichkeit hat denken lassen und so auch noch in seiner Erzählgegenwart, und auf anderes mehr aus seiner düsteren Erinnerung. Und schließlich bietet er, wie zuvor versprochen, einige Hinweise zur Interpretation seiner Erzählung, einige irritierende Blitzlichter über die vom Autor öfters erlittene Neigung seiner Kritiker, einfache Fakten zu Symbolen hochzustilisieren oder jedenfalls blindlings zu verallgemeinern. Der letzte Hinweis, der letzte Satz der Erzählung dann lautet: »Der Erzähler verbirgt etwas. Was?«

Darüber läßt sich lange spekulieren, ohne daß dabei eine schlüssige Antwort herauskommt. Je mehr allerdings dem Leser aus Heinrich Bölls Lebens- und Familiengeschichte bekannt ist, desto deutlicher wird, daß der Autor Momente und Elemente aus ihnen in »Entfernung von der Truppe« unbedenklich genutzt hat, ohne die persönlichen Kontinuitäten zu beachten, vielmehr destruktiv, ja willkürlich und vermischt mit anderem Material. So konkretisiert sich seine dauernde Angst als Soldat, daß die Bomben auf das ferne Köln seine Familie, seine Frau getroffen, getötet haben könnten, darin, daß der Ich-Erzähler seine geliebte Hildegard schon 1942 im Bombenhagel auf einer Straße in Köln umkommen läßt. Auch die Tätigkeit Bölls als Briefsteller zur Zeit seiner Dienstverpflichtung im Reichsarbeitsdienst hat der Erzähler übernommen. Wenn die Brüder Hildegards, freilich ohne Engel, den Erzähler gleich bei seinem ersten Auftritt in der Familie Bechtold zwingen, mit ihnen um den aus geschäftlichen Gründen unerläßlichen Eintritt eines von ihnen in die SA zu würfeln, so entspricht das ziemlich genau einer Situation in Bölls Familie, über die er in seinem autobiographischen Bericht »Was soll aus dem Jungen bloß werden?« berichtet hat. Und Engelbert, Engel genannt, der »kein Symbol für einen Engel (ist), obwohl er so heißt, als so aussehend bezeichnet wird«, hat Ähnlichkeit mit einigen hilflosen, ausweglosen, bewegenden Existenzen, von denen Böll in seinen Kriegsbriefen geschrieben hat. Doch Böll hat in »Entfernung von der Truppe« das Material seiner Erinnerungen und Erfahrungen, aus dem er immer erzählt hat, besonders frei und drastisch auf den Punkt gebracht und ganz in die fiktive Autobiographie seines Ich-Erzählers verlagert. Das Bedürfnis nach Sinn, Ordnung, Zusammenhang, das stark war in Heinrich Böll, der sich selbst wiederholt als übermäßig empfindsam und schwach bezeichnet hat und immer Krankheit in seinem Rücken spürte – dieses Bedürfnis verliert darüber, als in der Überprüfung durch Schreiben, Erzählen, Literatur nicht haltbar, seine Bindekraft.

Für die Erwartung der meisten Kritiker forderte immer noch alle Literatur, alles Erzählen Ordnung, Sinn, ja Schönheit sogar, gerade wenn das Schreckliche Gegenstand war. Kraft und Überlegenheit des Autors sollten es richten. Vor solcher Erwartung war »Entfernung von der Truppe« eine Bankrotterklärung. Sinnlosigkeit statt Sinn, Willkür statt Ordnung, Fäkaliendunst und Elend statt Schönheit, ein banales Kinderbuch als Muster statt Form. Dem prominenten Literaturwissenschaftler Wilhelm Emrich, der in den sechziger Jahren auch ein hochangesehener Literaturkritiker war und im gegebenen Fall eine Leitfigur der Kritik, erschien es als unzureichend, angesichts der »Ansichten eines Clowns« und vor allem der »Entfernung von der Truppe« noch eine Krise des Autors anzunehmen. Für ihn war allein zutreffend, von einem »Débacle Heinrich Bölls« zu sprechen. Emrich erkannte durchaus, und es mißfiel ihm, daß Böll mit der Truppe, von der er sich entfernt, nicht allein die Nazis und ihre Organisationen, für die Dienst zu tun er gezwun-

Entfernung von der Truppe

gen gewesen war, meinte, sondern mehr: »In Reih und Glied und beliebig vertauschbar marschieren die ›Truppen‹ der heutigen Gesellschaft mit ihren ›Losungen‹ und ›Leitbildern‹ auf: Parteien, Kirchen, Verbände, Organisationen militärischer, politischer, wirtschaftlicher, bürokratischer Art, gestützt auf Grundsätze, die keine mehr sind ...« In keiner dieser Truppen wolle der Ich-Erzähler noch Dienst tun, seine Dienstuntauglichkeit sei seine einzige Chance, Mensch zu werden und zu bleiben. Das war für Emrich ungenügend. Für Emrich ermöglichte allein »ein Bewußtsein einer sich ins Unendliche verlagernden Wahrheit und geheimen Totalität« Menschlichkeit, »vollbewußte« Mündigkeit. Hier versage die Erzählung völlig. Sie reagiere auf das »Klischeedenken« der Gesellschaft wie eine Marionette in Form einer abstrakten, nicht bestimmten Negation, und so treibe sie nur das eine Klischeedenken mit dem gegensätzlichen aus. Eine kritisch überlegene Position werde nicht sichtbar. »Das Klischee tritt seine unumschränkte Herrschaft an und setzt sich auch in denjenigen fest, die sich von ihm zu ›entfernen‹ glauben, das heißt auch im Erzähler selbst, der ohnmächtig nur noch krud Vorhandenes zu registrieren vermag und dessen kritische ›Entfernung von der Truppe‹ – gerade durch die scheinbar ›totale‹ Negation aller Truppen – nur deren Herrschaft reproduziert.«

Bölls Debakel, so Emrich, sei eine literarische Praxis, die »das unendliche Fragen und die Frage nach der Unendlichkeit des Geistes abgeschafft hat und die Vorstellung von der autonomen, unbedingten Produktivität des poetischen Geistes als längst überholten bourgeoisen ›Idealismus‹ denunziert, die hypnotisiert auf das Engagement durch die ›Zeitereignisse‹ starrt und zugleich blinden Sturm läuft gegen ›alles‹, was noch in der Zeit geschieht und gedacht wird«. Emrich setzte fordernd dagegen ein »mündiges Bewußtsein, das sich selbst als eine permanent zu kritisierende und fragende Instanz begreift«. Das klang Mitte der sechziger Jahre gewiß hochaktuell und höchst fortschrittlich. Aus größerer

Distanz allerdings wird rasch erkennbar, daß solch »mündiges Bewußtsein«, das sich ja unausgesprochen, doch zwangsläufig auf die Instanz eines höheren Allgemeinen beruft, sehr rasch zu einer erneuten Dienstverpflichtung führen kann. So ähnlich wie der mündige Bürger. Als Instanz ist auch das Geistige auf Dienstverpflichtung angelegt, jedenfalls setzt es Verbindlichkeit, und auch das Geistige ist bekanntlich nichts Absolutes, wie gern angenommen, sondern immer selbst auch geschichtlich. Das läßt sich unschwer überprüfen am Wort vom »geistigen Menschen«, das bis in die sechziger Jahre hinein noch überlebt hatte.

Wilhelm Emrich war ein kluger, doch höchst konservativer Mann, worin er völlig der damals tonangebenden Kritik entsprach. Die literarische Moderne, die so oder so immer von Sprache als einer grundlegenden Realität ausging, schätzte er so wenig wie alle bourgeoisen Idealisten, um sein eigenes Wort ein wenig umzufunktionieren. Höchst respektabel stritt er für die Überlegenheit des Geistes, der sich auch die Literatur unterordnen sollte, wenn auch des Geistes »als eine permanent zu kritisierende und fragende Instanz«. Die Erzählung »Entfernung von der Truppe« aber war ein Akt der Loslösung, nicht erneuter Bindung, war ein radikaler, bis in die Schreib- und damit Sichtweise folgenreicher Schnitt, der gerade auch die höchsten, schönsten und beliebtesten literarischen Konventionen abschüttelte.

Heinrich Böll hat in dieser Erzählung als Schriftsteller für sich, nach seinen Möglichkeiten die literarische Moderne und ihre destruktive Konsequenz für alle scheinbaren Gewißheiten akzeptiert, und er ist dabei der Volksschriftsteller geblieben, der er immer war. Inzwischen hatte er längst von Kafka bis Joyce ja auch vieles gelesen. Doch er ahmte nicht nach, wie die Autoren inzwischen zu Dutzenden, er zog daraus für sich die Folgerungen und blieb dabei er selbst. Sein Alter, seine Herkunft, seine Konditionierung als Katholik, seine schauerliche Sozialisation im sich verweigernden Widerstand gegen die Nazis und als Soldat, die Erinnerung an sein

Entfernung von der Truppe

Glücksgefühl, frei zu sein, und die Not des Heimkehrers – dies alles konnte er so wenig abstreifen wie seine Resignation angesichts der gesellschaftlichen Unbeweglichkeit, die er mit seiner unvergleichlichen Fähigkeit zu detaillierter Wahrnehmung so plastisch vor Augen hatte. Und als Schriftsteller fühlte er den Zwang zur Wahrhaftigkeit angesichts aller Erfahrungen und all dessen, was ihm schreibend zugänglich war. Ob als Erzähler, Dramatiker, Intellektueller, Berichterstatter – er verließ sich nicht auf irgendeinen tonangebenden Konsens, jede Erscheinung dieser Art weckte in ihm vielmehr Verdacht. In »Entfernung von der Truppe« machte er damit radikal ernst, und zwar um den Preis, daß die Konservativen speziell unter den Literaturkritikern nunmehr jedenfalls partiell ihre Bewunderung aufkündigten. Sie hatten ihn bewundert, weil er ihnen mit seinem außerordentlichen Erzähltalent als lernfähig genug erschien, um sich ganz zu ihren vor allem an Thomas Mann geschulten Vorstellungen vom Roman, vom Erzählen, von Literatur zu bekehren. Dem hatte er nun die Absage erteilt. Doch seine Kritiker waren durchweg gebildete Leute, sie hielten sich nun an den Demokraten, den Gesellschaftskritiker, den guten Menschen Böll, der ihnen dann als jemand erschien, der mehr war als ein Dichter. Ihre Teilblindheit sollte sich von nun an vertiefen bis zu Bölls Lebensende, und sie steigerte sich bei einigen von ihnen bis in eine Art literaturkritischer Wut. Dem Ruhm des Autors konnte es nichts mehr anhaben.

Was Wilhelm Emrich ein Debakel zu sein schien, läßt sich also begreifen als rabiate Unabhängigkeitserklärung nach vielen Jahren einer mühevollen, außerordentlich produktiven Selbstbefreiung und Selbstfindung, als das Erreichen einer personalen Autonomie, wie sie Dichtern aus bürgerlichen, gar adligen Häusern schon in die Wiege gelegt war. Böll war sich all seiner Verletzungen, aller Brüche in seinem Lebensgang bewußt. Was er in seinen Frankfurter Vorlesungen die Bildungsverletztheit der Deutschen genannt hat, das kannte er aus seiner Familiengeschichte, obwohl seine Eltern soviel

Annäherung an den Weltruhm

ihnen möglich war für die Bildung ihrer Kinder getan hatten. Heinrich Böll war »nicht gebildet« im Sinn jener Form von Selbstgewißheit, Sicherheit, höheren Klassenzugehörigkeit, die Bildung verleiht. Jeder, der Böll gekannt hat, weiß auch, daß er, wenn Bildung etwas anderes und mehr ist als ein stilgebendes Verhaltensmuster, auf eine unvergleichliche Weise gebildet war, klug, umsichtig, besser informiert als die anerkannt Gebildeten, denkend und fähig, seine Gedanken so zu artikulieren, daß die Leute jeden Bildungsstandes aufmerkten. Doch Heinrich Böll hat sich, geübt im Widerstand gegen übermächtige ideologische und gesellschaftliche Gewalten, auch im Erfolg nie in ein Korsett zwängen lassen, eines jener Korsetts, die ja stets auch zum Gebildetsein gehören, und die Funktion von Bildung als Karriereleiter hat er nicht nur als Soldat verachtet. Seine ganz außergewöhnliche Stärke war es, sich nicht zu binden außer an seine eigene Wahrnehmung und Erfahrung, das »Schreiben, schreiben, schreiben«, das Auge des Schriftstellers. Den Austritt aus jeder Art Truppe zu erklären und zu vollziehen, den er zuvor immer wieder geübt hatte, war für ihn Mitte der sechziger Jahre eine Notwendigkeit.

Alle diese Erwägungen vorausgesetzt, ändert sich womöglich auch die Lesart der Erzählung »Ende einer Dienstfahrt«. Rudolf Walter Leonhard hat sie deutlich und mit Folgen für das öffentliche Verständnis des Schriftstellers von »Entfernung von der Truppe«, dem Dokument der Krise, dem »Debakel«, abgesetzt als ein makelloses, formvollendetes, geradezu klassisches Werk der Reife und Vollendung. Doch schon die Wörter »Ende« und »Dienst« im Titel setzen andere, der »Entfernung von der Truppe« sehr nahe Akzente. Die nahezu bukolische, nur ganz leicht vergiftete Gelassenheit und Heiterkeit der Erzählung läßt sich auch verstehen als List des Autors, der demonstriert, daß er es immer noch auch anders kann, unaufgeregt und freundlich, ohne dabei ein Jota seiner düsteren Ansicht der menschlichen Wirklichkeit preiszugeben. Die verschwenderische Absurdität des Dienstes, der hier geleistet wor-

Ein deutsches Panorama der Jahrhundertmitte 295

den ist in der Fortsetzung militärischer Regelgläubigkeit, deren
plumpe Mechanik sogar ihren offiziellen Verteidigern inzwischen
als ziemlich fragwürdig erscheint und sich gesellschaftlich in der
anerkannten Kunstform des Happenings unmißverständlich spiegelt, fordert dazu heraus, mit ihr ein Ende zu machen. Was bleibt,
sind der bürgerliche Alltag und die Liebe, keine höhere, sondern
die handfeste, haptische, reale Liebe. All die Ansprüche, die Dienst
fordern, sind nur Fiktionen.

IV. Ein deutsches Panorama
der Jahrhundertmitte

Fast fünfzig Jahre alt, war der Schriftsteller Heinrich Böll Mitte der
sechziger Jahre nach schwieriger Vorgeschichte und zwei literarisch
äußerst arbeits- und ertragreichen Nachkriegsjahrzehnten auf seiner ganz eigenen, alle Möglichkeiten der Literatur der Moderne
nach seinem Maß voraussetzenden Hochebene angekommen. Er
war noch immer Katholik, weil man, so schwer begreiflich das sei,
katholisch sein könne wie ein Neger ein Neger ist; so hat Böll es ja
1965 zu François Mauriacs achtzigstem Geburtstag notiert. Gegen
eine »katholische Sensibilität«, in langen Kinderjahren herangebildet, sei nicht aufzukommen. Böll war immer noch Katholik, aber
dennoch frei, denn er hatte sich nicht unterworfen, sondern, als er
sehr früh schon klarer zu sehen begann, die Bedingungen und den
gängigen Mißbrauch solchen Zustands analysiert in jener strengen
kritischen Loyalität, die er auch gegenüber der westdeutschen Bundesrepublik übte und mit der er stets auch zeigte, daß ihm etwas
wichtig war. Böll kannte seine Abhängigkeiten, er war sich all seiner Defizite nur allzu bewußt. Das ermöglichte es ihm, sie als
Schriftsteller geradezu in Stärken umzumünzen. In prägenden
Jugendjahren war er als Soldat mitmarschiert in einer zum Stumpfsinn gezwungenen Masse, und er thematisierte es als jene extreme

Unterdrückung aller Menschlichkeit, die immer aufs neue droht. Er wußte, was es bedeutete, arm zu sein, ebenso wie er dann erfuhr, welche Folgen es hatte, wohlhabend zu sein, denn das drängte die Menschen und wohl auch ihn selbst hinein in eine Bürgerlichkeit, der er zutiefst mißtraute.

Es ist wahrhaftig erstaunlich, daß Heinrich Böll in all seinen Konflikten existentiell nicht erstickt ist, daß sie nicht seine Begabung, sein Potential geschwächt haben. Der Schreibzwang war stärker. Der Schreibzwang sorgte für jene im bewußten und fordernden Gleichklang mit den Erwartungen der Leute wurzelnde Souveränität Bölls, die ihn bis hinein ins Unbewußte bestimmte, womöglich nur großen Schriftstellern erreichbar ist und die der Gesellschaft inzwischen mit dem drohenden Verlust des Mitspracherechts der Literatur in einer nahezu gänzlich auf Konsum geschaltetem Medienrealität verlorengeht. Für Böll waren dabei Roman, Erzählung, Essay, Bericht nicht Probehandeln, sondern – ohne daß er sich das theoretisch erläuterte – Vergewisserung einer Wahrheit, die sich nur in Literatur und Kunst artikuliert. Auf den Alltag des individuellen und gesellschaftlichen Lebens gewiß nicht direkt übertragbar, waren sie Exempel für das Leben. Böll war fähig zu glauben. Er war konservativ in dem Sinn, daß er in der Geschichte gewachsene und geschichtlich beglaubigte Werte nicht einem wechselhaften Meinen zu überlassen fähig war. Dichtung, Literatur, Kunst waren in seinen Augen solche Werte. In seinen Frankfurter Vorlesungen hatte er es ja dahin formuliert, daß ohne die Literatur »der Staat gar nicht vorhanden und eine Gesellschaft tot ist«. Das war nicht nur so dahingesagt. Es war sein mühsam erworbener, nicht mehr antastbarer Standpunkt.

Bölls erstaunliche, immer wieder dem Experiment ausgesetzte, nie in einen Stil, wie viele es von ihm forderten, in eine sichere Ordnung überführte Souveränität war teuer erkauft. Böll hatte, wie es volkstümlich heißt, seine Kerze an beiden Enden angezündet. Er hatte über viele Jahre mit seinem Pfund gewuchert ohne Rücksicht

Ein deutsches Panorama der Jahrhundertmitte

auf seine ohnehin anfällige Gesundheit. Hepatitis und Diabetes kommen nicht von ungefähr und sind gewiß kein Ausweis eines kontrollierten Lebenswandels. So anfällig Böll schon zu seiner Schulzeit war, war doch eine große Kraft in ihm, wann und wo immer es um seine tatsächliche Arbeit ging, und wenn sie nachließ, half er nach. Seine frühe Abhängigkeit von dem Aufputschmittel Pervitin, für die es auch in den Nachkriegsjahren noch Hinweise gibt, war offenbar kein Ausrutscher, und daß er im Krieg an Alkohol gewöhnt worden sei, hat Böll gelegentlich hervorgehoben. Kam hinzu seine Abhängigkeit von Tabak, die schon in seinen Vorkriegserzählungen eine Rolle spielt, die Abhängigkeit von Zigaretten, die er auch dann nicht überwand, als es schließlich geradezu lebensnotwendig gewesen wäre. All dies war wohl mitgemeint, wenn Böll sehr früh schon seiner Frau und sich selbst eingestand, er sei »schwach«. Wie für so viele in seiner Generation waren die Gifte für ihn geradezu Lebensmittel, sie hatten einen Wert, der durch zeitweiligen Mangel, denn sie waren in der Kriegs- und Nachkriegszeit nur sehr begrenzt und oft gar nicht zugänglich, ständig gesteigert wurde. Und in seinem Verhalten immer schon für ein möglichst langes Leben vorzusorgen, das war für Böll sicherlich »bürgerlich« im lächerlichsten Sinn dieses schon in seiner Jugend nur Mißachtung ausdrückenden Wortes, und es mußte als sinnlos erscheinen, wo der mögliche Tod an jeder Straßenecke lauerte, die Tage und Nächte an der Front nur mit Schnaps zu überstehen waren, ohne wahnsinnig zu werden. Da sich durch vernünftige Enthaltung auf eine nebulöse Zukunft einzustellen, war in der Tat lächerlich. Sich dagegen dann auch später noch ganz unvernünftig zu sträuben, das verband Böll übrigens mit jenem Teil des Volkes, in dem die einzelnen nach wie vor keine Zukunft haben, sich keine Zukunft für sich vorzustellen vermögen. Vor allem bei den jungen Leuten ist dieser Teil wohl immer noch größer, als man denkt. Auch Erfolg, auch Geld und Ehrungen haben Böll in dieser Sache nicht bekehrt.

In dem Jahr, in dem Heinrich Böll den Büchner-Preis erhielt und fünfzig Jahre alt wurde, war er also für Monate bettlägerig. Es deprimierte ihn. War es ein Menetekel? In seiner verhaltenen, fast fatalistischen Dankrede bei der Entgegennahme des Preises über Büchners Gegenwärtigkeit, seine politische wie ästhetische Gegenwärtigkeit hebt er die Unruhe hervor, die Büchner noch immer stifte, die Todesahnung des so jung gestorbenen Dichters und Naturwissenschaftlers, den die Fähigkeit zu außerordentlicher »Materialgerechtigkeit« ausgezeichnet habe. Böll spricht von Konrad Adenauers bombastisch-feierlichem Begräbnis als einer modernen Absurdität, die ihn Büchner mit den Worten zitieren läßt: »Ich fühle mich zernichtet unter dem gräßlichen Fatalismus der Geschichte. Ich finde in der Menschennatur eine entsetzliche Gleichheit, in den menschlichen Verhältnissen eine unabwendbare Gewalt, allen und keinem verliehen. Der einzelne nur Schaum auf der Welle, die Größe bloßer Zufall, die Herrschaft des Genies ein Puppenspiel, ein lächerliches Ringen gegen ein ehernes Gesetz, es zu erkennen das Höchste, es zu beherrschen unmöglich. Es fällt mir nicht mehr ein, vor den Paradegäulen und Eckstehern der Geschichte mich zu bücken.« Und Adenauers Begräbnis motiviert auch noch dieses Büchner-Zitat: »Das Gesetz ist das Eigentum einer unbedeutenden Klasse von Vornehmen und Gelehrten, die sich durch ihr eigenes Machwerk die Herrschaft zuspricht. Diese Gerechtigkeit ist nur ein Mittel, euch in Ordnung zu halten, damit man euch bequemer schinde ...« Vom »Rand der Zeitgenossenschaft«, von einem Standpunkt aus, »wo Sicherheit bröckelig wird, Selbstsicherheit unmöglich«, spricht Böll von den rebellischen Studenten, denen Büchner Recht und Zuspruch gebe, wenn er schreibt: »Meine Meinung ist die: Wenn in unserer Zeit etwas helfen soll, so ist es Gewalt. Wir wissen, was wir von unseren Fürsten zu erwarten haben ... Man wirft den jungen Leuten den Gebrauch der Gewalt vor. Sind wir denn nicht in einem ewigen Gewaltzustand?«

Ein deutsches Panorama der Jahrhundertmitte 299

Das war der aufrührerische Tonfall jener frühen Jahre der Studentenbewegung, die Böll, der Fünfzigjährige, ohne Selbstsicherheit vom »Rand der Zeitgenossenschaft« her anschaute. Dieses Wort war sicherlich mit Überlegung gewählt. Erneut eine junge Generation, die da in Aktion trat. Es war nicht Bölls Generation, er sah und fühlte den Unterschied, und daß diese Jüngeren sich dann bald der Literatur, die sie doch in Dichtern wie Georg Büchner auf den Weg gebracht hatte, als zu wenig hilfreich zu entledigen suchten, war in seinen Augen gewiß kurzsichtig. Doch er respektierte die Motive. Und gab es nicht auch in der Literatur jene unbedeutende Klasse aus dem Büchner-Zitat, die sich durch eigenes Machwerk die Herrschaft zusprach? Böll erkannte etwas wieder, das ihn selbst angetrieben hatte, nicht nur seine Erzählungen und Romane, sondern z. B. auch die Satiren, seinen Brief an einen jungen Katholiken, die Kritik der Adenauer-Memoiren zu schreiben, und ihn dazu bringen würde, gegen die Notstandsgesetze ebenso wie gegen die Liquidierung des Prager Frühlings anzureden. Vom Rand der Zeitgenossenschaft her, an den er sich schon gedrängt fühlte, mischte Heinrich Böll sich mit der Autorität der Großvätergeneration ein, so empfand jedenfalls er selbst es. Er kannte die Defizite im Land, die Notwendigkeit, immer wieder gegen sie anzukämpfen, er scheute sich nicht, dies mit Argumenten von Karl Marx zu tun, an dessen Seite er Georg Büchner sah. Ein zentraler Mangel blieb für ihn der etablierte deutsche Katholizismus. Das Buch »Fragen an Welt und Kirche« von Carl Amery veranlaßte ihn, sich »ein letztes Mal« über diesen zu äußern. Er war für ihn längst ein »mieser Verein«, dessen Methoden er »dumm und dreist« nannte und der ihn als Autor längst nicht mehr, nur noch als »r.k. Kirchensteuerzahler« interessiere: »... der ganze miese Verein ist von oben bis unten feudalistisch eingestellt, und ich meine eingestellt im Sinne eines funktionierenden Waschautomaten.« Für Böll war der häufig so massiv beschimpfte Kirchenkritiker Carl Amery noch einfach viel zu fair, zu »zartfühlend«.

Im Jahr 1967 starb plötzlich Bölls Verleger Joseph Caspar Witsch, und einer der wenigen Texte Bölls in diesem von Krankheit gezeichneten Jahr war ein freundschaftlicher Nachruf auf Witsch, mit dem er ein berühmter Autor und der mit ihm ein großer Verleger geworden war. Eine Zeitlang blieb ungeklärt, wie es mit dem Verlag weitergehen sollte. Die Erben waren unentschlossen, die Autoren und Mitarbeiter verunsichert. Sogleich gab es Versuche anderer Verlage, Heinrich Böll abzuwerben, der ja nun längst ein äußerst erfolgreicher, ein weltbekannter Autor war. Doch Böll war nicht interessiert, er stand zu dem Verlag, dessen Identität er wie kein anderer Autor repräsentierte, dessen Name sich bei den Lesern mit seinem verband. 1969 wurde Reinhold Neven DuMont, der 1963 in den Verlag eingetreten war, auf Zureden nicht zuletzt des Lektors Dieter Wellershoff Eigentümer und Verleger von Kiepenheuer & Witsch. Böll nannte ihn gern, wie Neven DuMont sich erinnert, »junger Mann«. Er hat von nun an seinen Autor mit Bewunderung und Respekt begleitet, nach Stockholm zum Empfang des Nobelpreises für Literatur wie in den hektischen, manchmal bitteren Jahren, in denen Bölls Rang und mitmenschliche Entschiedenheit immer heftigere Gegnerschaft provozierten, und auch in den Jahren der Krankheit. Über Bölls Tod hinaus hat Reinhold Neven DuMont das Werk seines Autors wagemutig und mit Glück in der Öffentlichkeit präsent gehalten.

Erzählungen, selbst kürzere Erzählungen sind im schweren Jahr 1967 nicht entstanden, auch 1968 nicht, als Böll sich immerhin ein wenig öfter wieder zu Wort meldete. In diesem Jahr kaufte er in Langenbroich, einem Eifeldorf nahe Düren, ein altes bäuerliches Anwesen als Refugium für die Schreibarbeit, das dann später lange sein Hauptwohnsitz war. 1969 zog er mit seiner Familie aus Müngersdorf in eine große, ja großbürgerliche Wohnung Hülchrather Straße 7 nahe dem Ebertplatz, eine Adresse, die dann vor allem für viele Autoren und Dissidenten des Ostblocks zu einem Begriff geworden ist. Einige Zeit später hat Böll in seinem Bericht »Hülch-

Ein deutsches Panorama der Jahrhundertmitte 301

rather Straße 7« die Gründe für diesen Umzug so angedeutet: »Natürlich fragt sich manch einer, warum man in solche Großstadtschluchten zurückzieht, wenn man fünfundzwanzig Jahre lang im Grünen gewohnt hat und dort hätte wohnen bleiben können: Vielleicht zieht man nur um, um den mißlichen Zwang eines dauernd nach Pflege schreienden Rasens loszuwerden und dem Motorenlärm der Rasenmäher zu entfliehen, dem Traum vom englischen Rasen, der so unerfüllbar ist wie der Traum von einer Demokratie Schweizer Art. Hier, hier ist es still, stiller als auf dem entlegensten Dorf, wo irgendwo doch immer ein Traktor brummt, Jugendliche ihre Mopeds ausprobieren, wo Städter unermüdlich ihren Zweitrasen schneiden ... Hier zeigen die Vorgärten offen, was sie sind: zwischen Autos und Fassaden eingeklemmte Armseligkeiten, nicht einmal den Kindern zum Spielen freigegeben.«

Vielleicht war dieser Umzug für Böll aber auch vor allem eine Heimkehr in die Stadt, ins Innere der Stadt, in der er aufgewachsen war. Jedenfalls: Heinrich Böll und seine Häuser, seine Wohnungen, seine Arbeitsplätze – das wäre ein eigenes, sich über sein ganzes Leben erstreckendes Kapitel. Das Interesse für Häuser hatte in der Handwerkerfamilie Böll Tradition. Schon der Großvater hatte in Essen Häuser erworben, um sich gegen wirtschaftliche Gefahren abzusichern, und Vater Viktor Böll versuchte dies mit wechselndem Glück in schwierigeren Zeiten ebenfalls. Die Folgen der Weltwirtschaftskrise drängten dann die Familie in wechselnde Mietwohnungen. Gleich nach Kriegsende machte sie sich, machte auch Heinrich Böll sich daran, ein schwer zerstörtes Haus wiederherzustellen, um zu einer sehr kleinen Wohnung für seine größer werdende Familie zu kommen. 1954 dann das erste eigene Haus in Köln-Müngersdorf, das er widerstrebend vor allem seiner Familie wegen gebaut hat. Hier blieben die Bölls an die zwanzig Jahre, doch für seine Schreibarbeit suchte Böll sich öfter Plätze im Inneren der Stadt, oder auch in Irland, wo er in Dugort auf Achill Island ein Haus erwarb. Dann kaufte er das Anwesen im Eifeldorf Langenbroich, wiederum für seine Schreibarbeit. 1969 bezog er die große Wohnung Hülchrather Straße 7, aus der er 1982 in ein ländliches Anwesen wechselte, das er in Bornheim-Merten, halbwegs Richtung Bonn, als seinen Hauptwohnsitz erworben hatte und in dem, in einem eigenen Haus, auch die Familie seines Sohnes René Böll Platz hatte. Ein System ist in solcher Aufzählung nicht zu erkennen, schon gar nicht das eines mit Geschäftssinn kalkulierten Häusererwerbs. Eher ist auch diese Aufzählung ein Ausweis der Unrast, die Böll bedrängte, der er jedoch mit konzentrierter Ruhe begegnete, wenn es um seine Arbeit ging, eine Unrast, die sich ganz ähnlich, doch deutlicher in Bölls vielen Reisen zu erkennen gibt. Fühlte, wußte er, der vielen seiner Bewunderer so tief und fest in Kölner Geschichte und ihren Schichten verwurzelt schien, sich heimatlos? »Was Heimat war und sein könnte, wird deutlich an denen, die keine mehr haben ...«, heißt es in Bölls »Wir Deutschen: ein fahrendes Volk«, seiner Rezension der Erzählung »Eine Reise« von H. G. Adler. Auch er selbst war immer unterwegs.

Es gibt da jedoch einen eigenartigen Kontrast. Als sie schon einige Zeit in der Hülchrather Straße 7 wohnten, war ich mit anderen Gästen erstmals bei Annemarie und Heinrich Böll eingeladen. Ich erinnere mich nicht, ob es kurz vor oder schon nach der Verleihung des Nobelpreises war. In einem schönen geräumigen Zimmer präsidierte Heinrich Böll an einem großen Tisch, goß Wein in die Gläser und bot die Speisen an. Böll in der Rolle des feiernden Großschriftstellers? Es wollte so recht keine Stimmung aufkommen an diesem Abend; aber vielleicht schien mir das auch nur so, weil ich von den anderen Gästen niemanden kannte. Einige Zeit später war ich mit Böll in der Hülchrather Straße verabredet, um ein Gespräch mit ihm zu führen, das dann unter dem Titel »Solschenizyn und der Westen« in der ersten Nummer der damals neuen, von Böll, Günter Grass und Carola Stern herausgegebenen Zeitschrift »L'76« erschienen ist. Böll holte mich in sein Arbeitszimmer, eine kleine Mansarde mit Blick über die Dächer des Viertels; nur

Ein deutsches Panorama der Jahrhundertmitte

Dächer, ein monotones, doch reizvolles, den Hinausblickenden auf sich selbst zurückverweisendes Bild. Solche Arbeitsplätze, sollte ich dann bald feststellen, waren es, die Böll suchte, kleine Kammern mit zur Meditation ladendem, doch nicht idyllischem Ausblick. Besonders deutlich ist mir das geworden in Bölls Haus auf Achill Island, wo er von seinem Arbeitsplatz aus ins Moor, auf den Torf blickte, doch es galt für alle mir dann noch bekannt gewordenen Plätze, an denen er schrieb. Er hat sich von dem Küchentisch, an dem, wie Annemarie Böll verraten hat, so manche seiner Texte kurz nach dem Krieg entstanden sind, nicht sehr weit entfernt. Und was seine Wohnungen und Häuser selbst anging, so war die große Wohnung Hülchrather Straße 7 eine Ausnahme. Böll wählte, obwohl er vielleicht dagegen anging, die kleinen Räume, enge Kammern, für seine Arbeit manchmal nur isolierte Winkel. Ob das mit Abwendung von der Welt, der Suche nach Geschütztsein, nach Heimat zu tun hatte, läßt sich wohl nicht beantworten. Auch nicht, wo Heinrich Böll mehr er selbst war, in seiner Rastlosigkeit oder wenn er sich gleichsam versteckte.

Außer durch den Umzug in die Hülchrather Straße 7 war das Jahr 1969 für Böll vor allem gekennzeichnet durch seine Entscheidung, bis zu einem Urteil des Bundesverfassungsgerichts, ob der Einzug der Kirchensteuer durch den Staat rechtens sei, diese nicht mehr zu zahlen, ferner durch öffentliche Aufregung darüber, daß er nach ihrer Ohrfeige für Bundeskanzler Kurt Georg Kiesinger auf dem CDU-Parteitag in Berlin Beate Klarsfeld Rosen nach Paris geschickt hatte, und schließlich durch den Fall Defregger. Bundeskanzler Kiesinger, unter Hitler in Ribbentrops Auswärtigem Amt, zählte für Böll zu den »gepflegten bürgerlichen Nazis, die sich weder die Finger noch die Weste beschmutzten und die nun nach 1945 weiterhin schamlos durch die Lande ziehen«. Defregger, Weihbischof in München, hatte im September 1944, damals deutscher Major, im italienischen Filetto 17 sogenannte Geiseln erschießen lassen, dies war nun, 25 Jahre später, herausgekommen, und auch

Heinrich Böll, für den der zweite Weltkrieg immer noch »Fachgebiet« war, gab dazu verschiedene Kommentare, die sich nicht zuletzt mit der für ihn äußerst zweifelhaften Haltung der Kirche zu diesem Fall befaßten. Der Münchner Kardinal Döpfner bestand abwehrend auf der Immunität seines Weihbischofs, der sich seinerseits auf die Ehre des deutschen Soldaten berief, die man in seiner Person angreife. Böll erkannte vor allem, daß die Kirche »fast schon wie eine Mafia« reagierte, entsprechend einem Mechanismus, den er in einem Interview so beschrieb: »Interessant war, was da der Kölner Kardinal Höffner gesagt hat bei seiner ersten Pressekonferenz. Man hat ihn gefragt: Wie hätten Sie sich im Fall Defregger verhalten? Da hat Höffner gesagt, er hätte Herrn Defregger auch zum Bischof geweiht, aber nur dann, wenn er gewußt hätte, daß seine Tat geheimgehalten werden könne. Da kommt die Struktur raus. Fast schon feudalistisch.«

Heinrich Böll hat, wie überlieferte Interviews belegen, den Fall Defregger äußerst sachlich, doch mit Gespür für alle offenen Hintergründe behandelt, die durch ihn indirekt ans Licht kamen. »Die Kriminalität des Krieges«, sagte er z. B., »die Kriminalität der Teilnahme am Krieg, ist natürlich für diese Generation, zu der ich auch gehöre, ein Problem, das nie geklärt worden ist, weil aus vielen politischen Gründen die deutsche Wehrmacht als eine mehr oder weniger noch integere Institution behandelt wurde.« Daß Verschleierung und Vertuschung hier im nationalen Interesse und deshalb ehrenhaft zu sein schienen, das war auf Dauer angelegt. Die Wehrmachtsausstellung Jan Philipp Reemtsmas hat gezeigt, daß solche Einstellung mindestens bis zum Jahrhundertende ihre Anhänger hatte. Doch Böll wurde auch persönlich herausgefordert, und dabei zeigte sich eine noch tiefere, undurchsichtigere Dimension des Falles. Heinrich Kurscheid, Pfarrer an St. Christopherus in Köln-Niehl, richtete – ohne, wie er betonte, den Bischof Defregger damit verteidigen zu wollen – in der Kölnischen Rundschau eine »Aufforderung zum Schuldbekenntnis« an Böll. Er fände, schrieb

Ein deutsches Panorama der Jahrhundertmitte 305

Kurscheid, Heinrich Bölls öffentliche Kritik nicht nur in diesem Fall noch überzeugender, wenn er etwa folgendes Bekenntnis ablege: »Ich habe gewußt, daß Hitlers Krieg verbrecherisch ist. Dennoch habe ich meiner Einberufung zum Kriegsdienst keinen Widerstand entgegengesetzt, sondern gehorsam meine Knarre durch Europa getragen, ohne zu desertieren. Somit habe ich, wenn auch nur als unbedeutender Einer unter Millionen, Hitlers Verbrechen mit Leib und Leben gedeckt.« Vielleicht könne Böll, so Pfarrer Kurscheids Vorschlag weiter, hinzufügen: »Ich versichere allerdings, daß ich mit meiner Knarre nie geschossen, geschweige denn einen Menschen totgeschossen habe.« Kurscheid wies in seinem offenen Brief darauf hin, daß er selbst es als seine lebenslängliche Schande empfinde und dies vor seiner Gemeinde mehrfach eingestanden habe, Hitlers Verbrechen gekannt und nur lächerlich wenig dagegen getan zu haben. Er sprach seine Mahnung »in alter Verbundenheit« mit Böll aus.

Dieser war empört und reagierte drastisch. Solch Brief eines katholischen Pfarrers, dessen Kirche ihm niemals nahegelegt habe, das Gewehr niederzulegen, erschien ihm als Anmaßung, vor allem mit dem Hinweis auf eine mögliche Desertion, die Selbstmord gewesen wäre. Kurscheid könne zudem über sein persönliches Verhalten überhaupt nichts wissen. Eine »alte Verbundenheit« habe es zwischen ihnen in den Jahren 1934 bis 38 gegeben, und er erinnere sich nicht, »von ihm damals den Rat gehört zu haben, ich sollte, wenn ich eingezogen würde, desertieren«. Das hätte Kurscheid, wenn es ruchbar geworden wäre, ja auch ins KZ gebracht. Wenn Kurscheid den zweiten Weltkrieg als Verbrechen ansehe und jeden deutschen Soldaten als Mitschuldigen, so erhebe er, Böll, doch Anspruch auf einen »gewissen Gradunterschied« zwischen sich und dem »hochwürdigsten Major« Defregger: »Sogar die unerbittlich gerechte weltliche Justiz macht ja einen Unterschied zwischen schweren und leichten Kriminellen. Es wird Ihnen also, wenn Sie konsequent bei Ihrer Verbrecher-Theorie bleiben, nichts anderes übrigbleiben, als den Herrn Defr. unter die ›schweren Jungs‹ einzustufen. Da Sie außerdem ein wenig in Definition geschult sein müßten, empfehle ich Ihnen eine Meditation und anschließende Predigt über den Terminus ›Geiselerschießung‹. Eine ›Geiselerschießung‹ angeordnet zu haben, wäre schon ein ganz hübsches Verbrechen für einen Hochwürdigsten, aber von der gesamten deutschen Presse, vom Funk und vom Fernsehen wird ja dieser Terminus fälschlicherweise auf Herrn Defr.s Delikt angewendet. Es handelte sich um einen Akt nackter Rache, um eine brutale Repressalie, nicht einmal nach dem rüden ›Kriegsrecht‹ der Nazis waren die Bauern von Filetto Geiseln.« Da er außerdem eine gewisse Logik bei Pfarrer Kurscheid voraussetze, nehme er an, daß es in seiner Pfarre keine Gedenktafel für die »Gefallenen« gebe und daß er von nun an gegen jede Art inner- oder außerkirchlicher »Gefallenenehrung« protestieren werde. Was hieß, die Kirche und Pfarrer Kurscheid könnten ja schließlich keine Verbrecher ehren.

Daß es im Rückblick auf den zweiten Weltkrieg für jeden immer auch um Schuld ging, das wußte Heinrich Böll. Doch es ging zugleich sogar auch auf Seite der Deutschen um Opfer. Und es ging um das unabsehbar weite Feld zwischen diesen Polen. Von beidem hatte Böll in einer Deutlichkeit wie kaum ein anderer seit fast 25 Jahren erzählt. Böll wußte, daß die Kollektivschuldthese, der er ganz gewiß nicht anhing, die schlimme Konsequenz hatte, die Defreggers zu entlasten. Wenn alle schuldig waren, so waren der Weihbischof und auch die katholische Kirche, waren die Kriegsverbrecher fast schon entschuldigt. Böll hat nicht den Versuch gemacht, diesen gewaltigen Komplex in seiner Antwort an Pfarrer Kurscheid grundsätzlich zu erläutern, das war ja auch nicht Sache des Erzählers. Er hat den Pfarrer nur drastisch auf seine gröbsten Vereinfachungen und Entstellungen hingewiesen, für die er, da er ja dienstverpflichtet war, im Dienst der Kirche stand, offenbar so wenig Empfinden hatte wie die unabänderlich opportunistische katholische Kirche selbst.

Ein deutsches Panorama der Jahrhundertmitte

Die Auseinandersetzungen um den Fall Defregger waren ein Schwerpunkt im Jahr 1969, das ferner die Veröffentlichung des 1970 mit geringem Erfolg uraufgeführten Schauspiels »Aussatz« und die Sendung des Hörspiels »Hausfriedensbruch« brachte. Anfang 1970 hielt Böll eine Rede auf einer Kundgebung von »Amnesty International«, im März folgte eine Ansprache zur Woche der Brüderlichkeit mit dem Thema »Schwierigkeiten mit der Brüderlichkeit«. Böll setzte sich ein für das Leben baskischer Separatisten, die General Franco in Burgos zum Tode verurteilen ließ. Er nahm Stellung zur Verleihung des Nobelpreises für Literatur an Alexander Solschenizyn, stellte sich in zahlreichen Interviews und nahm z. B. auch teil an einem Rundfunkgespräch zur Frage »Was ist Heimat?«, in dem es nicht zuletzt darum ging, ob »Nation« ein überholter Begriff sei. Längst aber war die Arbeit an einem neuen umfangreichen Roman begonnen, der dann Mitte 1971 unter dem von Annemarie Böll und Dieter Wellershoff erdachten Titel »Gruppenbild mit Dame« erschienen ist. Wenn er nicht einer der Anstöße zu diesem Projekt war, dann haben der Fall Defregger und Bölls Auseinandersetzung mit Pfarrer Kurscheid den Autor jedenfalls darin bestärkt, daß Thema und Gegenstand dieses Romans den Deutschen auf den Nägeln brennen mußten.

In vielen Beispielen, Lebensläufen, Schicksalen, vielen Bildern und Geschichten vergegenwärtigt »Gruppenbild mit Dame«, wie Deutsche unter Hitler und im Krieg gelebt und überlebt haben oder umgekommen sind und wie sie aus dieser Zeit in den Nachkrieg bis etwa 1970, die Erzählgegenwart weitergelebt haben. Der Roman ist konzipiert als Recherche mit dem Ziel, Persönlichkeit und Geschichte einer inzwischen achtundvierzigjährigen Frau, der Leni Pfeiffer, geb. Gruyten, zu ergründen, einer Frau, die den größten Teil ihres Lebens als ungelernte Bürokraft und als Gärtnereiarbeiterin zugebracht hat und der es zur Zeit der Recherche »ziemlich dreckig« geht. Sie ist dabei, ihre letzte Sicherheit, ihr Haus zu verlieren, ist eine Frau aus dem Volk, einst Geliebte des russischen

Kriegsgefangenen Boris und die Mutter von Lev, dem gemeinsamen Sohn. Die einen sehen in ihr eine schöne, eigenwillige, außerordentlich talentierte, wenn auch nur wie zufällig und rudimentär gebildete Person mit einem Geheimnis, andere eine »dumme Pute«. In den Augen ihrer Freunde und Bewunderer ist sie eine Art Lichtgestalt, ausgezeichnet durch eine ganz unvermittelte, von Erziehung nicht deformierte religiöse Begabung und eine geradezu »geniale« Sinnlichkeit; in den Augen der meisten Leute, mit denen sie zur Zeit der Recherche alltäglich lebt, eine fragwürdige Frauensperson, die zuviel Männerbesuch bekommt und leicht zu haben ist. In Lenis Schulzeit, die ein Debakel war, hat sie vor der Abschiebung in die Hilfsschule vor allem die Tatsache gerettet, »daß Leni zwei Jahre hintereinander als Elf- und Zwölfjährige den Titel ›das deutscheste Mädel der Schule‹ gewann, der von einer rassekundigen Kommission, die von Schule zu Schule ging, verliehen wurde«. Einmal hat sie sogar in engster Auswahl für »das deutscheste Mädel der Stadt« gestanden. Dagegen ruft man ihr in der Erzählgegenwart »Kommunistenhure« und »Russenliebchen« nach und verlangt sogar ihre »Vergasung«.

Trotz all dieser widersprüchlichen, Leni bedrängenden Auffälligkeiten ist nicht ganz klar, was für den fiktiven Rechercheur und Erzähler der Lebensgeschichte Lenis, im Roman mit der Abkürzung »Verf.« gekennzeichnet, Anlaß ist, sich mit so langem Atem auf sie einzulassen, wie es im Roman nachzulesen ist. Geht es dem »Verf.« einfach um Gerechtigkeit für diese Frau? Wieso dann gerade für sie? Ist der »Verf.« so unermüdlich wie er ist, weil auch er verliebt ist in die »ungeheuer sinnliche Person«, in ihre »direkte, proletarische, fast geniale Sinnlichkeit«? Es sei alles getan worden, versichert der »Verf.«, »um über Leni das zu bekommen, was man sachliche Information nennt«, und zwar so vielseitig wie gründlich. Es wurden mit Daten bis zu Größe, Gewicht, Haar- und Augenfarbe Informationen über ihre Familie eingeholt, über Lebenslauf, Charakter und Eigenschaften ihrer Eltern, über ihre Schulzeit, die

Ein deutsches Panorama der Jahrhundertmitte

ihr Genie meist systematisch verfehlenden Bildungsbemühungen, ihre Geschwister, Verwandten, Freundinnen und Freunde, ihre Arbeitskollegen und ihre Feinde. Der »Verf.« bezieht sich zu diesem Zweck vor allem auf eine Vielzahl von »Auskunftspersonen«, die er teils mehrfach befragt, und er öffnet sich und den Lesern damit indirekt den Ausblick in eine Fülle von Lebens- und Schicksalsläufen. Der »Verf.« setzt alles daran, selbst keinen oder doch möglichst wenig Einfluß darauf zu nehmen, wie sein Material sich zusammensetzt.

Die Menge und Vielfalt der Fakten, die der »Verf.« sich verschafft, über die er verfügt, die er knapp, gedrängt und ohne alle Stilisierung, doch mit großer Aufmerksamkeit für die Zwischentöne mitteilt, läßt schon bald die Frage, wieso denn gerade Leni Pfeiffer so großer Aufmerksamkeit wert ist, vergessen. Die Menge der Fakten, zu denen auch Meinungen, Gefühle, Vermutungen und Stimmungen der Auskunftspersonen zählen, ist so groß und so dicht, daß sich nur in begrenzten Ausschnitten auf das erzählte Ganze hinweisen läßt. Autor Heinrich Böll hat vor allem deshalb die Kunstfigur eines recherchierenden »Verf.« zwischen sich und seinen ungeheuren, nur begrenzt überschaubaren Stoff gestellt, um sich Spielraum und Distanz zu schaffen für das, was er sich zu erzählen vorgenommen hat. Außerordentlich kompakt und detailliert wie stets bei Böll summiert sich das Material aus den Erinnerungen Bölls in den Jahrzehnten, die er faßlich zu machen versucht, was sehr direkt dazu zwingt zu fragen, wie all die Leute, die da hervortreten, es denn mit den Nazis gehalten haben. Und der »Verf.« geht dem nicht aus dem Weg, sondern macht es zu seiner Hauptfrage bei der Erkundung der Wahrheit über Leni, die eine Erkundung dessen darstellt, was alles möglich war in jenen Jahrzehnten.

Leni selbst, dies »deutscheste Mädel«, hat zunächst mitgespielt in den Nazi-Organisationen für Mädchen im Reich, sah in Uniform sogar »nett« aus. Es müsse allerdings, betont der »Verf.«, »bevor Mißverständnisse entstehen, hinzugefügt werden, daß Leni keineswegs die politischen Dimensionen des Nazismus auch nur andeutungsweise überschaute«. Auch die braunen Uniformen gefielen ihr »keineswegs«, besonders die SA sei ihr zuwider gewesen. Aber das klärte sie nicht auf. Ganz unbedenklich hat Leni die Annehmlichkeiten genossen, die ihr durch die Erfolge ihres Vaters als eines Baulöwen der Nazis zufielen, vom bequemen, nichtstuerischen Herumsitzen in Cafés und Kinobesuchen bis hin zu einem eigenen Auto und Flugreisen. Leni war privilegiert, hatte Schutz und dann auch Hilfe, als es darauf ankam, aber sie war mit ihrer hochbegabten Naivität gegenüber den Konventionen und Regeln in Schule und Alltag alles andere als eine junge Nazisse. Noch weiter entfernt hiervon ihre Mutter, eine schöne, hochsensible, gebildete, früh kränkliche und 1943 einundvierzigjährig verstorbene Frau aus gutbürgerlichem Haus, die unter ihrem Stand geheiratet und ihre Berufung – vielleicht zur Ärztin – verfehlt hatte. Schwieriger zu beantworten ist die Frage, ob er nicht doch ein Nazi war, bei Lenis Vater Hubert Gruyten, einem gelernten Maurer, doch geborenen Unternehmer und Organisator mit Spielernatur, ja mit kriminellen Instinkten. Doch er war treu gegenüber seiner Familie und seinen Mitarbeitern, großzügig und freundlich. Bis 1933 hatte er sich eben so durchgeschlagen, um dann unter Hitler zum Betonmillionär zu werden mit einem Betrieb von zeitweilig 10 000 Mitarbeitern. Meist schwamm er im Geld. Alle Bildung, die er selbst nicht besaß, suchte er mit Erfolg seinem geliebten und hochbegabten Sohn Heinrich zu ermöglichen. Resultat war, daß Heinrich mit seinem abendländisch umfassenden Bewußtseinsstandard früh den »Dreck, Dreck, Dreck« erkannte, in dem er in Deutschland stand. Er weigerte sich, dem Vater zu gestatten, ihn – was bei dessen Beziehungen unschwer möglich gewesen wäre – von allen Konsequenzen der Naziherrschaft freizustellen, und ließ sich zu Arbeitsdienst und Wehrmacht einziehen. Durch eine Wahnsinnstat mit Fahnenflucht und Waffenhandel für den Feind brachte er sich absichtlich vor die Gewehre eines Erschießungskommandos und riß dabei

Ein deutsches Panorama der Jahrhundertmitte 311

auch seinen Freund Erhard mit, den ersten, den Leni mit unerfüll-
ter Erwartung geliebt hatte. »Scheiß auf Deutschland« waren seine
letzten Worte. Die Familie versinkt nach Heinrichs Tod über
Monate in haltlose Trauer.

Alle diese Menschen haben unter der Naziherrschaft gelebt,
haben sich angepaßt oder – wie Heinrich Gruyten und sein Freund
Erhard – den sicheren Tod gewählt, dem Millionen andere mehr
oder weniger bewußtlos ausgeliefert waren. Etliche haben direkt
oder indirekt eine Weile sogar von dieser Herrschaft profitiert.
Doch sie waren offensichtlich keine Nazis, auch Hubert Gruyten
nicht. Das gilt für die Mehrzahl der Auskunftspersonen. Für einige
von ihnen war ein »alter Nazi« allerdings Walter Pelzer, der Besitzer
einer großen Friedhofsgärtnerei und über Jahre ein allerdings nicht
selbstloser Beschützer Lenis und auch des russischen Kriegsgefangenen Boris, den Leni liebte. Es treten eine ganze Reihe in der
Wolle gefärbte Nazis auf, solche von der primitiven, tumb-barbari-
schen Sorte wie auch von der feineren, schlimmeren Art, die sich
selbst die Hände nicht schmutzig machen und durch einzelne
»gute« Taten ihre Handlungen als Schreibtischmörder aufzuwiegen
glauben. Walter Pelzers Bild aber hat der »Verf.« besonders sorgfältig ausgemalt, was ermöglicht wird dadurch, daß die meisten Auskunftspersonen einiges über ihn zu berichten haben und daß er
selbst Auskunft gibt. Darüber wird diese Figur so interessant, daß
der »Verf.«, wie er gesteht, hin und wieder in Versuchung kommt,
statt Leni diesen Pelzer ins Zentrum seiner Recherche und seiner
Erzählung zu rücken.

Pelzer ist Nazi, wie er in den zwanziger Jahren Kommunist
gewesen ist, nämlich aus nacktem, geld- und besitzgierigem Opportunismus. Das Stadium der Fledderei und Räuberei hat er
jedoch nach 1933, als es dieserart viel zu raffen gab, hinter sich gelassen, wenn er auch weiterhin hinter jedem Haus, jedem Grundstück
her ist. Und er war und ist, wie er selbst immer wieder von sich sagt,
kein »Unmensch«. Wenn in all der ständigen Lebensgefahr das

Risiko kalkulierbar blieb, schützte er seine Leute und half ihnen. Er war kein gläubiger, kein dumpfer Nazi, sondern ein vitaler, besitzgieriger Mann, der die Zeiten nutzte und sich manchmal sogar eigene Gedanken machte. Jedoch: »Nun sollen hier aber keine Mißverständnisse entstehen, nicht etwa, daß das Walterchen in sich plötzlich diesen Fremdkörper entdeckt hätte, der einigen menschlichen Wesen als Gewissen bekannt ist, oder daß er sich plötzlich, bebend vor Angst oder Neugierde, jenem merkwürdigen, für ihn bis auf den heutigen Tag unverständlichen Fremdwort oder Kontinent genähert hätte, den man hin und wieder Moral nennt. Nein. Nein.« Es glückte Pelzer, im für Verräter schon fast gefahrlosen allerletzten Moment, aus der Partei und allen Naziorganisationen offiziell auszutreten und sich mit dem Einrücken der Amerikaner von einigen plötzlich hochangesehenen ehemaligen Mitarbeitern, auch von Leni und einer Jüdin, die mit falscher Identität in seiner Gärtnerei überwintert hatte, sogenannte Persilscheine zu beschaffen. Und was die Sieger angeht: »Die hatten sich das wohl einfacher, ein bißchen zu einfach vorgestellt von wegen Nazis und Nichtnazis und so; so einfach war's ja nun nicht, wie die mit ihrem kindlichen Gemüt glaubten.«

Heinrich Bölls Roman »Gruppenbild mit Dame« imaginiert mit zahlreichen Lebensläufen einen Ausschnitt des Lebens der Deutschen in der Zeit von 1930 bis 1970, der stellvertretend ein Panorama des Lebens vieler Deutscher, vielleicht der Deutschen überhaupt unter dem Vorzeichen der zur Nazizeit sogenannten »Heimatfront« mit ihren geschichtlichen Voraussetzungen und den Nachwehen entwirft. Es ist ein Panorama von großer, ja überwältigender Dichte. Keine Zeile ohne geballte, weiterführende Information, und immer aus dem Leben der agierenden und leidenden Menschen heraus, die da auftreten. Es ließen sich verschiedene andere thematische Querschnitte aus dem Romangeschehen über den hier angedeuteten hinaus nachzeichnen, alle individuell fixiert und zugleich exemplarisch für jene noch immer undurchschaute

Ein deutsches Panorama der Jahrhundertmitte   313

Geschichtszeit. Unverkennbar, daß der Roman im Rheinland, in Köln spielt, daß er aus einer katholisch eingestimmten, wenn auch säkularisierten Welt erzählt. Der Klerus bleibt praktisch außen vor, doch es spielt volkstümlich Mythologisches aus dem Bereich von Legende und Phantasie hinein. Etliche Nonnen haben ihre sehr unterschiedlich angelegten Rollen. Herauszuheben ist hier die ganz außergewöhnliche, packende Gestalt der eigenwilligen jüdischen Nonne Rahel, die von ihrem Orden versteckt und durchgeschleppt, doch zugleich bis zum Verhungern vernachlässigt wird. Rahel lebt in chemisch-biologischen, zugleich materialistischen und mystischen Vorstellungen, sie ist die einzige kongeniale Lehrmeisterin Lenis, die Rahel immer wieder in ihrer klösterlichen Schutzhaft aufsucht und sie mit Lebensmitteln versorgt. Im Zentrum all des sich ständig ausdehnenden, auswuchernden Geschehens aber steht jederzeit Leni, deren in der Liebe, einer allen Konventionen enthobenen, von aller bürgerlichen Vorteilssuche freien, proletarischen, sinnlich-naturhaft-mystischen Liebe sich verwirklichenden Menschwerdung, deren Menschsein das alle Ängste, Trauer und Ausweglosigkeit überstrahlende große Thema des Romans ist.

Es gibt im Roman »Gruppenbild mit Dame« Episoden, die unvergleichlich sind nicht nur in der deutschen Literatur der Nachkriegszeit. Was 1943 die Überreichung einer Tasse Kaffee zu einem hochpolitischen, lebensgefährlichen Akt machen konnte, das z. B. ist handfest und minuziös vergegenwärtigt. Ein absichtsvoll eingefädeltes Betrugsunternehmen Hubert Gruytens, mit dem er die Naziwirtschaft verhöhnt und das seinen Höhenflug als Tycoon in dieser Wirtschaft mit seiner zufälligen Aufdeckung jäh beendet, ist, wobei auch hier der tödliche Ausgang im Spiel ist, mit bösem Humor fast als Posse erzählt. Genial der bildkräftige Einfall, eine Friedhofsgärtnerei zum Schauplatz des Überlebens bis hinein in den Bombenhagel der mörderischen Luftangriffe auf Köln zu machen und die Liebe zwischen Leni und Boris in die Grabkammern prominenter Familien zu verlegen. Glaube und Liebe entfalten sich in diesem Roman vor gewiß katholischem Hintergrund ganz frei von kirchlichen Regeln und kirchlicher Bürokratie. Ihre humane Größe aus sich selbst heraus gewinnend, machen dieser Glaube und diese Liebe fühlbar, was überhaupt Religiosität ist.

Heinrich Böll, der Autor des Romans, hat zwischen sich und die Masse der Erzählinhalte seinen fiktiven, recherchierend auf Fakten fixierten »Verf.« gestellt. Das war gewiß angeregt von der in den sechziger Jahren aufgekommenen dokumentarischen Literatur. Doch allein dokumentarisch war der unabsehbare Stoff gewiß nicht zu erschöpfen. Vielleicht, ja wahrscheinlich ist da ein Zeichen, daß der »Verf.« aus seinen Ermittlungen heraus schließlich auch selbst direkt in die Geschichte hineingerät. Das unscheinbare Grab der jüdischen Nonne Rahel erinnert lange nach ihrem Tod erneut an diese Lehrmeisterin Lenis durch ein Ereignis, das sich nur als Rosenwunder bezeichnen läßt. Wohin man Rahels sterbliche Überreste auf dem Areal ihres Klosters auch verlegt, sie lassen Rosen blühen. Es ist dem Orden und der Kirche peinlich, denn Wunder passen nun einmal nicht mehr ins moderne kirchliche Konzept. Der »Verf.« reist nach Rom, um in der Ordenszentrale Informationen über Herkunft und Lebensgang Rahels einzuholen, und hier lernt er die attraktive Nonne Klementina kennen, eine habilitierte Germanistin, die sogar mit dem Namen Heißenbüttel etwas anzufangen weiß. Es gelingt ihm, Klementina mit Küssen aus dem Schoß der Kirche herauszulocken. Sie lebt dann mit dem »Verf.« zusammen, wenn auch nicht ehelich, sie wollte nicht schon wieder unter eine Haube. Sie versteht sich so gut mit Leni, daß diese sie am Erscheinen der Jungfrau Maria teilnehmen läßt. Schon gleich zu Beginn des Romans ist erwähnt, Leni stehe mit der Madonna auf so vertrautem Fuß, daß diese ihr häufig nach Sendeschluß im Fernsehen erscheine. Exnonne Klementina erkennt es sofort: Leni erscheint sich auf dem Bildschirm selbst.

Der Name Heißenbüttel, Name eines Vordenkers und Praktikers der avancierten experimentellen Literatur, den der »Verf.«

Ein deutsches Panorama der Jahrhundertmitte 315

nach und neben Trakl, Kafka, Hölderlin, Gottfried Benn mit
Respekt in den Roman hineinholt, erscheint da nicht zufällig, nicht
von ungefähr. Es ist ein Signal, zeigt an, daß Böll die Veränderungen der Literatur auch in den sechziger Jahren nicht nur beobachtet,
sondern für sich selbst, ohne seine Grundhaltung zu verleugnen,
Schlüsse aus ihnen gezogen hat. Es gibt Zitatpassagen in »Gruppenbild mit Dame«, und an einer Stelle empfiehlt der »Verf.«, einige
üble Beispiele aus der niederen Naziliteratur der Kriegszeit, die er
ausgiebig zitiert, als konkrete Literatur zu nehmen. Um zu zeigen,
daß das Waten der Leute im Dreck mit Methode erzwungen ist,
zitiert Lenis Bruder Heinrich Gruyten, statt von sich selbst zu
berichten, in seinen Briefen nach Hause militärische Dienstvor-
schriften. Zitate, wenn auch möglicherweise nicht wörtliche, sind
zudem einige Vorschriften und die Auseinandersetzung um Vorschriften zur Ernährung sowjetrussischer Kriegsgefangener, die
barbarisch auf Verelendung und Ermordung der zu Untermen-
schen Erklärten in kurzer Zeit angelegt waren. Drastischer als
durch solche Texte läßt sich das nicht kenntlich machen. Auffällig
ferner die offene Akzeptanz der Sexualität, die keine Verklemmun-
gen mehr zuläßt, und der jetzt oft fast spielerische, doch keineswegs abwertende Umgang mit dem, was für Böll sozusagen als sein
katholisches Material unentbehrlich, weil – wie einem großen Teil
des Volkes – seiner Welterfahrung von Kindheit her fest integriert
war. Inzwischen kann er sich mit einem noch immer spürbaren
Hauch von Gläubigkeit darüber fast lustig machen. Auffällig auch,
wie detailliert die Erlebnisse Heinrich Bölls im Jahr 1945 in der Darstellung des Zusammenbruchs der Naziherrschaft dem »Verf.«
Stoff geben.

Die Zwischenschaltung des fiktiven »Verf.s« erweitert den Spielraum für den Autor Heinrich Böll und ist zugleich eine Art Stolper-
stein im Fortgang des Erzählens, der scheinbare Kohärenz, falsche
epische Schlüssigkeit verhindert. Das ermöglicht es, die Geschichte
von Lenis durch keine Konvention getragener, deshalb elementarer

Menschlichkeit aus verschiedenen Blickwinkeln anzuschauen und unablässig mit Fakten zu grundieren; ihren keineswegs eindeutigen, in den Augen vieler höchst zweideutigen Lebenslauf mit Fakten der politischen und sozialen Zeitgeschichte aufzurechnen. Der »Verf.« ist da zwar ein Störfaktor, doch ein höchst produktiver Störfaktor, der es erleichtert, die detaillierten Erinnerungen und Vorstellungen Bölls im Roman zu realisieren, und überhaupt erst ermöglicht zu erzählen, was hier zu erzählen war. Bölls Anspruch ist eben nicht, einen literarischen Kodex möglichst meisterlich umzusetzen, auch nicht den eines überkommenen Realismus, sondern der Realität auf die Sprünge zu kommen.

All das sind Hinweise auf den Rang des Romans »Gruppenbild mit Dame«. Er erzählt aus dem alltäglichen Leben der Leute, doch keineswegs im Sinn eines Den-Leuten-nach-dem-Mund-Redens, sondern fragend, kritisch, Scheingewißheiten nirgendwo Vorschub leistend. Jedermann, der sich auf sie einläßt, begreift Leni und ihre Geschichte, ihre ganz ungeregelte Religiosität, ihre Liebe, ihre mitmenschliche Kraft, die alle Lücken und Mängel ihrer Bildung und ihr Alltag als Arbeiterin in einer Friedhofsgärtnerei nicht auslöschen können. Bölls Apotheose der Frau, der Hoffnung auf die Erlösung ihrer ursprünglichen schöpferischen Potenz aus der systematischen Unterdrückung in der Gesellschaft, nicht zuletzt durch kirchliche Zwänge, hat in Leni Pfeiffer, geb. Gruyten, sicherlich ihren Höhepunkt. Was Böll in Gesprächen von den ihr Leben lang immer nur beschädigten Möglichkeiten seiner Mutter gesagt hat, die nie sein durfte, was sie hätte sein können, dem hat er in Leni über alle vorherigen Ansätze hinaus Gestalt und Bild gegeben.

Hieran konnte auch das gleich nach Erscheinen des Romans im Jahr 1971 einsetzende abweisende Rätselraten um seine Komposition, für die kein Prinzip erkennbar schien, um die Unordentlichkeiten in seiner Struktur, um die angeblich oft flüchtige Schreibweise, um seine Abwendung vom Realismus hin zu Märchen, Legende, Utopie nicht rütteln. Auch nicht am großen Erfolg des

Ein deutsches Panorama der Jahrhundertmitte 317

Romans bei den Lesern trotz brüsk abweisender Kritiken und an
der begründeten Annahme, »Gruppenbild mit Dame« habe den
Ausschlag gegeben für die Verleihung des Nobelpreises für Literatur im Jahr nach seiner Veröffentlichung, auch nicht an seiner Wahl
zum Buch des Monats in den USA 1973. Die Leser spürten, daß
»Gruppenbild mit Dame« eine Summe dessen war, was Heinrich
Böll zu erzählen hatte, und sie spürten wohl auch, daß angebliche
Fehler und Mängel das Werk jedenfalls nicht minderten, sondern
eher für jenen »schmutzigen Daumen« einstanden, den der Kölner
Essayist und Kunstkritiker Albrecht Fabri als Signum des Kunst-
werks erkannt hatte, ohne das Kunstwerke eben nicht vollendet,
sondern Kunsthandwerk seien. Literaturkritik und ebenso die Literaturwissenschaft haben bis heute ihre Schwierigkeiten mit diesem
Buch. Seine Deutung mittels komplizierter typologischer, geheim-
nisvoll auf Bölls Katholizität rekurrierender Exegese vor allem
wirkt eher angestrengt, ignoriert, daß Böll direkt und ohne theore-
tische Vorkehrungen phantasievoll aus spontaner Einsicht in seinen
Stoff erzählt hat, seine intellektuelle Scharfsicht immer den Menschen zugewandt und auch hier äußerst skeptisch gegenüber Institutionen, Prinzipien und Ideologien.

Spätestens mit der langen Erzählung »Entfernung von der
Truppe« hatte Heinrich Böll sich grundsätzlich vom traditionellen
Realismus abgewandt, weil ihm mit dessen Mitteln das wirkliche
Leben der Menschen nicht mehr erreichbar zu sein schien. Und um
das politisch, gesellschaftlich, sozial Reale ging es ihm, um die
nichts beschönigende Artikulation des gesellschaftlich Wirklichen
einschließlich seiner vielen dubiosen Scheinbarkeiten. Was war zu
tun für den Schriftsteller, wenn zwischen der gewohnten Sicht der
Dinge und diesen selbst Lücken klafften, wenn die Realität sich den
etablierten Sprech- und Darstellungsweisen entzog? »Entfernung
von der Truppe« bedeutete Vereinzelung, Isolation, Aufkündigung
aller Übereinstimmungen mit der Mehrheit. Und das bedeutete
auch, daß Böll mit dem mehrheitlichen Konsens in Sachen Literatur

nicht länger übereinstimmte. Die Neuerer in der Literatur bis hin zu Helmut Heißenbüttel hatten, auch wenn er sich ihnen aus seiner ganzen Lebensgeschichte heraus nicht anschließen konnte, ihre sachlichen, handfesten Gründe, Böll erkannte es und ließ sich lieber von der literarischen »Truppe« schelten, weil er sich von all ihren Erwartungen entfernte, als dies zu ignorieren. Auch Bölls »Gruppenbild mit Dame« reagiert ja aus Bölls eigener Haltung heraus auf die literarischen Veränderungen in den sechziger Jahren. Erstaunlich ist, daß die Leser dennoch für Böll votierten, und das ist ein Moment, das – um eine von Bölls in Gesprächen häufigen Wendungen zu übernehmen – noch analysiert werden sollte. Dieser Schriftsteller ist offenbar dem realen Alltag der Menschen, in dem er seinen »Verf.« recherchieren läßt, mit seinem Erzähl-Kaleidoskop näher gekommen, als das einem wohlgerundeten Opus im Sinn des herkömmlichen Realismus möglich gewesen wäre. Das bestätigt und betont seinen Rang.

Manchen, damals prominenten Literaturkritikern vor allem paßte das gar nicht. Sogar der Kritiker Joachim Kaiser, durchweg Heinrich Böll deutlich zugetan, urteilte: »Es ist kein ›Nummern‹-Buch daraus geworden, aber auch kein Roman.« Kaiser rühmte die Fülle der Einzelheiten, die Böll so außerordentlich genau, konkret, kenntnis- und detailreich zu erzählen wisse, doch er sah ein Problem darin, daß Böll sich mittels des »Verf.s« als direkter Erzähler gleichsam heraushalte. Er betreibe damit »epische Leistungsverweigerung«, biete pseudo-dokumentarische Rollenprosa in simplem Nacheinander. Und weiter Joachim Kaiser, wenn auch mit einer versöhnlichen Schlußwendung: »Der Roman wirkt wie ein langer, Wagen für Wagen vorbeirollender Güterzug, jeder Wagen ist beladen mit ironischen, fiktiven, dokumentarischen Erinnerungspartikeln und Visionen. Das kann zwei Gründe haben: Entweder dehnte sich der Roman Böll unter der Hand weit über das zunächst Geplante hinaus, weil dieser Autor viel mehr wußte, als er selber wußte – oder der Kritiker hat trotz sorgfältiger Lektüre die Form-

Ein deutsches Panorama der Jahrhundertmitte

wahrheit des Ganzen nicht kapiert, was ihm vielleicht irgendwann einmal leid tun wird.«

Was aber heißt »Formwahrheit«? Form in dem hier wohl gemeinten Sinn war Böll spätestens seit »Entfernung von der Truppe« verdächtig, aus guten Gründen. Auf keinen Fall war sie das, worum er sich noch mühte. Und jedenfalls: Was sich seit »Ansichten eines Clowns« und »Entfernung von der Truppe« schon deutlich angezeigt hatte, damit mußte Böll nun bis an sein Ende leben – mit einem fortdauernden Schaukampf zwischen der etablierten Kritik und den Entscheidungen der Leser, dem Beifall etlicher literarischer Außenseiter. Auf Attacken gegen die Arbeit des Schriftstellers reagierten die Leser meist mit erhöhter Aufmerksamkeit und Lesebereitschaft. Ob zum Trost oder aus Ranküne wurde Heinrich Böll von einem seiner Kritiker, Marcel Reich-Ranicki, der ihn nicht mehr begriff und ihn dennoch bewunderte, zum »praeceptor Germaniae« nobilitiert. Die Phase der unerbetenen überdimensionierten Epitheta setzte ein bis zum »Gewissen der Nation«. Der Schriftstellerin Hilde Domin, die in einem Artikel mit der Überschrift »Das ist pure Romantik« demonstriert hatte, daß sie ihn auch nicht länger begriff, antwortete Heinrich Böll unter anderem so: »Auch den praeceptor Germaniae nehme ich nicht an. Mögen die Herren, die so was schreiben, das selbst verantworten. Bitte wenden Sie sich doch an P. P. O. nein o nein (Variation auf ein recht patriotisches Lied, das wir in der Schule lernten). Ich will nicht Deutschlands Heinrich sein. Gerade das meine ich ja, wenn ich von Austauschbarkeit spreche. Ich will kein Image haben und keins sein, und die, die eins aus mir machen, sollten es selbst verantworten. Deutschland braucht keine Präzeptoren, deren hat es genug gehabt, es braucht kritische, aufmerksame Bürger, die nicht immer und unbedingt Autoren sein müssen. Was Autoren sind: *auch* Bürger, möglicherweise artikulierte, sonst nichts. In bin gegen Helden-Verehrung, Denkmäler, Images und Ikonen.« Diese Begriffe gerade beschreiben das Geschick, das für ihn vorgesehen war, auf daß man den Schriftsteller Böll leichter vergessen könne.

Wie in »Entfernung von der Truppe« ist Heinrich Böll auch in »Gruppenbild mit Dame« etwas geglückt, das durchaus als eine extreme »Formwahrheit« verstanden werden kann, aber von der Kritik wie selbstverständlich als nicht weiter beachtlich hingenommen wurde: In beiden Werken ist kunstvoll und gleichsam natürlich der Bogen geschlagen aus der Erzählgegenwart einmal des Jahres 1963, dann etwa des Jahres 1970 zurück in die vergangene, doch immer noch nachwirkend-gegenwärtige Zeit der Naziherrschaft. Die Menschen in diesen Werken haben in beiden Zeiten gelebt, und ihre Geschichten können sie nicht verleugnen, sondern sie hängen von ihnen immer noch geradezu ab. Erzählte Gegenwart und das Vergangene durchdringen einander, und das Fortleben des Vergangenen setzt in den einzelnen Menschen, in der Gesellschaft seine Spuren. In »Entfernung von der Truppe« ist das ruppig, bitter, aggressiv durchgesetzt, der Erzähler kann und will sich nicht beruhigen, unter einer brüchigen bürgerlichen Schale hat er sein Leben aufgegeben, nur Abwehr, Hohn und Spott halten ihn noch aufrecht. In »Gruppenbild mit Dame«, wo Böll, wie in ersten Ansätzen schon in »Wo warst Du, Adam?«, erneut eine Vielzahl Menschen, viele Geschicke nebeneinander aufruft, um die zeitgeschichtliche Realität in ihren Abhängigkeiten faßlich werden zu lassen – in »Gruppenbild mit Dame« fungiert der »Verf.«, der objektive Berichterstatter fast ohne eigene Lebensgeschichte, als Puffer zwischen Not, Qual und auch Glück des Vergangenen und den unübersichtlichen Zuständen derer, die er anhält, sich zu erinnern. Große Opfer, Tote in beiden Werken. Doch »Gruppenbild mit Dame« imaginiert auch, wie Menschen sich mit der Veränderung ihrer Umwelt selbst verändern, zum Schlechteren und auch zum Besseren, so etwas wie Normalität scheint möglich, sogar Hoffnung und Utopie.

V. Eine Bürgerpflicht

Auch das Image des umstrittenen, vielen verhaßten großen Schriftstellers, der wegen seiner Glaubwürdigkeit als Demokrat und der unermüdlich erneuerten, von Opportunismus gänzlich unberührten Fähigkeit zur Kritik an einer noch immer nur begrenzt zur Demokratie konvertierten Gesellschaft schon zum praeceptor Germaniae ausgerufen wurde, war Böll nicht geheuer. Das war nicht er. Deutlich sah er die Schattenseite solchen Ruhms, sah, daß er so auch benutzt werden konnte als literarischer Vorzeige-Demokrat, auf den sich zu berufen gesellschaftliche Defizite verschleierte, und daß man es so mit seinem literarischen Werk nicht mehr genau zu nehmen brauchte; es hatte ja nur noch Funktion in Hinsicht auf einen übergeordneten Zweck. Wie kompliziert diese Situation war, zumal da ja im Gegenzug mit Schelte für den Autor immer auch dessen Engagement in Zweifel gezogen werden konnte, sollte sich im Lauf der siebziger Jahre immer wieder zeigen. Was Böll selbst angeht, begriff er sich, seine Kritik unparteiisch verschärfend, als Bürger, der sachlich, selbstbestimmt und konsequent und allein schon darin schockierend nichts anderes im Sinn hatte als die Selbstverantwortlichkeit der Bürger, also von seinesgleichen zu stimulieren, und kritisches Bewußtsein war hierfür Voraussetzung. »Helden-Verehrung, Denkmäler, Images und Ikonen« erzeugten das Gegenteil. Dazu wollte sich Böll nicht hergeben. Er hat dann etwas später zweifellos gespürt, daß der Nobelpreis, der seinen Spielraum erweiterte und seine Autorität weiter festigte, ihn durchaus auch in diese falsche Rolle drängte. Er hat dagegengehalten auf seine Art.

Zu keiner Zeit hat Heinrich Böll das Bild von sich in der Öffentlichkeit zu irgendeinem Höheren, Bedeutenden hin stilisiert. Stets war er in all seiner Widersprüchlichkeit er selbst, und dies ist, wenn es so etwas überhaupt gibt, das Geheimnis seiner persönlichen Wirkung auf andere. Es war allein schon eine außerordentliche Gabe, in allen Situationen, nicht nur im Alltag, nicht nur unter Kollegen und Freunden, vor Mikrophonen und Fernsehkameras, sondern auch als Geehrter, im Gegenüber mit Honoratioren aller Art bis hin zu Ministern und Bundespräsidenten Bürger und nicht Darsteller in Hauptrollen zu sein. Es bedeutete für Böll auch, seiner Ruhelosigkeit, seinen Ausweglosigkeiten, seiner Unsicherheiten und Unruhe bewußt zu bleiben. Damit war er schwerer belastet als die Mehrzahl der Menschen, denn Leben und Arbeit eines Schriftstellers seiner Art haben gerade in ihnen ihre Voraussetzung – auch das ist ein Geheimnis, nämlich das literarischer Produktivität, wenn auch nicht ihr einziges; es schließt Gewißheiten aus und zwingt immer wieder dazu, sich preiszugeben.

Heinrich Böll hat in extremer Weise erlebt, wie ausgesetzt der Schriftsteller, gerade der erfolgreiche, mit untrüglichem Gedächtnis begabte und belastete, stets auch von seinem Intellekt angetriebene Schriftsteller ist, der seine Wahrheit zwar manchmal in freundlich-humorvoller Erzählung präsentiert, doch von ihr nicht lassen kann. Auch für Heinrich Böll spielten da seine persönliche Befindlichkeit, seine psychischen und physischen Abhängigkeiten hinein. Die waren jedoch nicht, wie bei vielen anderen, die Gegenstände des Schriftstellers. Nabelschau war Bölls Sache nicht. Nur sehr selten hat er spontan losgelassen, was er fühlte, was ihn persönlich bedrängte, ängstigte und ihm deutlich machte, daß er faktisch nicht war, was er nicht sein wollte, daß er kein »Held« war und jedes Image in seinem Fall entstellend. Um so vielsagender die ersten Sätze einer essayistischen Prosa von 1969 mit dem Titel »Ein Satz aus der Geschichte: Der Ort war zufällig«. Sie lauten:»Blättere ich die Notizen vom Jahr 1966 Tag für Tag durch, dann habe ich den Eindruck, die Bewegungen und Tätigkeiten eines nicht no-, sondern motorisch Verrückten zu verfolgen, der mir fremd ist. Unzählige kleine, drei große Reisen, ein Umzug, ein Umbau, nebenbei ein Buch geschrieben, dem man seine ›Ruhe‹ nachrühmte; eine seltsame, mir fremde Bezeichnung für ein Buch, das zwar mit einiger Sorgfalt und doch zwischen Tür und Angel geschrieben wurde. Dieser motorisch verrückte Fremde, dem man innere Ruhe nachrühmt, steht kopfschüttelnd vor dem Protokoll seiner unzähligen Bewegungen und Tätigkeiten, das er – auch für ihn selbst schwer leserlich – verfaßt hat, um Buch über die ›verlorene Zeit‹ zu führen. Das Protokoll weist keinerlei innere, nur äußere Bewegung nach: Reise nach X, weiter nach Y, wieder nach X; hier und da und dort das und das gelesen, hauptsächlich Dostojewskij, alle Tagebücher, Romane, Erzählungen, Briefe, die übersetzt und erreichbar sind; aus Taschenbuchausgaben Blätter herausgerissen, Stellen angestrichen, Seitenzahlen notiert. In der Bundesrepublik, in Irland, in Frankreich, in der DDR, in Holland, in Belgien, in einem Eifeldorf, in Köln, in der Sowjetunion, in Georgien. Ich greife willkürlich einen Ort heraus ...«

Heinrich Böll ist damals auf der Autofahrt von Metz nach Saarbrücken durch eine Ortschaft gekommen, die ihm zunächst nur vage bekannt vorkam, doch dann plötzlich viele quälende Erinnerungen in ihm wachrief. Das Städtchen, jetzt sauber und wie leergefegt, war zu der Zeit, die ihm schockierend wieder gegenwärtig ist, heillos überfüllt und verdreckt. Es war in den letzten Kriegsmonaten 1944/45 eine Sammelstelle für deutsche Soldaten, die von hier aus an die Front transportiert werden sollten. Jeder versuchte, sich von den herbeigereisten Frauen oder Freundinnen zu verabschieden. Auch Bölls Frau Annemarie kam zu dieser Zeit an den Wochenenden, und er mußte wie ungezählte andere versuchen, ein Quartier für sie und für sich zu finden. Der entwürdigende Zustand diente den Vorgesetzten dazu, ihre Schikanen auf den Gipfel zu treiben: »Die Absurdität im Krieg verlorener Zeit, bis zum Irrsinn verletzter Sensibilität kann man ausdehnen, während vor dem Tor die Frauen warten: Huren, Mütter, Bräute, Ehefrauen.« Böll versinkt für lange Augenblicke im »Grau, im Schmutz und im schmutzigen Grau meiner durch Haß fixierten Erinnerung«. Er ist von ihren Bildern noch immer nicht losgekommen, sie vergällen noch immer die Gegenwart.

Es waren Bilder wie diese, auch weit schlimmere Bilder, mit jenen von Helden-Verehrung, Denkmälern, Ikonen unvereinbare Bilder, die Heinrich Böll immer wieder haben aufbegehren lassen, wenn ihre Realität fahrlässig ignoriert oder vertuscht wurde. Ihre fortbestehende Gegenwärtigkeit war für ihn ein Fakt, und er spürte in all seiner Freundlichkeit und Versöhnlichkeit noch immer den Haß. Die Erinnerungen machten ihm angst. Waren die Bollwerke gegen die schlammige, noch keineswegs ausgeräumte, noch so nahe historische Realität, die sie spiegelten, Bollwerke, die er selbst mit soviel Entschiedenheit hatte errichten helfen, stark genug? Der Haß und die Angst hatten ihm schon den »Brief an einen jungen Katholiken« diktiert, ließen ihn Position beziehen gegen die Notstandsgesetze wie im Fall Defregger, und sie zwangen ihn, Anfang 1972 mit einer Stellungnahme in Sachen »Will Ulrike Meinhof Gnade oder freies Geleit?« aufzutrumpfen, die Terroristenwahn und Intellektuellenhetze in der Bundesrepublik massiv verschärfte und dennoch notwendig war. Aus dem Abstand einer ganzen seither vergangenen Generation wiedergelesen, ist längst unverständlich, wieso dieser im »Spiegel« erschienene Essay eine Kampagne gegen Heinrich Böll ausgelöst hat, an deren Bedenkenlosigkeit und Wirkung bei der Masse der Leute sich viele noch mit Schrecken erinnern. Sie brachte Böll in den Verdacht, nicht nur Sympathisant, sondern auch einer der Anstifter eines gewaltsamen Angriffs auf die freiheitlich-demokratische Grundordnung der Bundesrepublik Deutschland zu sein. Dabei hatte Böll nur – gegen Springers Massenblatt BILD vor allem – das ins Spiel gebracht, was man »gesunden Menschenverstand« nennen könnte und müßte, wenn diese Bezeichnung nicht so heillos korrumpiert wäre. Er argumentierte ganz zweifellos im Interesse und sogar im Dienst der Republik, die er vor einem Rückfall in eine üble Vergangenheit auch hier zu schützen versuchte. Er hatte erkannt und er belegte, daß hier Hetze und Verfolgung praktiziert wurden gegen eine sehr kleine Gruppe von Menschen, die schon zu einer mordenden »Bande« hochgetakelt

Eine Bürgerpflicht 325

wurde, als sie zwar ihre »Kriegserklärung« gegen das »System« der Republik formuliert hatte, doch nicht gegen die Menschen, nicht einmal gegen die Polizisten. Böll: »Es ist eine Kriegserklärung von verzweifelten Theoretikern, von inzwischen Verfolgten und Denunzierten, die sich in die Enge begeben haben, in die Enge getrieben worden sind und deren Theorien weitaus gewalttätiger klingen, als ihre Praxis ist.« Aber Axel C. Springers BILD, Wortführerin bei einer Bekämpfung vermuteten Terrors, stilisierte die Verdächtigungen unter Überschriften wie »Baader-Meinhof-Bande mordet weiter« zu schon ausgeführten Mordtaten. BILD dachte längst weiter, so weit, daß Böll in Gedanken an die Milde und Gnade, die weiterhin unverfolgt unter den Leuten lebende Kriegsverbrecher erfuhren, nur Gnadenlosigkeit für Ulrike Meinhof erwartete und vermutete: »Wahrscheinlich wird BILD bald soweit sein, einen so armen Teufel wie Hermann Göring, der sich leider selbst umbringen mußte, unter die Opfer des Faschismus zu zählen.« Heinrich Böll weiter: »Ich kann nicht annehmen, daß Polizeibehörden und zuständige Minister über Helfershelfer wie BILD glücklich sein können – oder sollten sie's doch sein? Ich kann nicht begreifen, daß irgendein Politiker einem solchen Blatt noch ein Interview gibt. Das ist nicht mehr kryptofaschistisch, nicht mehr faschistoid, das ist nackter Faschismus. Verhetzung, Lüge, Dreck … In jeder Erscheinungsform von Rechtsstaat hat jeder Verdächtige ein Recht, daß, wenn man schon einen bloßen Verdacht publizieren darf, betont wird, daß er nur verdächtigt wird. Die Überschrift ›Baader-Meinhof-Gruppe mordet weiter‹ ist eine Aufforderung zur Lynchjustiz. Millionen, für die BILD die einzige Informationsquelle ist, werden auf diese Weise mit verfälschten Informationen versorgt.« Von einem Rechtsstaat lasse sich schwerlich noch reden, »wenn man die gesamte Öffentlichkeit mit ihren zumindest unkontrollierbaren Instinkten in die Exekutive einbezieht; wenn man die Qualität des Rechts der Quantität von Erfolg und Popularität opfert«.

326   Annäherung an den Weltruhm

Heinrich Böll, der sich keineswegs bei der Baader-Meinhof-Gruppe einreihte, sondern im Plädoyer für den Rechtsstaat auf Rechte pochte, die noch immer auch Ulrike Meinhof hatte, für so sinnlos er selbst auch ihre Position hielt, verwies auf die Zahlenverhältnisse: »Die Bundesrepublik Deutschland hat 60 000 000 Einwohner. Die Gruppe um Meinhof mag zur Zeit ihrer größten Ausdehnung 30 Mitglieder gehabt haben. Das war ein Verhältnis von 1:2 000 000. Nimmt man an, daß die Gruppe inzwischen auf 6 Mitglieder geschrumpft ist, wird das Verhältnis noch gespenstischer: 1:10 000 000. Das ist wahrhaftig eine äußerst bedrohliche Situation für die Bundesrepublik Deutschland.« Böll sah offenbar Merkmale einer Pogromstimmung, die systematisch angeheizt wurde. Jagd war angesagt, die Hetzjagd von Millionen BILD-Lesern auf eine sehr kleine Gruppe von Menschen im totalen Abseits: »Ulrike Meinhof und der Rest ihrer Gruppe haben keinerlei Chance, irgend jemand politisch opportun zu erscheinen. Äußerste Linke, äußerste Rechte, linke und rechte Mitte, Konservative und Progressive aller Schattierungen, sie alle kennen keine Parteien mehr, sie sind nur noch Deutsche und sich einig, einig, einig ...« Für eine extreme Minderheit trat Böll in die Schranken gegen Verfolger, von denen er wußte, daß viele von ihnen »mühelos und schmerzlos vom Faschismus in die freiheitlich demokratische Grundordnung übergewechselt haben oder worden sind ...«. Und er fragte: »Wollen sie, daß ihre freiheitlich-demokratische Grundordnung gnadenloser ist als irgendein historischer Feudalismus, in dem es wenigstens Freistätten gab, auch für Mörder, und erst recht für Räuber? Soll ihre freiheitlich demokratische Grundordnung sich als so unfehlbar darstellen, daß keiner sie in Frage stellen darf? Unfehlbarer, als alle Päpste zusammen je waren?«

Böll schlug vor: »Ulrike Meinhof will möglicherweise keine Gnade, wahrscheinlich erwartet sie von dieser Gesellschaft kein Recht. Trotzdem sollte man ihr freies Geleit bieten, einen öffentlichen Prozeß, und man sollte auch Herrn Springer öffentlich den Prozeß machen, wegen Volksverhetzung.«

Eine Bürgerpflicht

Dieser gewiß aggressive Essay war kein Plädoyer für Haltung und Verhalten der Baader-Meinhof-Gruppe, sondern für den Rechtsstaat und gegen eine Hetzjagd, die als Nebeneffekt, indem sie alle Schuld- und Mordanklagen von rechts nach weit links verschob, stillschweigend einen Freispruch für die Naziverbrecher lancierte. Hier hatte man endlich die wirklich Schuldigen. Die westdeutsche Öffentlichkeit, von BILD in Stimmung gebracht, fiel auf dieses Manöver herein. Endlich glaubte der Mann auf der Straße, die an allem Schuldigen zu kennen. Wer sich noch erinnert an die damals überschwappende öffentliche Stimmung, die einer Massenhysterie sehr nahe war, kann Heinrich Bölls – und auch des »Spiegels« – Zivilcourage nur bewundern. Sachliche Argumente waren nicht mehr verständlich. Wie groß der Anteil der ständigen Aufstachelung, der »Volksverhetzung«, des Jagdfiebers an der Eskalation im Verhalten der Terroristen gewesen ist, darüber läßt sich nur spekulieren. Hat womöglich gerade die Hetze gegen ein paar prinzipientreue junge Theoretiker die dann immer mitleidloseren Terroristen erst hervorgebracht?

Was Heinrich Böll betrifft, so war er von nun an Objekt strikter Observationen und vieler Verdächtigungen, einer Verfolgung bis hin zur Durchsuchung seines Hauses in der Eifel im Zusammenhang der Razzien, in denen die tonangebenden Mitglieder der Gruppe Mitte des Jahres gestellt und festgesetzt wurden. Bis in den Bundestag hinein wurde Böll »zum intellektuellen und ideologischen Helfershelfer des Terrors« erklärt, CDU und CSU immer voran. »Es war schon grauslich«, hat Böll festgehalten. »Die einzigen Politiker, die Widerspruch äußerten, waren Bundeskanzler Willy Brandt und einige Abgeordnete von FDP und SPD. Kein einziger Abgeordneter der CDU/CSU widersprach auch nur mit einem Wort diesem Wahnsinn, der darauf hinauslief, jegliches Differenzieren regelrecht zu kriminalisieren.« In einer Erklärung, die Mitte 1972 in der Frankfurter Rundschau und der FAZ veröffentlicht wurde, hat Böll die Schwerpunkte der sich auf ihn fixierenden

328 *Annäherung an den Weltruhm*

Verfolgung benannt, und das bleibt für alle Zeit schockierend. Im Ausland aber war es offensichtlich damals dennoch schon möglich, das abstoßende Spektakel mit distanziertem Blick zu registrieren. Und mit Besorgnis. Wie demokratiefähig waren die Westdeutschen tatsächlich, wenn sie sich derart in eine Massenhysterie treiben ließen? Nicht einfach so aus der Luft gegriffen ist jedenfalls die Vermutung, daß neben dem Roman »Gruppenbild mit Dame« auch Heinrich Bölls Haltung in der Baader-Meinhof-Tragödie dazu beigetragen hat, daß ihm Ende des Jahres 1972 in Stockholm der Nobelpreis für Literatur überreicht wurde.

Was ihm ebenfalls geblieben ist aus jenen hektisch erregten Monaten, war eine über Jahre hin sich dehnende Dauerfehde mit Springers BILD. Dem Schriftsteller war die Macht der Medien, insbesondere der Massenmedien jederzeit bewußt. Bei Millionen Bürgern ersetzte BILD gerade damals das eigene Denken, sorgte für die tatsächlichen Bewußtseinsinhalte, und das Blatt nutzte, den Leuten opportunistisch nach dem Munde redend und an ihre geheimen Verfolgungs- und Gewaltwünsche appellierend, seinen Massenerfolg. Böll hat dagegen angekämpft. Er hielt das für seine Bürgerpflicht. Er war sich nicht zu schade, BILD tatsächlich zu lesen, auch wenn sich die meisten Intellektuellen über so etwas mokierten. Böll aber wollte wissen, was das Volk empfand, glaubte und dachte. Er machte dabei nicht den allseits geläufigen Fehler, dem Volk die Schuld daran zu geben, daß seine Köpfe so leicht auszubeuten waren. Hier war Kampfzone, und Böll war sich außer der Notwendigkeit auch der Aussichtslosigkeit seines Kampfes bewußt. Dennoch hat er in ihm viel mehr bewirkt, als er für möglich hielt, auch wenn in den Konflikten der siebziger Jahre bis hinein in den damals sogenannten Deutschen Herbst zunächst alles immer noch schlimmer zu kommen schien.

In einer der Erklärungen zu den Vorgängen um die Baader-Meinhof-Gruppe, der sich zuspitzenden Intellektuellenhetze und zu seiner Position, die in der Süddeutschen Zeitung am 30. Januar

Eine Bürgerpflicht

1972 unter dem Titel »Man muß zu weit gehen« erschien, hat Heinrich Böll einige Schwierigkeiten notiert, in die ein Schriftsteller im Hagel der täglichen Neuigkeiten und Sensationen, Informationen und Pseudo-Informationen gerät, der über ihm niedergeht. »Um diesen Schwierigkeiten auszuweichen, gibt es zwei Möglichkeiten für einen Schriftsteller: für die Schublade oder für die Ewigkeit zu schreiben, oder für die kombinierte Möglichkeit der ›ewigen Schublade‹. Mir liegt beides nicht.« Und wieder riskiert Heinrich Böll es, statt sich zum Helden oder Standbild aufzuraffen, seine Person, während er seine Argumente mit einigen sie noch zuspitzenden Korrekturen versieht und seine Gegner erheblicher Schwachsinnigkeiten überführt, so zu relativieren, daß es ganz leicht war, ihn in verschiedenen Punkten anzugreifen oder zu verspotten. »Eine weitere Schwierigkeit: daß ich tatsächlich gespalten bin; in den Vorsitzenden des deutschen, den des internationalen PEN, in den Romanautor, den Staatsbürger, den Artikelschreiber, gelegentlichen Essayisten, Autofahrer, Flugzeugbenutzer, Spaziergänger, Stubenhocker etc. und in einige hundert oder wenigstens -zig Figuren oder Personen, mit denen ich mich gelegentlich – und auch das nur vorübergehend und außerdem nur partiell – identifiziert habe: Ich meine das Personal des ›Erzählten‹ und Erwählten. Nur diese wenigen Voraussetzungen, bevor ich zur Sache komme.«

Böll ging dennoch soweit, einige elementare Belehrungen zu erteilen, wo er öffentlich und fälschlich selbst hatte belehrt werden sollen. Dazu bot ihm Dr. Diether Posser, damals nordrheinwestfälischer Justizminister, mit einem Kommentar einige Gelegenheit. Böll räumte ein, daß er sich, als er die Frage stellte, ob Ulrike Meinhof Gnade oder freies Geleit wolle, das Ausmaß der Demagogie, das er damit heraufbeschwor, nicht vorgestellt habe, daß er mehr demokratisches Selbstverständnis vorausgesetzt habe, als gegeben sei. Weil er, schrieb Böll unter dem Titel »Verfolgt war nicht nur Paulus«, Schriftsteller sei, hätten die Worte »verfolgt«, »Gnade«, »Kriminalität« für ihn notwendigerweise eine andere Dimension als für einen Beamten, Juristen, Minister oder auch Polizeibeamten. Nicht nur Paulus, verfolgt sein könne auch ein Raubmörder und ein Junge, der aus einem Heim ausbricht und dabei die Kasse mitnehme. »Ich gebe gern zu, daß ich das Wort ›verfolgt‹ nicht mit dem juristischen Terminus ›gesucht‹ gleichzusetzen vermag, daß ich es auch existenziell und mit einem Anhauch von Metaphysik verwende, und in diesem Zusammenhang ist ein verfolgter Nazi für mich auch ein Verfolgter, wobei hinzugefügt werden muß, daß er's leichter hat, Versteck und Freunde zu finden, und daß die Nazis zur Erreichung ihrer politischen Ziele keine Bankraube unternehmen mußten: Der Bankier von Schröder und die deutsche Industrie rückten das Geld freiwillig raus.« Es sei nicht nur emotionell, wenn er das Wort außerhalb des »Trockendocks« verwende. Böll beanspruchte für sich Phantasie und die »lebensgefährliche Emotion« des Mitleids, die sich jedem, wenn er verfolgt sei, zuwenden könne. »Recht, Gesetz, Politik, Theologie, Literatur haben eins gemeinsam: sie werden mit Worten gemacht. Es ist unvermeidlich, daß sich diese verschiedenen Wortbereiche aneinander reiben, daß sie einander kontrollieren und sich miteinander konfrontieren. Daran sind nicht nur ›Emotionen‹ schuld, auch geistesgeschichtliche und intellektuelle Unterschiede. Ich bin sicher, daß eine neue Altersgruppe von Juristen peinlich auf die Einhaltung der Rechtsstaatlichkeit achtet, aber auch sie wissen, daß eine düstere Rechtsvergangenheit in unsere Rechtsgegenwart hineinragt.«

Höflich auch wo er unbeugsam war und scharf argumentierte, bestand Heinrich Böll auf seiner nicht nur von BILD bis zum Bayernkurier, auch von anderen, die sich ganz unparteiisch fühlten und es doch nicht so ganz sein konnten, massiv angefochtenen Perspektive. Der Verdacht, ein intellektueller Helfershelfer und Anführer der Terroristen zu sein, konnte ihn nicht schrecken. Zu genau hatte er die fortbestehenden schlimmen und blind machenden Abhängigkeiten in der Gesellschaft erkannt. Der Kampf ging um die Hegemonie im öffentlichen Bewußtsein, und Böll hatte, weil er

Eine Bürgerpflicht

sich gegen das schlicht Gewohnte, gegen blindes, doch populäres Jasagen stellte, den schwereren Part. Bittere Erfahrungen im Rücken, belehrt von 25 Jahren »Schreiben, schreiben, schreiben«, in denen er die Vieldimensionalität und Widersprüchlichkeit alles Wirklichen und die Unentbehrlichkeit eines Glaubens, einer Religiosität erkundet hatte, die sich immer deutlicher ans Menschenmögliche, an Menschlichkeit statt an die dafür vorgesehenen Institutionen gebunden wußte, lebte er ganz bewußt in der Gegenwart. Entfernung aus der Geschichte war Heinrich Böll nicht vorstellbar. In seiner Rede zur Verleihung des Nobelpreises für Literatur sagte Böll: »Ich bin weder ein Eigentlicher noch eigentlich keiner, ich bin ein Deutscher, mein einzig gültiger Ausweis, den mir niemand auszustellen oder zu verlängern braucht, ist die Sprache, in der ich schreibe.« Das Vergangene, die Geschichte waren trostlos, der Ausweg in eine höhere Zeitlosigkeit war Böll verstellt gerade als einem Schriftsteller, für den Literatur und Politik einander nicht ausschlossen, sondern bedingten. Recht, Gesetz, Politik, Theologie, Literatur haben in der Tat eines gemeinsam: sie werden aus Worten gemacht. Das ist Verpflichtung und Herausforderung nicht nur für den Schriftsteller.

FÜNFTER TEIL

GLANZ UND NOT DER SPÄTEN JAHRE

I. Eindringen in die Zwischenräume

Das Reisen blieb eine Obsession Heinrich Bölls, auch wenn er sich manchmal selbst wegen dieses Zeichens von Ruhelosigkeit und Heimatlosigkeit rügte. Auch 1972 war das nicht anders. Die Nachricht, daß ihm der Nobelpreis für Literatur zugesprochen worden sei, erreichte ihn Mitte Oktober in Athen. Böll hat sich, wie er in Interviews sagte, gefreut über diese Auszeichnung. Wer ihm in den folgenden Tagen und Wochen begegnete, erlebte ihn in Hochstimmung, er hat sich auf einem Höhepunkt gefühlt und dies auch gezeigt. Vorbehalte wie zuvor einmal Jean Paul Sartre, der 1964 den Nobelpreis abgelehnt hatte, plagten ihn nicht. Mehrmals schon hatte er in einem der Aufsätze, in denen es literarisch, moralisch oder politisch auch um ihn selbst ging, einfließen lassen, Bescheidenheit sei seine Sache nicht unbedingt, und so fühlte er sich, wenn er auch stolz auf ihn war, mit diesem Preis keineswegs überschätzt, nicht über Gebühr belobigt. Böll hatte ein Gefühl für seinen Wert, und er hat dann sehr bald auch geäußert, daß der Nobelpreis ihn »weder dümmer noch klüger« gemacht habe. Selbst im Trubel der Gratulationen, der Auftritte, des Beifalls, der vielen Interviews, die er zu geben hatte, war ihm ganz offenbar bewußt, daß diese über die ganze Welt ausstrahlende Auszeichnung zwar nützlich war für die Wirkung seines Werks und seiner mehr denn je umstrittenen Position, sie machte sein Konzept von Literatur als eines Mediums auch von Politik, seine Überzeugungen international salonfähig, und vor allem in seinem Land, der Bundesrepublik Deutschland, brauchten sie immer noch solche Unterstützung; doch für das Werk, seine Beschaffenheit und seine Entstehung selbst, für die dem Volk zugewandte Aufklärung, die Böll voranzubringen suchte, für sein »Schreiben, schreiben, schreiben« war sie gewissermaßen nur Dekor.

Politisch jedenfalls war der Nobelpreis eine große Sache, hat er den Schriftsteller über seine Funktionen als nationaler und dann internationaler PEN-Präsident hinaus legitimiert. Das war hilfreich für Bölls Bemühen, den PEN national wie international für immer mehr Autoren und die Politik zu öffnen, eine Absicht, die er, mit sozialpolitischem Akzent, auch in seinem Engagement bei der Gründung des Verbands deutscher Schriftsteller (VS) verfolgte. Es war um so bedeutsamer, als zu Bölls ständiger Auseinandersetzung mit der falschen Vergeßlichkeit und den falschen Selbstgefühlen in der Bundesrepublik längst auch die Notwendigkeit hinzugekommen war, für verfolgte Schriftsteller in aller Welt, gerade auch in der Sowjetunion einzutreten. Und sie übrigens zugleich vor falschen Freunden im Westen zu schützen, die ihre Notlage politisch für sich auszubeuten suchten. »Die Abgrenzung gegen die falschen Brüder kann in dieser Situation, in der es um eine ernsthafte Verbesserung kultureller und intellektueller Kontakte mit der Sowjetunion und damit zu allen sozialistischen Ländern geht«, schrieb er nur wenig später, »nicht deutlich, nicht oft, nicht früh und nicht scharf genug erfolgen. Wer sich hierzulande für Solschenizyn, Bukowski, Amalrik, Grigorenko, Maximow und Galitsch verwenden zu müssen glaubt, muß sich erst einmal legitimieren. Diese Legitimation besteht darin, sich im eigenen Land für Minderheiten, gegen Pressedemagogie, gegen Hexenjagd artikuliert zu haben. Einmischung ist nur dann legitimiert, wenn sie national und international erfolgt. Bisher haben weder CDU noch CSU und die ihnen am nächsten stehenden Blätter, am wenigsten die, die das Wort ›christlich‹ am Kopf tragen, sich legitimiert.«

Böll war kein Feind der Sowjetunion, er hatte nicht verdrängt, was ihren Menschen im zweiten Weltkrieg angetan worden war. Er war kein Verfechter des kapitalistischen Systems, obwohl er es trotz seiner ständigen Kritik am bis in die katholische Kirche hinein übermächtigen Besitzbürgertum gewiß nicht so fachmännisch durchschaute, wie das möglich war. Er hoffte auf einen anderen Weg. Noch im Roman »Fürsorgliche Belagerung« findet sich der anstößige Stoßseufzer eines weiteren Alter ego Bölls, des alten Tolm, daß ein Sozialismus kommen müsse. Böll verdrängte weder die Defreggers und ihre Rolle in Westdeutschland, noch war er fähig, die reale Geschichte und Gegenwart der Sowjetunion mit ihren Lagern und Verfolgungen zu verdrängen oder die Unfreiheiten und Verfolgungen zu ignorieren, unter denen die sowjetischen Schriftsteller litten. Nur achtete er darauf, daß nicht die falschen Brüder in seinem Land deren Notlage ausnützten.

Der Nobelpreisträger Heinrich Böll hatte im Tanz der teils alten, doch sich erneuernden und noch keineswegs überwundenen, teils eine andere, bessere Zukunft suchenden Kräfte, die in den siebziger Jahren agierten, einen festeren Stand als je zuvor. Und er nutzte es, ohne darüber zu vergessen, wer er war: ein Schriftsteller. Seine international respektierte Integrität, seine beispielhafte Mitmenschlichkeit hatten ihren Grund, ihre Bedingung in den Wörtern, den Worten, im Wort, und davon rückte er, wenn auch von vielen Seiten dazu versucht, nicht ab. Obwohl das nunmehr schon fast altmodisch wirkte, obwohl er da gewiß selbst seine Zweifel hatte – weiterhin machte er einen Unterschied zwischen der Masse dessen, was da unablässig geredet und geschrieben wurde, und der Literatur. Das hatte wenig mit Form zu tun, um so mehr mit Erfahrung von Wirklichkeit und ihrer Artikulation, mit Erkenntnis, mit Wahrheit. Während er, der preisgekrönte Autor, noch ganz im Mittelpunkt stand, schrieb Heinrich Böll seinen »Versuch über die Vernunft der Poesie«, seine Nobelvorlesung, die er am 2. Mai 1973 in Stockholm gehalten hat und in der er der These, Kunst habe wenig oder nichts zu tun mit Information, und diese vor allem sei wichtig, entschieden widersprach.

338 *Glanz und Not der späten Jahre*

Kunst, Dichtung, Literatur stehen in Bölls Sicht für einen Faktor unaufhebbarer Unberechenbarkeit, der selbst für Hervorbringungen aus scheinbar purer Rationalität, etwa Meisterstücken der Technik, seine Bedeutung habe: überall ein Zwischenraum, ein nicht kalkulierbarer Rest. Für ihn selbst sei undurchschaubar, wie auch nur eines seiner Werke zustande gekommen sei. Theoretisch sei das gewiß zu rekonstruieren, doch es erweise sich mit allen hereinspielenden Unwägbarkeiten, allen zufälligen Einflüssen als so komplex, daß dies praktisch nicht ausführbar sei. Es werde da immer eine Unerklärtheit bleiben. Für ihn sei, so Böll, Schreiben die Eroberung von etwas, das er noch nicht kenne, er wisse nie, wie es ausgeht – ausgeht nicht dramaturgisch, als Ausgang der Handlung, sondern »im Sinne eines komplizierten und komplexen Experiments, das mit gegebenem, erfundenem, spirituellem und sinnlich aufeinander gebrachtem Material Körperlichkeit – und das auf Papier anstrebt«. Alles sei da Experiment und Entdeckung, es sei vorübergehend und nur innerhalb seiner historischen Relation abschätzbar. Es erscheine ihm als ganz nebensächlich, hier von Ewigkeitswerten zu sprechen, sie zu suchen. Und Böll fragt: »Wo kommen wir ohne diesen Zwischenraum aus, diesen Rest, den wir Ironie, den wir Poesie, den wir Gott, Fiktion oder Widerstand nennen können?« Auch Staaten seien immer nur annähernd das, was sie zu sein vorgeben, es könne keinen Staat geben, der nicht diesen Zwischenraum läßt zwischen der Verbalität seiner Verfassung und deren Verkörperung, einen Restraum, in dem Poesie und Widerstand wachsen. Es gebe keine Form der Literatur, die ohne diese Zwischenräume auskomme, ohne den Appell an die Vorstellungskraft des Lesers. »... sie muß komponieren, Elemente verschieben, und auch ihre Interpretation und ihr Arbeitsprotokoll ist nicht mit lieferbar, schon deshalb nicht, weil das Material Sprache nicht auf einen verbindlichen und allgemein verständlichen Mitteilungswert reduziert werden kann ...«

In diesen Überlegungen, die Bölls Modernität auch im Nachdenken über Literatur erneut belegen, spielt das »Material Sprache«

Eindringen in die Zwischenräume 339

eine beträchtliche Rolle. Die sprachphilosophischen Voraussetzungen Bölls kommen hier den Voraussetzungen der damaligen experimentellen Literatur ganz nahe, jenen Helmut Heißenbüttels vor allem. Jedes Wort, so Böll, sei mit unendlich viel Geschichte und Phantasiegeschichte, National- und Sozialgeschichte und historischer Relativität belastet. »Und die Festlegung der Mitteilungswerte ist nicht nur ein Übersetzungsproblem von einer Sprache in die andere, es ist ein viel schwerer wiegendes Problem innerhalb der Sprachen, wo Definitionen Weltanschauungen und Weltanschauungen Kriege bedeuten können – ich erinnere nur an die Kriege nach der Reformation, die, wenn auch macht- und herrschaftspolitisch erklärbar, auch Kriege um religiöse Definitionen waren. Es ist – das nebenbei gesagt – deshalb belanglos festzustellen, man spreche doch die gleiche Sprache, wenn man nicht die Fracht, die jedes Wort regional – manchmal sogar lokalgeschichtlich – haben kann, mit ausbreitet.« Pflicht der Schriftsteller sei es, in die Zwischenräume einzudringen. Doch jene Zwischenräume, mit denen es Literatur zu tun habe, seien da nicht die problematischsten. Während sie sich, so Heinrich Böll mit einer für ihn charakteristischen Volte, stritten über die falsche Alternative littérature pure und littérature engagée, würden sie eben dadurch davon abgelenkt, sich Gedanken z. B. über l'argent pur und l'argent engagé zu machen, über die Zwischenräume, die sich der »Mystik des Geldes« böten und neben denen die ungeklärten Reste der Literatur von verblüffender Harmlosigkeit seien. »Worin bestand das größte Verbrechen der Indianer, als sie mit der nach Amerika exportierten europäischen Vernunft konfrontiert wurden? Sie kannten den Wert des Goldes, des Geldes nicht! Und sie kämpften gegen etwas, gegen das wir heute als das allerletzte Produkt unserer Vernunft kämpfen, gegen die Zerstörung ihrer Welt und Umwelt, gegen die totale Unterwerfung ihrer Erde unter den Profit, der ihnen fremder war als uns ihre Götter und Geister. Und was hätte ihnen daran wohl als christlich, als die neue, die frohe Botschaft einleuchten

340   *Glanz und Not der späten Jahre*

sollen, an dieser wahnwitzigen heuchlerischen Selbstgefälligkeit, mit der man sonntags Gott diente und ihn als Erlöser pries und am Montag pünktlich die Banken wieder öffnete, wo die für einzig wahr gehaltene Vorstellung von Geld, Besitz und Profit verwaltet wurde? Für die Poesie des Wassers und des Windes, des Büffels und des Grases, in der sich ihr Leben verkörperte, gab es nur Hohn ...«

Für die Vernunft der Macht, so Heinrich Böll, der die Mächtigen anhängen mit ihrem Trieb, zu unterwerfen und zu demütigen, sei die Vernunft der Poesie gefährlich. Er hält fest, daß Sprache und Vorstellungskraft eins sind, und konstatiert: »Poesie ist kein Klassenprivileg, sie ist nie eins gewesen. Immer wieder haben sich etablierte feudalistische und bürgerliche Literaturen regeneriert aus dem, was sie herablassend Volkssprache nannten, moderner ausgedrückt Jargon oder Slang. Man mag diesen Vorgang getrost sprachliche Ausbeutung nennen, aber man ändert an dieser Ausbeutung nichts, wenn man die falsche Alternative Information oder Poesie/ Literatur propagiert.« Böll wendet sich gegen Tendenzen auch bei jenen, die sich damals als Revolutionäre verstanden, gegen die Rede vom »Tod der Literatur«, wenn er sagt: »Man kann keine Klasse befreien, indem man ihr zunächst etwas vorenthält, und mag sich diese neue Schule des Manichäismus auch a- oder antireligiös geben, sie übernimmt damit ein kirchenherrschaftliches Modell, das mit der Verbrennung von Hus enden könnte oder mit der Exkommunikation Luthers. Man mag getrost über den Begriff der Schönheit streiten, neue Ästhetiken entwickeln, sie sind überfällig, aber sie dürfen nicht mit Vorenthaltungen beginnen ...« Sogar in ihrer bürgerlichen Form sei es niemals Ziel der Literatur gewesen, Fremdheit zu schaffen, sondern diese aufzuheben. Man möge die Klasse, aus der Literatur bisher zum größten Teil gekommen sei, für überfällig halten, doch als Produkt dieser Klasse sei Literatur in den meisten Fällen auch Versteck des Widerstandes gegen sie. Was er die Vernunft der Poesie nenne, so Böll, das halte er nicht für eine privilegierte, nicht für eine bürgerliche Instanz. Es sei für ihn eine

Eindringen in die Zwischenräume 341

lebendige und komplexe, eine deshalb unmittelbar menschliche Instanz, die abzudrängen, zu verdrängen Entfremdung bringe. »Die Stärke der ungeteilten Literatur ist nicht die Neutralisierung der Richtungen, sondern die Internationalität des Widerstands, und zu diesem Widerstand gehört die Poesie, die Verkörperung, die Sinnlichkeit, die Vorstellungskraft und die Schönheit.« Ohne Poesie sei kein Fluch, keine Bitterkeit, nicht einmal die Information über den verzweifelten Zustand einer Klasse möglich.

Heinrich Bölls »Versuch über die Vernunft der Poesie«, mit dem er dankte für den ihm verliehenen Nobelpreis, war ein neues, sie erweiterndes und sie erneut begründendes Kapitel in seiner »Ästhetik des Humanen«, die er fast zehn Jahre zuvor in den Frankfurter Vorlesungen entworfen hatte. Dieser Versuch spiegelte packend und richtungweisend vor allem darin, daß er die Sicht auf Literatur weit öffnete, die Vernunft des Schriftstellers Heinrich Böll, war ein belebendes Dokument seines Selbstverständnisses und gewiß eine Danksagung, die gar nicht hoch genug einzuschätzen war und ist. Böll reflektierte viele der Aspekte dessen, was sich als die menschheitliche Bedeutung der Literatur bezeichnen läßt. Er nahm zu jener Zeit aktuelle Themen und Thesen in der Auseinandersetzung um Literatur korrigierend auf, ohne sich parteiisch zu binden. Und dieser Versuch über die Vernunft der Poesie war auch eine Art Glaubensbekenntnis, nämlich Bekenntnis von Bölls Glauben an die Poesie, die Literatur und ihre Unentbehrlichkeit für die Menschen, in welchen Zeiten auch immer.

Das war eine Botschaft, die nicht auf offene Ohren rechnen konnte, gewiß nicht bei den Gegnern dieses Schriftstellers von jeher, die sich durch seine internationale Ehrung keineswegs belehrt fühlten, doch auch nicht bei vielen seiner Anhänger und Bewunderer, denen Bölls politische Haltung und Aussagen wichtig waren, die jedoch mit seiner Bindung der Politik an die Literatur, seiner Apostrophierung von Literatur als einem Mittel- und Schwerpunkt allen menschlichen Lebens, als eines unentbehrlichen Mediums von Befreiung und Selbstverwirklichung nicht so recht etwas anzufangen wußten. Diese Bindung war gegen Mitte der siebziger Jahre nicht mehr selbstverständlich. Literatur hatte viel von dem Ansehen, das sie in der früheren Nachkriegszeit als ein Ausweis sich erneuernder Menschlichkeit in Deutschland gehabt hatte, eingebüßt. Nicht nur die Gläubigen und Proselyten des Wirtschaftswunders, auch die revolutionären Studenten und jene, die mehr Demokratie wagen, mehr soziale Gerechtigkeit erkämpfen wollten, gaben Literatur keine besondere Priorität mehr. Was Böll anging, setzten sie weniger auf sein literarisches Werk selbst als auf die von gewachsenem Ruhm und ganz neuem Weltruhm als Nobelpreisträger in der Öffentlichkeit wirkungsvoll gestützte Ausübung seiner Bürgerpflicht. Hatte die Literatur als hochangesehene Geistesmacht für die politischen Niederungen erst geöffnet werden müssen, so erhob jetzt die Politik Anspruch auf Vorrang, und zwar gerade bei den Linken, den fortschrittlich Gesinnten. Bölls Handeln als zweifacher PEN-Präsident mit seinem Eintreten für verfolgte Schriftsteller in West und Ost, seine harsche Anfrage »Will Ulrike Meinhof Gnade oder freies Geleit?« und die nicht nur verbalen Gefechte, die sie auslöste, seine scharfe Kritik an den laut ihrem Selbstverständnis und ihrem Namen christlichen Parteien und am Radikalenerlaß, sein Engagement in der sozialdemokratischen Wählerinitiative für Willy Brandt und dessen Ostpolitik, seine Unterschriften unter Aufrufe und Appelle schienen vielen die wahre Rolle dieses berühmten Mannes auszumachen.

Für Heinrich Böll selbst war das keineswegs der Fall. Er hielt fest an dem, was er entworfen hatte in seinem »Versuch über die Vernunft der Poesie«, obwohl dieser laut allen Anzeichen nicht die öffentliche Resonanz gefunden hat, die ihm zugestanden hätte. Böll erfüllte in Reden, Essays, Statements, Interviews, mit vielen Unterschriften, was er selbst als seine Bürgerpflicht ansah. In einem Brief-Interview, das er wenig später dem polnischen Schriftsteller Andrzey Bonarski auf dessen schriftlich gestellte Fragen

Verfolgte und Verfolger 343

gegeben hat, formulierte Böll seine Haltung, wie er sie verstand, gleich mit dem ersten Satz: »Ich bin bewußter und überzeugter Bürger der Bundesrepublik Deutschland, deren Grundgesetz ich für sehr gut halte.« Unter dieser unmißverständlichen Voraussetzung waren für Böll scharfe sachliche Kritik, öffentliche Diskussion von Rückständigkeiten und Fehlentwicklungen, die dauernde Vergegenwärtigung der schweren Lasten aus jüngster Geschichte strikt geboten. Jeder Bürger sollte bereit sein, für sich selbst zu sprechen, so wie er für sich sprach, und kein einzelner für alle, was nach seiner Erfahrung ja doch nur immer wieder auf Regulierung, Anpassung, Unterdrückung hinauslief. Nur bei großen, vom Obrigkeitsdenken her gehätschelten Vorurteilen ließ sich das als Anarchismus mißverstehen. Böll war Bürger, und er war Schriftsteller. Und er wagte sich auch an so etwas wie eine Quadratur des Kreises, nämlich den aktuellen politischen Roman, die aktuelle politische Erzählung.

II. Verfolgte und Verfolger

Noch vor der Veröffentlichung von Heinrich Bölls Exempel einer aggressiv politischen langen Erzählung gab es in seinem engsten Umkreis ein Ereignis, das die gesamte westliche Welt als ein singuläres Event bestaunte. Es lockte Journalisten in beträchtlicher Zahl ins Eifeldorf Langenbroich und zu Bölls ländlichem Anwesen dort. Es war, soviel es auch mit Literatur zu tun hatte, ein politisches, ja weltpolitisch relevantes Ereignis. Alexander Solschenizyn, russischer Nobelpreisträger für Literatur im Jahr 1970, war im Februar 1974 verhaftet worden, wurde nach heftigen Protesten des Westens in die Bundesrepublik Deutschland abgeschoben und suchte nun ersten Halt bei Heinrich Böll in Langenbroich. Der sicherlich prominenteste, weltbekannte russische Dissident also bei Böll, dem Befürworter einer neuen, auf Verständigung mit dem

344 *Glanz und Not der späten Jahre*

Ostblock ausgerichteten westdeutschen Ostpolitik. Zwei Nobelpreisträger für Literatur aus verschiedenen Welten in Heinrich Bölls Haus.

Direkt verständigen konnten sich der Russe und der Westdeutsche nicht, sie sprachen beide nicht des anderen Sprache, und das gewiß auch im übertragenen Sinn. Solschenizyn kannte offenbar nur wenige Worte Deutsch, und Böll konnte nicht Russisch. Nur zweimal waren sie sich zuvor in Moskau begegnet, dennoch war Böll, wie er vermutete, der wohl einzige in der Bundesrepublik lebende Schriftsteller, den Solschenizyn persönlich kannte. Spontan hatten sie schon beim ersten Kennenlernen einander vertraut. Solschenizyn stand am Anfang seines Exils, eine Vorstellung, die Böll schon beim Gedanken an die zahlreichen deutschen Schriftsteller, die zu seiner Jugendzeit ins Exil getrieben worden waren, niedergedrückt haben muß. Solschenizyn werde sehr unter Heimweh leiden, sagte Böll damals in einem Gespräch, doch er habe große Zuversicht und Kraft gezeigt während der beiden Tage in Langenbroich.

Was Solschenizyn betrifft, ist kaum herauszufinden, welches Bild er sich von Böll gemacht hat. Wer sich an seine Haltung und die verschiedenen Statements erinnert, in denen er dann bald den Zerfall der dekadenten westlichen Welt schon weit fortgeschritten sah und z. B. Spaniens Franco als einen Garanten der Freiheit apostrophierte, konnte da nur Verzerrung und Entstellung befürchten, und falls er Bölls Haltung in der folgenden Zeit überhaupt etwas genauer wahrgenommen hat, eher nur schlichtes Desinteresse vermuten. Der russische Dichter-Prophet mit geistesfeudalen Ambitionen, dem die Demokratie als etwas Fremdes ohne Zukunft erschien, und der um die Aufklärung des Volkes besorgte demokratische deutsche Schriftsteller hatten keinen gemeinsamen Nenner. Heinrich Böll jedoch hat Solschenizyn, den er zu Recht für einen großen russischen Erzähler hielt, auch weiterhin vertraut. Er hat für ihn gesprochen, hat ihm das Recht an seinem Anderssein zugespro-

Verfolgte und Verfolger

chen, das für ihn seinen Grund in der Andersartigkeit der Welt hatte, aus der er kam, hat daraus so manche mißverständliche – oder auch in ihrer politischen Rechtslastigkeit schon nicht mehr mißverständliche – Äußerungen dieses Schriftstellers erklärt, auch wenn er ihnen widersprach. »... es muß«, heißt es in Bölls »Versuch über die Vernunft der Poesie«, »die Internationalität des Widerstandes bewahrt bleiben, die den einen – Alexander Solschenizyn – gläubig erhalten oder gemacht hat – und den anderen – Arrabal – zum erbitterten und bitteren Gegner der Religion und der Kirche. Und dieser Widerstand ist nicht als bloßer Mechanismus oder Reflex zu verstehen, der dort Gottglauben, da Gottlosigkeit hervorbringt, sondern als Verkörperung geistesgeschichtlicher Zusammenhänge ...« Solschenizyn blieb für Böll ein Freund. Das war sicherlich eines jener Kunststücke, zu denen nur Heinrich Böll fähig war.

Weit diesseits solcher Erwägungen war das Treffen der beiden Nobelpreisträger in Bölls kleinem Haus in Langenbroich allein schon als Bild und ganz ohne Worte eine Nachricht, die um die Welt ging. Das Bild hatte hohes symbolisches Gewicht, es wurde bestaunt, es ließ ganz unterschiedliche Auslegungen zu. In der Folgezeit hat es sich jedoch nicht verfestigt, sondern eher aufgelöst. Heinrich Böll jedenfalls, der es immer, auch wenn sie offensichtlich unzulänglich informiert waren, abgelehnt hat, Schriftsteller in der und aus der Sowjetunion zu belehren, räumte Solschenizyn einen sehr viel größeren Spielraum für Haltung und Meinung ein, als er einem westeuropäischen Kollegen zugestanden hätte. Er sträubte sich dagegen, diesen Mann für einen Antikommunisten und Kalten Krieger zu halten, was er in den Augen von immer mehr Intellektuellen war. Er kannte das Ausmaß der speziell im Ostblock gehätschelten Mißverständnisse, die sich nicht korrigieren ließen. Und außerdem: »Ich denke mir, daß manche seiner Äußerungen, umstrittene und umstreitbare Äußerungen, auch dem Heimweh entspringen und auch der Gereiztheit gegenüber den westlichen

Medien, die einen ja wirklich fertigmachen können, weil sie einen in eine bestimmte Ecke drängen oder ausbeuten wollen im geistigen Sinne.« Vor dem Hintergrund des falschen Bildes von der Bundesrepublik, das in der Sowjetunion vermittelt werde, bleibe »unsere Komplexheit und Kompliziertheit« undurchschaubar und sei »von dem latenten Faschismus hier, dem latenten« oft nichts zu erkennen.

Dieser »latente Faschismus« beunruhigte Heinrich Böll mehr und ging ihn viel direkter an als die auch ihn manchmal irritierenden Äußerungen des russischen Freundes im westlichen Exil. Die Begegnung der beiden Nobelpreisträger in Langenbroich, dies Ereignis auf der Ebene der Weltnachrichten, hat Böll immer mehr in die Rolle des großen Mannes im Westen gedrängt, bei dem Autoren aus dem Ostblock Hilfe und Schutz finden konnten. Für die Arbeit des Schriftstellers ist sie nahezu folgenlos geblieben. Die Begegnung hat ihren Niederschlag in einigen Interviews gefunden, viel mehr nicht, sie illuminierte ja auch nur einen Sachverhalt, der Böll längst vertraut war. Die Arbeit ging weiter.

Nicht vorhersehbar war, daß eine lange und sogleich umstrittene, laut etlicher Kritiken in schlampigem Deutsch geschriebene Erzählung, die Mitte des Jahres 1974 zunächst in Fortsetzungen im »Spiegel« abgedruckt wurde, in ihrer Gesamtwirkung die Begegnung der Nobelpreisträger aus den verschiedenen Welten jedenfalls in der Bundesrepublik noch übertreffen sollte. Böll schrieb »Die verlorene Ehre der Katharina Blum oder: Wie Gewalt entstehen und wohin sie führen kann«. Sein Thema war die Demütigung und Verfolgung von Leuten, die durch schlicht menschliches Handeln ganz unabsichtlich aus der für sie vorgesehenen Rolle fallen. Als Medium der Demütigung und Verfolgung beruft Böll jenen trüben Massengeschmack, den eine bestimmte Boulevardpresse herstellte, bestätigte und auch aufputschte, und zugleich den Widerstand, in den die Opfer getrieben wurden. Und wer in der grassierenden Anpassung an eine opportunistische und höchst fragwürdige Vor-

Verfolgte und Verfolger

stellung von Demokratie, die diese mißbrauchte statt sie zu sich selbst zu bringen, hatte überhaupt ein Gefühl für so etwas wie Ehre? Die Erzählung von der verlorenen Ehre der Katharina Blum traf in den Hochzeiten der RAF und des Radikalenerlasses mitten in ein Wespennest, und sie belebte zugleich das Selbstgefühl zahlloser Leute, die Grund hatten, sich in verschiedenen Graden oder auch ganz unbewußt als Opfer eines Mißbrauchs zu fühlen. »Die verlorene Ehre der Katharina Blum oder: Wie Gewalt entstehen und wohin sie führen kann« wurde zu einem außerordentlich erfolgreichen Werk, und wer die nahezu gleichzeitige öffentliche Erregung gegen Heinrich Böll als einen Höhepunkt der Intellektuellenhetze bewußt erlebt hat, der konnte nur staunen darüber, daß Böll dennoch so viele Leser, dann auch Kinobesucher auf seiner Seite hatte. Bis 1995 erreichte das Buch 28 Auflagen. Bereits 1975 wurde die Erzählung von Margarethe v. Trotta und Volker Schlöndorff verfilmt, und auch dieser Film war ganz ungewöhnlich erfolgreich. Margarethe v. Trotta schrieb eine Bühnenfassung, die 1976 in Bonn und 1986 in Köln aufgeführt wurde. 1991 noch wurde die Erzählung als Oper von Tilo und Dorothea Medek in Bielefeld uraufgeführt.

Schon im Vorspruch zu der Erzählung hat Heinrich Böll in diesem Fall den Gegner, ja Feind offen benannt: »Personen und Handlung dieser Erzählung sind frei erfunden. Sollten sich bei der Schilderung gewisser journalistischer Praktiken Ähnlichkeiten mit den Praktiken der ›BILD‹-Zeitung ergeben haben, so sind diese Ähnlichkeiten weder beabsichtigt noch zufällig, sondern unvermeidlich.« Gewiß auch, doch gewiß nicht allein aus diesem Grund wurde »Die verlorene Ehre der Katharina Blum oder: Wie Gewalt entstehen und wohin sie führen kann« geradezu verschlungen wie ein außerordentlich spannender Kriminalroman, der sie einerseits auch war. Annemarie und Heinrich Böll haben häufig Krimis gelesen, sie kannten sich aus in diesem oft fälschlich unterschätzten Genre. Schon Bertolt Brecht und Ernst Bloch hatten seine Fähigkeit, die

348 Glanz und Not der späten Jahre

Spuren der Gewalt in der bürgerlich-kapitalistischen Gesellschaft sichtbar werden zu lassen, aufmerksam akzentuiert. Dem Freund Carl Amery hatte Böll schon 1967 in seiner Rezension des Buches »Fragen an Welt und Kirche« empfohlen, doch lieber Kriminalromane zu schreiben als kirchenkritische Essays, er sei »zu schade für den deutschen Katholizismus« und besser geeignet, den »fehlenden deutschen Kriminalroman« zu erfinden. »In der politischen Stimmung der ›großen Promiskuität‹ ließe sich Stoff genug finden, und ›angesiedelt‹ werden könnte solch ein Stoff gut in jenem ›Milieu‹, das Amery so gut kennt, im katholischen, das ohnehin auf der ganzen Welt kriminalträchtiger ist als jedes andere.« Ohne sich allerdings an diese Bemerkung zu halten, hatte Heinrich Böll nun selbst ein Buch geschrieben, das auf der durch Namen wie Heinrich von Kleist oder Johann Peter Hebel zu kennzeichnenden literarischen Hochebene eine handfeste Kriminalerzählung war, die fast unabsichtlich dem Erzählen neue Möglichkeiten erschloß und den Spielraum des Krimis beträchtlich erweiterte. In »Die verlorene Ehre der Katharina Blum« ist die Täterin auch das Opfer und die Anklägerin, während die Ermittelnden, die Instanzen in der Position des Detektivs, also Polizei, Anwälte und die ZEITUNG sich teils aus Gier, teils unfreiwillig in bürokratischer Borniertheit zu den Schuldigen machen.

Mitte der siebziger Jahre, der Marsch in den Deutschen Herbst beschleunigte sich, waren die Aktionen der RAF, der Radikalenerlaß und die Wut über ihn, die Angst vor Terroristen und Kommunisten, war der durch Gesetze weniger abgeschlagene als herbeigelockte Notstand, waren Gesinnungsschnüffelei und Verdächtigungen, fragwürdige Observationen und publizistische Hetze beherrschende Gegenwart. Bölls Essay »Will Ulrike Meinhof Gnade oder freies Geleit?« war unvergessen und provozierte nach wie vor krampfartiges Mißtrauen. Auch Böll hatte ihn nicht vergessen. Hier schloß die Geschichte ziemlich direkt an, jedem, der sie las, wurde das unmittelbar bewußt. Der springende Punkt war Bölls Erinnerung daran,

Verfolgte und Verfolger

daß die Bürgerrechte für Ulrike Meinhof, obwohl ihr der Prozeß zu machen sei (und Springer ein Prozeß wegen »Volksverhetzung«), keineswegs kassiert gewesen waren und daß man niemanden wegen noch gar nicht erwiesenen Mordes vorverurteilen dürfe, wie es BILD mit der Schlagzeile »Baader-Meinhof-Bande mordet weiter« getan hatte.

In Bölls Erzählung nun steht der junge Ludwig Götten, in den Katharina sich, obwohl er ihr völlig unbekannt war, auf einer privaten Karnevalsparty spontan und bedingungslos verliebt hat, unter schwerem Verdacht. Katharina hört, er sei »ein lange gesuchter Bandit, des Bankraubs fast überführt und des Mordes und anderer Verbrechen verdächtig«. Er ist »fast« überführt und des Mordes »verdächtig«. Beides ist nicht erwiesen, und der Verdacht erweist sich schließlich als unzutreffend. Katharina hat von Ludwig nur erfahren, er sei aus der Bundeswehr desertiert. Sie nimmt ihn mit in ihre Eigentumswohnung in einer großen Wohnanlage. Ludwig ist sicher, daß er von allen Seiten observiert wird, und als er frühmorgens mit Katharinas Hilfe aus der Wohnanlage entkommt und verschwinden kann, wird Katharina wegen Verdachts auf Beihilfe streng vernommen, doch wieder freigelassen. Inzwischen ist die ZEITUNG in Aktion, und mit Unterstellungen, Verdrehungen, Verfälschung von Aussagen betreibt sie in ihren für den Massenkonsum zugerichteten Sensationsberichten die Unterminierung von Katharinas Ansehen, ihrer beruflichen Position, ja ihrer Existenz sowie die Zerrüttung des Lebens der Leute in ihrem Bekannten- und Freundeskreis, auch ihrer Arbeitgeber. Katharina ist eine hochgeschätzte Hausangestellte auf dem besten Weg, sich als freiberufliche Wirtschafterin zu etablieren. Das scheint nun verspielt zu sein. Sie verabredet sich in ihrer Wohnung zu einem Interview mit dem Journalisten Tötges, der das alles aus Erfolgsgier auf dem Gewissen hat. Sie hat sich eine Pistole verschafft, ist aber noch unentschlossen, ob sie diese tatsächlich benutzen wird. Dann erschießt sie Tötges. Später gibt sie über ihre Tat, die den Lesern schon am Anfang der Erzählung mitgeteilt worden ist, der Polizei zu Protokoll: »Nun, ich sah sofort, welch ein Schwein er war, ein richtiges Schwein. Und dazu hübsch. Was man so hübsch nennt. Nun, Sie haben ja die Fotos gesehen. Er sagte ›Na, Blümchen, was machen wir zwei denn jetzt?‹ Ich sagte kein Wort, wich ins Wohnzimmer zurück, und er kam mir nach und sagte: ›Was guckst du mich denn so entgeistert an, mein Blümelein – ich schlage vor, daß wir jetzt erst einmal bumsen.‹ Nun, inzwischen war ich bei meiner Handtasche, und er ging mir an die Kledage, und ich dachte: ›Bumsen, meinetwegen‹ und ich hab die Pistole rausgenommen und sofort auf ihn geschossen. Zweimal, dreimal, viermal. Ich weiß nicht mehr genau.«

Die außerordentlich dichte Atmosphäre dieser Erzählung, in der neben Katharina und ihrem Verfolger sympathische und unsympathische Polizisten, Staatsanwälte, Verwandte und Freunde Katharinas, ihre gutbürgerlichen Arbeitgeber, Industrielle, etliche meist als Scheichs verkleidete Karnevalisten, im Hintergrund Ministerialbeamte auftreten, ergibt sich aus einer handfesten Faktennähe, die erneut Heinrich Bölls differenzierte Wahrnehmung von Alltagsdetails und individuellen Besonderheiten demonstriert. Jahre später hat Böll in einem Gespräch gesagt: »... für das Herz der Schreiberei und auch das Bewußtsein der Schreiberei ist ein Autor alles. Das steckt auch in mir, in diesem Zentrum: ein potentieller CDU-Wähler, ein Zuhälter, ein Krimineller, vielleicht ein Kardinal oder ein Kaplan, ein Bürgermeister, ein kleiner Angestellter steckt in dem Zentrum ...« Der Autor als Autor sei immer gespalten, deshalb könne er auch nie Agitator sein. Böll machte jedoch eine Einschränkung: »... als Publizist, als Zeitgenosse, auch als bewußter Bürger eines Landes ..., auf das ich viele Hoffnungen gesetzt habe als vom Nationalsozialismus Befreiter und immer noch eine gewisse Hoffnung setze, das muß ich gestehen, als bewußter Bürger muß ich natürlich das Zentrum verlassen, nennen wir es so. Und wirklich exzentrisch arbeiten als Satiriker, als Publizist, als

Polemiker, als Pamphletist. Diese Ausflüge in die Unruhe, auch literarisch, die gehören für mich zur Literatur dazu.« Gerade »Die verlorene Ehre der Katharina Blum« spiegelt eindeutiger als Bölls Erzählungen und Romane sonst diese Ambiguität, die in einer Kriminalgeschichte als aktueller Kalendergeschichte uneingeschränkt legitim ist. Dabei rafft die Spannung dieser Kriminalgeschichte das Bild eines exemplarischen aktuellen Geschehens in eine fiktive Unmittelbarkeit, der sich bis heute kein Leser entziehen kann, sei es zustimmend oder empört. Markante, überraschende Details scheinen dem Autor Zeile für Zeile gleichsam spontan zu unterlaufen, doch sie sind stets auch von einer Bewußtheit, wie nur Heinrich Böll sie vermittelt hat.

Das eindringlichste Beispiel gibt hier die Figur im Mittelpunkt, Katharina Blum. In ihr ist überwältigend anschaulich, daß Verfolgung und Entehrung durch ein Instrument wie die ZEITUNG, die ein Großteil des massenhaften öffentlichen Meinens und Vermutens beherrscht und für viele das einzige Informationsmittel ist, jedem ganz unauffälligen, ganz normalen Bürger zustoßen kann. Die attraktive 27jährige Frau namens Katharina ist keine Ausnahmefigur, ist keine aufsässige Intellektuelle und keine Heilige, sondern eine unternehmende, fleißige, wie andere auf ihr Fortkommen bedachte Bundesbürgerin, die ihr Geld spart und es schon zu einer halbbezahlten Eigentumswohnung und auch einem Auto gebracht hat. Sie tut alles für den Erfolg in ihrem Beruf als Hausangestellte und Wirtschafterin. Nur zwei Momente stellen die Beziehung, eine allerdings elementare Beziehung her zu Heinrich Bölls anderen, zu Recht vieldiskutierten und vielleicht öfters überinterpretierten Frauengestalten. Schon einmal geschieden von einem ziemlich primitiven Zeitgenossen aus dem Umkreis ihrer ländlichen Herkunft, der sie in die Großstadt entkommen konnte, ist Katharina heikel, wenn es um Liebe und Sex geht. Ihr Beruf, der sie mit ihren Servicepflichten auf so manche Party bringt, hat ihr auch beigebracht, wie man sich gegen Anmache zur Wehr setzt. Zudringliche Männer sind ihr zuwider, doch sie ist nicht prüde, und wenn sie Zärtlichkeit spürt wie bei Ludwig Götten, Zärtlichkeit auch bei sich, dann reagiert sie spontan, dann ist sie einverstanden. Das zweite Moment, das Katharina Blum von so manchen aufstrebenden und tüchtigen jungen Frauen unterscheidet, ist eine vom Gefühl bedingte Sprachempfindlichkeit. Sie besteht darauf, daß es zwischen »zudringlich« und »zärtlich« Unterschiede gibt, und sie läßt nicht zu, daß diese, zum Beispiel im Protokoll eines Verhörs, verwischt werden, da besteht sie auf Genauigkeit. Sie empfindet es als Zumutung und Unverschämtheit, daß der verhörende Kriminalkommissar Beizmenne von Ficken spricht, wo es für sie um Liebe geht, die möchte sie nicht so nennen, das nimmt ihr jedes Vertrauen zu dem Mann.

Bleibt andererseits die dem Autor von manchen Kritikern vorgehaltene angebliche sprachliche Schlampigkeit, ein Urteil, das in unterschiedlichen Varianten schon früher immer wieder einmal auftaucht und Böll spätestens seit »Die verlorene Ehre der Katharina Blum« ständig und massiv verfolgt hat. Schon in den fünfziger Jahren befand ja Hermann Kesten, Böll könne zwar erzählen, aber nicht schreiben, und auch die »Normaleleuteschreiberei«, die Ernst Herhaus aus Anlaß der »Ansichten eines Clowns« grob beschimpft hat, kommt hier ins Spiel. In den literarischen Kreisen und auch bei den Germanisten war so etwas ganz und gar nicht beliebt, und man wunderte sich über die immer eindeutigeren Voten der Leser und über manche Kritiker, die mit öffentlicher Wirkung darauf bestanden, daß man es hier trotz der hohen Auflagen keineswegs mit populistischer Massenware, sondern mit Literatur, mit Literatur von Rang zu tun habe. Dieser Dissens kann nicht schlicht übergangen werden, er berührt elementar die Vorstellungen von Literatur, doch auch den Charakter von Bölls Werk. Er kann wohl nicht, wie Joachim Kaiser, der den Schriftsteller Böll hochschätzte, beiläufig als Vorschlag zur Güte einmal angeregt hat, mit dem Hinweis auf Bölls persönlichen Charme, seinen Takt, seine hilfreiche Liebenswürdigkeit, seine bemerkenswerte Redekunst beiseite geschoben werden.

Verfolgte und Verfolger 353

Haben Bölls Bewunderer und seine vielen Leser bis in die Sowjetunion und die USA sich geirrt, vom Komitee für den Nobelpreis ganz zu schweigen, wenn sie Böll für einen außerordentlichen, einen großen Schriftsteller hielten und halten? Das haben sie gewiß nicht. Doch auch für sie war der Dissens oft spürbar, und bis heute sind die Bedingungen, von denen er abhängt, unzulänglich geklärt. Es hat damit zu tun, daß Kritiker, vor allem wenn sie spontan nach ihrem Geschmack verfahren, und Germanisten zumeist weit weniger an Selbstkritik und Kritik gewöhnt sind als Schriftsteller. Sie lassen ihre eigenen Abhängigkeiten häufig auf sich beruhen, z. B. ihre Abhängigkeit von dem traditionellen Inhalt-Form-Schema, das nur scheinbar verdrängt und vergessen ist. Es ist schwierig, von ihm loszukommen, weil es ungemein handlich und ja auch keineswegs gänzlich falsch ist, und weil es erlaubt, mit einer gewissen Schnelligkeit und doch plausibel zu urteilen. Selbst Joachim Kaiser ist ihm nicht ganz entkommen, als er festhielt: »... wenn man erkennen will, in welchem Maße Böll ein Künstler gewesen ist (und er fühlte sich oft unterschätzt als planender Romanarchitekt, als formender Gestalter, weil die Leute immer nur über seine ›Inhalte‹ diskutierten), dann ist es nötig, die Augen abzuwenden vom Gemeinten und Gewollten – und behutsam zu fragen: Wie machte er's? Wie charakterisierte er? Wie arbeitete seine Sensibilität, wofür sensibilisierte er seine Leser, wie bewährte sich sein Takt?... wenn man nach dem Künstler Böll sucht, dann begegnet man einem Prosaisten, der nicht nur ›sympathisch‹ und ein sogenannter ›guter Mensch‹, sondern durchaus bewußter, un-naiver, reicher und noch im letzten Buch produktiv-einfallsreicher war, als die Verächter ahnen.«

Dies alles trifft zu, und die Folgerungen, die Kaiser hieraus gezogen hat, seine Verdeutlichungen der Machart leuchten in hohem Grade ein, nur steht es zugleich so, daß die ästhetischen Aspekte von Bölls Erzählkunst ohne seine »Inhalte« nicht ganz zum Vorschein kommen. Sie lassen sich nicht ablösen, so gängig es auch immer war, dies zu versuchen. Bölls »Ästhetik des Humanen« wie sein Begriff von einer »Vernunft der Poesie« sind unmittelbar auf Inhalte bezogen, elementar andere Inhalte als die gewohnten, und die Tätigkeit, sie in ihrem Anderssein in Sprache festzuhalten, ist allein von der Machart her nicht durchschaubar. Es läßt sich über Bölls Erzählen nicht reden allein von den Inhalten her, doch auch nicht, ohne über seine Inhalte zu reden, und die große Anziehungskraft seines Erzählens besteht darin, daß es bekannte, jedermann zugängliche Inhalte so vorzeigt, daß die Leser staunend das Besondere, eine unerkannte Wahrheit im Bekannten und Vertrauten erfahren. Mit »Machart« hat das gewiß auch, doch nur wenig zu tun, es ist ein aus Bölls Werk nicht zu abstrahierender und nicht verallgemeinerbarer, eher irrationaler Faktor, der sich konstituiert in seiner weitgehend im Unbewußten des Autors wurzelnden Produktivität. Böll war alles andere als ein poeta doctus, und er hatte gewiß recht, als er – die Sätze seien hier noch einmal zitiert – den Vorgang des Produzierens, wie er ihn erlebte, so beschrieb: »Du holst dir aus dem Steinbruch einen Stein, dann kommt der bewußte Vorgang der Bearbeitung dieses Brockens Stoff, nennen wir es Stoff. Da wissen wir noch zu wenig drüber, da weiß ich auch selber zu wenig drüber, ich kenne nur diesen Vorgang, der sich bei mir immer wiederholt, daß ich nicht mit meisterlicher Sicherheit an eine Sache herangehen kann. Selbst wenn ich drei Schreibmaschinenseiten einer Rezension schreiben soll oder will, dann fange ich immer wieder von vorne an, hole mir erst den Brocken oder sagen wir in dem Fall, den kleinen Stein, und dann fange ich an, den zu bearbeiten. Ich weiß nicht, wie das bei anderen Autoren ist. Für mich ist jedes Geschriebene ein Experiment. Ich weiß vorher nicht, was daraus wird. Der Stoff, den holst du dir, das ist kein Problem. Und der kommt auch aus dem Unbewußten oder Unbehauenen, ich bleibe bei dem Vergleich mit dem Stein. Und dann fängt eine sehr genaue Arbeit an, in der aber auch wieder Unbewußtes ist, denn Formen ist kein ganz bewußter Vorgang, höchstens bei sehr,

sehr respektablem Kunstgewerbe. Was da im einzelnen passiert, mit dir, in dir, um dich herum, während du daran arbeitest, das ist nicht eruierbar. Und ich selber rede darüber und gucke mir das nachher an, dann denke ich immer, es ist nicht alles gesagt, auch nicht alles sagbar, alles ausdrückbar. Ich bin auch sehr skeptisch, wenn ich große historische Vorbilder darüber lese, wie sie das so und so gemacht haben. Ich glaube, da bleibt immer ein Rest.«

Das sagt alles und läßt doch viele Fragen offen. Für jeden, dem Schreiben, Erzählen, literarische Produktion ohne einen Anteil von Talent, ja dem, was früher Genie genannt wurde, nicht recht vorstellbar ist, ist dies jedenfalls eine schlüssige Auskunft. Leider lassen sich auch Wörter wie Talent und Genie zu Werbezwecken instrumentalisieren. Das hat sie obsolet werden lassen, es gibt schon längst keine glaubwürdige Bezeichnung mehr für jene personale Qualität, ohne die literarische Werke von Rang noch immer nicht möglich sind. Einerseits ist das gut und richtig so, es hat die Literatur von Attitüden und Privilegien entlastet, viele Grenzen geöffnet, die Literatur belebt. Andererseits macht es auch ratlos, hat es das Gespräch über Literatur vergröbert und ungeprüfte Ansprüche geradezu in den Himmel wachsen lassen.

Heinrich Böll hat für seine eigene Produktivität nie allgemeine Ansprüche erhoben. Er hat seine Brocken Stoff genommen und bearbeitet. Er selbst hat nicht genau gewußt, was alles dabei passierte, und das hat er wiederholt betont. Die farbigen Zeichnungen, die er als Entwicklungsschemata und Gedächtnisstützen zu seinen Romanen entwarf, bestätigen dies nur; reizvoll anzuschauen, sind sie von außen nicht zu enträtseln, so plausibel es ist, daß sie in Bölls Schreibprozessen unterschwellig ihre Funktion hatten. In der aktuell politischen Erzählung »Die verlorene Ehre der Katharina Blum« konnte Böll jedenfalls den Brocken Stoff, den er sich aus dem zeitgeschichtlichen Steinbruch geholt hatte, nicht bearbeiten, ohne auch die Sprache, mit der dieser sich ihm darbot, in seine Erzählung einzuholen. Es war die Sprache der Leute, die Alltagssprache, mit der er vorliebnehmen mußte und wollte, um in der Fiktion sichtbar zu machen, daß die gelebte Wirklichkeit etwas anderes war, als der vorherrschende Konsens dekretierte, daß dieser die Wirklichkeit entstellte und dabei war zu zerstören, was er zu sichern und zu verteidigen vorgab.

Zu erwähnen ist hier die Quellenmetapher, die Böll nach seinem Vorspruch gleich zu Beginn der Erzählung ausmalt, die »Hauptquellen« für seinen Bericht kennzeichnend und auf viele »Nebenquellen« von geringerer Bedeutung hinweisend, die nicht gesondert erwähnt werden müßten, »da sich ihre Verstrickung, Verwicklung, Befaßtheit, Betroffenheit und Aussage aus dem Bericht selbst ergeben«. Und Böll fährt fort: »Wenn der Bericht – da hier so viel von Quellen geredet wird – hin und wieder als ›fließend‹ empfunden wird, so wird dafür um Verzeihung gebeten: es war unvermeidlich. Angesichts von ›Quellen‹ und ›Fließen‹ kann man nicht von Komposition sprechen, so sollte man statt dessen den Begriff der Zusammenführung (als Fremdwort dafür wird Konduktion vorgeschlagen) einführen, und dieser Begriff sollte jedem einleuchten, der je als Kind (oder gar Erwachsener) in, an und mit Pfützen gespielt hat, die er anzapfte, durch Kanäle miteinander verband, leerte, ablenkte, umlenkte, bis er schließlich das gesamte, ihm zur Verfügung stehende Pfützenwasserpotential in einem Sammelkanal zusammenführte ...« Bernd Balzer hat für die von Böll noch weiter ausgedeutete Quellenmetapher in seinem Kommentar zu Bölls literarischem Werk einen Bezugspunkt genannt, der sie über die süffisante Anspielung auf quasiwissenschaftliche Gewohnheiten hinaus (die oft absurde Vorliebe für Fremdwörter) noch einmal in ein höchst ironisches Licht setzt. Bei der Einweihung des BILD-Verlagshauses Axel Springer 1966 in Westberlin hat der damalige Bundespräsident Lübke bei seiner öffentlichen Gratulation konstatiert: »Hier springt eine klare Quelle.« Böll hat sich an dieses weit zurückliegende »Wort der Woche« vielleicht als einziger noch erinnert. Sein Nachdenken über angebliche reine und verschmutzte Quellen ist jedenfalls auch ein Verweis auf das Material, den Brocken Stoff, mit dem er hier zu tun hat, und auch sprachlich konnte er diesen nicht zugleich »bearbeiten« und in seinem Charakter ignorieren.

Ohne die gewöhnliche Sprache der Leute bliebe hier also nichts zu erzählen. Und Böll setzte ganz auf seinen Brocken Stoff. Er hat wiederholt betont, daß es ihm eben nicht um das »Eigentliche« gehe, diesen zu Recht inzwischen in Vergessenheit geratenen, doch lange sehr hoch gehandelten fragwürdigen Wert, und daß er nicht für irgendeine Ewigkeit schreibe, sondern in der Gegenwart und für sie, in der Zeitgenossenschaft. Böll war überzeugt, daß alle Literatur nur aus der Zeit heraus zu verstehen ist, in der sie geschrieben wurde. »Ich glaube«, hat er festgehalten, »das ist eines der wichtigsten Prinzipien bei der Beurteilung von Literatur, daß man in die Zeit, in der sie geschrieben wurde, zurückgehen muß, und zwar ganz. Sich auch vorstellen muß, wie war das damals, was passierte damals, als das geschrieben worden ist.« Um die keineswegs zeitlose, doch fortbestehende Aktualität auch von »Die verlorene Ehre der Katharina Blum« zu begreifen, ist sie aus der Zeit und den Umständen zu lesen, aus denen sie hervorgegangen ist. Die Umgangs- und Alltagssprache, mit der die Hausangestellte und Wirtschafterin Katharina Blum lebte, war Teil der Umstände und Vorgänge, von denen erzählt ist. Dem Autor hier schlampiges Deutsch vorzuwerfen, beinhaltet den vermutlich unbewußten Wunsch, er habe etwas anderes erzählen sollen als ausgerechnet die Geschichte einer widerlichen Verfolgung und eine polizeilich observierte Liebesgeschichte unter wenig gebildeten ganz normalen Leuten, die alle nicht auf der Höhe einer abstrakten Vorstellung von Literatur dahinleben.

Für Böll aber waren auch und gerade Leute dieser Art Menschen, keine Vorbilder oder so etwas, doch mit ihren Schwächen und Werten Menschen, deren Existenz, deren demokratische Rechte auf dem Spiel standen. Man hat ihm das verübelt, es war

Glanz und Not der späten Jahre

verdächtig, und so ist er selbst als Autor und Person immer mehr in Verdacht geraten. Es war gerade damals gewiß notwendig, mehr Demokratie zu wagen, doch abseits der verbal so hochgehaltenen freiheitlich-demokratischen Grundordnung und auch in ihren etablierten Institutionen war nach allen undemokratischen historischen Gewohnheiten von den einzelnen immer noch Anpassung und Unterordnung gefordert, vor allem wenn sie auch nur annähernd auffällig wurden. Böll erzählt unmißverständlich, wie fragil die Sicherheiten waren, die den Leuten garantiert zu sein schienen, welche Gefahren eine unbestimmte Freiheit mit sich brachte, wie auch diese, z. B. per Pressefreiheit, zu einem Medium der Ausbeutung werden konnte, wie Erfolgs- und Gewinnsucht als gesellschaftliche Triebfedern ohne das Bewußtsein von Menschlichkeit sich als Faktoren der Zerstörung darstellten. So weit zu denken, Gerechtigkeit und Menschenrecht so weit zu fassen, die Institutionen für Gesetz und Recht aus ihren Inhalten heraus so deutlich in Frage zu stellen, wie Böll das in seiner Erzählung riskierte, galt als Anarchie. Es war immer noch das alte Thema des Michael Kohlhaas, und Böll, der davon auf jedermann verständliche, alltagsnahe Weise erzählte, mit all den Verschmutzungen und Unsauberkeiten, die er in seiner Quellenmetapher ankündigte, erschien vielen nur noch als ein Helfershelfer der Terroristen. Tatsächlich aber initiierte er einen partiellen Schub hin zu mehr Demokratie, der sich im Erfolg seiner Erzählung »Die verlorene Ehre der Katharina Blum« dokumentierte, einem Erfolg gegen die vorherrschende Stimmung in der Republik, durch Anstöße im Bewußtsein einer nicht abschätzbaren Menge von Leuten. Ein Wunder geradezu, daß so etwas sich zählbar in den Auflagen, der Menge der Leser und Kinobesucher darstellte, und möglicherweise zeigte dies an, daß der Kampf um die Köpfe noch nicht verloren war. Auch Erfolg dieser Art kann Kriterium für Literatur sein. Er fordert wie alle Literatur von Rang dazu heraus, eigene Erwartungen und Vorurteile zu überprüfen und mehr als diesen den Werken zu vertrauen.

»Ich bin ein Deutscher«   359

Dies änderte jedoch nichts daran, daß Heinrich Böll verdächtig war, verdächtig als Wegbereiter und Sympathisant der Terroristen. Mit seiner 1975 vorgelegten Satire »Berichte zur Gesinnungslage der Nation«, bei der er sich schon im Untertitel »Personen und Handlungen dieser Berichte sind frei erfunden« ironisch abzusichern suchte gegen voraussehbare Aufregung, gab er dem Verdacht weitere Nahrung. Thema ist hier die durchaus realistisch gesehene, doch in kräftigen Farben ausgemalte Paranoia geheimdienstlichen Treibens, das den Blick auf Realität bis zur Lächerlichkeit verdeutlicht. Böll läßt mit zahlreichen pikanten Pointen seine westdeutschen Geheimdienstler im »Gesinnungseinsatz«, die überall gefährliche Verschwörung wittern, über ihre absurden und gegenstandslosen Recherchen berichten unter Decknamen wie »Rotgimpel«, »Ackergaul« und »Rotmolche«, und er treibt es so weit, daß er sie gegenseitig sich ins Visier nehmen läßt. Diesem Autor war offenbar nichts mehr heilig, jeder Verdacht schien gerechtfertigt, um so mehr, als er in einem Aufsatz wie »Die Angst der Deutschen und die Angst vor ihnen«, der 1976 zuerst englisch im New York Times Magazin erschienen ist, ganz direkt und jedermann faßlich die realen Herrschaftsverhältnisse in Westdeutschland als die realen Besitzverhältnisse beschrieb, um zu folgern, daß die Bundesrepublik nicht von links, von Systemveränderern und Radikalen bedroht sei, sondern von rechts. Dies sei seine Angst.

III. »Ich bin ein Deutscher«

Heinrich Böll, deutscher Nobelpreisträger für Literatur, geriet zur Verwunderung und Irritation ausländischer Beobachter in der Bundesrepublik immer noch tiefer hinein in die ideologische und politische Kampfzone. Den Autor des Essays »Will Ulrike Meinhof Gnade oder freies Geleit?« ließ die erstaunliche Resonanz auf die Erzählung »Die verlorene Ehre der Katharina Blum oder: Wie

360   *Glanz und Not der späten Jahre*

Gewalt entstehen und wohin sie führen kann« als nur noch gefährlicher erscheinen für Frieden und Eintracht im Land. Ehrungen wie
die Verleihung der Carl-von-Ossietzky-Medaille durch die Liga für
Menschenrechte im jüdischen Gemeindehaus in Berlin, die im
übrigen selbst zu einem weiteren Angriff auf Böll genutzt wurde,
waren kein Gegengewicht für die Attacken von CSU und CDU,
für den Rachefeldzug der BILD-Zeitung, die all die Methoden auf
Böll und seine Familie anwendete, die er in »Die verlorene Ehre der
Katharina Blum« aufgelistet hatte. Eine Mehrheit der Bevölkerung
sah offenbar ihre meist immer noch bescheidenen Besitzstände in
Gefahr, wünschte sich offenbar weder mehr Demokratie noch die
konsequentere Wahrnehmung demokratischer Rechte, sondern,
daß dieser notorische Querulant, überempfindliche Rechthaber
und Störenfried endlich kuschte – Nobelpreis hin, Nobelpreis her.
Wobei nicht zu bezweifeln ist, daß dieser Preis als ein politisches
Faktum Böll auch schützte. So weit wie die Sowjetunion im Fall
Alexander Solschenizyn durfte man es nun doch nicht treiben,
zumal da auch die USA, der große Verbündete, dem gehetzten
Autor Beifall zollte, z. B. mit der Berufung zum Ehrenmitglied der
American Academy of Arts and Letters in New York.

Die Versuchung ist groß, für das letzte Jahrzehnt im Leben des
Schriftstellers Heinrich Böll seine Rolle als verfolgter und bewunderter Aufrechter in den hitzigen politischen Auseinandersetzungen um
den Zustand der westdeutschen Republik, als angeblicher Sympathisant der Terroristen und als das ominöse Gewissen der Nation, das
er nicht sein wollte, ganz in den Mittelpunkt zu rücken. In Reden
und Aufsätzen hat er Klartext gesprochen, und er hat den Bewußtseinsstand der Republik dadurch verändert, daß er theoretisch jedermann zugängliche und dennoch gut getarnte Geheimnisse laut
ausplauderte. Auch er kannte Karl Marx. Es ging auch Böll um
Besitzverhältnisse. Er wußte: Der nur scheinbar überwundene Klassenkampf, er wurde noch immer rücksichtslos geführt, und zwar
von oben. Viel klarer als die bald schon an die Wand gedrückten,

»Ich bin ein Deutscher« 361

trotz irrer und mörderischer Aktionen, die auch er nur verurteilen konnte und verurteilte, objektiv hilflosen Terroristen, hat er dargestellt, wie schon ein vager Hauch von scheinbarer Gefährdung des großen Besitzes gnadenlos die aggressive Verteidigung von dessen Interessen auslöste, in der die Besitzlosen und die kleinen Besitzer willig die Bodentruppen stellten, weil sie sich selbst in Gefahr glaubten. »Man kann einen kleinen und mittleren Bauern durch das Wort ›Enteignung‹ leicht in Panik versetzen, und nach den Erfahrungen, die Landwirte in den sozialistischen Ländern gemacht haben, ist diese Panik verständlich – in einem Land aber wie der Bundesrepublik stützt man durch diese Panikmache den alten, uralten, nie angetasteten Besitz. Die Sozialdemokraten in der Bundesrepublik haben bis auf den heutigen Tag weder den Mut noch die Definitionskraft gefunden, klarzumachen, daß es – sollte überhaupt so etwas wie ›Enteignung‹ erwogen werden – um den Besitz von möglicherweise bis zu 350 Familien geht, nicht um den Besitz von 62 Millionen.« In dem zuerst in den USA erschienenen Aufsatz »Die Angst der Deutschen und die Angst vor ihnen« schrieb Böll des weiteren, es gebe im bundesdeutschen Grundgesetz den Artikel »Eigentum verpflichtet«, der dem Allgemeinwohl dienen solle. Unter seinem Vorzeichen bekämen Wörter wie »Verstaatlichung«, »Vergesellschaftung«, sogar das laut Grundgesetz durchaus legale Wort »Enteignung« einen veränderten Klang, sie seien angesichts der bestehenden Besitzverhältnisse keinesfalls verfassungswidrig. »Man muß auch den Radikalenerlaß, der sich hauptsächlich gegen Systemveränderer richtet, also solche jungen Leute, die von einem verfassungsmäßig verbürgten Recht Gebrauch machen, im Zusammenhang mit diesen Besitzverhältnissen sehen.« Der große Besitz jedoch, der in sich ruhende Grundbesitz vor allem sei in der Bundesrepublik nicht im geringsten gefährdet, Systemveränderer hätten wenig Chancen, der Radikalenerlaß habe sogar die Reformer entmutigt.

Erwägungen wie diese waren es, die Böll immer neu in die Schußlinie brachten. Er nahm nicht nur die Untaten der gewaltbereiten

Systemveränderer wahr, sondern akzentuierte auch, wo sie richtig geurteilt hatten und benutzt wurden als Vorwände im Machtspiel von oben. Daß er nur selten schneidend und fordernd auf seinen grundsätzlichen Auffassungen bestand, sie vielmehr in einem komplexen Umfeld literarischer, kultureller, politischer, auch religiöser Reflexion aufscheinen ließ, machte ihn nur gefährlicher. Wie auch sein internationaler Ruhm. Bölls Art und Weise, die Wirklichkeit aufzunehmen und zu spiegeln, sich dabei keineswegs einseitig festzulegen, sondern immer weiter nachzufragen, gab seinen Argumenten Anschaulichkeit und Plausibilität. Er war unfähig, irgendwem nahezulegen, er solle sich doch lieber als Untertan verhalten. Er war fähig, begründete, gesellschaftlich gebotene Forderungen zu befürworten, die Bürgerrechte auch für Radikale einzufordern und mörderischen Terror zugleich unmißverständlich zu verurteilen. Das verwirrte. Politikergemüter, insbesondere rechte waren eher dahin gestimmt, die Probleme in einem Aufwasch zu erledigen. Doch sogar Willy Brandt hat ja erst verspätet eingestanden, daß der auch von ihm mitgetragene Radikalenerlaß ein Fehler war.

Es war immer wieder Bölls unparteiische Sachlichkeit, die ihn zur Zielscheibe hetzerischer Angriffswut machte, wann immer erneut etwas passierte wie dann z. B. die Entführung des Präsidenten der Arbeitgeberverbände Hanns Martin Schleyer am 5. September 1977 in Köln. Stets war Heinrich Böll Hauptopfer der Kommentatoren und erlebte immer neu, wie objektiv, wie treffend sein Essay »Will Ulrike Meinhof Gnade oder freies Geleit?« und die Erzählung von der verlorenen Ehre der Katharina Blum die Zustände in den Massenmedien charakterisiert hatten. Und die Leute ließen sich erschreckend bereitwillig rekrutieren für die zur Zeit der Entführung Schleyers schon einige Jahre in Gang gehaltene Hetze gegen Heinrich Böll und seinesgleichen. Obwohl es immer noch auch Gegenstimmen gab, Menschen, die laut und mit ihrem Namen gegen die zerstörerische Intellektuellenverfolgung auftraten. Es war ein Kampf um die Macht in der Republik. Wie er

»Ich bin ein Deutscher« 363

ausgegangen ist, ob er schon zu Ende ist, läßt sich bis heute nicht mit Sicherheit sagen. Als Opfer, als Verdächtigter und Verfolgter hat Böll in ihm eine Hauptrolle gespielt. Und auch – genötigt, denn er wollte nicht Held und Ikone sein, Rollen nicht akzeptieren – als großer demokratischer Vorkämpfer.

Dem Radikalenerlaß von Anfang 1972 folgte Anfang 1976 der dubiose Gewaltparagraph 88a, laut dem auch die Befürwortung von Gewalt strafbar wurde, von Gewalt, die Sicherheit und Bestand der Bundesrepublik in Gefahr bringen könnte. Dieser Paragraph war aufs schlimmste auslegbar. Daß mit dem Verbot, über Gewalt auch nur noch nachzudenken, die Weltliteratur und sogar die Bibel auf den Index gesetzt wurden, hatte man vielleicht nicht bedacht. Man hatte da schlecht und falsch gedacht. 88a war ein Schlag gegen die Freiheit des Denkens, ein Schritt in Richtung Zensur, die nunmehr, wie man im Ausland sogleich befürchtete, tendenziell schon wieder legalisiert war. Mit Günter Grass, Siegfried Lenz und anderen appellierte Heinrich Böll an die SPD-Fraktion im Bundestag, diesen Paragraphen abzulehnen; vergeblich, er wurde einstimmig verabschiedet. Für die Demokratie in der Bundesrepublik war dies ein Tiefpunkt, angesichts dessen nur noch die Hoffnung blieb, die Abgeordneten hätten vor lauter Angst nicht gewußt, was sie taten.

Böll wußte, was sie getan hatten. Schon Ende 1974, nach dem Tod von Holger Meins im Hungerstreik und der unmittelbar folgenden Erschießung des Berliner Kammerpräsidenten von Drenkmann war er sogar im Kommentar einer Tagesschau der »Sympathie mit den Gewalttätern« bezichtigt und als Wegbereiter der Gewalt bezeichnet worden. Böll verklagte den Kommentator, den Journalisten Matthias Walden, und den SFB, der für die Sendung verantwortlich war, und forderte Schmerzensgeld als Opfer falscher Behauptungen. Nur wenig später wurde Böll die ihm verliehene Carl-von-Ossietzky-Medaille der Internationalen Liga für Menschenrechte in Berlin überreicht. Helmut Gollwitzer, Empfänger der Medaille im Vorjahr, würdigte Heinrich Böll als Verteidiger der Menschenrechte. Klaus Schütz, der Regierende Bürgermeister von Westberlin, gab für Böll einen Empfang, den die CDU, wie deren Fraktionsvorsitzender Lummer verlautbart hatte, boykottieren werde. Böll wie auch Gollwitzer hätten »die Saat der Gewalt gepflegt und kultiviert, die inzwischen schreckliche Blüten« trage. Böll klagte auch hier, wurde jedoch abgewiesen, Lummer habe als Abgeordneter Immunität. In seiner Dankrede bei der Überreichung der Medaille sagte Böll über Lummers Absage: »Es hätte mich nicht gekränkt, wenn die CDU hier abgesagt hätte mit der Begründung, daß ich einiges Unfreundliche über sie gesagt habe. Im Gegenteil, es wäre logisch gewesen. Aber die Begründung, die hier vorliegt, daß ich einer der Großväter der Gewalt bin, ist Verleumdung.« Böll beklagte die Provinzialität der Affäre, man möge doch erwägen, was sie international bedeute, ein Aspekt, der gerade Politikern doch zu denken geben müsse, und er ließ sich so hierauf ein: »Man mag darüber streiten, ob ich diesen sehr großen Preis, den die Schwedische Akademie mir verliehen hat, verdient habe – man kann bei jedem darüber streiten. Man mag darüber streiten, wie ein deutscher Schriftsteller im Ausland bekannt wird, wieviel Glück, wieviel Zufall, wieviel Verdienst daran ist. Aber ich bitte Sie, meine Damen und Herren, ich appelliere an Ihre Berliner Nüchternheit, wenn ich nicht in einigen Tagen nach Israel reisen müßte zu einem Kongreß, wäre ich in zwei Tagen in Stockholm bei der Verleihung des Nobelpreises als Gast dabei; ich war eingeladen vom Botschafter des Königreichs Schweden und hätte die unvermeidliche Pressekonferenz gegeben, ich wäre vom schwedischen König empfangen worden.« Dies alles sei in Relation zu sehen zu der »kleinkarierten, beschissenen, feigen Denunzianten-Attitüde«, die in Berlin von der CDU praktiziert werde. Der Ton wurde immer noch schärfer.

Nach diesen Berliner Vorgängen, die noch weit umständlicher dargestellt werden könnten, reiste Böll zunächst nach Jerusalem,

»Ich bin ein Deutscher« 365

um dort beim Internationalen PEN-Kongreß mit dem Thema
»Kulturelles Erbe und die schöpferische Kraft in der Literatur der
Zeit« seine exemplarische Rede »Ich bin ein Deutscher« zu halten.
Sie war innerhalb der deutschen Scharmützel ein Signal. Es sei ihm,
so Böll, als er jung war, nicht eingefallen, das Deutsche als ein
bestimmendes Element seiner intellektuellen Existenz zu nennen,
es sei zu selbstverständlich gewesen: »Den Luxus, sich innerlich
und wo immer möglich und notwendig auch äußerlich, sich von
den Deutschen in den Jahren zwischen 1933 und 1945 zu distanzie-
ren, wollen wir gemeinsam einem Zwanzig- bis Fünfundzwanzig-
jährigen in Notzeiten gestatten – diesen Luxus habe ich erst 1945
abgelegt, als es drinnen und draußen nichts mehr einbrachte, einer
zu sein – abgelegt auch angesichts des Opportunismus anderer, die
plötzlich so taten, als wären sie keine. Ich bin ein solcher...«
   Nur wenig später, im Mai 1976, wurde vom Oberlandesgericht
Köln das Urteil im seit mehr als einem Jahr anhängigen Prozeß
gegen den Journalisten Matthias Walden gesprochen. Es entschied
für Heinrich Böll, der sich auch noch gegen den Vorwurf hatte verteidigen müssen, ein Prozeßhansel zu sein. »Ich habe«, so hatte
Böll in seiner Aussage zur Eröffnung des Prozesses Anfang 1975
argumentiert, »die deutschen Gerichte bisher nicht übermäßig stra-
paziert, wenn Sie bedenken, wie oft ich Anlaß dazu hätte und
gehabt hätte, in der letzten Zeit fast wöchentlich ein- bis zweimal.
Erst kürzlich hat der Kolumnist Hans Habe behauptet, ich faselte
dauernd von faschistischen deutschen Polizisten. Ich habe noch
nicht ein einziges Mal einen Polizeibeamten als Faschisten bezeichnet, aber das wird dann einfach geschrieben und setzt sich fest, weil
das Terrain gut vorbereitet ist und immer wieder aufbereitet wird,
u. a. durch den Herrn Beklagten. Wäre diese Auseinandersetzung
hier nicht quasi-öffentlich, so würde ich dem Gericht gern einmal
erklären, welche Konsequenzen diese anhaltende, mit Lügen und
Fälschungen immer wieder an den Haaren herbeigezogenen Argumenten betriebene Verleumdungskampagne für meine Familie,

meine Verwandten, meine Mitarbeiter hat. Ich verzichte darauf, weil hier Öffentlichkeit herrscht und ich die demagogische Drehorgel nicht in Bewegung halten möchte.« Ein wichtiges Moment war für Böll, daß Waldens verleumderischer Kommentar nicht in irgendeiner Zeitung erschienen, sondern in einer Anstalt des öffentlichen Rechts gesendet worden war, die für die Zuschauer einen quasi-amtlichen Charakter habe. Walden und der Sender Freies Berlin, aus dem der Kommentar kam, wurden zur Zahlung eines Schmerzensgeldes von 40 000 Mark an Böll verurteilt. Sie gingen in die Revision, und es dauerte bis 1981, ehe der Prozeß alle Instanzen durchlaufen hatte. Das Bundesverfassungsgericht sah in diesem Fall das Grundrecht des Persönlichkeitsschutzes für gewichtiger an als die hier ja auch sichtlich mißbrauchte Pressefreiheit, und so kam es schließlich zu einer Entscheidung zugunsten Bölls.

Der Höhepunkt der dramatischen siebziger Jahre stand mit der Schleyer-Entführung Anfang 1977 und seiner Ermordung erst noch bevor. Er brachte die Hetze gegen Böll zum Sieden, der seinerseits mit Heinrich Albertz, Helmut Gollwitzer und Kurt Scharf einen Appell an die Entführer richtete, ihre Austauschpläne – Schleyers Freilassung gegen Freilassung von RAF-Häftlingen, dieses »mörderische Tauschgeschäft von Menschenleben gegen Menschenleben« – aufzugeben. Nicht nur etliche Zeitungen und Illustrierte, nicht nur BILD, nicht nur rechte Journalisten, auch Politiker schalteten sich da erneut ein. Franz Josef Strauß z. B. empfahl geradezu Lynch-Justiz, als er davon redete, das Volk wisse schon, wie es mit Leuten wie Böll, mit all diesen schädlichen Intellektuellen umzugehen habe. Und das Volk wütete; die nun schon Jahre dauernde Intellektuellenbeschimpfung zeigte erschreckende Resultate. Manch sprichwörtlicher Mann von der Straße forderte für die angeblichen Ziehväter der Terroristen Erschießung, Kopf-ab, sogar Vergasung. Zumindest aber sollten sie raus aus dem Land. Böll hatte Angst um seine Familie, die bis zu seinem schwerkranken Sohn Raimund auf der Jagd nach Terroristen polizeilich observiert

»Ich bin ein Deutscher« 367

wurde, manchmal mit großem Aufwand. Es wurde gefährlich, ein Wort für Böll einzulegen, wer es wagte, mußte mit offenen Feindseligkeiten rechnen. Die inzwischen schon über Jahre geschürte Hetze, die Symptom eines Kulturkampfes war zwischen den mit der katholischen Kirche eng verbündeten C-Parteien und ihren auf eine stabil »formierte« Gesellschaft zielenden Ordo-Vorstellungen und allen, die mehr Demokratie zu wagen bereit waren, hatte den Höhepunkt erreicht. Damit allerdings auch einen Punkt, an dem eine gewisse Erschöpfung spürbar wurde.

Nach Schleyers Ermordung glätteten sich die Wogen, obwohl noch die Brandstiftung, die 1981 einen Teil von Bölls ländlichem Anwesen in Langenbroich zerstörte, zumindest indirekt Folge der vieljährigen Hetze gegen den Schriftsteller war, und die Querelen um die Verleihung des Ehrenbürgerrechts der Stadt Köln an Heinrich Böll ein letztes Nachspiel. Langsam ging die Zeit der SPD-FDP-Koalition zu Ende, und allein das schon zeigte an, wer obsiegt hatte. Andererseits gaben Rat und Verwaltung der Stadt Köln noch im Schleyer-Jahr zu Bölls 60. Geburtstag Mitte Dezember einen großen Empfang. In Zeitungen erschienen Anzeigen mit jeweils rund tausend Unterschriften, in denen Lehrer und andere Sympathisanten ihre Solidarität mit den so schwer beschuldigten Intellektuellen erklärten. Daß sie die Verantwortung des Staates für die Verfolgungen nicht so rasch vergaßen, demonstrierten Böll, Grass und Siegfried Lenz mit der Weigerung, das Bundesverdienstkreuz anzunehmen, das Bundespräsident Walter Scheel ihnen 1979 verleihen wollte. 1982 dann schwenkte die FDP um und zurück zur CDU/CSU, die Regierung der linken Mitte gab auf, ans Ruder kam mit Helmut Kohl als Kanzler eine Regierung der rechten Mitte. Trotz dieser offensichtlichen Niederlage im langjährigen Gefecht um die Hegemonie in den Köpfen der Leute ist schwerlich daran zu rütteln, daß auch das Aufbegehren Heinrich Bölls und seiner Freunde eine Spur hinterlassen hat. Kollektiver Gesinnungswandel geht ungeheuer langsam und stets mit Rückschritten voran, aber es ist wohl nicht zweifelhaft, daß mit vielen unvorhersehbaren neuen Einschränkungen die Menschen bis hin zum Mann auf der Straße um 1980 etwas anders gestimmt waren und etwas freier dachten als zehn Jahre früher. Gegen den Druck nicht nur von rechts, nicht nur von Verleumdung und Diffamierung, sondern auch des eskalierenden Terrorismus hatten mit Heinrich Böll eben auch die Intellektuellen ihr Wort für die Demokratie zu Gehör gebracht, und so einfach wegzuwischen war das nicht mehr. Das Ausland, dessen kritische Beurteilung der Zustände in der Bundesrepublik Deutschland, die damals, soviel näher noch an den von Deutschen in die Welt gebrachten Schrecken um die Jahrhundertmitte, von größerer Bedeutung war als heute, hatte die Stimmen Heinrich Bölls und seiner Freunde gehört.

IV. Ein Tiefpunkt der Kritik

Die Versuchung, Heinrich Bölls Lebensgeschichte mit Beginn der hitzigen Auseinandersetzungen in den siebziger Jahren aus seiner Rolle in diesen Kämpfen zu begreifen, ist – es sei wiederholt – bis heute groß, und immer wieder hat man ihr nachgegeben. So scheint vielen sein letztes Lebensjahrzehnt schlüssig und überzeugend auf den Nenner gebracht. Böll als weltweit respektiertem deutschen Vorkämpfer für Demokratie und Verteidiger der Menschenrechte, als moralischer Instanz und zukunftweisendem praeceptor Germaniae Beifall zu zollen, dazu waren auch viele jener Kritiker bereit, die ihn als Schriftsteller nicht mehr gelten lassen wollten. Auch etliche Leser und Bewunderer seines literarischen Werks bis zuletzt hatten gegen diese Umdeutung wenig Einwände, denn die nahezu gewalttätig abweisende Kritik an seinem im Herbst 1979 erschienenen Roman »Fürsorgliche Belagerung« hatte auch sie schließlich beeindruckt, und daß Bölls 1985 unmittelbar nach seinem Tod erschienener Roman »Frauen vor Flußlandschaft«

Ein Tiefpunkt der Kritik 369

von den auf literarische Gegnerschaft gestimmten Kritikern milde aufgenommen wurde, hatte offenbar etwas mit Pietät zu tun. Jahre nach der Auszeichnung mit dem Nobelpreis für Literatur war Böll in gleicher Lage wie Günter Grass, sein Nachfolger als deutscher Nobelpreisträger im Jahr 1999, kurze Zeit vor der Preisverleihung – dessen Roman »Ein weites Feld« wurde noch brutaler in der Luft zerfetzt als »Fürsorgliche Belagerung«. Die tonangebende deutsche Literaturkritik, die Tageskritik in den Feuilletons und im Fernsehen hat sichtlich Schwierigkeiten damit, daß auch große Schriftsteller altern, ihre Werke sich unter dem Altersblick verändern, andere Qualitäten zeigen als Jugendfrische und die Originalität des Anfangs. Aber das ist vor allem ein Mangel der Kritik. Und von der ziemlich banalen Kritikerlust, an vermeintlichen Denkmälern, an der Größe zu rütteln und sich so die eigene Größe, die eigene Bedeutung zu bestätigen, bis hin zur vorurteilshaften Ablehnung bestimmter Stoffe und Perspektiven gibt es noch manch andere Motive, es den allzu groß gewordenen Autoren zu zeigen.

Der Roman »Ein weites Feld« von Günter Grass hatte darunter zu leiden, daß er sich in die große Einigkeit scheinbar aller Westdeutschen beim Blick auf die untergegangene DDR nicht fügen wollte und in dauernder Anspielung auf den großen Theodor Fontane z. B. darauf bestand, daß selbst im alten Preußen gewisse Ähnlichkeiten mit dem nicht ganz zu Recht so tief mißachteten und nun fallierten anderen deutschen Staat ausfindig zu machen seien. Die Kritik jedenfalls lief Amok und hinterließ, wie die Journalistin Sigrid Löffler konstatierte, »Ein weites Schlachtfeld« als Resultat einer »Selbsterhöhungsstrategie« laut dem Motto, so Löffler: »Ist nicht, wer einen Starautor niedermacht, eo ipso ein Starkritiker?« Die Auflage des Romans stieg in den Wirren des Medienspektakels in geradezu astronomische Höhen. Der Roman »Fürsorgliche Belagerung« von Heinrich Böll, der mit den Verrissen ein Vierteljahr lang ganz vorn auf den Bestsellerlisten stand, hatte einen zu seiner Zeit ähnlich brisanten Stoff: die Bürger in ihrem Schutzbedürfnis und die

Gewalt der Terroristen. Das war der schwerste und sperrigste »Brocken«, der im Deutschen Herbst zu finden war. Die Leser waren sich in der Beurteilung und Ablehnung des Romans allerdings nicht völlig »einig, einig, einig«, und auch unter den Kritikern gab es etliche nachdenkliche Stimmen, die allerdings nicht als Trompetenstöße herauskamen wie die Verrisse, deren einige sogar von Kritikern stammten, die als Böll-Sympathisanten bekannt waren. In versöhnlicher, ein wenig resignierter Erzählung hatte Böll ja auch etwas damals Unerlaubtes getan: Verständnis gezeigt für eine jüngere Generation in ihrer rigiden Ablehnung des Bestehenden, die einige in den Terrorismus getrieben hatte, und er hatte dazu noch spüren lassen, daß die Bürger und das ihnen so viel Gewinn bringende System daran nicht schuldlos waren.

Festzuhalten ist zunächst, daß jedenfalls Bölls Selbstverständnis auch in dieser Zeit keineswegs zuallererst das eines Hauptakteurs im notwendigen Kampf für Demokratie und Menschenrechte war, keineswegs das eines abstrakten Gewissens der Nation und einer moralischen Instanz. Er war Schriftsteller. Das war keine Rolle für ihn, die er hätte wechseln wollen oder können, es war für ihn die höchste Legitimation. Auch in den turbulenten siebziger Jahren war er zunächst einmal Schriftsteller, selbst wenn seine politischen Aktivitäten, dokumentiert in einer erstaunlichen Masse von Reden, Artikeln, Aufrufen, Auftritten, Interviews, Appellen, geradezu überwältigend zahlreich waren und ihre Analyse allein mehrere Bücher füllen könnte. Doch da ist es nützlicher, die Texte Bölls selbst zu lesen. Es gab Höhepunkte wie Bölls Auftritte bei den großen Bonner Friedensdemonstrationen, seine Teilnahme an der Blockade einer amerikanischen Kaserne in Mutlangen, seine Option für die Grünen. Zugleich blieb die Literatur Zentrum seiner Existenz, etwa laut seiner Anmerkung, daß ohne Literatur ein Staat gar kein Staat sei, und seiner wiederholt, vor allem in der Dankrede bei der Verleihung der Ehrenbürgerschaft seiner Stadt Köln 1983 akzentuierten Überzeugung, daß es unmöglich sei, wie

Ein Tiefpunkt der Kritik   371

es die Kölner CDU versucht hatte, den Erzähler Böll und den Kritiker, Essayisten und Redner Böll auseinanderzudividieren. Es sei ja
das Literarische an diesen Texten, was sie so oft zu einem Ärgernis
habe werden lassen. »Davon abgesehen, finde ich, wenn ich in
mich gehe, den sogenannten Erzähler, wenn man schon von Ärger
und Gefahren spricht, gefährlicher und ärgerlicher als den anderen.« Daß dies seine eigene Tradition hatte, Literatur radikaler sei,
als Argument und Meinung sein könnten, belegte Böll in seiner
Dankrede zur Ehrenbürgerschaft mit der Aufzählung großer
Namen von Kleist bis Büchner und dem speziellen Hinweis auf die
Gefährlichkeit der unumstrittenen Bücherschrank-Klassiker, Goe-
thes zumal, von dem so manche meinten, »sie könnten sie ihren
Kindern als heilende Lektüre gegen die Verworfenheit der
Moderne empfehlen«. Wer immer Goethe gelesen habe, der wisse:
»Chaos, Unglück, Schmerz, Angst, Ehebruch, Selbstmord verber-
gen sich hinter dieser Prosa, die man allzu leicht nur als wohlgefällig
hinnimmt. Und erst dieser Kleist, den man Gott sei Dank an allen
Schulen liest, ein Radikaler, zeitweise sogar im öffentlichen
Dienst ..., da wird kein Autoritätsglaube verbreitet.«

   Heinrich Böll war keineswegs blind vor der Tatsache, daß auf
allen Seiten, in allen Parteien das komplexe Verhältnis von Literatur
und Politik, Kultur und Politik nicht durchschaut, nicht begriffen
war, am wenigsten von den Politikern. Er sah hier – und immer wieder klingt das bei Böll an, überall wo er die Sprache in ihrer Bedeutung für jeden einzelnen Menschen über Ordnung und Staat
stellte – eine gewaltige, vielleicht nicht einlösbare Herausforderung.
Deshalb könne es gar nicht jenen unumstrittenen Autor geben, wie
man ihn am liebsten ehren möchte. Deshalb vielleicht auch ließ Böll
sich von Tomas Kosta, der als ganz junger Mensch Auschwitz überlebt hatte, 1968 aus dem so rasch verblühten Prager Frühling in den
Westen geflohen und jetzt Leiter der gewerkschaftlichen Europäischen Verlagsanstalt war, dafür gewinnen, mit Günter Grass und
Carola Stern die Zeitschrift »L'76 – Demokratie und Sozialismus«

372 · *Glanz und Not der späten Jahre*

herauszugeben, deren Titel an jene Zeitschriften erinnerte, die in Prag für einen Sozialismus mit menschlichem Antlitz eingetreten waren. In Essays, Berichten und Analysen, doch auch mit Prosa und Gedichten war Schwerpunkt für »L'76« eben das konfliktreiche Verhältnis von Literatur, Kultur und Politik und der Versuch, es produktiv werden zu lassen. Das war in all seinen Schattierungen seit seinem »Bekenntnis zur Trümmerliteratur« wie seinem »Brief an einen jungen Katholiken« und mit seinen zeitgeschichtlichen Defiziten ja auch Heinrich Bölls Thema. Er trug zur Zeitschrift unter anderem die Erzählung »Bis daß der Tod Euch scheidet« bei, einen Vorabdruck aus »Fürsorgliche Belagerung«, die Texte mehrerer umfangreicher Gespräche sowie die Texte seiner Referate auf den L'76-Diskussionsveranstaltungen »Was ist heute links?« und »Prager Frühling – Deutscher Herbst« in Recklinghausen und Köln.

Im Januar 1976 sind Annemarie und Heinrich Böll aus der katholischen Kirche ausgetreten. Zwar hatte Bölls fast lebenslange, von seinem Gewissen und seiner Religiosität erzwungene Auseinandersetzung mit der Institution Kirche, die sein Werk und sein Denken deutlich geprägt hat, hier ihre äußerste Konsequenz, doch ganz beendet war sie nicht. Sie hatte ein Nachspiel im Moment seines Todes. Unmittelbarer Anlaß des Austritts war, daß Böll seinen Dauerkonflikt mit der Kirche schließlich auf einen Punkt gebracht hatte, den er nun für den springenden Punkt halten mußte. Er packte den großen Kontrahenten dort, wo offenbar alle Nachsicht aufhörte: beim Portemonnaie. Die Auffassung, daß in Deutschland nur der Kirche angehören kann, wer Kirchensteuer zahlt, und die Kirchensteuer vom eng liierten Staat eingetrieben wird, stand für Böll in elementarem Widerspruch zu seiner Vorstellung von christlichem Leben, ja war sündhaft. 1969 hatte Böll die Zahlung eingestellt. »Die Bölls«, so Dorothee Sölle in ihrem Erinnerungsbuch »Gegenwind«, »schlugen sich damals mit dem Gedanken herum, ihre Kirchensteuer einer Gemeinde in Chico, Ecuador, zu widmen.

Ein Tiefpunkt der Kritik

Selbstverständlich lehnte das Generalvikariat diese Zumutung ab. So traten sie schließlich aus der unglaubwürdigen Institution aus ...« Zahlen oder aus der Kirche austreten, eine andere Wahl blieb nicht, nachdem sie auch noch, wie die Familie Böll in den dreißiger Jahren, Bekanntschaft mit dem Gerichtsvollzieher und dem Kuckuck gemacht hatten. Einer solchen Kirche wollten sie nicht angehören.

Was in diesen Jahren in der Öffentlichkeit nahezu unbeachtet blieb, auch weil Böll selbst es nur notgedrungen beachtete, z. B. wenn er sich das für ihn längst unerläßliche Insulin spritzte, war, daß er ein kranker Mann war. Diabetes läßt sich hinhalten, durch eine strikt kontrollierte Lebensführung sogar fast ausgleichen, heilen nicht. Heinrich Böll war nun schon jahrelang krank. 1967 war ja bei ihm Diabetes und Hepatitis festgestellt worden, er mußte für längere Zeit ins Bett, und es ist wahrscheinlich, daß er zu dieser Zeit die Krankheit schon eine Weile mit sich herumschleppte. Auch ein Jahrzehnt nach der Diagnose war Böll noch immer nicht willens, auf Tabak und ganz und gar auf Alkohol zu verzichten, was dringend nötig gewesen wäre, um ohne allzu große Einbußen mit der Krankheit zu leben. Sie verschlimmerte sich, sie bedrückte ihn. Ab 1976 reiste er mehrmals jährlich in die Schweiz, um in einem Sanatorium seinen Zustand zu stabilisieren. Doch Böll, der, wenn man häufig mit ihm zusammentraf, oft niedergeschlagen wirkte, gab in seiner Schreibarbeit, seiner Aufmerksamkeit für alles, was literarisch und politisch passierte, nicht nach. Statt dessen ließ er sich auf ein neues großes Experiment ein, den Roman »Fürsorgliche Belagerung«, er kämpfte als Schriftsteller – und das hieß nach allen medizinischen Fakten: »unvernünftig« – gegen die Krankheit an.

Erneut ein Alter ego in diesem Roman, wiederum jedoch kein Selbstporträt. Es wird in der Gestalt des alternden Großverlegers Fritz Tolm, der im Mittelpunkt der äußerst figurenreichen Erzählung steht und weitgehend ihre Perspektive prägt, in ironischer

374 Glanz und Not der späten Jahre

Brechung manches deutlich vom Selbstverständnis Heinrich Bölls. Das Paar Heinrich und Annemarie Böll spiegelt sich sogar in dem Paar Fritz und Käthe Tolm und der Geschichte ihrer absonderlichen Gefangenschaft, in der sie, ganz oben angelangt und reich, nicht einmal mehr unbelauscht miteinander sprechen können, und das aus der umgehenden Angst vor Terroristen heraus ganz freiwillig. Bei Kriegsende war Tolm ein besitzloser Heimkehrer, nichts als ein abgerissener ehemaliger Oberleutnant. Sein Onkel hatte ihm damals ein winziges »Blättchen«, eine Provinzzeitung, das »Bevenicher Tagblatt« vermacht. Er und Käthe wollten es am liebsten gleich wieder loswerden, doch die in der frühen Nachkriegszeit den Wert des Geschenks allein entscheidende Lizenz hing an Tolms Person, und so war er Zeitungsverleger geworden. Durch Zukauf etlicher anderer »Blättchen«, den er nicht betrieben, der sich ihm aufgedrängt hatte, war er zum Großverleger geworden. Und schließlich Präsident des Industrieverbands, zu Beginn des Romans eben gewählt. Tolm war nun »ganz oben, wo es keine Ruhe, keine Entspannung, kein Privatleben mehr für ihn geben sollte; da sollte er zu Tode gehetzt, zu Tode geschützt« werden. Doch im Moment seiner Wahl war alle Angst von Tolm abgefallen, all die ganz und gar begründete Angst vor den Terroristen, der auch er sich nicht hatte entziehen können. Er sah die Möglichkeit, sich anders einzustellen und ausgerechnet unter den durch sein neues Amt erschwerten Bedingungen, trotz der lückenlosen Sicherheitsüberwachung, die er selbst für unerläßlich hielt, sein Privatleben zurückzugewinnen. Gewalt überschattet die Gesellschaft, in der er lebt, die westdeutsche Gesellschaft der späten siebziger Jahre. In der Imagination dieses Romans ist sie gespiegelt. Fritz Tolm, »der rapide alternde, ideologisch nicht sehr gefestigte Fritz Tolm, das ›schwankende Rohr‹, der Zärtling, der Weichling, der Sponti unter den Vorstandmitgliedern, auf undurchsichtige Weise familiär ›irgendwie‹ mit ›denen‹ verquickt« – dieser Fritz Tolm selbst zweifelt nicht, daß in puncto Sicherheit »alle Maßnahmen, mochten sie verrückt und übertrie-

Ein Tiefpunkt der Kritik 375

ben erscheinen, berechtigt waren«. Er war ständig in größter Gefahr. Und er hatte keine Angst mehr.

In diese sich breit fächernde Perspektive hat Heinrich Böll eine Geschichte eingeholt, die im Großausschnitt das Leben in der Bundesrepublik zur Zeit der Schleyer-Entführung und -Ermordung imaginativ vergegenwärtigt. Böll hat sich diesem Stoff, der Ratlosigkeit angesichts des Terrorismus und angesichts des Anteils eines durchaus fragwürdigen Systems, das Fritz Tolm selbst mitrepräsentiert, an der Gewalt mit einem suchenden, probierenden, fragenden, vorläufig-fragmentarischen Erzählgestus genähert, probierend in oft unbestimmt offenen Sätzen bei sozusagen vorläufiger Interpunktion. Das war der Ansatz für Attacken zahlreicher Kritiker, die erneut eine Erosion der Sprache monierten, und ist doch einleuchtend und konsequent. Schließlich ließ hier ein Autor eine großbürgerlich situierte Hauptfigur von etwa Mitte 60 mit großer, vielseitig verschwägerter Familie etwas versuchen, was man nur in falscher, freilich allgemein verbreiteter Überheblichkeit für etwas Einfaches halten kann – nichts Geringeres, als eine jüngere, auch ihm fremd gewordene Generation von ihrer unbarmherzigen Ablehnung des Bestehenden bis hin zu ihrer Anfälligkeit für nackte Gewalt in all dem zu begreifen, was ihm spontan ganz unbegreiflich ist. Die wahrhaftige, Ungewißheit und Unsicherheit akzentuierende Haltung des Erzählers und seiner Hauptfigur ist bis hin zu einer gewissen Geschwätzigkeit eine Schwäche, deren Rang einem ohne weiteres schon beim Vergleich mit all den selbstsicher und übersichtlich angeordneten Sätzen der Böll-Kritiker aufgehen mußte, mit denen sie ihre Einwände mitteilten. Die gewiß riskante, ja experimentelle Offenheit dieses Erzählens hatte Funktion und Sinn.

Jedenfalls provozierte der Roman »Fürsorgliche Belagerung« ein wahres Furioso vernichtender Urteile. Die Kritik überschlug sich lautstark, während zur anderen Hälfte sehr viel leiser etliche Versuche gemacht wurden, Bölls unverwechselbare Fähigkeit, die annähernde, immer riskante Einholung erlebter und gefühlter Realität, vor der die Öffentlichkeit blind war, auch in diesem Stadium der Verwirrung zu begreifen. Etliche der Einwände waren schlicht trivial. Zum Beispiel der Vorwurf, es mache beim Lesen Schwierigkeiten, die allzu zahlreichen Figuren im Roman auseinanderzuhalten. Manch einer zieht ja immer noch die gewohnte übersichtliche, wenn auch höchst fragwürdige Staffelung von oben nach unten vor, wie hierarchische Vorstellung sie nahelegt, etwas, wogegen Böll sich immer gesträubt hat. Nicht minder trivial die Vorwürfe angesichts der in der Tat dubiosen Erscheinungsweise des Sexuellen im Roman. Böll hat erzählt, wie die Leute mit ihren durchweg nur halb zusammengebrochenen ideologischen Abhängigkeiten in einer Wirklichkeit zurechtkamen, die sich aus einem Wirrwarr solcher Abhängigkeiten zusammensetzt und der sie meist keineswegs gewachsen waren – oder bis heute sind. In der sie sich mit ihren meist gestörten Bedürfnissen nur eher schlechten Gewissens auf ihre Wünsche besinnen, mit ständigem Bedarf an Rechtfertigungen. Auch wenn sie durchaus so richtig aufgeklärt dahinleben möchten, die Leute: fähig waren und sind sie dazu in der Mehrheit nicht. Es wird auch keineswegs gelehrt. Dafür waren die betagtesten Vorurteile noch virulent, nicht zuletzt bei denen, die sich besonders demonstrativ von ihnen freisprachen. Böll zeigte hier weit mehr Empfinden für psychosoziale Phänomene als seine aufgeklärten Kritiker, die da mehr oder weniger nach der Devise argumentierten, daß nicht sein könne, was nicht sein dürfe.

Aus der Wahrnehmung der unübersichtlichen Abhängigkeiten der Menschen, die bis heute keineswegs aufgehoben, sondern nur auf anders verwirrende Weise etwas verlagert sind, verdeutlicht sich in dem Roman »Fürsorgliche Belagerung« auch die Anfälligkeit für terroristische Scheinlösungen: als ein Produkt des Wunsches, endlich klare Verhältnisse zu schaffen in der verwirrt-verlogenen gesellschaftlichen Realität. Verdeutlicht sich die Absurdität, daß es manchmal gerade die Besten sind, die sich derart verrennen. Ist das

Ein Tiefpunkt der Kritik 377

etwas anderes als ein bedrückender Sachverhalt? Ihn vor allem hat Heinrich Böll als so widersprüchlich und innerhalb der Verhältnisse selbst unaufklärbar vorgezeigt, wie er ist. Klärung und rationale Durchleuchtung waren niemals die Kriterien, nach denen dieser Erzähler zu beurteilen war. Seine Sache war es, unübersichtliche Zustände und das Leben der Menschen in ihnen erzählend wahrnehmbar zu machen. Er führte in seinem Roman den wohletablierten Bürgern der Bundesrepublik vor, daß die gefürchteten Terroristen ihre eigenen Kinder waren, der Terrorismus ihr eigenes Produkt. Das bohrte schmerzhaft in einen empfindlichen Nerv. Böll brachte dabei auf scheinbar sentimentale, tatsächlich wohl realistische, zu Unrecht verdrängte Weise die alten Fragen von Verrat und Treue ins Spiel. Er hat im Gespräch auf die »Treue innerhalb der terroristischen Gruppe« hingewiesen und »eigentlich die Untreue der sie umgebenden Gesellschaft« mit ihrer Heuchelei, die von Solidarität spricht und sich praktisch dem »Terrorismus des Geldes« ausgeliefert hat. Über solche Verschiebung der Gewichte läßt sich gewiß streiten. Ausdiskutiert sind jedenfalls der Deutsche Herbst und Bölls Roman bis heute nicht.

Wo von Literatur die Rede ist, läßt sich nicht ohne weiteres direkt von den gesellschaftlichen Konflikten reden, die ihr Material sind. Aber von Literatur reden heißt keineswegs, von ihrem Material wegzugucken, z. B. nur den Stil, die Erfindung, die Vorbilder zu beachten. Und es ist eine hohe literarische Qualität von Texten, wenn sie unerkannte, verdrängte Realität aufschlüsseln. Es ist eine unvergleichlich höhere literarische Qualität als z. B., alte Geschichten kunstvoll neu zu erzählen, Bilder herzustellen, die in sich schön und geschmackvoll stimmen, ganz einfach die anerkannten Konventionen zu pflegen, was noch immer der breiteste Weg zum literarischen Erfolg ist. Eine erstaunliche Beobachtung noch zur Zeit der Veröffentlichung des Romans »Fürsorgliche Belagerung« war, daß die experimentellen Autoren, die damals noch eine Rolle spielten, Helmut Heißenbüttel zum Beispiel, gerade für den älteren Böll

Glanz und Not der späten Jahre

mehr Aufmerksamkeit aufbrachten als die gemäßigt modernen, dabei auf die Konventionen bedachten Ideologen einer nach wie vor hauptsächlich schönen Literatur. Was experimentelle Autoren für Böll einnahm, war, daß er die Risse in der Welt vorzeigte als Risse in seinem Erzählen. Es war das fragende und weiterfragende Erzählen, die notwendige Unsicherheit des Erzählers, was ihnen als – das Wort hat hier seinen Sinn – fortschrittlich erschien.

Auch in diesem Roman ist bestimmend der imaginative, nicht mit dem herkömmlichen Realismus zu verwechselnde Zugriff Bölls auf handfeste, doch wirre Realitäten, die undurchschaut waren; auf die Ratlosigkeit der älteren, der verantwortlichen Generation, gerade wo sie guten Willens war, auf das Fortleben des Empfindens von Treue und Verrat, auf die Ausweglosigkeit zwischen dem angepaßten »Terrorismus des Geldes«, in dem der »verborgene Terrorismus in unserem System« kulminiere, und der Vorstellung, die Strukturen zerschlagen zu müssen, um solch inhumanem Zustand zu entkommen, was seinerseits zu Terrorismus wurde. Mehr noch: der Zugriff auf den Wahnwitz eines so begreiflichen wie absurden Sicherheitsdenkens, auf die Eskalation des Widerspruchs zwischen der extensiven Behütung durch den Staat und den Verdächtigungen, die gerade in ihr gediehen – Heinrich Böll hatte das ja ausgiebig am eigenen Leib erfahren. Dazu ferner die Notwendigkeit, immer wieder mit dem allen zum alltäglichen business as usual überzugehen, die qualvolle Ungewißheit im Warten auf das Schicksal der Kinder, deren längst wahnhafter Idealismus sie zu Verfolgten hat werden lassen. Von dem allen hat Heinrich Böll in »Fürsorgliche Belagerung« erzählt, und von mehr noch. Ein wirres Knäuel. Doch ein wirres Knäuel in der Realität, nicht hervorgebracht durch den Roman, sondern in seiner Fiktion zur Anschauung gebracht. Heinrich Böll war überrascht, daß überhaupt nicht sein Versuch wahrgenommen wurde, durch den Roman den »Haß gegen eine bestimmte Schicht, eben gegen die Großkapitalisten, ich möchte sagen: zu reduzieren«. Im Zentrum

Ein Tiefpunkt der Kritik 379

des Romans steht ja ein erfolgreicher, immer weiter aufgestiegener und keineswegs bornierter Repräsentant des oberen Mittelstandes. Böll war der Ansicht, daß auch die Kapitalisten im System drinsteckten, ohne sich aus ihm so ohne weiteres befreien zu können, es sei denn als Aussteiger. Dem Roman läßt sich auch das ablesen.

In diesem Roman passiert alles nicht nur in einem Land, sondern praktisch in einer Familie, was der Verantwortlichkeit eine eigenartige Färbung gibt, eine gewiß beunruhigende Färbung. Böll hat auch nicht übersehen, daß unter den Terroristen so viele Frauen waren, und darin einen Reflex der Emanzipation erkannt. Besonders irritierend für die ja durchweg gutsituierten Kritiker und Leser des Romans aber war wohl schließlich, daß seine Figur im Mittelpunkt, der reiche alte Tolm, nicht nur Verständnis für die rebellischen Kinder zeigt, sondern schließlich auch noch feststellt: »Daß ein Sozialismus kommen muß, siegen muß ...« Was mag Böll da gemeint haben? Daß er kein Parteigänger des sogenannten »realen« Sozialismus mit seinen Denkverboten, Unterdrückungsmechanismen und feudal-bürokratischen Klassengesellschaften war, wußten auch Bölls Gegner. Die Vorstellungen von einer gerechteren Gesellschaft aber, die Böll hier tatsächlich im Blick hatte, sind inzwischen der Öffentlichkeit weitgehend ausgetrieben worden.

Ganz zurückhaltend und vorsichtig gesagt, gehört es für eine kritisch bewußte Erinnerung an Heinrich Böll, speziell seinen Roman »Fürsorgliche Belagerung«, längst dazu, sich auch den heute vorherrschenden Zeitumständen zu konfrontieren. Das ist methodisch eindeutig gewiß nicht zu machen, dafür ist es ganz sicher im Böllschen Sinn und zeigt die vielleicht indirekte, doch ungebrochene Aktualität seines Wahrnehmens, seiner Imagination an. Die Aktualitäten wechseln oder verschieben sich, die Haltung dieses Schriftstellers hat Bestand. Was also hätte Heinrich Böll zu sagen über die Asyl-Debatten, die antisemitischen Wallungen, die dumme Fremdenfeindlichkeit, die Gewalt von rechts? Er hätte, lebte er noch, immer wieder aufbegehrt und dabei in derselben

380   *Glanz und Not der späten Jahre*

Sache jeweils noch andere Argumente beigebracht als Günter Grass.
Wer ihn gekannt hat, wer sein Werk kennt, der hat auch spontan eine
Vorstellung von dem, was Böll, der im Sommer des Jahres 1985 mit
der Musik von Sinti und Roma zu Grabe getragen wurde, zu Asyl
und Minderheitenrechten sagen würde. Das Gefeilsche um die Mittel und Wege, die Hungernden und Verfolgten möglichst human
unseren Tischen fernzuhalten, würde er als heimlich unmenschlich
kennzeichnen. Und was z. B. die Jugendgewalt von rechts angeht,
so würde er wohl alles tun, die Täter zugleich als Opfer zu zeigen.
Auch das hat Böll gemeint, als er für sich den Produktionsvorgang
des erzählenden Schriftstellers umrissen hat: »Du holst dir aus dem
Steinbruch einen Stein, dann kommt der bewußte Vorgang der Bearbeitung dieses Brockens Stoff . . .« Wobei »Bearbeitung« nichts anderes bedeutet, als erzählend zu klären, was da wahr und wirklich ist.
Literatur war für Böll hierfür das den Menschen verliehene Medium.
Literatur ist in der Tat gefährlicher für den selbstsicheren Gleichmut
der Bürger, für das gemeinsame Vorurteil von Mehrheiten, für die
nutzbaren Ideologien als der treffendste Klartext, zu dem gleich-
wohl sie inspiriert. Auch in »Fürsorgliche Belagerung« hat Heinrich
Böll riskiert, was für ihn Erzählen immer wieder zum Experiment
hat werden lassen: ungeschützt den in der Fiktion realisierten Griff
nach dem zeitlichen menschlichen Leben selbst.

V. Erzählen bis zuletzt

Im Dezember 1979, also wenige Monate nach Veröffentlichung des
Romans »Fürsorgliche Belagerung«, reisten Annemarie und Heinrich Böll ins südamerikanische Ecuador, nach Quito, um ihren jüngsten Sohn Vincent, seine Frau Teresa und deren Familie zu besuchen
und auch Carmen und René Böll, die sich zu dieser Zeit ebenfalls
dort aufhielten. Die Stadt Quito liegt nahe am Äquator, in einer
Höhe von 2850 Metern über dem Meeresspiegel. Nicht hinreichend

Erzählen bis zuletzt　381

bedacht hatten die Bölls, wie gefährlich diese Reise werden könnte. Sie fuhren gegen den ausdrücklichen Rat von Bölls Ärzten. Diabetes schädigt infolge des gestörten Stoffwechsels vor allem bei älteren Kranken das Gefäßsystem. Bei einem Höhenunterschied wie dem zwischen Köln und Quito, zwischen Meereshöhe und Hochgebirge kann das akute, dramatische Folgen haben. Böll hatte in Quito bald heftige Schmerzen in der Brust und im rechten Bein. Der Arzt, den er aufsuchte, stellte schwere Durchblutungsstörungen fest, Beschädigung der Hauptschlagader und verstopfte Arterien. Um Bölls Leben zu retten, war eine große Operation nötig. Unter Zuhilfenahme einer Herz-Lungen-Maschine mußte der Brustkorb geöffnet und ein Teil der Aorta künstlich ersetzt werden, und für die Arterien im rechten Bein waren Bypässe anzubringen. Nach drei Wochen im Krankenhaus bereits, viel zu früh drängte es Heinrich und Annemarie Böll, nach Köln zurückzureisen. Es wurde ein heikler Krankentransport. Erneut geriet Böll in unmittelbare Lebensgefahr. Die große Operation mußte nach der Ankunft in Köln sofort wiederholt werden, und der vordere Teil des rechten Fußes, die Zehen mußten amputiert werden. Vier Monate lang lag Böll in der Landesklinik für Gefäßleiden in Engelskirchen nahe Köln.

Nur sehr langsam ging es dem Kranken ein wenig besser. Nur sehr langsam und zunächst immer nur vorläufig fand er zurück in sein eigenes Leben. Das ging nicht von selbst, es war ein schwieriger neuer Anfang. Der Kritiker und FAZ-Redakteur Marcel Reich-Ranicki, der zwar den Roman »Fürsorgliche Belagerung« und anderes von Böll, das sich von dem von Reich-Ranicki hochgehaltenen psychologischen Realismus experimentierend entfernte, statt diesen endlich zu meistern, sehr geringschätzte, doch den von ihm zugleich auch zum praeceptor Germaniae ausgerufenen Autor persönlich sehr hoch, regte Böll an, bei der Zeitungsserie »Meine Schulzeit im Dritten Reich« mitzuarbeiten, und es entstand daraus der längere, dann als Buch erschienene autobiographische Bericht »Was soll aus dem Jungen bloß werden? Oder: Irgendwas mit Büchern«. Solche

Anregung und Anteilnahme brauchte Böll, wie er im Alltag Krükken brauchte, um den täglichen Pflichtspaziergang zu bestehen. Aus seinen guten Erfahrungen mit Interviews heraus, in denen er sich, angeregt auch durch das Forum Rundfunk, schon sehr früh souverän zu artikulieren wußte, hatte Böll längst schon ein großes Interesse an der Publikationsform des Gesprächs, nicht nur im Blick auf sein Werk und sein Leben wie in den Gesprächen, die Christian Linder unter dem Titel »Drei Tage im März« mit ihm geführt hat, oder den Gesprächen zur Biographie mit René Wintzen, sondern auch zur Darstellung allgemeiner aktueller Themen. Auch da war Böll erstaunlich zupackend und einfallsreich. Er setzte spontan unerwartete Akzente und korrigierte schlüssig gewohnte Blickwinkel.

Auf Bölls Wunsch hin hatte ich als Redakteur der Zeitschrift »L'76« für deren erstes Heft 1976 ein umfangreiches Gespräch mit ihm geführt zum Thema »Solschenizyn und der Westen«, dem weitere Gespräche folgten, z. B. über die Literatur in der Sowjetunion oder das Leben und Schreiben im Rheinland. Durch meine Tätigkeit für die von Böll, Grass und Carola Stern herausgegebene Zeitschrift hatten meine Frau Edith und ich auch privat immer engeren Kontakt mit den Bölls, oft luden sie zum Kaffee nach Langenbroich oder mit den Kindern zum Äpfelpflücken im Herbst; es gab in Bölls Garten mehr Äpfel, als seine ganze Verwandtschaft verbrauchen konnte. Manchmal kamen Annemarie und Heinrich Böll zum Abendessen, oder wir waren mit ihnen zu einem Abend bei Freunden geladen. Böll liebte Geselligkeit, er hatte viele Freunde und Gruppen von Freunden. Zu einer dieser Gruppen gehörte Carola Stern, und sie hat bei Aufzählung der für sie unvergeßlichen erlebten Momente in der »Zeit« den Moment einer Ankunft bei den Bölls festgehalten, mit dem durchs Haus schallenden Ruf Heinrich Bölls »Annemarie, die Weiber sind da«. Ich kann unmittelbar nachfühlen, wieso dieser Moment unvergeßlich war.

Wenn die Pausen zwischen den Treffen zu lang wurden, beschwerte Böll sich. Er wünschte auch Besuche in der Klinik in

Erzählen bis zuletzt 383

Engelskirchen, Edith war da immer dabei. Sie kannte also seinen Zustand, konnte ihn nach dem Zusammenbruch in Quito weit besser einschätzen als ich, und als Böll nach Monaten, immer noch extrem geschwächt, zurück war in Langenbroich, drängte sie mich, irgendwie mit ihm zu arbeiten, um ihn anzuregen, er müsse wieder zu sich selbst, zu seiner Arbeit finden, ohne die ein Mann wie Böll nicht leben könne. Sie dachte dabei, und das war ja auch für mich die einzige Möglichkeit, an weitere Gespräche zur Publikation. Ich habe mich geziert, gesträubt. Er war immer noch der Nobelpreisträger für Literatur. Wenn er selbst ein solches Gespräch vorschlug, wenn ich einen Auftrag hatte und er einverstanden war, gut, doch wie konnte ich mir anmaßen, einem Mann wie ihm einfach Hilfestellung geben zu wollen. Ich wollte jeden Anschein vermeiden, als drängte ich auf eine Ebene von Bekanntheit und Ruhm, die jedenfalls nicht meine war. Edith hielt das für engsichtig und falsch, hier gehe es einfach nur um einen Freund, und er brauche Hilfe. Erst als Carola Stern mich dann mit den gleichen Argumenten drängte und mir einen Auftrag namens des Westdeutschen Rundfunks gab, mit dem ich zu Böll gehen konnte, hatte ich keine Skrupel mehr.

Die Anregung Reich-Ranickis und wohl auch die Gespräche zu Themen wie »Wie sollen wir überhaupt leben?«, »Haben wir unseren Kindern noch etwas zu sagen?« oder »Schreiben als Zeitgenossenschaft« gaben Heinrich Böll in seiner niederdrückenden Lage offensichtlich einen Halt. Er konnte etwas tun, und er spürte, daß es Hand und Fuß hatte. Ein mehrtägiges Gespräch zu dritt, an dem auch Lew Kopelew, der inzwischen in Köln lebte, teilnahm, hieß »Antikommunismus in Ost und West«. Teils zuvor im Rundfunk gesendet, sind die Gespräche in Zeitschriften und Büchern erschienen, etliche auch in französischer und spanischer Übersetzung.

Heinrich Böll erholte sich bald schneller, als das zunächst möglich zu sein schien. Zwar war er unfähig, die Zigaretten aufzugeben, und manchmal bin ich erschrocken, wenn er schon wieder unbedenklich in seine Packung griff; einmal hat er mir erläutert, daß die

Gefahr, die für ihn von den Zigaretten ausging, nur ein Erfahrungs-wert und wissenschaftlich nicht positiv bewiesen sei. Doch er machte jedenfalls die verordneten täglichen Spaziergänge, die uner-läßlich waren, um sein Bein vor einer Amputation zu bewahren. Wenn ich in Langenbroich zu Besuch war, habe ich Böll begleitet. Nach einigen Monaten war deutlich erkennbar, daß es ihm sehr viel besser ging, und das sagte ich ihm. Ja, antwortete er, ich dürfe nur sein Bein nicht sehen.

Hilflos und völlig verzweifelt habe ich Heinrich Böll erlebt nach dem frühen Tod seines Sohnes Raimund am 1. August 1982. Das erste Kind, Christoph, hatten seine Frau und er noch im Jahr 1945 verloren, jetzt auch der zweite Sohn tot, erst 35 Jahre alt. Es war, so schien es mir, alles noch einmal über Böll hereingestürzt: all die Gefahren, Entbehrungen und Verwundungen der Kriegszeit, die Mühe der frühen Nachkriegsjahre, deren Ausgang lange ganz ungewiß war, all die oft so begriffsstutzige Kritik, die ihm doch auch zugesetzt hatte, die Beschimpfungen, Verleumdungen und Verfolgungen, die er über sich hatte ergehen lassen müssen, schon früh die schwere Krankheit, die ihn eben erst mehrfach in Lebens-gefahr gebracht und eine bleibende Verstümmelung verursacht hatte, jetzt der zweite Sohn tot. Böll, so schien es mir, fühlte sich am Ende. Was er denn nun tun solle, fragte er, ganz ernsthaft, er wollte eine Antwort. Mir fiel nur etwas Banales ein, mit dem einzigen Vor-zug, daß ich überzeugt war und bin, es sei die einzige Möglichkeit, sich bei solchen Verlusten aufrecht zu halten: Er könne da nur arbeiten, schreiben, erzählen, und sei das noch so mühsam, und erscheine das als noch so sinnlos. Es sei ja doch ein Privileg der Schriftsteller, eine Arbeit zu haben, die sie mit ihrer ganzen Exi-stenz tun müßten, um sie richtig zu tun, und das ermögliche Widerstand gegen die Verzweiflung.

Es gab da wohl tatsächlich nur die alte allgemeinmenschliche Hausapotheke, die Böll sicher auch bekannt war, wenn ich nicht schweigen wollte. Ich habe mich wegen meiner Hilflosigkeit geschämt in dieser Stunde, und ich habe mich lange gefragt, ob ich nicht doch besser den Mund gehalten hätte. Aber mehr als zwei Jahre später zog Böll mich bei einem Besuch allein in ein Zimmer, um zu fragen, ob ich für ihn ein Manuskript lesen würde. Ich sagte, das sei selbstverständlich. Doch er gab mir das Manuskript nicht. Es ging für ihn offenbar um etwas Wichtiges, er machte es ganz förmlich, fast feierlich. Einige Zeit später an einem Vormittag kam er mit René Böll in meine Wohnung im Kölner Norden, um mir das Manuskript zu überreichen: »Frauen vor Flußlandschaft«. Danach hatte ich das Gefühl, als sei, gewiß neben anderen Zusprüchen, meine Antwort in jener so bedrückenden Situation doch jedenfalls nicht nur stumpfsinnig gewesen.

»Frauen vor Flußlandschaft« ist nach »Wo warst du, Adam?«, »Und sagte kein einziges Wort«, »Haus ohne Hüter«, »Billard um halb zehn«, »Ansichten eines Clowns«, »Gruppenbild mit Dame« und »Fürsorgliche Belagerung« der letzte Roman Heinrich Bölls. Es ist der Endpunkt eines Romanwerks, das nicht für sich allein steht, sondern bis hin zu den Kriegserzählungen, den großen Erzählungen »Nicht nur zur Weihnachtszeit«, »Das Brot der frühen Jahre«, »Entfernung von der Truppe«, »Ende einer Dienstfahrt«, »Die verlorene Ehre der Katharina Blum« auf dem breiten und tiefen Sockel eines Erzählwerks, das in seiner Unmittelbarkeit zur Realität von der Satire bis zum Experiment beispiellos ist in der deutschen Literatur der zweiten Hälfte des 20. Jahrhunderts. Beispiellos auch Ausmaß und Vielseitigkeit einer dritten Ebene der Produktion: Schauspiele und Hörspiele, die Essays, die Übersetzungen, die kritische Reflexion literarischer, gesellschaftlicher und politischer Vorgänge. Der Gymnasiast ohne Zukunft, der geschundene Kriegsheimkehrer Heinrich Böll hat sich das Schreiben, ein Leben als Schriftsteller als seine Universität gewählt, in der er als sein eigener Lehrer die Aufklärung erkämpft hat, die ihm aus seiner Herkunft heraus, in der Jugend zur Nazizeit und in den Sklavenjahren als Soldat gewaltsam vorenthalten worden war. Es ist nötig,

Glanz und Not der späten Jahre

sich einen Augenblick lang erneut das ganze, tief gestaffelte Panorama dieser Lebensarbeit aus solchen Andeutungen heraus vor Augen zu bringen, um rückblickend ihre Bedeutung für das Land, die Menschen, die Sprache in der düsteren deutschen Geschichtszeit zwanzigstes Jahrhundert und deren mühsame Aufhellung ins Bild zu holen. Und schließlich »Frauen vor Flußlandschaft«, Bölls letzter Roman.

Es war ein schwerkranker, erschöpfter Mann, der sich da schreibend wehrte gegen unaufhaltsamen physischen Verfall. Dennoch: Erstaunlich rasch nach dem Zusammenbruch in Quito und seinen unmittelbaren Folgen hatten der autobiographische Bericht, die Gespräche, einige wenige publizistische Ansätze Böll nicht mehr genügt. Er hatte sich noch einmal aufgerafft, obwohl er selbst sicherlich wußte, daß die Zeit für ganz neue Konzepte und Entdeckungen vorbei war. Kein Aufbruch mehr. Und er hat die Konsequenz gezogen. Nunmehr konnte ein Roman nur noch Vermächtnis sein, Reflex persönlicher Endzeit, Endspiel. An die Stelle des Zugriffs auf Realität rückte die imaginative Bündelung all des Erfahrenen, Geschauten, Erdachten, eine ins Irreale drängende Erinnerung auch von Bildern, Motiven, Verfahrensweisen, die den Schriftsteller immer neu gefesselt hatten. So etwas wie Erwartung, wie mögliche Zukunft klingt in »Frauen vor Flußlandschaft« nur ganz fern an, wo Angehörige einer jungen Generation auftreten, und selbst diese spüren dabei vor allem Gleichgültigkeit und Abkehr, die sich zuspitzt im Happening, in der Lust am Absurden.

Heinrich Böll hat das zu Erzählende in diesem Roman von sich weggeschoben, vielleicht um zu objektivieren, vielleicht um zu zeigen, daß er selbst dabei war, aus dem Spiel herauszutreten. »Frauen vor Flußlandschaft« ist ein Roman in Dialogen und Monologen. Die Figuren, die da auftreten, agieren in einer unbestimmten, doch deutlichen Entfernung vom Autor. Es sind fiktive Politiker mit ihren Frauen und ihren meist zwielichtigen Vergangenheiten,

Erzählen bis zuletzt

einige Bankiers mit hochstilisierten, teuren und kunstsinnigen, doch inhaltslosen Vorlieben, windige Spekulanten, ein Sozi mit kommunistischem Stallgeruch, ein alter idealistischer Adliger mit einem seltsamen Gefühl für Treue sowie einige eigenwillige, teils ausgeflippte junge Leute jenseits des maroden Establishments. Alle diese Figuren tanzen im Reigen, in einem künstlichen, von Resignation gezeichneten Spektakel »zwischen Panoptikum und Pandämonium«, wie der Kritiker Joachim Kaiser es bezeichnet hat. Böll hat gar nicht erst den Versuch gemacht, alle diese Figuren unter einen Hut zu bringen. Dies und jenes passiert, doch einen eindeutig faßlichen Zusammenhang, eine Story gibt es nicht. Eine alternde Frau begeht Selbstmord in einem luxuriösen Abschiebeheim, das auch sexuelle Betreuung vorsieht. Eine junge Frau, die Katharina heißt, ist gehobene Dienstbotin wie schon Katharina Blum, doch auch Doktorandin. Irgend jemand stiehlt Mercedes-Sterne. Irgend jemand zerlegt und zerkleinert kostbare alte Flügel, ganz wie die Gruhls in »Ende einer Dienstfahrt« ein Bundeswehrauto für ein Happening benutzen. Und dies alles angesichts des Rheins, dessen Sagenvergangenheit immer noch seltsam lebendig ist, fortlebt, sich ins Kaleidoskop einfügt bis hin zu einem Schatz im Strom versenkter Akten und zum In-den-Rhein-Gehen.

Ort des Geschehens ist zweifellos Bonn, doch es ist nicht das reale Bonn, zur Zeit des Romans noch Bundeshauptstadt, das in diesem Theater die Kulissen stellt, glänzende Kulissen von fataler Unwirklichkeit. Heinrich Böll imaginiert eine Welt, die ihm immer fremder, die immer wesenloser geworden ist, in der er keinen festen Ort mehr hat, die dabei ist, ihm abhanden zu kommen. Sein Hoffnungen schwinden mit ihr dahin, verschwimmen. Was er einmal, als diese Welt noch gleichsam neu, im Aufbruch war, in sie mit kritischem Scharfblick, mit Befunden, die nur dem Auge des Schriftstellers bloßliegen, als Moral und Ethos einzubringen versucht hat, ist verbraucht, hat sich aufgelöst im Luxus einer reichen, doch menschlich korrupten Konsumgesellschaft, die alle Werte, ob

Glanz und Not der späten Jahre

religiöse, christliche, oder Werte der Kunst nur noch zur Dekoration ihrer Inhaltslosigkeit verwendet.

»Frauen vor Flußlandschaft« hat mit Realismus nicht das Geringste mehr zu tun, wenn auch immer noch viel mit Realität. Der Roman spiegelt nicht eine Welt, um sie zu erfassen, wie sie ist. Heinrich Böll imaginiert, was aus seiner Welt, an deren potentielle Menschlichkeit er geglaubt hat, geworden ist. Durchsichtig, entseelt, leer zerfällt sie vor sich hin und läßt ihm nur noch Trauer und Galgenhumor, keine Hoffnung mehr. Die Lebensgeschichte des Schriftstellers geht zu Ende. »Frauen vor Flußlandschaft« ist ein Alterswerk, diktiert vom unaufhaltsamen Verfall des eigenen Lebens, doch zugleich das packende, ja faszinierende Werk der Selbstbehauptung eines Schriftstellers bis zuletzt, das davon handelt, was gegen all seine Einreden aus seiner Welt, aus dem Leben einer gewaltsam dezimierten Generation, die dennoch einmal voller Hoffnung begonnen hatte, schließlich geworden ist. Das ist ein ungeheurer »Brocken Stoff«, den erzählend zu erforschen für jedermann Bedeutung haben müßte, der jedoch in ebenso verständlicher wie falscher Scheu in der Öffentlichkeit eher weggeschoben, verweigert wird.

Alterswerke sind nicht gefragt, mit der einen Ausnahme von Theodor Fontanes »Stechlin« vielleicht, der das Lebensende allerdings mit gefühlvollem Abschiedsglanz überstrahlt, nur in zurückhaltender Teilnahme auch Krankheit im Alter und Tod imaginiert. Meist ungelesen, gilt Goethes »Faust II« als nicht entschlüsselbares Werk später Weisheit, und ist doch Spiegel eines Endes, läßt nur noch die Kulissen abgelebter Kunst- und Lebensvorstellungen entleert rascheln. Gerade darin jedoch ist »Faust II« ein meist unerkanntes Vermächtnis – Alterswerk. Direkt vergleichbar ist Bölls »Frauen vor Flußlandschaft« den sehr späten Romanen und Entwürfen Heinrich Manns, »Der Atem«, »Empfang bei der Welt«, »Lidice« vor allem. »Lidice« hieß eine tschechische Bergarbeitersiedlung, die 1942 nach erfolgreichem Attentat auf den SS-Führer

Erzählen bis zuletzt

Heydrich in Prag von den Nazis aus Rache dem Boden gleichgemacht wurde. Die Männer wurden ermordet, Frauen und Kinder verschleppt. Ohne nähere Information, ohne ein Gefühl noch für die Zustände in Deutschland, das nicht mehr sein Land war, entwarf der 71jährige Heinrich Mann im fernen Los Angeles mit den Mitteln des Theaters einen langen Roman, der Hohn und Spott auf die Nazi-Tyrannen zu häufen suchte. »Der Atem« und »Empfang bei der Welt« sind Werke, die das Finale für eine ganze Epoche instrumentieren. Wie Annemarie Böll sich erinnert, schätzte Böll Heinrich Mann hoch und las ihn, einen Autor, dessen seit je verdrängtem Alterswerk der Bruder Thomas Mann süffisant, in diskreter Schädigung des einst auch am Markt einmal so überlegenen Konkurrenten »Greisen-Avantgardismus« attestierte. Greisentum und auch noch Experimentiersucht, wer wollte das schon lesen. Wie Konrad Adenauer gewußt hat, lassen sich ja mit dem warnenden Versprechen »Keine Experimente« sogar Wahlen gewinnen.

»Frauen vor Flußlandschaft« erinnert dringlich an das unerledigte, unterschätzte literaturgeschichtliche Kapitel Alterswerke, für das auch Wilhelm Raabe und Robert Walser zu erinnern wären, Christoph Martin Wieland, Anna Seghers und etliche andere. Krankheit, Verfall, Erwartung des Endes sind Teil des menschlichen Lebens, doch wo sie sich artikulieren, immer wieder außerordentlich experimentell, wenn auch nur selten so extrem wie bei Robert Walser in den umfangreichen späten Texten »Aus dem Bleistiftgebiet« – wo sie sich artikulieren, wenden die Blicke sich lieber ab, oft unter dem Vorwand, es zeige sich nur noch künstlerische Unzulänglichkeit und Schwäche. Man hat es lieber prall, saftig und lebensfroh, das ist ja verständlich, doch auch irreführend. So schlicht entscheidet der Stoff denn doch nicht über literarische Bedeutung. Es ist zu beklagen, daß dieserart ein ganzer Lebensbereich von der detaillierten ästhetischen Artikulation zwar nicht ausgeschlossen, doch von ihr abgedrängt wird. »Frauen vor Flußlandschaft« reiht sich gleichberechtigt neben den herausragenden, gar nicht so zahlreichen Spätwerken der Literaturgeschichte ein, mit denen auch dieser zutiefst illusionslose, nicht von Selbstmitleid, doch von Trauer um eine Hoffnung, die vertan ist, gezeichnete Roman nicht zuletzt eine Neigung zum Experiment verbindet.

Während er seinen letzten Roman niederschrieb und beendete, hat Heinrich Böll einige Vor- und Nachworte verfaßt, einige Reden gehalten, einige Essays, Glossen und auch Gedichte geschrieben, einige Interviews gegeben. Er versuchte, sein Leben als Schriftsteller so zurückzugewinnen, wie es vor dem Zusammenbruch in Quito war. Jedenfalls ging das Leben weiter. Nach Abschluß seines letzten Romans holte Böll noch einmal jene Monate um das Kriegsende aus seiner Erinnerung herauf, in denen er möglicherweise noch unmittelbarer in Gefahr war als zur Zeit seiner schweren Verwundungen in Rußland und Rumänien. 1945 mußte er vor den Deutschen Angst haben. Wäre in einem falschen Augenblick auch nur der Anschein der »Entfernung von der Truppe« aufgekommen, die Böll durch Monate, lange vergeblich auf das Heranrücken der Amerikaner wartend, nahe Köln und nahe der Mündung des kleinen Flusses Sieg in den Rhein riskierte, hätte man ihn auf der Stelle aufgehängt oder erschossen; so ist es zu dieser Zeit noch vielen tausend Deutschen ergangen. Es war eine Desertion mit falschen Papieren, die Böll ganz zum Schluß absichtlich doch noch zurück in die Wehrmacht und so in amerikanische Gefangenschaft führte.

Bei der Befragung zur Biographie durch René Wintzen hat Heinrich Böll, weil da sonst nur Kolportage herauskomme, diese seine Geschichte des glücklichen Überlebens, die seinem Erzählen wiederholt Material gegeben hat, nur kurz zusammengefaßt. Mitte März 1985 aber erschien in der »Zeit« unter Hinweis auf den bevorstehenden Gedenktag 8. Mai, den Tag der Befreiung, Bölls »Brief an meine Söhne oder: Vier Fahrräder«, sein ausführlicher Bericht über die letzten Kriegsmonate, über Erlebnisse, deren Mitteilung in der Tat zur Kolportage geradezu hindrängt. Nicht so in diesem späten autobiographischen Text, der zwar auch erzählt, doch sich dem

Erzählfluß nicht überläßt. Er ist ein Vermächtnis. Böll schreibt für seine ihm verbliebenen Söhne René und Vincent, bringt ihnen als Stellvertretern für eine ganze jüngere Generation so sachlich wie eben möglich in Erinnerung, wie es damals war, wie er selbst Chaos und Untergang überlebt hat. Erzählen ist da verschränkt mit den Vergewisserungen, die der Essay ermöglicht, mit prägnanten Hinweisen auf die abstruse Zeitgeschichte. Daraus holt Bölls späte Rechenschaft, sein Rückblick auf ein blutiges Ende und viele zufällige Anfänge hat eine packende Authentizität, die noch einmal auch das trauervolle Spektakel des Romans »Frauen vor Flußlandschaft« begreiflich macht und rechtfertigt. Mit diesem Brief Bölls an seine Söhne, an alle die Söhne im Land rundet sich vielleicht, wenn auch nur in offener Andeutung, was Heinrich Bölls »Leben und Werk« genannt werden kann.

Bölls Freunde hatten sich an seine Gehhilfen gewöhnt und daran, daß er wegen seiner Spezialschuhe leicht humpelte, selbst daran, wie krank, ausgemergelt und erschöpft er immer öfter aussah. Niemand war, wie ich es erinnere, besorgt um ihn, der in den Jahren zuvor so oft Anlaß zur Sorge gegeben hatte, als er Ende Juni 1985, nachdem er die Fahnen von »Frauen vor Flußlandschaft« korrigiert hatte, zu einer Untersuchung und anschließender Operation wieder in die Landesklinik für Gefäßleiden in Engelskirchen fuhr. Für die Journalisten war das diesmal keine Nachricht. Am 15. Juli wurde er entlassen. Er sollte sich vor einer zweiten Operation zu Hause in Langenbroich erholen. Doch diesmal war er am Ende, es gab keinen Aufschub mehr. Trotz seiner langen und schweren Krankheit unerwartet, ist Heinrich Böll am nächsten Morgen, dem 16. Juli, um acht Uhr gestorben. Annemarie Böll hatte für einen Moment das Zimmer verlassen, da fand sie ihn tot. Er war 67 Jahre alt.

Die Beisetzung auf dem Friedhof Bornheim-Merten am 19. Juli morgens begann mit einer Totenmesse in der Pfarrkirche Merten, die Bölls Freund Herbert Falken, Pfarrer und Maler, zelebrierte. Eine katholische Beerdigung also. Die meisten der zahlreichen

Trauernden, die nach der Messe den Hügel hinaufzogen, auf dem der kleine Friedhof von Merten liegt, ja vielleicht alle wußten, daß Heinrich Böll 1976 aus der Kirche ausgetreten war. Doch wem das an jenem schönen, doch wolkenverhangenen Sommertag in den Sinn kam, den regte es jedenfalls nicht auf. Die düstere, gedrückte und doch feierliche Stimmung über dieser Prozession, zu der Sinti und Roma mit ihrer Trauermusik beitrugen, paßte zu diesem Menschen und Schriftsteller, dem die Kirche noch in der Abkehr soviel bedeutet hatte. Etwas später jedoch wurde öffentlich über die jedenfalls unerwartete Art und Weise dieser Beerdigung spekuliert und einiges frei Erfundene kolportiert. Diese Beerdigung sei Bölls eigener Wille gewesen, hieß es, er habe einen befreundeten Priester, der ihm auf seinen Wunsch die Sterbesakramente gespendet habe, um die kirchliche Beerdigung gebeten. Und die Kirche stellte, wenn auch zurückhaltend, ganz offiziell fest, es habe bei Böll Zeichen für eine Umkehr gegeben.

Ist er also schließlich doch zu Kreuze gekrochen, wie eine bildkräftige und ziemlich rüde Formulierung für solchen Vorgang das nennt? Annemarie Böll weiß, daß das keineswegs der Fall war. Noch viele Jahre später spürt sie, wenn die Rede auf diese Tage kommt, deutlich sichtbar etwas von der Verstörung, die sie damals überkommen hat. Allein und ratlos hat sie am Morgen jenes 16. Juli zuerst Pfarrer Herbert Falken gerufen, hat ihn um Hilfe gebeten als Nachbarn und Freund. Doch es ist vielleicht verständlich, daß Falken sich hier auch und vor allem als Priester fühlte. Er kam, so erinnert sich Annemarie Böll, begann mit den Totengebeten und sagte dann zögernd den eindringlichen, schönen Satz: »Für ihn brauchen wir nicht zu beten.« Dann aber gingen die Dinge ihren katholischen Gang. Annemarie Böll erinnert sich genau und rätselt doch zugleich immer noch über die Vorgänge in jenen bitteren Stunden und Tagen. Von einer Rückkehr Bölls in die Kirche könne keine Rede sein. Pfarrer Falken habe auf dem Nachttisch eine Bibel gesehen und das dann als Zeichen der Umkehr interpretiert, ohne zu

Erzählen bis zuletzt 393

bedenken, daß es ganz andere Gründe gibt, in der Bibel zu lesen. Falken habe den Wunsch gehabt, Heinrich Böll zu beerdigen, und er sei dafür gegenüber der kirchlichen Obrigkeit eingetreten, die er wohl auch ein wenig habe drängen müssen.

Annemarie Böll ist sich offenbar nicht sicher, ob sie sich da genug widersetzt hat, ob sie in der Not als Großzügigkeit und Einsicht ausgelegt hat, was letztendlich vielleicht auch Kalkül war, ob sie in ihrer Erschütterung überhaupt wahrnehmen konnte, daß es hier möglicherweise zumindest indirekt um Bedeutungen, Zeichen, Symbolik ging. Der schärfste, gerade durch seinen Glauben von Kindheit an unnachsichtigste Kritiker der Institution katholische Kirche in Deutschland, ein religiöser, moralisch nicht angreifbarer, zweifellos großer, weltberühmter Mann, der angesichts des Todes zurückflieht in die Arme der Kirche, aus denen er sich unter Schmerzen und bei Aufzählung schwerwiegender Gründe befreit hatte – auf längere Sicht ist das ein Stoff, aus dem eine Mythe des kirchlichen Alltags werden kann, eine fromme Geschichte für die Zweifelnden. Weil hier offenbar verdeckte, undeutliche Motive und vielleicht Interessen im Spiel waren, ist manches unklar geblieben. Doch jedenfalls weiß Annemarie Böll, daß nicht Heinrich Böll aufzuladen ist, was nach seinem Tod mit ihm in dieser Welt geschah. Er hat nicht nach dem Priester gerufen, der kam als ein um Hilfe gebetener Freund erst, als Böll schon tot war. Keine Rückkehr in die Kirche. Für Annemarie Böll, für viele von Bölls Freunden, viele seiner Leser bedeutet es etwas, daß ihm schließlich auch dies widerstand. Und es war nicht die letzte Stunde, der Moment seines Todes, durch die ihm eine Entscheidung abgenommen wurde. Heinrich Böll wußte schon lange genug, wie es um ihn stand. Er war nicht lebensmüde, doch er war todkrank, und er hatte Zeit genug, sich frei zu entscheiden.

Im Trauerzug gingen neben vielen anderen der Bundespräsident Richard von Weizsäcker, Christa Wolf aus der DDR und etliche Schriftsteller mehr. Von der Friedhofskapelle aus, wo Heinrich Böll aufgebahrt war, haben die Söhne René und Vincent, die Schrifsteller und Freunde Lew Kopelew, Günter Grass und Günter Wallraff und der Jugendfreund Caspar Markard den Sarg mit dem Leichnam Heinrich Bölls den Hügel hochgetragen, auf dem der Friedhof von Merten angelegt ist und auf dem sich ganz oben sein Grab befindet.

KODA

GLAUBEN AN DIE LITERATUR

Drei Jahre lang, davon zwei nahezu ausschließlich, habe ich meine Aufmerksamkeit, meine Überlegungen und Gedanken auf Heinrich Böll fixiert. Ich habe noch einmal die vielen tausend Seiten seines vielschichtigen, in den Jahrzehnten sich verändernden und doch immer seine Person, seine Stimme dokumentierenden Werks gelesen, und das erstmals bewußt innerhalb der Chronologie seines Lebenslaufs, in der Abfolge der Entstehung all des Geschriebenen. Noch immer spüre ich keinen Überdruß. Ich bin nicht fertig mit Böll. Noch immer bleibt vieles neu anzusehen, deutlicher sichtbar zu machen in dieser so schwer vergleichbaren deutschen Lebens- und Werkgeschichte, die – vielleicht vor jeder anderen – der Literatur im Land nach dessen Zerstörung in einem Krieg, den allein es selbst zu verantworten hatte, wieder Bodenhaftung, ja Fundament verschafft hat. Damit sind auch die Deutschen noch nicht fertig. Wenn es eine Botschaft gibt, die sie – ob unwillig und gequält oder in zunehmendem Einverständnis, ohne Verdrängung und auch ohne Selbstverleugnung – mit sich ins 21. Jahrhundert nehmen können, dann diese. Das besagt nicht, Böll sei der Größte unter den deutschen Schriftstellern der Nachkriegsjahrzehnte. Diese Art Vergleich und Wertung hat gerade er stets zurückgewiesen. Es sagt etwas, das vielleicht wichtiger ist.

Ich habe nicht gewußt, nicht geahnt, wie ungenau vor diesem Versuch, das Leben des Schriftstellers Heinrich Böll zu beschreiben, mein Bild von ihm war, obwohl ich seit den Anfängen im Nachkrieg sein Leser war, ihm schon in den fünfziger Jahren erstmals und danach öfter begegnet und in seinem letzten Jahrzehnt freundschaftlich mit ihm vertraut gewesen bin. Das war und ist die Basis, gewiß, und gar nicht so wenige, alle seine Freunde haben sie. Doch ich habe nicht gewußt, wie oft ich ihn in spontanem Einverständnis mit seinem Erzählen, seinen »Ansichten« doch nur partiell, nicht in seiner ganzen, Gegensätzen offenen Spannweite und deshalb unzulänglich begriffen habe. Auch darin bin ich vermutlich keine Ausnahme.

Böll und sein Werk stehen so kompakt, einfühlend und fordernd für ein menschliches und gesellschaftliches Wunschbild in Deutschland, das in diesem Land kurzsichtig und oft leichtfertig als inzwischen verwirklicht angesehen wird, obwohl immer noch zu viele Indizien dagegen sprechen. Es ist das Wunschbild eines intakten, in der Kultur fundierten, auch literarisch bestätigten demokratischen Zusammenlebens. Weil der Demokrat und Schriftsteller Böll, solange er lebte, hier die Mängel erkannt und in der Sprache dingfest, anschaulich gemacht hat, wird ihm ohne weiteres eingeräumt, wie kaum ein anderer zur demokratischen Entwicklung in Deutschland beigetragen zu haben. Doch man ist auch einigermaßen erleichtert darüber, ihn nicht mehr ständig im Nacken zu haben. Demokratie aber, wenn sie nicht nur formell gesehen wird, ist ein Prozeß, kein Zustand, der sich ein für allemal erreichen läßt. Sie wird zur Illusion und diese zu einem Moment der Lähmung, wo man ihrer allzu sicher ist. Bölls fortbestehende Aktualität zeigt sich darin, daß seine Kämpfe noch keineswegs abgeschlossen sind und daß Kämpfe, die er bis heute angezettelt hätte, ohne ihn nicht stattfinden. Die Strukturen, gegen die er angeschrieben hat, sind neu gestärkt, während das Bewußtsein der Leute ebenso wie die Literatur monströsen Weichmachern ausgesetzt ist und ihnen

Glauben an die Literatur 397

zunehmend erliegt. Böll hätte tradierte und neue Anlässe, seine Einreden vorzubringen, sich erneut einzumischen. Die Einreden von gestern sind noch heute und wohl auch in Zukunft bestürzend aktuell.

Mit einer großen, würdigen Trauerfeier, die nicht nur von den zahlreichen Menschen ausgerichtet worden ist, die seinen Sarg zum Grab begleitet haben, an der alle Medien, die Stadt Köln, das Land und ungezählte Leser auch jenseits der Grenzen sich beteiligten, ist Heinrich Böll im Sommer 1985 verabschiedet worden. Gedacht wurde dabei vor allem jenes Bildes von ihm, das im Titel einer Sammlung von Aufsätzen über Böll mit den Worten »Mehr als ein Dichter« umrissen worden ist. Der Vorkämpfer von Demokratie und Menschenrechten also vor allem, der Streiter für den Frieden und gegen die Zerstörung der menschlichen Lebensgrundlagen, der Sprecher für die Minderheiten, der gute Mensch von Köln. Dies alles war er. Sein Weltruhm als Schriftsteller jedoch wurde da durchweg pauschal vorausgesetzt, war gewiß die conditio sine qua non auch dieser Demonstration umgreifender Verehrung, doch genauer erinnert, befragt wurde der Schriftsteller nicht. Hier ist die Öffentlichkeit Böll, der sich stets als Schriftsteller und als Bürger unter Bürgern gefühlt hat und sich, solange er noch die Kraft dazu hatte, gegen die ihm zugewiesenen Sonderrollen und seine Erhebung zu einem Idol gewehrt hat, schon wegen seiner Millionen Leser noch etwas schuldig.

Heinrich Böll hat an den hohen, ja für das Leben der Menschen zentralen Wert der Literatur, des Erzählens und Schreibens geglaubt, an ihren Wert für jeden einzelnen, ihren sozialen und religiösen Wert. Diesen Glauben teilen mit ihm noch immer viele, wenn auch ständig weniger Menschen. Immerhin ist er noch stark genug, um den Buchmarkt in Bewegung zu halten, doch bei sich minderndem Bewußtsein dafür, was Literatur ist. Hiergegen hat Böll mit seinem Entwurf einer »Ästhetik des Humanen«, der in seiner Nobelvorlesung berufenen »Vernunft der Poesie« opponiert.

Auch die fortgesetzte Erinnerung daran ist ihm die Öffentlichkeit hoch schuldig. Böll bleibt aktuell auch, weil er bis zuletzt, wenngleich immer hoffnungsloser an einen elementar humanen Wert von Literatur und Kunst geglaubt hat, und das mit dem ganzen Gewicht des für ihn so unentbehrlichen Wortes Glaube.

Heinrich Böll zu verstehen, heißt, diesen Glauben, der frei ist von allen institutionellen Zwängen, in seinem Werk zu erfahren. Dieses Werk ist ein großes Dokument der Befreiung aus einem Glauben in Abhängigkeit. Bölls Glaube, ein Glaube an die elementare Freiheit jedes Menschen, ist der innerste Grund für einen Verdacht, dem dieser Schriftsteller immer wieder ausgesetzt war, dem Verdacht, er sei ein Anarchist. Der kann nur aufkommen bei dem Blick auf Böll vom festen Standpunkt der bestehenden Ordnung aus, der sozialen, politischen, religiösen Ordnung, der für den Demokraten Böll immer fragwürdig, der fortgesetzten Überprüfung bedürftig war. Ihm ging es um jeden einzelnen Menschen, vor allem jene, für die Ordnung Unterdrückung und Unterwerfung bedeutet. Er hatte in einer Zeit dauernder Gefährdung seines Lebens erfahren, daß es ein schlichtes Menschenrecht war, erzwungene Bindungen aufzukündigen. »Entfernung von der Truppe« in Krieg und Frieden, Desertion, Verweigerung allen Dienstes, aller Dienstpflicht, wo anders Menschlichkeit unerreichbar war. Böll hatte auch erfahren, daß er hier selbst die una sancta catholica nicht ausnehmen konnte, obwohl er gleichsam von Natur nicht nur Demokrat, sondern auch ein Gläubiger war. Das war ein lebenslanger schwerer Konflikt, und er hat es sich da keineswegs leichtgemacht, zumal da ihm bei seinem unerschütterlichen Glauben an den humanen Wert der Literatur bewußt war, daß er diesen Kampf stellvertretend führte für Millionen Menschen nicht allein des katholischen, sondern allen Glaubens. Es war ein unlösbarer Konflikt, doch ihn auszuhalten war für Böll eine Stufe hin zu jener Religiosität, die nicht in Institutionen, sondern in den Menschen selbst ihren Grund hat.

Glauben an die Literatur

Weil er da ziemlich allein stand zwischen denen, die hier elitär und aufgeklärt seit Generationen für sie selbst und deshalb generell kein Problem sahen, und den vielen, die über ihre Abhängigkeit nicht hinauskamen, war Heinrich Böll ein Fall für Miß- und Fehldeutungen. Ihn zu deuten, das erwies sich immer wieder trotz seiner nicht nur scheinbaren Einfachheit als außerordentlich schwierig. Gerade hier ist ihm die Öffentlichkeit noch etwas schuldig, nicht nur die literarische Öffentlichkeit. Man hat versucht, ihn aus den römischen Urgründen der Stadt Köln heraus, als Theologen, von seinen idealischen Frauenbildern und dem anerzogenen Konflikt um Liebe und Sexualität oder den Mythen um den Vater Rhein her festzulegen. Es gibt da gewiß überall Ansatzpunkte. Doch dies alles besagt, den Schriftsteller primär von seinem »Material« her zu interpretieren, ohne die Bedeutung des Schreibens, des Erzählens selbst für ihn zu beachten, ohne das Schreiben, den Schreibprozeß, das Handeln durch Schreiben als eigenen Wert zu erkennen. Schreiben, Erzählen dient nicht nur zu etwas, es *ist* etwas, ist ein Faktum der Zivilisierung und Kultivierung, es verändert die Dinge, wie dann auch das Lesen. Mehrfach hat Böll vergeblich versucht, dies kenntlich zu machen. Das »Material«, die »Brocken Stoff« kamen aus der Realität, in der er lebte, auch aus seinen Abhängigkeiten vor allem von der Kirche. Schreibend hat er sein Material zwar auch aus seiner ganzen Empfindsamkeit gespiegelt, doch vor allem hat er sich schreibend befreit.

Das Verhältnis zwischen dem »Material« und dem Schreiben, dem Erzählen, wie Böll es eigenwillig-genial für sich ausgelegt hat, packte viele Leser, weil dieser Schriftsteller seine brüchige Sozialisation, seine Herkunft aus dem Volk, die Erfahrung seiner »Knechtschaft« als Soldat, die Realitäten erlittener Zeitgeschichte nicht verleugnet, sondern fortgesetzt zum Gegenstand seines Schreibens als dem Medium der Selbstbefreiung und Befreiung gemacht hat. Damit steckte er tief in der Geschichte einer Mehrheit, die – oft nur unbewußt – in gleicher Lage war. Er hatte keine Rezepte gegen das auch über ihn Verhängte, und er war nicht bereit, sich über die Leute zu erheben, um abseits von ihnen nur seinen eigenen Möglichkeiten nachzufolgen. Er setzte sich zur Wehr gegen jede Versuchung, sich in eine isolierte Republik geistiger und ästhetischer Werte zu entfernen. Er war unfähig, sich über das Dickicht, in dem er mit allen anderen lebte, zu erheben. Er verharrte in der Menge, unter den Opfern, was er schon in seinen Kriegsbriefen als seine Menschenpflicht apostrophiert hat, für die er keine Alternative anerkannte. Gar nicht hoch genug anzusetzen ist die Kraft, die erforderlich war, um die Zerreißprobe zwischen der Welt der vielen abhängigen, unfreien, gedemütigten Menschen und der dem Schriftsteller erreichbaren Autonomie immer neu zu bestehen, sich da nie, was sehr viel leichter gewesen wäre, ins Höhere davonzuschleichen. Er gab bei der »Verteidigung der Waschküchen« nicht auf. Er gab das »Dickicht«, in dem mit so vielen Menschen auch er lebte, keinem Kahlschlag preis, und die Leute haben es erkannt.

Das hat auch Bölls Sprache beeinflußt, hat sie belebt und manchmal scheinbar beschädigt. Für Böll hatte Sprache ein anderes Gewicht, eine andere Funktion als bei vielen anderen Autoren, die allein aus der Sprache als etwas Autonomem heraus kunstvoll zu schreiben versuchten und dabei meist auf die Gleise fest eingefahrener Konventionen gerieten. Da waren Böll weit näher die Provokationen mancher experimenteller Autoren, die Sprache aus dem Korsett der Gewohnheiten herauszubrechen versuchten. Sprache war für Böll das einzig wahre Mittel der Menschen, die Inhalte, die Realien, die Wirklichkeit ihres Lebens aus den Vorurteilen, den Konventionen freizuschaufeln. Das konnte er nur von seinem eigenen Standort aus versuchen, im Bewußtsein und Gefühl seiner eigenen Abhängigkeiten. Dafür nahm er in Kauf, wegen Vernachlässigung alles Meisterlichen als Schriftsteller unterschätzt zu werden. Viele Kritiker haben es verständnislos verübelt. Die Leser haben es Heinrich Böll gedankt.

Glauben an die Literatur

Dieser Schriftsteller war außerordentlich erfolgreich, wobei einzuschränken ist, daß es zunächst lange, für einzelne Werke ein Jahrzehnt und mehr gedauert hat, bis der Erfolg bei den Lesern eintrat; ganz abgesehen von jenen Erzählungen und Romanen der frühen Nachkriegszeit, die für Jahrzehnte unveröffentlicht geblieben sind. Jedenfalls hat Böll mehrfach ausgesprochene Bestseller publiziert. Nun sind Bestseller nicht unbedingt Domäne einer Literatur von Rang, sie sind meist eine eigene Kategorie von Waren, Luxuswaren, und obwohl man sich alle Mühe gegeben hat, die Unterschiede in der Öffentlichkeit zu verwischen, gibt es nach meiner Erfahrung unter Lesern und Kritikern doch, wenn sie unter sich sind und die Tür hinter sich zugemacht haben, noch immer kaum Zweifel, daß da tiefreichende Unterschiede bestehen, und man weiß, was sie ausmacht. Man weiß auch, daß außergewöhnliche Anziehungskraft für die Leser manchmal, selten, ganz unabhängig von den marktgängigen Bestsellerqualitäten vorhanden sein kann. Heinrich Böll war einer der ganz wenigen deutschen Schriftsteller nach 1945, deren Bücher mehrfach Bestseller geworden sind, ohne daß er je in Gefahr war, als Bestsellerautor mißverstanden zu werden, das jedenfalls nicht. Auch wenn seine Bücher, was oft genug vorgekommen ist, von der Kritik in der Luft zerrissen wurden, blieb andererseits doch klar, daß es bei ihnen um Literatur ging. Das blieb Voraussetzung auch, wenn er ausgerufen wurde als einer, der »mehr als ein Dichter« sei, eine Beurteilung, in der Böll mit seinem Instinkt für Zwischentöne zweifellos die vollmundig-diskrete Beleidigung sah, die für ihn in solcher Qualifikation steckte. Er war Bürger, dem Bürgerpflicht nicht fremd war, wenn auch nicht die Pflicht zum Ruhehalten. Und er war Schriftsteller.

Seit vielen Jahren ist Heinrich Böll tot. In der frühen Zeit nach dem Juli 1985, seinem Todesmonat, vor allem in der Zeit der Wiedervereinigung Deutschlands, 1989 und den Jahren danach, habe ich immer wieder die Frage gehört, was denn Böll zu diesem und jenem Vorgang gesagt hätte. Ich habe mich das selbst wiederholt

gefragt, zum Beispiel als eine neue Art von Intellektuellenhetze auf-
flackerte, die nach ersten Euphorien, der Hoffnung auf basisdemo-
kratische Anstöße durch die DDR-Intellektuellen, mit Erfolg proklamierte, der Kollaps der DDR und im gesamten Ostblock sei das
abschließende Urteil auch über die Intellektuellen, die kritischen
Schriftsteller in der alten Bundesrepublik und ihren manchmal
doch auch sozialistisch akzentuierten Vorbehalten gegenüber der
realen Demokratie in Westdeutschland. Das war allerdings mehr
Triumph als Hetze, der Gegner lag da schon, von Sieges- und
Nationalgefühlen überwältigt, am Boden. Der Kampf um die Hegemonie in den Köpfen schien beendet. Eine breite Kampagne
gegen »Gesinnungsliteratur« füllte die Feuilletons, in der mit Christa Wolf auch die Gruppe 47 und Heinrich Böll, übrigens auch die
experimentelle Literatur ins endgültig Vergangene abgeschoben
werden sollten. Nur wußte man nicht recht, was man statt dessen
proklamieren könnte, und so änderte nicht einmal die ziemlich stabile hohe Zahl Arbeitsloser noch etwas am Überborden der Spaß-
kultur und ihren verwandten Erscheinungen auf den platt-massen-
haft konsumabhängigen wie den elitären Ebenen. Um Heinrich
Böll wurde es still. Es war jedoch ein Signal, daß schon 1992 Bölls in
der frühen Nachkriegszeit entstandener und damals unveröffentlichter Roman »Der Engel schwieg« außerordentlichen Erfolg bei
der Kritik wie bei den Lesern hatte. In Bölls Verlag Kiepenheuer &
Witsch sind seither fast alljährlich teils mehrere Neuausgaben,
Erstveröffentlichungen aus Bölls Nachlaß und über Heinrich Böll
erschienen. Eine zweibändige Ausgabe seiner Kriegsbriefe wird im
Herbst 2001 herauskommen, und im Jahr 2002 sollen die ersten
drei einer auf 27 Bände angelegten Gesamtausgabe seiner Werke
vorgelegt werden, in die auch Bölls Erzählungen und sonstige Texte
aus der Vorkriegszeit integriert sein werden. Das Werk, die Lebensarbeit dieses Schriftstellers sind nicht ungeschehen zu machen.

NACHBEMERKUNGEN

Diese Biographie ist keine wissenschaftliche Arbeit. Eher ist sie eine möglichst sachliche und wahrheitsgetreue Erzählung. Auf Anmerkungen wurde deshalb verzichtet. Die Herkunft der Informationen und Zitate läßt sich durchweg ohne besondere Mühe aus dem Kontext erschließen.

Der Verfasser dankt Annemarie Böll für zahlreiche Gespräche, die stets aufschlußreich und anregend für ihn waren, und René Böll für die Erlaubnis, aus dem unveröffentlichten Nachlaß zu zitieren. Er hat allen zu danken, deren Vorarbeit ihm geholfen hat. Ihre Namen sind meist im Text genannt. Nachzuholen ist dies für Viktor Böll und Markus Schäfer, die mit ihrer auch für den Verfasser dieser Biographie äußerst hilfreichen Böll-Bibliographie »Fortschreibung« Grundlegendes geleistet haben. Auch ihnen Dank.

Personenregister

Abraham a Santa Clara
(Johann Ulrich Megerle)
72
Adenauer, Konrad 159, 203,
226, 260, 278, 298f., 389
Adler, Hans Günther 278, 302
Albertz, Heinrich 366
Almarik, Andrej 336
Amery, Carl 247f., 299, 348
Andersch, Alfred 177, 207, 211,
215, 217
Augstein, Rudolf 247

Baader-Meinhof (Andreas Baa-
der und Ulrike Meinhof)
325-328, 349
Balzac, Honoré de 42
Balzer, Bernd 356
Barbusse, Henri 42
Bausch, Hans 224
Becker, Jürgen 232, 253, 255

Beckett, Samuel 259
Bender, Hans 231
Benn, Gottfried 131, 194, 315
Bergengruen, Werner 195, 230
Bernanos, Georges 19
Bertram, Ernst 287
Bloch, Ernst 347
Bloy, Léon 19, 37f., 42, 55-57,
60, 69, 86, 124, 212, 218-221,
258, 281
Böll, Alfred (Bruder von HB)
45, 49
Böll, Alois (ältester Bruder von
HB) 39f., 113f.
Böll, Annemarie (geborene
Cech) 12-14, 31, 36-38, 40f.,
46, 48, 51, 53, 63, 79, 81-87,
89, 91-97, 101-105, 109, 111-
114, 116, 118, 125f., 133, 135,
151f., 176, 180, 184, 186, 229f.,
233f., 259, 280, 297, 302f.,

307, 323, 347, 372, 374, 380-
382, 384, 389, 391-393, 403
Böll, Christoph (geb. 20. Juli
1945, gest. 14.Oktober 1945,
erstes Kind von HB und
Annemarie Böll) 13, 105, 109,
111f., 384
Böll, Gertrud (Schwester von
HB) 111
Böll, Maria (geborene Hermanns, Mutter von HB,
Spitzname »Clara Zetkin«)
21, 29-41, 45, 47f., 50, 52, 56,
62, 79-81, 83f., 89, 98, 102,
104, 111, 316
Böll, Mechthild (Schwester
von HB) 36, 50
Böll, Raimund Johannes Maria
(geb. 19. Februar 1947, gest.
1. August 1982, zweites Kind
von HB und Annemarie
Böll) 116, 366, 384
Böll, René (geb. 32. Juli 1948,
drittes Kind von HB und
Annemarie Böll) 116, 302,
385, 391, 394, 403
Böll, Teresa (Frau von Vincent
Böll) 380
Böll, Viktor (Vater von HB)
21f., 29-36, 37-40, 52, 56, 79,
81, 83f., 89, 102, 181, 301
Böll, Viktor (Neffe von HB)
403

Böll, Vincent (geb. 11. März
1950, viertes Kind von HB
und Annemarie Böll) 116,
380, 391, 394
Böll (Großvater von HB in
Essen) 301
Bonarski, Andrzey 342
Borchert, Wolfgang 131, 134
Brandt, Willy 327, 342, 362
Brecht, Bertolt 131, 192f., 347
Büchner, Georg 298f., 371
Bukowski, Wladimir 336

Camus, Albert 136
Cech, Annemarie, siehe Böll,
Annemarie
Chamberlain, Arthur Neville
288
Chesterton, Gilbert Keith 19,
42, 179, 213
Claudel, Paul 19

Dante, Alighieri 204
Defregger, Weihbischof 303-307,
337
Déry, Tibor 248
Desch, Kurt 178
Dickens, Charles 19, 42, 215,
258
Döpfner, Julius Kardinal 304
Domin, Hilde 319
Dor, Milo 153, 178, 180, 182
Dos Passos, John Roderigo 209

Dostojewski, Fjodor 19, 37, 42, 56f., 69, 129, 258, 323
Drenkmann, G. von 363
Dürrenmatt, Friedrich 261

Eliot, T. S. (Thomas Stearns) 131, 156, 158
Emrich, Wilhelm 290-293
Erhard, Ludwig 267

Fabri, Albrecht 317
Falken, Herbert 391-393
Faulkner, William 244, 246, 275
Federmann, Reinhard 182
Flaubert, Gustave 156
Fontane, Theodor 369, 388
Franco Bahamonde, Francisco 307, 344
Freud, Sigmund 42, 61
Frings, Joseph Kardinal 260

George, Stefan 42
Gide, André 131
Goebbels, Paul Joseph 77
Göring, Hermann 77, 325
Goethe, Johann Wolfgang von 371, 388
Gollwitzer, Helmut 363f., 366
Gorki, Maxim 129, 131
Gotthelf, Jeremias 42f.
Grass, Günter 232, 239, 248, 252-254, 256f., 302, 363, 367, 369, 371, 382, 394

Greene, Graham 19
Grieshaber, HAP (Helmut Andreas Paul) 259
Grimm, Gebrüder (Jacob Wilhelm Karl und Wilhelm Karl Grimm) 275
Grosche, Robert 50, 60
Gusmann, Georg 130

Habe, Hans 365
Hebel, Johann Peter 156, 348
Heine, Heinrich 129
Heinen, Paul (Kaplan an St. Maternus) 47
Heinrich VIII. (König von England) 65
Heißenbüttel, Helmut 207, 254, 314f., 318, 339, 377
Hello, Ernest 179
Helms, Hans G. 232
Hemingway, Ernest 19, 131, 136, 156
Herhaus, Ernst 265f., 269, 352
Hermanns, Maria, siehe Böll, Maria (Mutter von HB)
Hesse, Hermann 130f., 194
Heydrich, Reinhard 389
Hindenburg, Paul von 32, 245, 273
Hitler, Adolf 12, 21, 38, 41, 43-45, 47, 51f., 54, 77, 90f., 101, 103, 109f., 135, 158,

191-193, 205, 222, 241, 245, 303,
  305, 307, 310
Höffner, Joseph Kardinal 304
Hölderlin, Friedrich 315
Holthusen, Hans Egon 230
Homer 216
Hoven, Herbert 183, 185
Hus, Jan 340

Jahnn, Hans Henny 261
Johnson, Uwe 232, 252-254
Joyce, James 42, 136, 139, 156,
  158, 228, 257, 292
Jünger, Ernst 95

Kafka, Franz 42, 139, 156, 158,
  194, 228, 257, 275, 292, 315
Kaiser, Joachim 243, 264-266,
  269, 318f., 352f., 387
Kant, Immanuel 61
Karl XVI. Gustav, König von
  Schweden 364
Kasack, Hermann 19, 104, 130f.
Katajew, Valentin 131
Kesten, Hermann 119f., 122,
  264, 352
Keun, Irmgard 119-123
Kiepenheuer, [Gustav], bei HB
  für Verlag Kiepenheuer &
  Witsch
Kiepenheuer & Witsch 180, 265,
  300, 402
Kiesinger, Kurt Georg 303

Kipphardt, Heinar 261
Klarsfeld, Beate 303
Kleist, Heinrich von 348, 371
Koch, Werner 177
Koehler (Gehilfe des Vaters) 32
Koeppen, Wolfgang 243, 246
Kohl, Helmut 367
Kopelew, Lew 383, 394
Korn, Karl 235, 237
Kosta, Tomas 371
Kreuder, Ernst 130, 230
Kunz, Ernst-Adolf (Pseudo-
  nym: Philipp Wiebe) 14f.,
  50, 104f., 111-114, 117f., 124f.,
  133-135, 151f., 160, 176, 178,
  180f., 183-185, 206, 230
Kunz, Gunhild 181, 185
Kurscheid, Heinrich 304-307

Langgässer, Elisabeth 19, 130f.,
  190
Le Fort, Gertrud von 19, 195
Lempertz, Matthias 52
Lenz, Siegfried 182, 363, 367
Leonhard, Rudolf Walter 276f.,
  294
Linder, Christian 382
Lochner, Stephan 284
Löffler, Sigrid 369
London, Jack 42
Lübke, Heinrich 356
Lummer, Heinrich 364
Luther, Martin 72, 340

Mann, Heinrich 129, 246, 388f.
Mann, Klaus 120
Mann, Thomas 42, 60, 129-132,
191, 193f., 246, 255, 264, 389
Manzoni, Alessandro 59
Markard, Caspar 47f., 50, 52,
394
Marx, Karl 42, 299, 360
Mauriac, François 295
Maximow, Wladimir 336
Medek, Dorothea 347
Medek, Tilo 347
Meinhof, Ulrike (siehe auch
Baader-Meinhof) 15, 324-326,
329, 342, 348f., 359, 362
Meins, Holger 363
Meyenn, Hans-Werner von
212f.
Meyer, Conrad Ferdinand 156
Middelhauve, Friedrich 176f.
Molo, Walter von 193
Mon, Franz 207
Mrozek, Slawomir 248
Musil, Robert 59

Neven DuMont, Reinhold 300
Niebelschütz, Wolf von 147
Nossack, Hans Erich 266-269

Ohnesorg, Benno 280

Paul, Jean (Johann Paul Friedrich Richter) 72

Polls (Teilhaber der Firma von
Vater Viktor Böll) 29
Posser, Diether 329
Pound, Ezra 156, 158
Proust, Marcel 42

Raabe, Wilhelm 156, 389
Reemtsma, Jan Philipp 304
Reich-Ranicki, Marcel 319, 381,
383
Remarque, Erich Maria 42, 95
Ribbentrop, Joachim von 303
Richter, Hans Werner 16, 153-
155, 158-160, 177f., 194, 239f.,
254f., 264, 281
Rilke, Rainer Maria 60, 131,
194, 255
Roth, Joseph 119
Rühmann, Heinz 180, 212

Salinger, Jerome David 248
Sartre, Jean-Paul 76, 131f., 136,
156, 335
Savonarola, Girolamo 72
Schäfer, Markus 403
Schallück, Paul 175, 180, 182,
230, 238
Schallück, Ilse, Frau von Paul
Schallück 230
Scharf, Kurt 366
Scheel, Walter 367
Schleyer, Hanns Martin 362,
366f., 375

Schlöndorff, Volker 347

Schmidt, Arno 252

Schmitz (Deutschlehrer von HB am Kaiser-Wilhelm-Gymnasium) 43f.

Schneider, Reinhold 42

Schnurre, Wolfdietrich 182

Schröder, Jörg 265f.

Schröder, Kurt Freiherr von 330

Schroers, Rolf 212

Schütz, Klaus 364

Schwab-Felisch, Hans 15f., 264

Seghers, Anna 389

Solschenizyn, Alexander (Aleksandr Issajewitsch) 302, 307, 336, 343-346, 360, 382

Sophokles 43

Springer, Axel Caesar 325, 326, 349, 356

Stern, Carola 302, 371, 382f.

Stifter, Adalbert 156

Strauß, Franz Josef 366

Thiess, Frank 193

Trakl, Georg 42, 315

Trotta, Margarethe von 347

Trott zu Solz, Werner von 259f., 266

Tucholsky, Kurt 119f.

Unger, Wilhelm 238

Vonnegut, Kurt 183

Vormweg, Edith 382f.

Walden, Matthias 363, 365f.

Wallraff, Günter 394

Walser, Robert 389

Warnach, Walter 259f.

Weiss, Peter 252, 254

Weizäcker, Richard von 393

Wellershoff, Dieter 265, 300, 307

Weymann-Weyhe, Walter 225-227

Weyrauch, Wolfgang 16

Widmer, Urs 115, 136

Wiebe, Philipp, siehe Kunz, Ernst-Adolf

Wieland, Christoph Martin 389

Wilder, Thornton 131

Wilhelm I., Deutscher Kaiser 49

Wintzen, René 79f., 82, 88, 95, 97, 103f., 382, 390

Witsch, Joseph Caspar 177, 300

Wolf, Christa 393, 402

Zetkin, Clara (als Spitzname für die Mutter von HB) 21

Zuckmayer, Carl 131

BILDNACHWEIS

Walter Dick: Seite 167 unten
DPA: Seite 171 unten
Heinz Held: 168 unten
Gabriele Jakobi: Seite 170 oben
Gunhild Kunz: Seite 165
Renate von Mangoldt: Seite 172 unten
Inge Morath / Magnum / Agentur Focus: Seite 168 oben
Bildarchiv Siegfried Pater: Seite 162, 166, 170 unten, 171 oben
Agentur Visum / Rudi Meisel: Seite 169 oben
Heide Woicke: Seite 169 unten
Seite 163, 164, 167 oben, 172 unten © privat

HEINRICH BÖLL
WERKE 1–27
KÖLNER AUSGABE

Die erste kommentierte Ausgabe der Werke Heinrich Bölls – das größte editorische Unternehmen in der Geschichte des Verlags Kiepenheuer & Witsch!

Die Kölner Ausgabe enthält:
- textkritisch durchgesehene und kommentierte Texte
- drei Dokumentationsbände der zahlreichen Interviews Heinrich Bölls sowie einen Registerband
- bislang unveröffentlichtes Material
- einen ausführlichen editorischen Anhang und Hinweise zur Textentstehung, Beschreibung der Überlieferung, einen Stellenkommentar sowie eine Bibliographie und ein Personen- und Titelregister

Rotes Leinen im Schuber, Fadenheftung

Die Kölner Ausgabe der Werke Heinrich Bölls wird über einen Zeitraum von neun Jahren erscheinen und von international renommierten Germanisten und Böll-Forschern herausgegeben.

Die Förderer:
Erbengemeinschaft Heinrich Böll
StadtBibliothek Köln • Heinrich-Böll-Archiv
Heinrich Böll Stiftung, Berlin
Universität Siegen
Beauftragter der Bundesregierung für Angelegenheiten der Kultur und Medien, Ministerium für Schule, Wissenschaft und Forschung des Landes NRW
Stiftung Kunst und Kultur des Landes NRW
Stadtsparkasse Köln

VERLAG KIEPENHEUER & WITSCH

www.kiwi-koeln.de

Heinrich Böll
Briefe aus dem Krieg 1939–1945

2 Bände im Schuber
Gebunden
Mit einem Vorwort von Annemarie Böll
Herausgegeben und kommentiert von Jochen Schubert
Mit einem Nachwort von James H. Reid

Gebunden

Heinrich Bölls Briefe aus dem Zweiten Weltkrieg sind, ähnlich wie Victor Klemperers Tagebücher, einzigartige Zeugnisse des Alltags aus Zeiten des Krieges und der Not, als Aufzeichnungen des Soldaten und werdenden Schriftstellers Böll von hohem menschlichen und geschichtlichen Interesse.

www.kiwi-koeln.de

Heinrich Böll – Die Klassiker bei Kiepenheuer & Witsch

Der Engel schwieg
Roman • Gebunden

Dr. Murkes gesammeltes Schweigen und andere Satiren
Gebunden

Irisches Tagebuch
Gebunden

Ansichten eines Clowns
Roman • Gebunden

Haus ohne Hüter
Roman • Gebunden

Die verlorene Ehre der Katharina Blum
Erzählung • Gebunden

Ende einer Dienstfahrt
Erzählung • Gebunden

Das Brot der frühen Jahre
Erzählung • Gebunden

www.kiwi-koeln.de

Paperbacks bei Kiepenheuer & Witsch

Heinrich Böll und Köln
Viktor Böll (Hg.)

Mit einer Wanderung durch Heinrich Bölls Köln
von Martin Stankowski

KiWi 336

Dieses Buch fasst alle Texte Heinrich Bölls, in denen dieser sich mit seiner Heimatstadt Köln beschäftigt, zusammen. Ein Dokument einer ambivalenten Liebesbeziehung – und ein spannendes Lesebuch über die Stadt Köln aus der Sicht ihres größten literarischen Sohns.
In einem Anhang führt der Kölner Journalist Martin Stankowski den Leser an die Stellen der Stadt, die für Heinrich Böll wichtig waren und an denen er gelebt und gearbeitet hat. So entsteht ein lebendiges Bild Kölns in der Vergangenheit und der Gegenwart, so dass das Buch einen zusätzlichen praktischen Nutzwert gewinnt – als ungewöhnlicher literarischer Reiseführer für den Besucher der Stadt und für ihre Einwohner.

www.kiwi-koeln.de